영산강유역 고대사회의 형성과정 연구

최성락 지음

영산강유역 고대사회의 형성과정 연구

지은이 최성락
펴낸이 최병식
펴낸날 2018년 4월 27일
펴낸곳 주류성출판사
서울시 서초구 강남대로 435 주류성빌딩 15층
TEL | 02-3481-1024(대표전화) • FAX | 02-3482-0656
www.juluesung.co.kr | juluesung@daum.net

값 26,000원

잘못된 책은 교환해 드립니다.

ISBN 978-89-6246-348-4 93910

이 저서는 2013년 정부(교육부)의 재원으로 한국연구재단의 지원을 받아 수행된 연구임
(NRF-2013S1A6A4016128)

영산강유역
고대사회의
형성과정 연구

최성락 지음

주류성

머리말

영산강유역은 한반도 서남부지역에 자리잡고 있으며 서해안의 최남단과 남해안의 최서단을 끼고 있는 곳이다. 이 지역은 구석기시대부터 사람들이 삶의 터전으로 삼았는데 정착생활이 시작되는 신석기시대와 청동기시대를 거쳐 철기시대에 이르면 소국으로 구성된 마한 사회가 형성된 곳이고, 이후 다양한 고분들이 축조되면서 백제의 영역에 속하게 된다. 이 연구의 목적은 영산강유역의 고대사회가 어떻게 형성되었는지 그 과정을 밝히는 것으로 한국연구재단의 지원을 받아 이루어질 수 있었다.

필자가 영산강유역의 고대문화를 공부하게 된 지는 강산이 세 번이 변한다는 30년을 넘겼다. 처음으로 접하게 된 연구 대상은 고인돌과 주거지였다. 영암 청룡리·장천리 고인돌에 뒤이어 영암 장천리 주거지를 발굴하면서 영산강유역의 청동기시대 문화양상을 알게 되었고, 뒤이어 해남 군곡리 패총을 발굴하면서 당시 많이 알려지지 않았던 철기시대의 존재와 이 시기부터 시작된 중국에서 일본에 이르는 해상교통로를 새롭게 인식하게 되었다.

1980년대 후반부터 필자는 영산강유역의 고대사회에 대한 전반적인 문제에 관심을 갖게 되었다. 특히 영산강유역의 독특한 고분들에 대한 호기심이 생겼고, 이러한 문제들을 하나하나 풀어가면서 과연 영산강유역 고대사회가 어떻게 형성되었고, 그 성격이 무엇일까 하는 문제를 생각해 보았다. 더불어 이 지역에서는 마한이 언제까지 지속되었는지, 어떠한 과정을 거쳐 백제의 영역으로 편입되었는지가 큰 의문으로 다가왔다. 마한의 문제는 여전히 큰 이슈로 남아있지만 필자는 이를 고고학 자료로 결정할 문제가 아니라 역사적 인식을 바탕으로 판단할 문제로 보고 있다.

두 번째 관심은 영산강유역의 고대사회에 큰 영향을 끼친 외부와의 교류 문제이다. 1984년 가을 해남 북일면에서 처음 전방후원형고분을 발견하면서 왜 이러한 고분이 영산강유역을 포함한 서남부지역에서만 분포하고 있는지 의문이 생겼다. 이 문제는 전방후원형고분과 관련이 깊은 원통형토기를 공부하면서 일부 해결의 실마리를 찾았다. 즉 영산강유역에서 출토된 원통형토기의 기원을 일본 하니와가 아니라 중부지역의 원통형토기에서 찾았던 것이다. 전방후원형고분의 실체에 대하여 이미 필자의 견해를 제시하고 있지만 아직 완성되지 못하고 있어 앞으로 풀어야할 과제이기도 하다.

이러한 의문들을 푸는 과정에서 필자가 가지고 있는 기본적인 입장은 신진화론적 관점이다. 이것은 과거 이 지역 사람들이 어떻게 문화를 받아들였고, 변화시켰을까에 관심을 두는 것이다. 실제로 영산강유역에서 발견되는 모든 문화요소들은 이 지역에 자리잡았던 당시 주민들에 의해 어떠한 형태로든 채용되고 사용되었던 것이다. 또 이것은 문화의 유입과정의 해석에 치중하였던 전파론적 관점에서 벗어나려는 시도인 것이다. 따라서 필자는 이 지역의 문화가 어디에서 왔는지가 아닌 어떻게, 왜 변화되었는지에 관심을 가졌고, 신진화론의 사회발전단계설을 영산강유역의 고대사회에 적용해 보았다.

다음으로는 상대주의적 관점이다. 다양한 관점에서 이루어진 해석들은 나름대로 의미를 가지기에 이를 효율적으로 정리한다면 과거문화의 실체에 좀 더 접근할 수 있을 것이다. 이것은 개인의 의견보다는 중지를 모으는 것이 더 현명하다는 평소의 생각과도 일치한다. 하지만 기존의 학설이나 다른 연구자의 관점을 막연히 따르는 것만으로는 의미있는 연구성과를 얻을 수가 없다. 따라서 필자는 다른 연구자의 관점을 분석하고 정리하면서 여기에서 얻어진 결과를 바탕으로 새로운 해석을 시도하고자 하였다.

그런데 이번 연구를 수행하면서 필자는 자신의 한계를 느낄 수밖에 없었다. 왜냐하면 이 지역의 모든 고고학 자료를 분석할 수 없었고, 다른 연구자들의 관점을 이해하려고 노력하였지만 역시 쉬운 일이 아니었다. 결국에는 필자의 관점에서 고고학 자료를 분석하였고, 영산강유역 고대사회를 해석하였다는 점을 인정할 수밖에 없다. 다만 이번 연구를 통해 필자는 그 동안 주장해왔던 여러 견해들을 체계적으로 정리해 볼 수 있는 기회를 가졌다는 점만으로도 약간의 의미를 두고 싶다.

지금까지 필자가 영산강유역과 인연을 맺고, 이 지역의 고대사회를 연구한 것은 운명이라고 생각한다. 그 운명이란 바로 필자가 스스로 선택한 결과이기도 하다. 한 곳에서 평생 머물면서 연구한다는 것은 어떻게 보면 답답하고 제한적인 면이 있다고 볼 수 있다. 반면에 이 지역의 고대문화를 내부자적인 입장에서 깊이 생각해 볼 수 있는 장점도 있는 것이다. 아무튼 지금까지 큰 어려움이나 큰 사고 없이 지낼 수 있었다는 자체가 행복한 여정으로 생각한다. 지난 30여 년 간을 보내면서 직·간접적으로 영향을 준 주변의 모든 일에게 감사하는 마음을 가진다. 수년 전 출근길에 덤프트럭이 내 승용차를 들이받아 자동차가 크게 부서지는 사고가 있었다. 교통사고를 당한 일은 분명히 운이 없는 일이지만 크게 다치지 않은 것이 오히려 다행이라는 생각이 들었다. 인생을 살아가면서 일어난 모든 일을 긍정적으로 바라본다면 그곳에서 찾을 수 있는 교훈과 지혜는 항상 존재한다. 따라서 자신의 가치관만으로 좋고 나뽐을 성급하게 판단하는 것은 올바른 결정이라고 볼 수 없는 것이다.

필자는 이번 연구결과가 영산강유역의 고대사회를 규명하는데 하나의 초석이 되기를 바란다. 하지만 필자의 견해는 하나의 가설이므로 완벽할 수 없기에 당연히 비판을 받을 여지가 많다. 새로운 고고학 자료가 나오고, 더 합리적인 견해가 나오기를 희망한다. 한편 '학문(學問)이란 의문을 연구하는 것'으로 필자는 이번 연구를 통해 생각의 자유와 즐거움을 느낄 수 있었다. 어떠한 학설이나 선입견에 구속되지 아니할 때 진정한 생각의 자유는 존재하는 것이다. 필자가 지금까지 학문을 하는 이유는 바로 여기에 있는 것이다. 2017년은 필자에게 인생의 큰 전환기임이 분명하다. 두 여식을 출가시킴과 동시에 아내를 멀리 떠나보냈다. 고고학이라는 학문 덕분에 만나 함께 생활하다가 먼저 떠난 아내에게 이 책을 받친다.

이 책이 나오기까지 많은 사람들의 도움이 있었다. 윤문과 도판 정리를 도와준 여러 제자들에게 고마움을 표한다. 그리고 이 책을 기꺼이 출판해준 주류성 최병식 사장님과 편집진들에게도 감사를 전한다.

2018. 4. 20.
승달산 아래 연구실에서

■ 목차

머리말 __ 4

1장 서론 __ 11
1. 고대사회의 시·공간적 범위 13
2. 연구방법과 목적 22
3. 복합사회의 개념과 고고학적 기준 24

2장 영산강유역의 자연환경 __ 41
제1절 지형과 지질 43
제2절 기상과 기후 48
제3절 해류와 해수면 변동 50

3장 고고학 조사현황 및 선사문화의 성격 __ 55
제1절 고고학 조사현황 56
제2절 선사문화의 성격 65

4장 고대사회의 형성과 마한 __ 89
제1절 철기문화의 연구현황 90
제2절 철기문화의 형성과 변화 112
제3절 철기문화의 대외교류 130
제4절 마한에 대한 인식과 사회 성격 136

5장 고분을 통해 본 고대문화 __ 155

제1절   고분과 분구묘 156
제2절   고분의 등장과 변천 177
제3절   석곽분의 등장과정과 의미 203
제4절   나주 신촌리 9호분의 성격 235
제5절   나주 복암리 3호분의 성격 246
제6절   전방후원형고분과 원통형토기 269

6장 고대사회의 성장과 백제의 통합과정 __ 311

제1절   고대사회를 바라보는 관점 312
제2절   고대 한·일문화교류와 쟁점 339
제3절   고대사회의 성장배경과 성격 353
제4절   고대사회의 실체-신미제국과 침미다례 374
제5절   백제의 통합과정과 지배방식 390

7장 결론 __ 409

참고문헌 __ 419
ABSTRACT __ 476

1장

서론

영산강유역에 대한 고고학적 관심은 일찍 일제강점기부터 시작되었다. 하지만 우리 연구자들에 의한 조사는 1960년을 시작점으로 볼 수 있다. 당시 국립박물관팀은 영암 내동리 옹관묘를 조사하여 영산강유역에서만 볼 수 있는 대형옹관을 수습하는 성과를 얻었다. 이후 영산강유역에서 이루어진 수많은 고고학 발굴조사를 통해 이 지역의 문화적인 특색이 밝혀지고 있다.

영산강유역 고대사회는 선사문화를 기반으로 점진적인 변화를 보여주고 있다. 선사문화에서는 구석기시대 유적과 청동기시대 지석묘의 집중적인 분포, 신석기시대 유적의 희소성 등이 특징으로 알려져 있다. 고대사회는 철기문화가 시작되는 기원전 2세기경부터 형성되기 시작하여 백제가 이 지역을 직접 지배하게 된 5세기 말까지 지속적으로 변화·발전되었다. 기원전 2세기경부터 중국과 한국의 서남해안, 그리고 일본에 이르는 해로가 형성되면서 육지가 아닌 바다를 통해 철기 및 토기 제작기술, 복골 등 새로운 문물이 다수 유입되었다. 뒤이어 철기의 본격적인 사용과 더불어 농경문화의 발달은 당시 고대사회의 계층화 혹은 복합화하는 결과를 낳게 된다.

당시 고대사회의 계층화는 무덤의 변천과정에서 잘 나타난다. 즉 기원후 1~3세기에는 주구토광묘와 옹관묘가 유행하다가 기원후 3세기 말에는 옹관이 대형옹관으로 변화되면서 분구를 가진 옹관고분으로 발전되었다. 처음에는 옹관과 함께 목관이 매장되는 경우가 많으나 5세기경에는 옹관만으로 고분이 만들어진다. 반면 옹관고분이 발달된 영산강 중하류 지역을 제외한 주변지역에서는 주구토광묘에서 변화된 목관고분이 등장하였다. 5세기 전반경에 들어서면 서남해안과 영산강의 상류지역에 석곽분이 나타나기 시작하였다. 그리고 5세기 말경에는 새로이 횡혈식 석실분이 등장하였다. 이와 동시에 나타난 전방후원형고분은 6세기 전반까지 한시적으로 축조되었다. 영산강유역에서 가장 특징적인 고분인 나주 복암리 3호분과 영동리 1호분은 옹관, 석실, 석곽 등이 같은 분구에 축조되면서 7세기경까지 약 400년간 축조되었다.

이 장에서는 영산강유역 고대사회의 형성과정을 연구하기에 앞서 고대사회의 시·공간적 범위 및 연구방법과 목적을 제시하고, 복합사회의 개념과 고고학적 기준에 대하여 살펴보고자 한다.

1. 고대사회의 시·공간적 범위

먼저 영산강유역의 공간적 범위를 살펴보자. 우선적으로 지리적으로 살펴보면 영산강과 지류가 흐르는 지역을 상정해 볼 수 있다. 즉 영산강이 발원한 담양군을 시작으로 광주광역시와 장성군, 나주시, 함평군, 화순군, 영암군, 무안군을 거쳐 목포시의 남단에서 서해로 흘러든다(그림 1-1).

고고학적으로 보면 구석기시대 유적의 경우 일정한 분포 형태를 파악하기 힘든 반면에 신석기시대 유적은 거의 확인되지 않고 있다. 반면 청동기시대를 대표하는 유적인 고인돌[支石墓]이 집중적으로 분포하는 곳은 전남의 전지역과 전북 고창지역이고, 영산강유역의 고인돌은 영광, 고창 등 서해안지역과 유사한 성격을 보여주고 있다(이영문 1992). 삼국시대 대형옹관묘(옹관고분)의 분포는 나주, 영암, 함평 등 매우 한정된 지역이었으나 점차 무안, 해남 등지에서도 대형옹관묘가 발견되어 영산강유역의 전지역에 분포하고 있음이 확인되었다(성낙준 1983). 반면 영산강유역

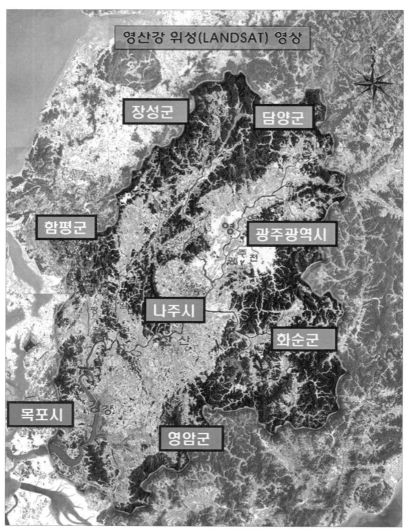

■ 그림 1-1. 영산강유역의 지형도

영산강유역 고대사회의 형성과정 연구

옹관고분의 세력 범위를 북서쪽으로 함평, 장성, 담양지역까지, 동쪽으로
광주, 화순, 장흥지역까지로 잡으면서 영광지역을 제외시켰고, 장흥지역
에도 별다른 지역정치체의 존재를 인정하지 않는 주장도 제기되었다(이영
철 2001).

그런데 영광지역의 경우, 옹관고분 이전의 주구토광묘가 나타나고 있
고, 장흥지역에서도 주구토광묘와 옹관묘가 계속적으로 나타나고 있어
역시 영산강유역과 밀접한 관계를 가지고 있다고 생각한다. 다만 이들
지역에서는 4~5세기대의 옹관고분이 출현하지 않고 있어 영산강유역
고대문화의 중심지가 아닌 주변지역임을 알 수 있다.

따라서 고대문화의 공간적 범위는 영산강에 인접한 광주, 담양, 장성,
화순, 나주, 영암, 함평, 무안, 목포지역 등을 중심으로 하지만 서해안의
영광, 신안지역과 남해안의 해남, 강진, 장흥, 진도, 완도지역 등을 포함
한다. 다시 말하면 영산강유역 고대문화의 공간적인 범위는 섬진강과 보
성강유역을 제외한 전남 서부지역 전체로 볼 수 있다.

다음은 영산강유역 고대문화의 시간적인 범위이다. 필자는 이 지
역의 고고학 시대구분을 구석기시대(12~1만 년 전), 신석기시대(기원전
8,000~1,300년), 청동기시대(기원전 1,300~200년), 철기시대(기원전 200~기원
후 300년), 삼국시대(기원후 300~660년) 등으로 설정하고 있다. 철기시대는
한국고고학에서 초기철기시대와 원삼국시대로 구분되는 것을 하나의 시
대로 통합한 것이다.

한국고고학에서 시대구분에 대한 논의가 시작된 것이 1960년대이지
만 본격적으로 제시된 것은 1973년에 발간된『한국고고학개설』(초판)이
처음이다(김원용 1973). 이후『한국고고학개설』(3판)에서는 구석기시대,
신석기시대(기원전 5,000~1,000년), 청동기시대(기원전 1,000~300년), 초기철

기시대(기원전 300~1년), 원삼국시대(기원후 1~300년), 삼국시대, 통일신라시대 등으로 구분되었다(김원용 1986). 이러한 시대구분은 현재까지 한국고고학에서 일반적으로 사용되고 있다. 하지만 여기에서 논란의 중심이 된 것은 원사단계의 초기철기시대와 원삼국시대이다. 특히 원삼국시대는 고대사학계의 비판과 더불어 고고학계의 내부에서도 두 가지 방안이 제기되었다. 하나는 三韓時代로 부르자는 것이고, 다른 하나는 鐵器時代로 부르자는 견해이다.

첫 번째의 방안은 삼한시대로 부르자는 견해이다. 일부 고고학자들은 1980년대에 와질토기론을 제창하면서 '와질토기시대'를 주장하였지만 이것에 대한 비판이 있자 이를 삼한시대로 바꾸어 부르기 시작하였고 그 의미를 확대하였다. 즉 처음에는 삼한시대가 원삼국시대를 대신하는 개념(최종규 1991)으로 사용되었으나 뒤이어 초기철기시대와 원삼국시대를 묶어 기원전 300년부터 기원후 300년까지를 삼한시대로 설정하였다(안재호 1994; 신경철 1995). 그런데 이것은 삼국사기의 초기 기록을 인정하려고 하는 최근 고대사학계의 분위기와는 상충된다. 결국 삼한시대라는 용어 역시 문헌사적인 시대구분이지만 지역적으로 한정되는 용어이기 때문에 한국고고학의 시대구분으로는 적절하지 않다. 설사 삼한시대라 설정하더라도 문헌적인 근거의 제시도 없이 고고학 자료와 연결하여 임의로 상한연대를 기원전 3세기로 보는 것은 잘못된 것이다(최성락 1995a, 1998).

두 번째의 방안은 철기시대로 통합하자는 것이다. 철기시대는 원삼국시대가 통용되는 시기에도 일부에서 여전히 사용되었다(국사편찬위원회 1977; 이종선 1989). 그런데 체계적으로 철기시대를 주장한 것은 역시 1990년대 이후이다. 지금까지 사용되어 온 초기철기시대의 잘못된 개념을 지적하는 등 철기시대의 시대구분에 대한 종합적인 검토와 그간의 연구성과도 정리되었다(최몽룡 1992, 1993). 또한 철기시대의 개념설정과 더불어 이를 전기와 후기로 나누어 전기는 초기철기시대, 후기는 원삼국시대 혹은 삼국시대 전기에 해당한다는 견해가 제시되었다(최몽룡 1996, 1997b).

철기시대란 시대구분을 처음 사용한 유럽에서는 철제기술과 도구의 출현으로부터 로마시대 이전까지로 한정하고 있다. 지역에 따라 다르지만 대체로 기원전 7~5세기경부터 기원전후까지를 철기시대로 설정하였다(田淵義三郎譯 1969; Milisauskas 1978; Graslund 1994:17-30). 이에 최성락(1995a)은 한국고고학에 있어서 시대구분 문제를 다루면서 새로운 시대구분이 이루어지기 전에 삼시대법을 충실히 따르는 철기시대를 사용하자고 주장하였다. 즉 철기시대의 상한은 연대로 설정될 것이 아니라 실제 문화양상을 기준으로 하여야 하는데 북부지역의 경우 기원전 4~3세기경이, 남부지역의 경우 기원전 2~1세기경으로, 철기시대의 하한은 三國이 자리잡고 王權을 강화시킨 후 고총고분이 만들어진 시기 이전인 기원후 3세기 말로 설정된다. 또 이성주(1998)는 철기시대의 문화 특징을 새로운 제작기술과 생산체계의 확산과 수용, 광범위한 영역에 걸친 뚜렷한 지역문화의 형성, 정치권력의 성장 등으로 보았다. 이와 같은 개념에서 철기시대를 설정한다 하더라도 문제점들이 여전히 제기되고 있다. 즉 철기시대는 도구에 의한 명칭이기에 역사성의 결여로 인하여 문헌에 이미 고조선, 삼한, 삼국 등이 나타나는 시기를 어떻게 다루어야 할 것인가 문제이다.

이러한 상황에서 이희준(2004a)은 삼한시대론과 철기시대론을 비판하면서 원삼국시대의 효용성을 높이기 위해서 부득이 원삼국시대의 연대를 바꾸는 수정론을 제시하였다. 즉 이 시대의 상한연대를 100년 올려 기원전 100년으로 삼는 안이다. 이와 같은 수정론은 다수의 연구자들에게 받아들어지고 있다(박순발 2005; 이남규 2006a; 성정용 2006). 하지만 최성락(2004b)은 현재 고고학에서만 쓰이고 있는 시대구분 명칭인 원삼국시대는 '원사단계의 삼국시대'라는 역사성을 가진 명칭이므로 상한연대가 수정되는 것이 타당하지 못할 뿐 아니라 그 연대를 100년 올릴 경우 초기철기시대의 의미가 퇴색된다는 점을 지적하였다. 이성주(2007)도 만약 원삼국시대의 시작을 100년 올린다면 차라리 그 이전을 청동기시대로 하거나 아니면 청동기시대 후기와 원삼국시대를 묶어서 철기시대로 하자고 제안하였다.

이에 앞서 이청규(2003b, 2007)는 철기시대를 3시기로 구분하는 안을 제시한 바가 있고, 원삼국시대가 분명 역사성이 내재된 시대구분임을 인정하지만 원사단계이고, 초기철기시대도 원사단계임을 지적하면서 이를 통합하여 고고학적 시대구분인 철기시대로 하는 것이 더 세계사적임을 주장하였다. 이러한 논란이 있지만 한국고고학계는 여전히 초기철기시대와 원삼국시대를 사용되고 있다(한국고고학회 2007b, 2010).

그런데 원삼국시대는 역사성이 내재된 시대구분이지만 고고학계와 역사학계에서 공통적으로 사용되지 않고 있어 문제점으로 노출되고 있다. 또 초기철기시대는 선사단계가 아닌 원사단계로 볼 수 있기에 이를 조정하고자 하는 노력이 일부 나타나고 있다. 즉 한국고고학의 시대구분에 고조선의 실체를 포함시키고자 하는 견해들이 제시되었다(송호정 2007; 이청규 2007). 최성락(2008c)도 고고학의 시대구분을 고수할 것이 아니라 역사학과 함께 사용할 수 있는 시대구분의 필요성을 강조하였고, 일반인들에게도 쉽게 이해할 수 있는 시대구분이 되어야 한다고 주장하면서 초기철기시대-원삼국시대 대신에 고조선-삼국시대의 사용을 주장하였다.

그리고 2008년 국립중앙박물관의 고고학 연표에 고조선이 빠져있어 우리 역사를 왜곡하였다는 비판이 사회여론화가 되자, 2009년경 국립중앙박물관은 전시실의 고고학 연표에 기존에 사용되던 초기철기시대와 원삼국시대라는 구분을 없애고 청동기문화 다음에는 철기문화로 표기함과 동시에 고조선-여러 국가의 등장-삼국시대 등으로 표기하였고, 전시실을 청동기·고조선실-부여/삼한실-삼국시대실 순으로 개편하였다.

하지만 한국고고학에서는 아직까지 역사학과 함께 쓸 수 있는 시대구분을 받아들이기가 쉽지 않기 때문에 한시적이지만 삼시대법을 그대로 따르는 방안이 무난할 것이다. 즉 초기철기시대와 원삼국시대를 구분할 것이 아니라 이를 통합하여 철기시대로 사용함으로써 고고학연구에서 혼란을 줄일 수 있다.

따라서 본고에서 고대문화의 시간적인 범위는 역사의 시작이라고 볼 수 있는 마한의 등장으로부터 백제의 멸망까지로 한정한다.[1] 즉 고고학 시대구분에 따르면 철기시대와 삼국시대가 이에 해당한다.

그렇다면 영산강유역 고대문화인 철기시대와 삼국시대의 편년을 살펴보자. 먼저 철기시대의 편년의 경우, 북부지역에서는 기원전 4~3세기경에 형성되었지만 호남지역에서는 기원전 3~2세기경에 시작되었다. 즉 전북 익산-전주지역에서는 당시의 토광묘 유적이 집중적으로 확인되고

---

1. 한국사에 있어서 고대사의 시간적인 범위는 일반적으로 역사가 시작되는 시기인 고조선부터 통일신라시대까지를 포함하지만 본고에서는 통일신라시대를 포함시키지 않았다.

있다. 반면 영산강유역에서는 아직 기원전 2세기경의 철기문화가 분명하게 나타나지 않고 있다. 다만 주조철기 한 점이 나주 운곡동 유적에서 확인되었을 뿐이다. 또 토광묘에서 청동기와 철기가 함께 출토된 나주 구기촌 유적이 있다. 이 유적의 연대가 기원전 1세기로 비정되고 있지만 그 이전으로 올라갈 가능성만 제기되고 있다. 그 뒤를 이어 영산강유역의 대표적인 철기시대 유적은 광주 신창동 유적, 해남 군곡리 패총 등을 들 수 있다. 당시 묘제는 옹관묘와 토광묘가 알려져 있다. 토광묘는 단독 토광묘와 주구를 두른 토광묘(즉 주구토광묘)로 나누어진다. 주구토광묘는 처음 충청 내륙지방에서 발견되었으나 이후 충청 서해안지역과 호남지역에서 계속적으로 발견되었다. 주구토광묘는 기원전후로부터 지속적으로 만들어지며 3세기 말에는 목관고분으로 발전된다. 옹관묘는 광주 신창동 유적에서 합구식 옹관이 처음 알려졌으며(김원용 1964), 이후 광주 운남동 유적(국립광주박물관 1996)과 함평 장년리 당하산유적(최성락·이헌종 2001) 등지에서도 발견되었다. 이들 옹관의 연대는 기원전 1세기에서 기원후 1세기로 추정된다. 그리고 기원후 2~3세기경에는 주구토광묘의 주구나 대상부에 옹관이 매장되었고, 3세기에 이르면 그 크기가 점차 커지다가 3세기 후반에는 전용옹관이 만들어지고, 분구를 가진 옹관고분이 형성된다.

다음은 삼국시대로 고고학적으로 보면 고분이 등장하는 시기이다. 이 시기를 대표하는 고분은 대형옹관묘(옹관고분)와 횡혈식 석실분이다. 옹관고분은 영산강유역에 주로 분포하는 독특한 무덤 양식이다. 이정호는 영산강유역에서 옹관고분을 세 시기로 나누었다(이정호 1996a, 1999). 즉 옹관고분 Ⅰ기의 연대는 3세기말에서 4세기 전반까지, 옹관고분 Ⅱ기 연대는 4세기 중엽에서 5세기 전반까지, 옹관고분 Ⅲ기에는 반남지역에 집중적으로 분포하는데 그 연대는 5세기 중엽에서 6세기 전반까지 설정하고 있다. 기타 옹관묘로는 전용옹관과 대형호를 조합하거나 돌막음 옹관 등이 있는데 이들 옹관은 옹관고분 Ⅲ기의 후반인 5세기말에서 6세기 전반까지 사용되었다.

옹관고분에 뒤이은 횡혈식 석실분의 축조시기는 대체로 5세기말에서 7세기 중반으로 잡고 있다. 이를 크게 세 시기(조근우 1996)로 구분하거나 두 시기(이정호 1999)로 구분하고 있다. 두 시기로 나누는 경우, Ⅰ기(전기) 석실분은 옹관고분의 전통을 유지하면서 무덤의 주체부를 옹관에서 석실로 대체하고 있다. Ⅰ기 석실분의 연대는 대체로 5세기 말에서 6세기 전반까지로 추정하고 있다. 대표적인 고분으로는 나주 송제리 고분, 영광 대천리 고분, 해남 월송리 조산고분, 나주 복암리 3호분 '96석실분(국립문화재연구소 2001a) 등이 있다. 그리고 전방후원형고분도 이 시기에 축조되었다. Ⅱ기(후기) 석실분은 전형적인 백제계의 사비식 석실분(平斜天井式, 平天井式)이다. Ⅱ기 석실분의 연대는 6세기 중엽 이후로 보는 것이 일반적이다. 대표적인 유적으로 무안 인평석실분, 함평 신덕 2호분, 신안 도창리 고분, 나주 복암리 3호분의 석실('96석실 제외), 반남면 대안리 4호분·흥덕리 고분 등이 있다. 이 시기에는 고분뿐만 아니라 유물에서도 백제의 영향이 증대된 반면에 유물의 다양성이 줄어들고 있다. 이상에서 살펴 본 영산강유역 고대문화의 편년은 다음과 같다(표 1-1).

■ 표 1-1. 영산강유역 고대문화의 편년

연 대	고고학적 특징	대표적인 유적
기원전 2세기대	철기시대 I기 : 토광묘(목관묘)	전북 만경강유역의 목관묘
기원전 1세기~	철기시대 II기 : (주구)토광묘, 옹관묘	해남 군곡리유적, 광주 신창동유적
기원후 1세기~	철기시대 III기 : (주구)토광묘의 발달	영광 군동유적(라), 함평 순촌유적
기원후 3세기 말~	옹관고분 I기: 옹관고분 등장	나주 용호 12호분, 영암 옥야리 14호분
기원후 4세기 중엽~	옹관고분 II기: 이형분구(옹관＋토광)	영암 내동리고분·초분골 1호분
기원후 5세기 중엽~	옹관고분 III기: 고총고분, 교류 관련 유물 출현(원통형토기, 가야토기)	나주 신촌리, 대안리, 덕산리, 무안 구산리 옹관고분
기원후 5세기 말~	석실분 I기: 횡혈식 석실분, 수혈식 및 횡구식 석실의 출현, 전방후원형 고분의 등장	나주 복암리 3호분 '96석실·송제리 고분, 함평 신덕 1호분, 광주 명화동 고분, 영광 대천리고분 등
기원후 6세기 중엽~	석실분 II기: 사비식 석실분 등장	무안 인평 석실분, 함평 신덕 2호분, 신안 도창리 고분, 나주 흥덕리·대안리 4호분

2. 연구방법과 목적

영산강유역에서 고고학 조사가 시작된 것은 50년이 넘지만 지난 10여 년 간 많은 발굴조사가 이루어지면서 엄청난 분량의 고고학 자료가 확인되었다. 이에 따라 고고학 자료인 유적이나 유물·유구에 대한 개별적인 연구들은 적지 않게 이루어지고 있다. 하지만 이를 종합하여 당시 고대문화를 복원하고 고대사회의 성격을 파악하려는 시도는 상대적으로 적다고 할 수 있다. 따라서 필자는 지금까지 이루어진 고고학 연구 성과를 종합하여 영산강유역 고대문화의 양상을 밝히고, 고대사회의 형성과정을 연구하고자 하는데 목적을 두고자 한다.

또한 필자는 영산강유역 고대문화가 어떻게 형성되고, 변천되었는지를 연구해 보고자 하였다. 우선 내부적인 관점에서 이 지역의 주민들이 문화를 어떻게 수용하고 발전시켰는지에 대하여 검토해 보았다. 모든 문화요소는 당시 지역주민들에 의해 받아들여지고, 향유하였던 것이다. 따라서 필자는 고대문화를 내부적인 관점에서 고고학 자료를 해석해 보고자 한다. 반면 외부적인 동인이 없었는지도 검토해 보았다. 당시 영산강유역은 끊임없이 주변지역과 교류를 통해 문화가 변화되었음을 알 수 있다. 특히 남해안지역에 많이 분포하는 패총의 형성과정을 살펴보면 중국으로부터 일본에 이르는 해로가 철기문화의 형성에 영향을 주었음을 알게 되었다. 또 한·일연구자들이 공통적으로 관심을 보이고 있는 영산강유역의 전방후원형고분은 일본지역 고분과 관련이 있다. 따라서 영산강유역의 고대사회가 형성되는 과정에서 외부적인 동인도 매우 중요한 것이다.

그리고 영산강유역 고대사회의 성격을 밝히기 위해서 고고학 자료 이외에도 문헌 자료를 적절히 활용하는 것이다. 고고학 자료는 물질자료이기에 이를 통한 고대사회의 복원은 결코 쉬운 작업이 아니라 매우 한정적일 수밖에 없다. 반면에 문헌 자료의 경우 역시 극히 드물다는 한계를 가지고 있다. 따라서 영산강유역 고대사회의 성격을 밝히기 위해서는 고고학 자료와 더불어 문헌 자료를 상호보완적으로 활용하여야 한다. 이 연구에서는 문헌 자료의 연구성과를 반영하여 마한의 성격과 영산강유역 고대사회의 실체를 논의해 보았다. 또한 이 지역은 언제, 어떻게 백제로 편입되는지를 밝혀보고자 한다.

　마지막으로 영산강유역의 고대사회를 신진화론자들의 사회발전단계설에 적용해 보고자 한다. 즉 복합사회의 개념을 통해 영산강유역에서 철기문화를 바탕으로 하는 마한 사회와 그 뒤를 계승한 고대사회가 어떠한 단계로 속하는지 살펴보고자 한다.

3. 복합사회의 개념과 고고학적 기준

1) 복합사회의 개념과 사회발전단계설

　복합사회(complex society)란 사회적 복합도가 어느 정도 수준 이상에 다다른 사회를 지칭하는 용어라는 데는 별다른 이견이 없다. 여기에서 복합도(complexity)란 사회체계 및 제도가 시간의 흐름에 따라 단순한 형태에서 복잡한 형태로 변화한다는 진화론적 사고에 기초한 개념인데, 단순 및 복잡은 절대적이 아닌 상대적 개념이다(Mignon 1993:91). 따라서 우리는 어떤 기준으로 단순사회(simple society)와 복합사회(complex society)를 구별할 것인가를 고려해야 한다. 즉 구성원들 사이에 사회적 불평등이 존재하지 않고, 구성단위들이 서로 동질적인 사회를 평등사회 내지는 단순사회라 한다면, 상대적으로 사회적 차별, 즉 불평등이 존재하고, 그 구성단위들이 서로 이질적인 사회를 복합사회라 할 수 있을 것이다. 사회적 불평등이란 구성원 개개인의 능력에 따른 권력 또는 부의 차이가 아닌, 혈연에 따른 수직적 분화, 계급 또는 사회 및 물질 자원에 대한 불평등한 접근 등을 의미한다(Tainter 1988:23).

'사회복합도(social complexity)'는 그 사회를 형성하고 있는 구성단 위들간에 이루어진 기능적 분화의 정도라 정의된 바 있다(Blanton et al 1981:21). 이는 기능적 분화의 정도가 특정 사회의 복합도를 판단하는 척도가 될 수 있으며, 특정 사회에서 확인된 기능적 분화의 수준은 그 사회를 일련의 사회발전단계상의 한 단계에 위치시키는 지표로 이용될 수 있다는 것을 의미한다. 그렇다고 해서 사회복합도를 단순히 사회 구성단위들간에 이루어진 기능적 분화의 산물로 인식하는 태도는 그리 바람직하지 못하다. 이는 정체된 결과로서가 아닌 지속적으로 진행되는 일련의 과정으로 인식되어야 한다. 다시 말해서 이는 그 사회의 구성원 개개인들과 내부 집단들의 미처 결집되지 않은 단순한 기능들이 점진적으로 전문화, 통합화, 그리고 집중화되어가는 일련의 사회문화적 역학관계상에서 이해되어야 할 것이다(Rhee and Choi 1992:52).

한편 기능적 분화는 수평적 분화와 수직적 분화로 대별될 수 있는데, 사회조직내에서 동등한 위계를 점하는 구성단위들간의 기능적 전문화가 수평적 분화라면 기능적으로 다양한 구성단위들에 부여되는 위계상의 차이는 수직적 분화이다(Blanton et al. 1981:21). 이와 같은 기능적 분화는 정치적, 경제적, 혹은 양자의 측면이 복합된 것일 수도 있으며, 경우에 따라서는 수평적 분화로 시작하여 수직적 분화로 귀결될 수도 있다(Chapman 1990:169).

지금까지 사회복합도 및 복합사회의 개념이 어떤 방향으로 규정되고 있는가를 간략하게나마 살펴보았다. 이제 이를 기반으로 하여 인류사회가 거쳐 온 사회발전단계상의 어느 단계가 복합사회에 해당하는가를 생각해 보도록 하자. 일찍이 모르간(Morgan)은 고대사회(*Ancient Society*,

1877)에서 당시 서구학계에 풍미하던 진화론적 시각에서 인류문화사의 시기구분을 시도함으로써 인류가 걸어온 사회조직의 발전 및 그에 따른 사회복합도의 변천과정을 제시하였다. 그는 타일러(Tylor)가 제시한 야만, 미개, 문명의 3단계 발전과정을 보완하여 7단계의 발전과정을 제시하였는데 이는 오랜 동안 학계의 지지를 받았다. 그러나 20세기 초 유럽학계로부터 19세기 단선진화론에 대한 회의가 밀려오면서 그의 입장은 많은 도전을 받게 되었는데, 20세기 중반에 이르러 미국 학계에서는 스튜어드(Steward)와 화이트(White)를 중심으로 기존의 단선진화론이 지닌 문제점을 보완한 새로운 문화진화론이 대두되면서 진화론적 관점이 다시 학계의 관심을 끌게 되었다(전경수 1988:574-575).

그리고 1960년대에 들어와 미국 인류학계에서는 이 새로운 진화론적 관점에 기초한 신진화론적 사회발전단계 모델이 제시되어 학계의 주목을 받게 되었다. 한편 국가형성이론은 크게 統合理論과 葛藤理論으로 나누어진다. 국가가 지닌 통합적인 기능을 강조한 統合理論의 대표적인 학자인 서어비스(Service)는 群集(혹은 무리, band) – 部族(tribe) – 族長(chiefdom) – 國家(state) 등의 사회발전 모델을 제시하였고, 정치집단 상호간의 경쟁과 투쟁을 강조하는 葛藤理論의 대표적인 학자인 프리드(Fried)는 平等社會(egalitarian society) – 序列社會(ranked society) – 階層社會(stratified society) – 國家(state) 등의 사회발전 모델을 제시하였다(Service 1962, 1975; Fried 1967). 이들은 가장 영향력 있는 신진화론적 사회발전 도식으로써 문화인류학 분야 뿐 아니라 고고학 분야에도 지대한 영향을 미쳤다. 서어비스(Service)는 주로 민족지 자료를 이용하여 각 사회형태에 있어 구체적인 문화현상의 특질을 설명하면서 신진화론적 사회발전단계를 제시한 반면에, 프리드(Fried)는 문화단계의 설정보다는 정치진화과정을 규명하려는 의도에서 사회형태를 분류하였다.

사회발전단계설에 대한 자세한 검토는 이미 여러 차례 이루어졌기 때문에 이 글에서는 서어비스(Service)와 프리드(Fried)가 제시한 두 발전단계 모델상에서 어떤 단계가 복합사회에 해당하는가를 살펴보고, 그 단계를 규정하는 특성들은 무엇인가를 생각해 보고자 한다.

프리드(Fried)가 말하는 평등사회는 사회적인 분화가 일어나지 않은 사회이고, 어떠한 경제적인 역할이나 정치적 권한이 부여되지 않은 사회이다. 반면 서열사회에서는 어떤 지위를 획득하는데 제한이 있으며, 이런 제한 중에서 가장 단순한 방법은 출생에 기반을 둔다는 것이다. 이것이 여러 세대에 걸쳐 반복되면 어떤 특정인의 후계자들이 고위직을 유지할 수 있으며 이렇게 함으로써 공동체 내에 신분의 차이가 생기게 된다. 평등사회와 서열사회의 근본적인 차이점은 평등사회가 상호호혜에 의해 지배되지만 서열사회는 초가정적인 재분배 제도를 갖게 된다는 점이다. 그리고 계층사회에서는 더 이상 혈족에 근거하지 않고 오히려 영역적 집단에 기반하여 계층화는 도시사회에서 요구되는 노동분화를 촉진하고, 이 사회의 구성원과 그 사회의 생계수단 간에 분화적 관계가 존재한다는 점이 특징이다. 프리드는 계층화된 사회가 되어야 강제력이 나타나며 사회의 통제력과 권력조직이 초혈연적 기반 위에서 國家가 발생한다고 보았다(Fried 1967; 김정배 1986, 178-180).

프리드(Fried)가 제시한 평등사회는 서어비스(Service)의 무리사회 및 部族社會, 序列社會는 族長社會, 階層社會는 고대 국가와 대응되며, 族長社會 및 序列社會 이후는 앞서 논의한 불평등사회, 즉 복합사회로 인식되는 것이 일반적이다. 물론 사회발전단계의 설정을 목적으로 한 서어비스(Service)의 모델과 정치진화과정을 규명하고자 한 프리드(Fried) 모델의 각 단계를 평면적으로 비교하는 것은 별다른 의미가 없다. 더욱이 프리드는 "部族(tribe)"이란 용어를 "人種(race)" 이상으로 그 의미가 불분명하고 무의미한 인류학적 어휘이라고 혹평하며, 서어비스(Service)가 설정한 부족사회 단계에 상당한 의문을 제기하기도 했다(Fried 1967:154).

그러나 이 글에서는 이러한 문제점들에도 불구하고 고고학자들에게 보다 폭넓은 지지를 얻고 있는 서어비스(Service)의 족장사회를 중심으로 복합사회의 성격을 살펴보기로 하겠다.

일찍이 오베르그(Oberg, 1955)가 인디언 사회의 한 유형을 지칭하는 용어로 사용했던 "chiefdom"이 Service에 의해 진화론적 사회발전 모델의 한 단계로 차용되었다. 서어비스는 생산성을 확대시킨 높은 인구밀도와 경제적, 사회적, 종교적 행위를 통제하는 권위를 지닌 복잡하고 체계적인 사회조직의 등장이란 측면에서 족장(chiefdom) 단계를 部族(tribe) 단계와 차별하고, 이를 보다 높은 단계의 사회통합을 유도한 정치·사회적 혁신으로 인식하였다. 그의 입장에 따르면 족장사회는 특정한 기술적 혁신보다는 그 사회조직의 형태에 의해 특징 지워지며, 이는 고고학적 자료를 통해 확인될 수 있는 것이 아니라, 오직 추론 또는 추측될 수 있을 뿐이다. 족장사회는 구성 단위들 간의 기능분화, 즉 전문화(specialization)를 통해 유도된 재분배 사회이기도 한데, 전문화는 거주단위들의 공간적 특성에 따른 지역적 또는 생태적 전문화와 구성원들의 노동 및 기술의 집약을 통한 대규모 협동작업으로 대별된다(Service 1962:143-145). 전문화를 통한 재분배 경제를 통해 지지되는 족장사회에는 혈연을 통해 세습되는 위계체계가 존재하며, 한정된 권력을 지닌 재분배 경제의 중재자인 지도자(chief)는 종교적 사제로서의 역할을 겸하는 경우가 일반적이다(Service 1975: 15-16, 74).

그런데 서어비스는 이러한 chiefdom의 개념에 대하여 스스로 의문을 제기하기도 하였으나(Service 1971:157, 1975:304) 여러 학자들은 여전히 그 개념을 재규정하고 사용해 왔다(Earle 1991a). 특히 영국의 렌프류(Renfrew)는 웨섹스(Wessex) 지방의 유적지를 바탕으로 족장사회의 특징을 20개의 문화요소를 제시하였다(Renfrew 1973:543; 김정배 1986:204).

이러한 문화적인 특성을 하나하나 검증하기는 매우 곤란한 일이고 또한 이러한 항목의 유무에 매달리다 보면 체크리스트 고고학(check-list archaeology)이라는 비판을 받기도 한다. 사실상 이러한 모든 특성이 어느 한 족장사회에서 나타나야만 하는 것도 아니고 쉽게 찾아 볼 수도 없다.

미국의 프래너리(Flannery)는 서어비스의 이론에 體系理論(system theory)을 결합시켜 도시 문명 및 국가의 발달을 생태계에 대한 인간의 적응 결과로 보았으며, 군집과 부족사회가 平等社會(egalitarian society)이며, 군장(chiefdom)과 국가가 階級社會(hierarchical society)로 보았다. 군장과 국가의 차이점은 군장사회가 혈연을 기반으로 하고 있는데 비해, 국가는 혈연 보다는 직업의 전문화에 기반을 두고 있다는 점이다. 국가를 형성하는데 있어서 중요한 원동력으로는 인구의 증가, 전쟁, 관개농업, 무역, 공생관계, 사회적 제약, 협조와 경쟁 그리고 종교와 예술력이 갖는 내적인 힘을 들고 있다. 이들 원동력이 아체계를 이루어 좀 더 큰 상부체계인 생태계를 형성한다는 것이다(Flannery 1976; 최몽룡 1983:61-56).

그런데 사회적 복합도의 경우와 마찬가지로 족장사회 역시 정체된 실재가 아닌, 다양한 사회문화적 역학관계상에서 끊임없이 변화하는 일련의 과정상에 위치하는 개념이라는 유연한 맥락에서 인식되고 있다. 즉 어얼(Earle)은 족장사회를 무두사회와 관료국가의 중간단계로서 수 천명의 지역 주민을 조직하는 정치적 실체로 인식하게 되었다. 그는 部族(tribe)의 모호성을 지적하고, 특히 다선진화를 강조하고 족장사회가 과도적인 성격을 띠며 각 사회 및 지역에 따라 다양한 형태로 나타난다고 하였다(Earle 1987:279-308; 전경수 1988:591-592).

이러한 족장사회를 두 단계 혹은 세 단계로 나누기도 한다. 즉 스테포나이티스(Steponaties), 존슨(Johnson)과 어얼(Earle) 등은 각각 족장사회를 단순 족장사회와 복합 족장사회로 나누었다(Steponaties 1978; Johnson and Earle 1987). 특히 존슨과 어얼은 인류역사에 나타난 경제형태를 실재론과 형식론에 입각하여 생계경제와 정치경제로 나누어 이를 바탕으로 문화진화를 설명하고 사회형태를 분류하고 있다. 즉 그는 가족 수준의 집단−지방 집단사회−족장사회−국가사회 등으로 나누었는데 여기에서 족장사회를 다시 단순 족장사회와 복합 족장사회로 나누고 있다. 단순 족장사회는 혈연을 바탕으로 정치와 경제체제가 형성되어 있기 때문에 경제적 생산과 물품교환이 혈연의 연계망을 통하여 형성된다고 보았고, 복합 족장사회는 진정한 의미의 족장이 출현하고 전문집단의 출현 등 사회의 계층화가 진행된 이후를 말한다(Johnson and Earle 1987:207-245; Earle 1991b: 71-74).

그리고 카네이로(Carneiro)는 최소 족장사회, 전형 족장사회, 최상 족장사회 등 세 단계로 분류하였다(Caneiro 1981:46-48). 최소 족장사회는 가장 기본적인 족장사회를 의미하며, 전형 족장사회는 완전한 족장사회이고, 최상 족장사회는 초기 국가에 가까운 복합 족장사회를 의미한다. 즉 카네이로(Caneiro)는 기존의 복합 족장사회를 전형 족장사회와 최상 족장사회로 나누어 본 것이다.

따라서 복합사회란 대체로 신진화론의 사회발전단계설에서 족장사회

이후를 언급하고 있다. 족장사회는 사회·경제적 계층화, 사회·경제적 재분배 및 그 중재자로서의 족장, 혈연에 따른 신분세습, 영역, 종교, 직업 및 기술의 전문화, 인구의 집중, 농경사회, 전쟁, 취락 유형의 계층화 등을 통해 그 성격 및 특징이 규정될 수 있다. 또한 족장사회의 성격을 정체된 사회가 아닌 과정적인 성격으로 보고 이를 몇 단계로 나눌 수 있는데 본고에서는 단순 족장사회, 복합 족장사회로 나누고자 한다.

2) 복합사회의 고고학적 기준

복합사회를 나타내는 고고학적 기준으로는 대규모의 건축물과 무덤의 존재, 사치 외래품의 존재, 전문집단의 출현을 보여주는 유물의 존재, 그리고 주거유형의 차이 등이 있다.

먼저 가장 손쉽게 찾아볼 수 있는 것으로 대규모의 건축물과 무덤의 존재이다. 대규모의 건축물이나 무덤의 존재는 사회의 복합화를 나타내고 있다. 예를 들면 렌프류(Renfrew)는 신석기시대의 거대한 무덤과 스톤헨지를 족장사회의 근거로 들었다. 우리나라에서도 거대한 고분, 즉 고구려의 적석총, 백제의 적석총, 그리고 신라의 적석목곽분 등의 등장을 국가의 형성으로 해석한다.

다음은 화려한 무덤 출토품이나 교역에 의한 사치품들의 존재이다. 각 무덤에서는 다른 무덤과 차이가 나는 유물이 부장되는 경우가 있는데 이를 근거로 사회의 복합정도를 고려해 볼 수 있다. 또한 화려한 장식품 등은 외부로부터 유입되는 경우가 많은데 이들 유물도 유력자 집단에 의해 소유되었을 것이다. 따라서 화려하고 값진 유물이나 주술적인 유물의 발달은 새로운 계층의 출현과 사회의 복합화를 보여준다.

그리고 전문집단의 출현을 알려주는 유구나 유물의 확인이다. 예를 들면 철기를 제작했던 기술자 집단이나 전문적으로 토기를 제작했던 도공들의 출현을 나타내는 유물들과 제철유구 혹은 가마 등의 확인을 들 수 있다.

끝으로 주거유형의 차이이다. 특히 미국고고학에서는 사회의 복합화과정을 취락연구를 통해 풀려고 했다. 스테포나이티스에 의하면 평등사회는 중심부가 없는 사회체제였고, 단순한 족장사회는 일단계의 중심부만이 존재하는 사회였으며, 복합적 족장사회는 2단계 혹은 3단계의 중심부를 갖춘 사회였음을 지적하고 있다. 또한 사회가 발전해 갈수록 중심부의 단계수가 더욱 많이 증가되어 가며 언제나 최종단계의 중심지는 하나가 되고 하위단계의 중심지들과 그 관할지역을 총괄하는 중심부의 역할을 하게 된다고 설명하고 있다. 즉 취락고고학을 통해 얻어지는 당시 주거유형의 연구를 통해 당시의 사회조직에 대한 연구가 가능하다고 본 것이다(Steponaties 1978; 이송래 1989:110-114).

이상과 같은 고고학 증거들 이외에도 문헌 자료들이 당시 사회의 복합정도를 알려주는데 중요한 자료가 될 수 있다.

3) 연구현황과 문제점

지금까지 한국고고학과 고대사에서 사회발전단계설에 대한 연구는 적지 않다. 1960년대까지 사회발전단계를 일반적으로 씨족공동사회 – 부족사회 – 부족국가 – 부족연맹(왕국) – 고대국가 등으로 보았으며(김철준 1964: 455-546) 여기에서 부족국가說은 모르간(Morgan)의 이론을 받아들인 것이다(노태돈 1981; 최광식 1990).

1970년대 이후 부족국가설에 대한 반론이 제기되기 시작하였다. 먼저 천관우에 의해 제기된 성읍국가설이다. 그는 베버의 고대국가발전단계를 예시하고 도시국가를 성읍국가로 대체하여 한국 고대국가에 적용하였다(천관우 1976a). 이를 받아들인 이기백은 기원전 4세기경의 고조선이 청동기문화를 바탕으로 하는 성읍국가라고 규정하면서 남부지역의 진국사회나 철기문화를 가진 삼한사회의 소국들도 성읍국가로 보았다(이기백 1976:21-26). 그러나 성읍국가에서 성읍의 개념이나 국가의 개념에 문제가 있음이 지적되었다(김정배 1986:312-313; 강봉원 1992).

또 다른 반론은 신진화론자의 사회발전단계설을 적용하면서 제기되었다. 부족국가설을 비판하고 이를 신진화론의 사회발전단계설과 처음 연결시킨 것은 김정배(1973, 1986)에 의해서다. 그는 인류학의 이론 즉 서비스의 사회발전단계설을 이용하여 처음 삼한사회가 군장사회라고 보았으나 이후 청동기시대 후기가 이에 해당한다고 주장하면서 여전히 지석묘사회는 군장사회가 아니라고 하였다. 또한 프리드의 이론을 한국사에 적용하여 예맥조선(고조선) 말기인 기원전 4-3세기를 일차 국가(혹은 원초적국가), 위만조선을 이차 국가로 비정하였다.

그리고 이종욱(1982)은 신라 국가형성과정을 연구하면서 신라의 모체가 되는 경주를 중심으로 하는 지역에서 지석묘가 축조되던 시기(기원전 7~2세기)부터 마립간 시기까지에 걸치는 고고학적 자료와 문헌적인 자료를 연결하는 작업을 하였고. 이를 인류학의 사회발전단계설과 연결하였다.

한편 최몽룡(1981)은 전남지방 지석묘사회를 집중적으로 연구하여 이들의 사회를 족장사회(chiefdom)라 하였다. 또한 그는 위만조선의 국가형성 문제를 다루면서 프레너리(Flennery)의 국가에 대한 정의를 소개하고 그 범주에 들어갈 수 있는지를 검증하면서 위만조선이 최초의 국가는 아닐지라도 확실하게 국가체제를 갖추어 나타난 것으로 보았다(최몽룡 1983).

그런데 지석묘사회를 chiefdom으로 볼 수 없다는 주장도 제기되었다. 이남석은 청동기시대를 전기와 후기로 분류하고, 지석묘가 중심인 전기는 사회계층의 분화가 미약한 사회(공동사회, 부족사회)이고, 청동기가 본격적으로 사용되는 후기는 군장사회에 해당된다고 하였다(이남석 1985). 또 강봉원(1990)은 경남지방에 분포하고 있는 고인돌을 통계에 의한 공간적 분석(최근접 분석:nearest neighbor analysis)과 출토유물의 문화적인 성격을 통해 고인돌사회가 계급사회로써 chiefdom 이라기보다는 평등사회로서 부족사회에 해당된다고 주장하였다.

그리고 지금까지 연구된 사회발전단계설의 적용상에서의 문제점에 대하여 새로운 견해와 방향의 제시가 있었다. 김광억(1985)은 신진화론에서 제시한 사회발전단계는 각 단계의 성립과정과 다음 단계로의 이행 원인과 과정을 추정하는데 초점을 맞추고 있는데, 한국 고대사 연구에서는 각 단계를 설명하는 요인들 중 몇 가지만을 선택하여 특정의 정치단계가 그 단계라는 식으로 설명하고 있어 보편진화의 입장에서만 설명을 하고 있다고 지적하였다. 전경수(1988)도 서구에서 제시된 인류학 이론의 실체를 정확히 파악하지 못하였다고 지적하면서 사회발전단계설을 한국고대사에 적용한 이종욱, 최몽룡, 윤내현 등을 비판하였다.

한편 당시 사회의 복합화라는 관점에서의 한국고대사에 대한 연구도 이루어지고 있다. 이송래와 최몽룡(Rhee and Choi 1992)은 한국 선사시대의 사회발전 단계를 신석기시대로부터 초기 역사시대까지에 걸쳐 고고학적 자료에 나타난 증거를 바탕으로 사회복합화의 과정을 제시하였다.

이 논고에서는 chiefdom 단계가 카네이로(Carneiro)의 견해를 따라 단순 chiefdom, 복합 chiefdom, 최상 chiefdom 등으로 분류할 수 있으며 한국 고대사에서 복합 chiefdom은 기원전후에 시작되었다고 보았다. 권학수(1992)도 역시 복합사회의 변천을 검토하면서 가야 지역의 생태환경과 관련한 생산력과 낙동강을 중심으로 한 상호간의 교환경제조직을 통한 경쟁과 자극이 가야의 통합을 막는 요소로 작용했다고 하는 가야 특유의 사회발전과정을 제시하였다. 김태식(1990)은 문헌적 고찰과 고고학 자료의 고찰을 통해 가야의 사회발전단계를 설명하였다.

그런데 고대사학계에서는 신진화론의 사회발전단계설에 대한 검토가 종합적으로 이루어졌는데 주로 서구사회에서 개발된 사회발전단계설을 한국고대사에 적용하는 것이 불합리하다고 인식하고 있다(이기동 1989; 주보돈 1990:235-237; 노중국 1990; 최광식 1990; 이현혜 1991, 1995).

하지만 한국고고학계에서도 지금까지 연구된 사회발전단계설에 대한 정리 작업이 이루어지고 있다. 즉 한국고고학과 고대사에서 신진화론이 적용된 여러 학설을 학사적으로 정리하고 있다(장호수 1994; 김경택 1995). 또한 최근 조사된 경남 창원 덕천리 지석묘의 예를 들어 지석묘사회가 족장사회일 가능성이 많음을 시사하기도 한다(홍형우 1994). 또 최정필(1997)은 신진화론의 적용상에서의 문제점을 재정리하고 신진화론의 배경을 검토함과 동시에 앞으로도 연구될 가능성이 많음을 주장하였다. 그리고 한국고고학에서 신진화론에 대한 논의를 총체적으로 정리한 것은 『한국고대국가 형성론』(최몽룡·최성락편 1997)이다.

이후 인류학계나 고대사학계에서는 신진화론의 사회발전단계설에 대한 논의가 사실상 줄어든 반면에 고고학계에서의 복합사회에 대한 논의가 계속되었다. 즉 복합사회의 개념(강봉원 1998; 김경택 2004)을 제시하거나 신석기시대의 사회(임상택 2015), 청동기시대의 사회(김장석 2011), 삼한의 사회(이성주 2016) 등이 복합사회임을 언급하고 있다.

한편으로 신진화론의 영향으로 고대사학계와 고고학계에서는 국가형성과정에 대한 논의를 계속되고 있다. 먼저 한국고고학회에서는 두 번의 학술대회, 즉 '계층사회와 지배자의 출현'(한국고고학회편 2007b), '국가의 형성의 고고학'(한국고고학회 2008)을 통해 청동기시대에 계층화가 이루어지고, 삼국시대 고분이 축조되면서 초기국가의 단계임이 주장되었다.

더불어 고대사학자나 고고학자들도 國의 개념, 지배계층 혹은 정치체의 형성, 고대국가의 형성에 대한 견해들을 꾸준히 제시하였다(권오영 1996; 배진성 2007b; 송만영 2007; 유태용 2000; 이성주 2009; 이청규 2000; 이희준 2000, 2004b). 특히 이희준(2011)은 조나단 하스(Haas 1982, 최몽룡역 1989)와 어얼(Earle 1997, 김경택역 2008)의 견해, 즉 지배자가 지닌 권력의 주요 기반이 이념, 경제, 무력이라는 세 가지 요소를 배경으로 한반도 남부지역에서 초기철기시대로부터 원삼국시대에 걸친 수장의 권력 기반과 그 변천을 설명하였다.

이상과 같이 신진화론의 사회발전단계설은 한국고대사에서 주로 고대국가의 개념과 그 형성과정에 대한 것과, 국가 직전 단계인 족장사회를 어떻게 설정하느냐 등에 집중적으로 적용되었다. 이 과정에서 나타나는 문제점은 다음과 같다.

우선은 용어의 혼란과 이론 적용의 문제이다. 초기에 사회발전단계설을 인용하면서 동일한 용어를 서로 다르게 번역하였거나 그 의미를 다르게 해석하는 등 혼란을 자초하였다고 볼 수 있다. 즉 사회발전단계설의 기본적인 용어인 부족(tribe), 족장(chiefdom), 국가(state) 등이 한국고대사에 적용되면서 그 개념의 설정에 각각 문제가 있었다. 특히 chiefdom이 君長, 酋長, 族長, 酋邦 및 首長 등으로 번역되었고 그 의미도 다르게 해석되었다(주보돈 1990:35-46). 또한 신진화론의 사회발전단계설을 충분히 이해하지 못하고 한국고대사에 적용함으로써 많은 문제점을 보여준 것도 사실이다.

다음은 신진화론의 사회발전단계설을 바라보는 시각의 차이이다. 즉 사회발전단계설을 한국고대사에 적용하는데 적절하다고 보는 견해와 부적절하다고 보는 견해로 나눌 수 있다. 적절하다고 보는 입장은 일부 고대사학자들과 고고학자들에 의해 제기되었는데 한국사의 연구에 신진화론의 발전단계설의 적용이 가능하다고 본 것이다. 반면에 적절하지 못하다는 입장은 대부분 고대사학자들의 견해이다. 그들은 한국사의 연구에 신진화론의 적용이 부적절하고, 무비판적인 적용은 자칫 학문적으로 종속될 가능성을 경고하고 있다. 그리고 인류학자들도 한국고대사에 신진화론의 사회발전단계설을 적용하는데 신중할 것을 요구하고 있다.

끝으로 사회발전단계설을 한국고대사에 적용하려는 경우에도 고고학자와 고대사학자와의 사이에는 견해의 차이가 존재한다. 먼저 고대사학자들은 고대국가의 형성과정에 관심이 있는 반면에, 고고학자들은 당시 사회의 문화복원에 중점을 두려고 한다. 또한 고대사학자들은 문헌자료를 축으로 하고 고고학 자료를 보조로 사용하는 반면에 고고학자들은 고고학 자료를 중시하는 경향이여서 세부적으로는 견해의 차이가 있다.[2]

---

2. 하나의 사례로 이종욱은 新羅의 국가형성과정을 문헌 사료 중심으로 村落社會 −小國−小國聯盟−小國倂合−王國 단계 등으로 나누는데 촌락사회를 chiefdom

그런데 사회발전단계설을 한국의 고대사회에 그대로 적용한다는 것은 아무래도 문제가 있을 수밖에 없다. 신진화론의 사회발전단계설은 한국의 고대사회를 위한 것이 아님은 분명하다. 왜냐하면 이들 이론의 배경이나 그 배후에 존재하는 여러 민족지는 결코 한국 고대사회와 일치할 수가 없기 때문이다. 또한 실제로 한국 고대사회에 있어서 사회발전과정이 신진화론의 사회발전단계설과 일치될 수도 없을 것이다. 그렇다고 하더라도 문헌사학자가 아닌 고고학자의 입장에서 사회발전단계설을 한국 고대사회에 적용하는 데는 나름대로의 이유가 있을 수 있다. 그 이유를 다음과 같이 정리할 수 있다.

첫째로, 이것은 한국의 고대사회를 복원하기 위한 방안이어야 한다. 사회발전단계의 적용은 당시 사회 복원의 하나로 고고학 자료를 해석하는 하나의 방안이라고 볼 수 있다. 따라서 신진화론의 사회발전단계설을 하나의 모델로 사용하여 당시 문화를 복원하기 위한 수단으로 이용할 수 있을 것이다. 신진화론의 사회발전단계설은 서양학계에서 아직도 연구되고 있다. 예를 들면 현재 세계고고학계에서는 삼시대구분법 보다는 신진화론의 사회발전단계설에 의해 선사문화를 이해하고 있는 것이 사실이다. 한국고고학은 그 동안 삼시대구분법과 전파론적 해석에 기초를 두고 있다는 점(최성락 1995a, 1995b)을 염두에 둔다면 이와 같은 새로운 관점에서 한국의 고고학을 바라볼 필요가 있다. 설사 신진화론의 가설들이 문제를 내포하고 있다고 그 적용을 포기해 버리고 한국고고학에서 적용하는 시도를 전혀 하지 않는다면 한국고고학에서 방법론의 개선이 있을 수

단계로, 기원전 1세기 경의 小國 단계를 初期 國家로 보고 있다(한국상고사학회 1996:56). 반면에 고고학자들은 高塚古墳의 出現과 같은 고고학 자료를 근거로 國家의 形成을 설명하고자 한다.

없다.3

또한 인류학이론의 정확한 이해와 적용을 주장한 것은 당연하나 서구에서 폐기된 이론을 수입하여 적용한 것(전경수 1988:601)이라는 표현은 지나치다. 왜냐하면 한국고고학이 아직 독자적인 이론을 형성하지 아니한 상태에서 외국 이론의 도입은 불가피한 것으로 현재의 수준을 감안하다면 가장 최신의 이론만을 도입한다는 것이 사실상 불가능한 일이기 때문이다. 또한 가장 최신의 이론만을 도입한다는 것은 또 다른 무조건적인 수용자세이다. 지나간 이론이라고 해서 모두 폐기된 것은 아니며, 새로운 창조적인 이론은 지나간 이론에서 비롯된다.

둘째로, 신진화론의 모델을 이용함으로써 문화의 변천 과정에 대한 검토가 가능할 것이다. 한국고고학에서 과거 문화를 복원하기 위한 노력이 적지 않으나 문화가 어떻게, 그리고 왜 변화되었는지에 대한 연구는 상대적으로 적다. 사회발전단계설은 신진화론을 배경으로 하여 그와 같은 변천 과정에 대한 가설을 제시한 것으로 이들을 통해 한국고고학에서도 그 변천 과정을 설명할 수 있는 이론적인 바탕을 마련할 수 있다. 설사 사회발전단계설이 한국고대사에 그대로 적용되지 않는다 하더라도 당시의 사회발전과정에 대한 새로운 가설을 제시할 수도 있을 것이다.

결국 신진화론의 사회발전단계설을 한국고대사에 무분별하게 적용함으로써 그 의미의 일부가 상실되었다고 볼 수 있다. 그러나 한국고고학의 측면에서 본다면 이 설을 적용한다는 자체가 사회 복원에 대한 연구의 시

---

3. 실제로 전경수(1990)의 한국고고학에 대한 비판이 있은 후 그 영향은 긍정적인 면과 부정적인 면으로 나타났다. 긍정적인 면은 한국고고학에서도 과거 문화의 추론이 논리적이어야 한다는 것이고, 부정적인 면은 일부 고고학자들 사이에 고고학 자료를 통한 문화 해석을 방치한 채 고고학 자료의 수집에만 전념하고 있는 현상이다.

작이다. 즉 고고학분야에서는 제한된 고고학 자료를 바탕으로 당시 사회를 복원하고자 할 때 이러한 사회발전단계설의 적용이 나름대로 의미를 가질 것이다. 따라서 본고에서는 영산강유역 고대사회가 어떻게 형성되었고 복합화 과정을 거쳤는지 살펴보고자 한다.

2장

영산강유역의 자연환경

榮山江은 한강, 낙동강, 금강 그리고 섬진강과 함께 우리나라 5대강의 하나로 강유역에는 일찍부터 사람들이 살아왔고, 강을 통해 교류하면서 문화, 역사, 산업을 형성하였다. 榮山이란 지명은 고려시대 때 일본 해적의 노략질로 흑산도 사람들이 나주 남쪽 남포강가로 피난와서 자리잡고 살면서 흑산도의 현명칭을 그대로 옮겨와 榮山縣이라 지칭한데서 유래되었다고 한다. 영산강은 담양군 용면 용연리 가마골 용추봉(570m) 남쪽에서 발원하여 큰 지류인 황룡강 및 지석천과 합류하면서 남서방향으로 흘러내려 목포항의 남단을 통해 서해로 흘러나간다. 유역의 면적은 3,371.3km², 유로연장 136.0km, 동서간 최대장 61.3km, 남북간의 최대장 89.7km, 평균폭 26.5km, 형상계수 0.182인 직사각형상의 樹枝狀이며, 유역의 평균고도는 104.4m이다. 영산강이 지나가는 행정구역은 광주광역시와 전라남도의 2시, 7군이다. 유역의 상류부를 제외하고는 비교적 평탄한 지역으로 형성되어 있다. 영산강유역의 자연환경을 지형, 지질, 기상과 기후, 해수면의 변동을 중심으로 살펴보고자 한다.

제 1 절
지형과 지질

1. 지형

영산강유역은 노령산맥의
말단에 위치하며 유역의 주
변이 산과 구릉으로 둘러싸
이고, 중앙부가 낮은 남서향
으로 열린 분지를 이루는 것
이 특징이다. 지형은 노년기
초에 해당하며, 대체로 고기
의 변성암류와 화강암은 풍
화에 약하여 저지 혹은 평야
를 이루고, 퇴적암과 화산암
류는 고지를 이루고 있다. 특
히 산성화산암은 尖峰을 이

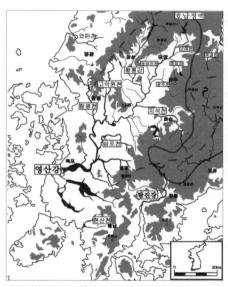

■ 그림 2-1. 영산강유역의 자연 지형도

루어 아름다운 경관을 형성하고 있다.

산세는 노령산맥이 서쪽으로 치우친 지맥을 서부 경계선으로, 남쪽으
로 달리는 지맥을 동부 경계선으로 하여 형성된 분지의 중앙에서 서쪽으
로 편재하여 작은 지맥이 서남향으로 뻗어 있어서 마치 남쪽으로 열린 쇠
스랑 형상을 하고 있다. 지맥의 분기점은 장성군 동북방의 입암산(655)을

주봉으로 하여, 동쪽의 지맥은 추월산(730), 여분산(774), 산성산(573), 설산(522), 무등산(1,187), 매봉(463), 천운산(608), 용암산(545), 화악산(614), 궁성산(484) 및 국사봉(613) 등의 고산준영이 솟아 있고, 중앙의 지맥은 장군봉(558), 병풍산(822), 불태산(602), 어등산(283), 금성산(452) 및 신걸산(368) 등의 비교적 낮은 산능을 형성하고 있으며, 서쪽의 지맥은 방장산(743), 문수산(620), 고성산(546), 태청산(593), 천주산(377), 양방산(256) 및 승달산(313) 등이 연계되어 있다. 대체로 중앙의 지맥과 서쪽의 지맥은 동북−남서방향으로 달리며, 이 방향은 그 지맥을 형성하고 있는 고지 변성암류의 방향과 일치한다. 동쪽의 지맥은 퇴적암의 방향 및 화산암류의 관입방향과 일치하고, 동쪽 산곡이 서쪽보다 깊고 험준한 형상을 보이는 경향이 있으며, 화산암의 경우는 方圓狀의 형상을 보이고 있다(그림 2-1).

영산강은 용추봉에서 발원하여 십여 개의 크고 작은 지류가 유입하여 본류를 이룬다. 영산강은 하천 차수비가 높아 구조천으로 보기 쉬우나 그것은 하천 저부를 형성하고 있는 화성암의 풍화에 대한 저항이 약한 특성에 기인하는 것으로 알려졌다. 대체로 본 유역의 하천을 서남향류, 남향류 및 북서−남향류의 3군으로 구분할 수 있다. 서남향류에 속하는 하천은 유역의 북반에 분포하여 영산강 본류와 황룡강이 이 군에 포함되는데 화강암질 암류가 분포하고, 격자상 또는 수지상을 형성한다. 남향류에 속하는 평림천, 장성천, 고막원천 및 함평천은 수지상을 보이고, 세류의 발달이 미약한 편으로 유역의 남서부에 분포한다. 북서−남향류군에 속하는 하천은 오례천, 용천, 석곡천, 지석천, 봉황천 및 석봉천 등이며 유역의 동쪽에 분포한다. 이 하천 중에 특히 석곡천, 광주천 및 지석천의 상류 및 화순천은 유로의 발달이 특이하여 원호를 이루는데 이는 이 지역에 주로 분포하는 화산암의 분포에 기인하는 것으로 간주된다. 본 유역의 하천은 본류의 하류를 제외하고는 비교적 사행이 적으며 지층의 구조선이 무관하고, 단지 지층의 풍화에 대한 조항의 차에 따라 형성된 점이 특징이라고 할 수 있다(전라남도지 편찬위원회 1993).

2. 지질

한국지질자원연구원에서 발간된 지질도에 의하면 영산강유역은 고기 퇴적기원의 변성암류를 기저층으로 평안계 퇴적암류, 편마상화강암, 경상계 신라통의 퇴적암류 및 화산암류, 불국사통의 화강암류와 맥암류가 분포하고 있다. 이러한 상호간의 접촉관계, 분포 및 구조는 보다 고기지층의 구조에 크게 지배하는 형상을 보이고 있다.

지질구성은 영산강유역에 분포하는 지층은 선캠브리아기의 편마암류, 고생대 퇴적암류, 중생대 편마상 화강암류, 퇴적암류, 화산암류, 심성-반심성암류, 화강암류, 신생대 제4기 충적층으로 구성되어 있다. 주요 지층별 구성면적을 보면, 화성암층이 51.9%로 가장 넓은 면적을 차지하고 있으며, 다음은 충적층, 편마암층, 퇴적암층의 순이다. 지층 중에서 수자원의 함수능력이 가장 불량한 화성암층이 광범위하게 분포하고 있다는 사실은 영산강유역의 하천유출 특성을 지배하는 중요한 요인이라고 할 수 있다.

■ 표 2-1. 주요 지층별 구성 면적

(단위 : km², %)

구 분	계	화성암층	퇴적암층	편마암층	충적층
면 적	3,486.74	1,808.98	524.44	571.60	581.71
비 율	100.0	51.9	15.0	16.4	16.7

선캄브리아기 편마암류는 유역에서 가장 오래된 지층으로, 황룡강 중
상류, 지석천 상류, 영산강 하구 부근에 넓게 분포한다. 고생대 퇴적암류
는 규암, 운모편암, 결정질 석회암 등으로 구성되어 있으며 남동부 화순
탄전 지대에 분포한다. 중생대 편마상 화강암류는 영산강 상류의 담양읍,
용면, 무정면 일대에 분포한다. 퇴적암류는 신라층군 하부층과 능주층군
으로 구성되어 있는데, 역암, 사암, 혈암으로 구성된 신라층군 하부층은
화순탄전 부근, 장성댐 북서부 등지에 분포하고, 역암, 응회암, 유문암으
로 구성된 능주층군은 지석천과 황룡강 중상류에 분포한다(표 2-1).

화산암류 중에서 안산암은 무등산 부근에 분포하고 유문암은 고막원천
과 함평천 중상류, 지석천 중상류에 분포하여 높은 산지나 첨봉을 형성한
다. 반려암, 섬록암, 석영반암으로 구성된 심성 및 반심성암류는 병풍산
주변에 분포한다. 화강암류는 유역에서 가장 넓게 분포되어 있는 지층으
로 광주화강암 또는 흑운모화강암이라고 불린다. 화강암류는 중류 일대
에서 폭 15~20km 내에 연장 40km의 큰 저반상의 관입화강암으로 나타
나며, 영산강 중류와 황룡강 연안을 따라 100m 내외의 구릉지를 형성한
다. 화강암류는 북북동−남남서 분포방향으로 볼 때 영산강 중류 부근 하
계 방향과 지형형성에 가장 큰 영향을 미친 암층이다. 충적층은 본류와
주요 지류를 따라서 세장하게 분포하고 있으며, 앞선 시기의 지층을 부정
합으로 피복하고 있다. 충적층 두께는 담양지역이 5m 내외, 황룡강 합류

지점 부근이 최대 12m, 문평천 합류지점 부근이 최대 18.6m, 하구둑 부근이 최대 20.0m에 달한다(전라남도지 편찬위원회 1993).

$$
\left[\begin{array}{c} \text{제 2 절} \\ \text{기상과 기후} \end{array} \right]
$$

1. 기상

영산강유역은 여름에 남동계절풍의 영향으로 고온다습하며, 겨울은 북서계절풍의 영향으로 한랭건조한 대륙성기후를 나타낸다. 광주측후소와 목포측후소의 관측기록(1951~1994)에 의하면, 연평균 기온은 광주 13.5°C, 목포 13.6°C이며, 연평균 상대습도는 광주 73%, 목포 75%이고, 연평균증발량은 광주 1,240.7mm, 목포 1,204.9mm이다. 광주지방의 연평균 강우량은 1,304.8mm로써 다우지역에 속하며, 6~9월 강우량이 전체의 63%를 차지한다. 일일 최대강우량은 1989년 7월 25일 영산포 우량관측소에서 측정한 408mm이며, 연속 최대강우량은 1989년 7월 18일~7월 25일까지 8일간 담양 우량관측소에서 발생한 670.5mm이다.

2. 기후

천기일수는 맑은 날이 약 78일, 흐린 날이 약 130일, 강우일수는 광주 125.2일, 목포 121.1일이다. 영산강 중하류 지역을 포함한 남해안 지역은 1월 평균기온이 0℃ 이상을 기록하는 난대성기후 지역으로 차, 유자, 동백나무와 같은 난대성 식물이 자라고 있다. 영산강유역은 태풍의 진호에 위치하여 태풍이 빈번하게 내습하는 지역으로, 인명 및 재산피해가 가장 많다. 태풍의 발생빈도는 8월이 가장 높고, 다음은 7월, 9월의 순이다. 7~8월에 내습한 태풍 수는 전체의 2/3이상을 차지한다. 그러나 여름철 강우량 중에서 태풍에 의한 강우량 점유율은 약 16% 정도로 나타나서 인명 및 재산피해를 입히는 반면 많은 비를 내려 수자원 확보에 큰 도움이 되고 있다. 한편 세계적인 지구온난화 현상이 지속될 경우 태풍 발생지인 북태평양의 해수온도가 상승하면서 태풍발생빈도가 증가하고, 현재보다 고위도 쪽에서도 태풍이 형성되어 태풍에 의한 재해가 더욱 커질 것으로 예상된다.

영산강은 유량변동이 매우 심하여 수자원 개발과 관리는 홍수관리와 갈수관리의 이중적인 구조를 가지고 있다. 홍수관리를 위해서 수위관측소 18개소, 우량관측소 14개소, 경보소 2개소를 설치하고, 영산강 홍수통제소에서 홍수예경보시스템을 운영하고 있다(전라남도지 편찬위원회 1993).

제 3 절
해류와 해수면 변동

영산강은 서해안의 최남단에서 바다와 만난다. 서해는 전형적인 대륙붕이고, 무수히 많은 도서와 灣으로 이루어진 리아스식 해안이 발달되어 있다. 서해안의 형성은 중생대말 한반도의 傾動運動을 수반하는 조산운동과 후빙기 이후 약 4,000년 전부터 이루어진 육지의 침강과 해수면의 상승으로 형성되었다. 서해대륙붕의 수심은 20~80m이고, 남해대륙붕의 수심은 20~120m인데 제주도와 대마도 부근의 수심이 깊은 편이며 해저는 평탄한 지형을 이루고 있다.

1. 해류

해류는 제주도 서쪽과 흑산도 근해를 거쳐 황해로 유입되는 황해난류와 남해의 완만한 지형에 따라 1년 내내 남서로부터 북동의 서수도를 통하여 한국해협을 흐르는 쓰시마난류가 흐른다. 전남 서남해안에서는 황해난류와 쓰시마난류가 겨울에 발달되었던 연안수와 접하므로 해양전선이 형성된다. 해류는 계절에 따라 변화가 심하며 황해난류는 흑산도와 홍도의 서해안에서 4월부터 그 흐름이 강해지기 시작하여 8월에 가장 빠른 속도로 북쪽으로 흐른다. 한국 남해의 넓은 해역에서는 황해안류수(쓰시마난류수), 황해저층수, 중국대륙연안수, 한국남해연안수, 양자강희석수로 대분된다.

서해안의 潮汐은 하루에 수면이 2회 높아지고, 2회 낮아지는 반일주조의 조위곡선을 보여주면 대조차는 남해안에서 적고, 서해안에서 크며 대체로 3~4m이다. 서해안에서 조위의 특징은 일반적으로 황해의 양상과 유사하고 대조차는 서해의 남단에서는 3.0m이고, 목포부근에서는 약 4.0m이다. 창조류는 목포의 근해역과 같이 많은 도서로 인하여 둘러싸인 해역에서는 대체로 2.0노트 이하이고, 임자부근의 해역에서는 3~4노트로 빠르다. 낙조류는 영광근처해역에서는 2.0노트 이하이고, 외해쪽으로 갈수록 그 유속은 증가하며 흐름의 방향은 남서 방향이다.

남해안의 조류도 위치에 따라 그 유속이 대체로 서해안과 유사하지만 명량수도의 협수로 해역에서는 창조류때 11.5노트이고, 낙조류때 10.3노트로 남해에서는 가장 빠르다(전라남도지 편찬위원회 1993).

2. 해수면 변동

우리나라의 해수면 변동에 대한 자연과학적 설명으로는 후빙기의 해수면이 점진적으로 상승하여 현 해수면에 이르게 되었다는 견해와 후빙기에 해수면이 급격히 상승하여 6,000 B.P.경에 현재보다 2~3m 높았으며 그 후 상승과 하강을 반복하다가 현재의 해수면에 이르렀다는 견해로 나누어진다(김석훈 1998; 신숙정 1998).

전자에 속하는 견해는 서해안의 경우, 현재의 평균 해수면 보다 7,000 B.P.에는 -7.5~-5.5m, 5,000B.P.경에는 -4.5~-3m, 3,000~1,500 B.P.에는 -3.5~0.5m 등 점차 높아져 한반도 해수면이 지금보다 높았던 적이 없었다는 것이다(Park 1987; 한국해양연구소 1994).

후자에 속하는 연구자들은 1,800 B.P.경을 고해수면기로 파악하고 있

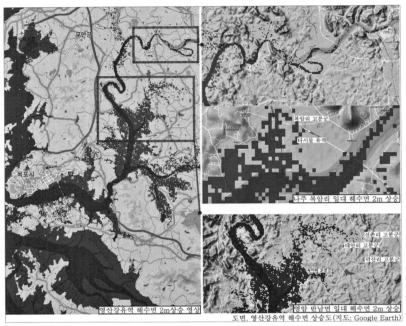

■ 그림 2-2. 영산강유역 해수면 2m 상승시 추정도

다. 조화룡은 동해안지방에서 얻어진 토탄층의 C¹⁴연대자료, 화분분석결과, 土炭의 灼熱減量분석을 실시하여 철기시대에 해당하는 1800 B.P.를 고해수준기로 파악하고 그 근거로 김해지방의 패총들을 들고 있다(조화룡 1987: 177-178). 즉 3,500~4,000 B.P.경에 만들어진 패총은 평야부에 위치하지만 1,800 B.P.경에 만들어진 패총은 구릉부에 위치하고 있다는 것이다. 그러나 신석기시대 海進期에 형성된 패총들은 김해평야를 중심으로 낮은 구릉에 위치하는데 반해 철기시대 패총들은 이보다 높은 지역에 위치하므로 신석기시대 海進期보다 더 높은 해수면을 가져야 한다는 가

설이 성립된다. 이처럼 패총의 입지 지역으로 해수면을 논하게 된 것은 적절한 방법이 아니다. 패총은 사람들의 활동 결과 생긴 부산물이므로 얼마든지 입지지역은 변할 수 있다.

한편 황상일과 윤순옥(1999, 5~8)은 황상일의 일산지역 규조류 분석(황상일 1992)과 조화룡의 연구(1987)을 근거로 고해수면을 주장하였다. 즉 6,000~5,000 B.P.경에는 해수면이 상승하였고, 5,000~3,200 B.P.경에는 상승 후 안정하였으며, 3,200~2,300 B.P.경에는 하강하다가 2,300~1,800 B.P.경에는 다시 상승하였다는 것이다. 그러나 규조류 분석의 결과만으로는 고해수면이었다고 단정 짓기에는 무리가 있어 이러한 주장이 여전히 의문이다.

그밖에 地形과 地層을 연구한 오건환 등은 4,100~1,700 B.P.경에 김해지역의 해수면이 어느 정도 높았다는 견해(오건환·곽종철 1989; 오건환 1991)를 제시하였는데 고고학에서는 대체로 이를 따르고 있다(부산대학교 박물관 1998). 또한 영산강유역에서도 기원후 350~700년 사이에는 해수면이 1.5-2.0m 높아 영산강 하류지역이 강이 아니라 內海라는 견해도 제기되었다(김경수 1995)(그림 2-2).

국내 일부 연구자가 고해수준기로 파악하고 있는 이 시기의 자연환경을 일본의 대부분의 연구자들은 정반대로 한랭화에 공반된 해수면의 저하 현상으로 파악하고 있다. 일본의 최근 1만년의 상대적 해수준은 상당한 변화가 있는데 3,000~2,000년 전 사이에 해수준은 소규모의 저하가 있었던 것으로 추정되어지고 있다.[4] 즉 조문시기에 海進과 海退가 반복

---

4. 일본에서 해수면의 변화에 대한 연구는 많은 연구자에 의해서 지역별로 활발히 이루어져 그 결과를 한눈에 볼 수 있는 연구가 太田陽子 등에 의해서 종합되었다(太田陽子·海津正倫·松島義章 1990).

되나 彌生時期에는 한냉화에 의한 海退가 있었다고 보는 것이다.

이러한 현상을 古川博恭(1972:54)는 '彌生小海退'라 하였다. 또한 井關弘太郎(1983:99-104, 1989:157-158)은 彌生時代의 해면이 현재와 비교하여 2~3m의 낮은 곳에 위치하였음을 유적의 입지를 들어 설명하고 있다. 해수면의 해퇴현상을 대표적으로 보여주는 곳이 愛知縣의 瓜鄕遺蹟이다(豊橋市敎育委員會 1963). 瓜鄕遺蹟에서 발견된 주거지 床面은 해발 30cm인데 반해 이곳의 滿潮位는 中等潮位面上 37.5cm에 미쳐 이 상태라면 주거지는 물속에 잠기고 만다. 그런데 일본의 지형은 불완전지형이므로 부정하는 연구자가 없지 않으나 안정된 지형에 대한 연구도 일본과 별반 차이가 없음을 알 수 있다.

3장

고고학 조사현황 및 선사문화의 성격

제 1 절
고고학 조사현황

1. 일제강점기

일제강점기에는 조선총독부의 고적조사위원회가 중심이 되어 유적의 수습조사나 발굴조사가 이루어졌다. 영산강유역에서는 1917년에 반남면 신촌리 9호분과 덕산리 4호분이 조사되었다. 1918년에 반남면 신촌리 9호분과 덕산리 4호분을 재조사하고, 대안리 8, 9호분과 덕산리 1호분 등을 추가로 조사하였다. 특히 신촌리 9호분에서는 상·하에 12기의 옹관을 매장하였는데 부장유물로는 乙棺에서만 금동관, 금동제귀걸이, 금동신발, 환두대도, 곡옥, 관옥, 동제팔찌 등 다량의 유물이 발견되었다. 이 조사를 주도한 谷井濟一은 나주 반남면 덕산리 3호분과 대안리 9호분의 분형, 주구의 존재와 유물을 통하여 이들 고분을 '倭人의 무덤'이라고 주장하였다(朝鮮總督府 1920).

1938년 有光敎一과 澤俊一은 신촌리 6·7호분과 덕산리 2·3·5호분 등 옹관고분 5기와 흥덕리 석실분을 조사하였다. 이때 有光敎一(1940)은 신촌리 6호분과 덕산리 2호분의 墳形이 일본의 '前方後圓墳'과 유사점이 있고, 埴輪圓筒類品도 존재한다고 지적하였다. 또한 그는 반남면 고분과 관련된 조사기록을 후일 다시 보고하였다. 신촌리 6호분에서는 5기의 옹관이 발견되었고, 전부 동서 방향으로 매장되어 분구의 장축과는 직교하고 있다(有光敎一 1980). 그리고 흥덕리 석실분은 동서 2실로 이루어졌는데 현실(玄室)은 1매의 편평한 큰 돌로 막고, 연도는 한 겹의 적석으로 깔았다. 동실은 매우 좁고 현실과 연도 모두 너비가 1m도 못되고, 높이 역시 1m를 약간 넘을 뿐이다. 길이는 1.34m이다. 서실은 방형 현실의 중앙에 연도를 만들고, 천장의 높이는 1.2m로서 동실보다 높다. 출토유물은 瓶形壺, 鐵製座金具, 銀製冠飾 등이 있다(穴澤和光 · 馬目順一 1973).

2. 1960~1970년대

우리 연구자에 의한 최초의 발굴조사는 1960년 국립중앙박물관에 의해 전남 영암군 시종면 내동리 내동부락 옹관묘에 대한 조사이다(김원용 1963). 이 발굴조사에서 백제 중심지와는 다른 토착적인 성격을 가진 무덤이 조사됨으로써 영산강유역 고분 연구의 시초가 되었다. 뒤이어 1962년 서울대학교 고고인류학과팀에 의해 광주 신창동 옹관에 대한 학술조사가 이루어졌다(김원용 1964). 여기에서는 53기의 합구식 옹관이 조사되었다. 또 영암 내동리 옹관묘의 나머지 옹관은 1967년 경희대학교 박물관에 의해 추가로 조사되었다. 그리고 1971년에 국립문화재연구소는 화순 대곡리 유적을 조사하였다(조유전 1984).

1972년 전남대학교에 최몽룡 교수가 부임하면서 전남지역에 대한 고고학 조사가 본격화되었다고 볼 수 있다. 1975년 영산강유역 수몰지구 발굴조사가 대초댐, 장성댐, 담양댐 등지에서 최초의 연합발굴이 이루어졌다(전라남도 1976). 여기에서 전남대학교 박물관은 나주 대초댐 수몰지구에서 지석묘 다수와 토광묘(위석토광묘) 3기 및 옹관묘 1기 등을 조사하였고, 담양댐 수몰지구에 대한 발굴조사에서 지석묘 4기를 조사하였다. 또

한 문화재연구소와 국립박물관은 장성댐 수몰지구에서 지석묘와 석관 17
기를 조사한 바가 있다. 뒤이어 1977년에 전남대학교 박물관은 광주댐 수
몰지구에 위치하는 충효동 지석묘를 추가로 조사하였고, 1978년도에는
나주 대안리 4호분(백제계 석실분)을 조사하였다. 또 1978년 『역사학보』에
실린 "전남지방소재 지석묘의 형식과 분류"는 최초로 학계에 보고된 전남
지역에 대한 고고학 논문이다(최몽룡 1978).

3. 1980년대

국립광주박물관(1978년 설립)을 비롯하여 전남대학교 박물관, 목포대학
교 박물관 등이 발굴조사에 참여하였다. 먼저 국립광주박물관은 1981년
부터 영산강유역의 옹관묘를 집중적으로 발굴하였다. 영암 만수리 유적
(1981, 이하 유적의 발굴조사된 연도임)을 시작으로, 무안 사창리 유적(1984),
영암 내동리 유적(1985), 영암 와우리 유적(1986), 영암 만수리 유적(1989)
을 조사하였다. 그리고 나주 반남면 일대의 고분군을 정밀조사하여 일제
강점기에 조사된 바가 있는 반남고분의 성격도 어느 정도 정리하였다(서
성훈·성낙준 1988).

전남대학교 박물관은 영산강유역은 아니지만 동복댐 수몰지구 발굴조
사와 주암댐 수몰지구 발굴조사를 주관하면서 큰 성과를 얻었다.

목포대학교 박물관은 영암 청룡리·장천리 지석묘(1984)와 장천리 주거
지(1985-86)를 조사하였다. 특히 해남 군곡리 패총의 조사(1986-88)는 청동
기시대와 삼국시대를 이어주는 철기시대의 문화를 밝히는데 크게 기여하
였다.

4. 1990년대

기존의 발굴조사기관 이외에 조선대학교 박물관이 새로이 학술조사에 참여하게 되었다. 대규모 연합발굴로는 광주첨단과학단지 발굴(1993), 서해안고속도로 발굴(1998-1999), 탐진댐 수몰지구 발굴(1999-2002) 등이 이루어졌다

국립광주박물관은 광주 신창동 유적(1992·1995·1997·1998)을 조사하여 기원전 1세기경의 매장유적인 옹관묘군을 비롯하여 저습지, 주거지, 가마 등 생산 및 생활유적이 어우러진 복합 농경유적을 확인하였다. 또 전방후원형 고분인 함평 신덕 고분(1991·1992), 광주 명화동 고분(1994), 해남 장고산 고분(1999·2000) 등에 대한 조사를 실시하여 그 성격을 파악하였다. 그밖에 영암 신연리 9호분(1991)에 대한 조사가 있다.

전남대학교 박물관은 광주 월계동 고분(1993), 함평 예덕리 만가촌 고분(1994·1995), 나주 회진토성, 복암리 고분군(1996), 함평 소명동 유적(1999-2000) 등을 조사하였다.

목포대학교 박물관은 함평 장년리 중랑 유적(1999)을 비롯한 서해안고속도로 건설 구간 발굴조사를 실시하였다. 그리고 영암 옥야리 고분(1990), 광주 오룡동 유적(1993), 무안 양장리 유적(1994·1995·1997), 무안 인평 고분군(1997), 무안 구산리 고분(1997), 영광 학정리 고분(1999), 함평 순촌 유적(1999) 등을 조사하였다.

조선대학교 박물관은 광주 첨단지구 조사(1993)를 시작으로 광주 치평동 유적(1995), 영광 군동 유적(1999). 화순 도산 유적(1999년) 등의 구석기 유적을 조사하였다.

그밖에 외부 학술기관에서 실시한 발굴조사이다. 먼저 국립문화재연구

소의 나주 복암리 3호분(1996-1998)과 나주 신촌리 9호분(1999)의 조사가
있었다. 특히 나주 복암리 3호분은 한 분구내에서 옹관묘(22), 수혈식 석
곽(3), 횡구식 석곽·석실(3), 횡혈식 석실(11), 석곽옹관(1), 목관묘(1) 등
41기의 매장시설이 확인되었다. 또 나주 신촌리 9호분은 분구 주변에 방
형 주구가 확인되었고, 옹관묘를 축조한 후 그 주변부에 원통형토기를 배
열한 것이 확인되었다.

한국정신문화연구원은 영암 태간리 자라봉고분(1991)을 발굴조사하였
다. 이 고분은 전방후원형으로 원부에서 매장주체부인 횡구식 석실이 확
인되었다.

5. 2000년대 이후

기존의 국립 및 대학박물관 이외에 새로운 발굴전문기관들이 창설되
었다. 즉 1999년 호남문화재연구원이 창립을 시작으로 전남문화재연구
원(2000-), 동북아지석묘연구소(2003-), 마한문화연구원(2003-), 대한문
화재연구원(2008-), 영해문화유산연구원(2008-), 태산문화재연구원(2009-
2012), 민족문화유산연구원(2012-), 동서종합문화재연구원, 전남문화예술
재단 전남문화재연구소 등 발굴전문기관이 속속 창설되면서 대부분의 구
제발굴을 담당하게 되었다. 그리고 2005년에 국립나주문화재연구소가
창설되었으며 2013년에는 국립나주박물관이 개관하면서 호남지역 문화
재조사와 연구에 새로운 전기가 되었다고 볼 수 있다.

먼저 연합발굴조사로는 나주 송월동 유적 발굴조사(2007-2008), 광주·
전남혁신도시부지 발굴조사(2008-2011)와 4대강 살리기 사업의 일환으로

영산강유역에 대한 발굴조사(2009-2011) 등이 시행되었고, 나주 미래산단 지역 발굴조사(2011-2012)되었다.

다음으로 국립광주박물관은 광주 신창동 유적(2002, 2009, 2010, 2013, 2014)의 조사를 실시하였고, 해남 북일 용운 고분(2003) 조사와 더불어 전방후원형고분인 해남 용두리 고분(2009)과 광주 명화동 고분(2010년)을 조사하였다. 또 화순 대곡리 유적의 재조사(2009)와 나주 수문 패총(2009) 조사를 실시하였다.

국립나주문화재연구소는 연차적으로 나주 복암리 3호분 주변지구(2007-), 나주 회진토성(2006-2009), 나주 오량동 가마(2007-2017), 영암 옥야리 방대형 고분(2009-2012), 나주 횡산 고분(2006-2007), 나주 대안리 방두 고분(2007), 고흥 나막 고분(2012), 나주 정촌 고분(2014-2016) 등의 조사와 더불어 옹관복원프로젝트 작업 등을 추진하고 있다.

전남대학교 박물관은 함평 예덕리 만가촌 고분의 12·13·14호분(2001)에 대한 발굴조사 결과, 다장묘와 수직적 분구확장임이 확인되었다. 함평 소명동 유적(2002)과 무안 평림리 유적(2004)에서 다수의 주거지들을 확인하였고, 광주 용두동 유적(2005)에서는 삼국시대 분묘를 확인하였다.

목포대학교 박물관은 영암 선황리 유적(2001)과 영암 금계리 유적(2001-2002)에서 주거지군과 주구토광묘군을 조사하였고, 또 나주 송월동 유적(2007-2008), 무안 신기 고분(2009), 해남 신월리 고분(2009), 나주 황등 유적(2008-2009) 등을 조사하였다.

조선대학교 박물관은 장흥 신북 구석기유적(2003-2004)에 대한 조사와 더불어 화순 도산 유적의 2·3차(2007, 2009) 발굴조사를 통해 다수의 구석기유물을 수습하였다.

동신대학교 문화박물관은 나주 촌곡 및 당가 유적(2001)에서 삼국시대

토기가마의 조사를 시작으로 나주 오량동 유적(2001-2002)에서도 역시 가마를 조사하였다. 특히 나주지역을 중심으로 많은 조사를 실시하였는데 주목되는 것으로 영동리 고분(2005-2009), 운곡동 고분(2006) 등의 조사가 있다. 그리고 해남 만의총 고분(2009)의 석곽분에서 서수형토기 등 다수의 중요한 유물을 수습하였고, 뒤이어 신안 배널리고분(2011)과 함평 월산리고분(2013) 등을 조사하였다.

다음은 발굴전문기관의 조사활동이다. 1999년에 설립된 호남문화재연구원은 가장 활발한 조사활동을 해왔다. 나주 금곡리 용호 유적(2000), 함평 월산리 유적(2004), 광주 신창동 지석묘(2002), 광주 향등 유적(2002), 연제동 와촌 유적(2004), 담양 성산리 유적(2003), 해남 신금 유적(2003), 무안 맥포리 지석묘(2004), 장성 대덕리 유적(2004), 함평 노적 유적(2004), 나주 영천, 장등 유적(2004-2005), 담양 오산 유적(2005), 광주 산정 유적(2006-2007), 담양 태목리 유적(2004-2005, 2007-2009) 등을 조사하였다. 그리고 광주 동림동 유적(2003-2005)을 시작으로 광주 신창지구, 수완지구, 하남지구, 평동 유적(2008-2009), 첨단2지구, 하남공단2지구(2010), 선운지구(2012) 등의 대규모 취락 등 복합유적을 조사하였다.

전남문화재연구원은 나주 복암리 랑동 유적(2004), 강진 호산 유적(2004), 광주 세동 유적(2004), 강진 수양리 유적(2004), 해남 분토리 유적(2005-2007), 나주 송월동 유적(2008), 강진 양유동 유적(2008), 광주 노대동 신기(2006-2007)·대동 유적(2006-2009) 등을 조사하였다. 특히 광주 대동 유적에서는 삼국시대 가마 20여기가 조사되었다. 그리고 무안 나주 혁신도시(2010-2011), 나주 신도리 유적(2012), 나주 구기촌 유적(2013), 장흥 용서 고분(2014) 등을 조사하였다.

마한문화연구원은 나주 장산리 유적(2005-2006), 나주 송학리 유적

(2008), 나주 운곡리 유적(2004-2007), 나주 도민동 유적(2010), 나주 오량동 유적(2011), 나주 미래산단 부지(2013-2014) 등을 조사하였다.

동북아지석묘연구소는 화순 효산리·대신리 지석묘(2004), 화순 광대천 유적(2007), 화순 용강리 유적(2008-2009년), 화순 내평리 유적(2009년), 화순 품평리 유적(2011), 화순 농소리 운동 유적(2014) 등 화순지역의 유적을 주로 조사하였다. 그리고 함평 고양 지석묘(2008), 무안 상마리 상마유적(2014), 장성 삼태리 중태유적(2014), 영암 회문리 회의촌 지석묘(2014), 장성 산동리 능산 유적(2014), 장성 삼태리 서태 유적(2014), 광주 화산동 본촌 유적(2015) 등을 조사하였다.

대한문화재연구원은 무안 덕암고분군(2010), 나주 동수동 온수 유적(2010), 함평 곡창리 대곡 유적(2010), 나주 신도리 신평 유적 1지구(2010-2011), 광주 양과동 행님 유적(2011), 나주 원앙리 구양 유적(2015), 담양 중옥리 서옥 고분군(2015) 등을 조사하였다.

영해문화유산연구원은 담양 화방리 무구심리들 유적(2011)과 함평 마산리 표산 유적(2013-2014)을 조사하였다. 전남문화예술재단 전남문화재연구소는 함평 금산리 방대형 고분(2014)과 영암 신연리 연소말무덤(2015)을 조사하였다. 그리고 동서종합문화재연구원은 함평 자풍리 신풍 유적(2015)을 조사하였다.

그밖에 외부기관인 한겨레문화재연구원이 나주IC-동신대 지방도 확장구간(2013), 한강문화재연구원이 광주 하남 3지구 유적(2015), 제주문화유산연구원이 나주 백용지석묘군(2012) 등을 조사하였다.

이상과 같이 2010년 이후의 발굴조사는 호남문화재연구원을 비롯한 발굴전문기관에서 주로 담당하고 있다. 다만 학술발굴을 국립광주박물관, 국립나주문화재연구소, 대학박물관 등이 담당하고 있는 실정이다. 그런데 최근 지역제한이 철폐되면서 외부기관이 영산강유역에 진출하여 발굴조사한 경우가 다소 늘어나고 있어 발굴유물의 관리나 지역연구자들과의 소통 등에 문제점이 나타난다. 더구나 최근 조사된 고고학 자료는 크게 증가하였고, 분야별로 자료를 집성하는 노력이 일부 이루어지고 있지만 모든 고고학 자료가 체계적으로 정리하지 못하고 있다는 문제도 있다. 또한 구제발굴에 치중하다보니 점차 고고학 발굴조사의 원칙이 지켜지지 못하는 경우가 많아진다. 앞으로 학술발굴조사를 중심으로 발굴조사의 원칙을 되살리는 노력이 절대적으로 필요하다.

제 2 절
선사문화의 성격

영산강유역은 비옥한 토지, 따뜻한 기후조건 등 좋은 자연환경으로 인하여 일찍부터 사람들의 삶의 터전이 되어왔고, 그 흔적인 고고학 유적이 수없이 분포하는 곳이다. 선사문화의 성격을 구석기시대, 신석기시대, 청동기시대로 나누어 살펴보고자 한다.

1. 구석기시대(약 12~1만 년 전)

영산강유역에서 조사된 구석기시대 유적은 모두 낮게 형성된 구릉의 정상부나 사면부에 분포하고 있다. 이 지역의 구석기고고학 연구는 영산강 전역의 구석기시대 유적분포를 확인하고, 주요 유적들의 발굴을 통해 석기문화 연구와 각 유적별 4기 지질학적 연구를 고고학에 적용하여 그것을 고고학의 해석에 활용하는 관점에서 이루어졌다.

이 지역의 구석기시대 연구는 광주 산월유적(이기길·차대웅 1995)과 광주 치평동 유적(이기길·이동영·이윤수·최미노 1997)이 조사되면서 영산강 상류의 제4기 퇴적층과 석기에 대한 연구가 본격적으로 시작되었다. 현재까지 영산강유역에서 구석기연구가 이루어진 유적은 100여 곳에 이르며 유적의 특성에 따라 시·발굴조사, 학술연구 등으로 실시되었다.

나주 촌곡리 유적과 당가 유적에는 주로 사면기원 퇴적층으로서 약 8만년 동안 나주 일대에 점거하였던 인류의 문화가 남아있었음을 확인할 수 있었다. 특히 다층위 유적인 나주 당가유적의 제2문화층에서 확인된 절대연대는 퇴적층에 대한 조사와 함께 촌곡리유적의 문화층과의 관계를 밝힐 수 있는 자료를 제공하였으며 나아가 영산강유역의 구석기시대 문화층에 대한 연대설정의 기준을 제시하는 중요한 자료를 제공하였다. 화순 도산유적에서는 영산강유역에서도 가장 이른 시기인 중기 구석기시대의 유물이 확인되었다(조선대학교박물관 2010).

2002~2004년에는 나주 장동리 용동유적에서 한·러, 한·일의 연구자들과 함께 공동학술조사가 이루어졌다. 영산강 본류로 유입되는 삼포강 지류에 위치한 용동유적은 해발고도 10~25m의 저평한 구릉을 끼고 있는 평야지대에 자리 잡고 있다. 연구지역은 크게 3개 지구로 나누어 다양한 자연과학분석을 통해 구석기시대 고환경복원이 이루어졌다. 2002~2003년도에는 제1지구에 대한 연구가 진행되어 3개의 유물포함층이 확인되었으며 절대연대가 소개된 바 있다(이헌종·장대훈 2012). 특히 제3지구의 10개 지층에서 얻어진 연대측정 값 중 상부 6개 층의 절대연대 값이 정연하게 측정되었고, AT화산재층과 K-Tz β-quartz이 절대연대값과 일치하거나 빈 공간의 시간을 지칭해 주어 퇴적층 깊이-절대연대 값 사이에 상당히 높은 상관도를 보이는 것으로 파악되었다(Naruse, T. et al 2006).

나주 복암리 고분군 조사 도중 삼국시대 유구가 존재하는 적갈색사질점층에서 석영제 석기들과 후기 구석기시대 유물로 추정되는 응회암제 격지들이 확인되었다. 복암리유적의 형성과정 및 자연과학 분석자료의 확보를 위해 5m 깊이의 지층을 조사하였다(이헌종·정철환·심영섭·장대훈, 2009). 나주 혁신도시부지 조성지구에서도 구석기유적이 조사되었다. 전남문화재연구원이 발굴조사한 도민동 Ⅱ, Ⅲ 유적과 대한문화재연구원에서 조사한 신도리 신평 Ⅰ유적에서 각각 구석기시대 문화층이 확인되었고, 목포대학교박물관에서 조사한 황동유적에서는 구석기시대 유물만 수습되었다. 이번에 조사된 구석기시대 문화층의 성격은 영산강유역에서 기존에 발굴조사된 구석기시대 유적의 문화층과 유사하지만 특히 인접한 당가 유적 제1~2문화층, 촌곡리 유적 1문화층(이헌종·노선호·이혜연, 2004) 등과 비교되는 것으로 구석기시대 중기~후기에 속한다고 볼 수 있다.

영산강유역에 대한 구석기시대의 유적 분포조사와 고환경 복원 연구는 그동안 축적된 우리나라의 고고학과 자연과학 분야의 신진연구자들의 연구력을 바탕으로 토양쐐기의 기원과 해석, 절대연대(OSL, AMS 등)를 통한 토양쐐기의 편년적 틀 확립, 갱신세(Pleistocene)의 기후변화와 해수면 변동, 해안단구와 하안단구의 분포와 기원, 고토양 분석 및 화분분석을 통한 기후환경복원, GIS를 활용한 구석기시대 유적분포와 단구의 연관성 연구, 화산재연구를 통한 고고학적 편년 검증 등 다양한 분석을 시도하고 있다. 이러한 연구를 통해 종합적으로 분석하여 이 지역뿐만 아니라 우리나라 구석기시대 편년을 정립하는데 시도됨으로써 그 자료가 궁극적으로

■ 그림 3-1. 영산강유역 및 서남해안 일대 구석기 유적 분포도(이헌종·장대훈 2012)

영산강유역에 넓게 분포하고 있던 구석기시대 사람들의 점거패턴과 그들이 살았던 환경을 복원하는데 활용하고자 있다(이헌종 2004).

■ 표 3-1. 구석기시대 유적 발굴조사 현황

번호	유적명	출토위치	출토유물	시기	참고문헌
1	광주 산월	재퇴적층	돌날몸돌, 격지, 긁개	후기	이기길 외 1995
2	광주 치평동	2층	몸돌, 격기, 찍개, 여러면석기	중기~후기	이기길 외 1997
		1층	몸돌, 긁개		
3	나주 장동리 용동	문화층	몸돌, 찍개, 격지	중기~후기	이헌종 외 2006a
4	나주 당가	3층	몸돌, 찍개, 여러면석기, 원판형석기, 주먹대패	중기~후기	이헌종 외 2004
		2층	몸돌, 찍개, 여러면석기, 양면석기, 새기개		
		1층	몸돌, 찍개, 여러면석기		
5	나주 촌곡리	문화층	몸돌, 찍개, 여러면석기. 긁개, 홈날	후기	이헌종 외 2004
6	나주 용호	문화층	몸돌, 찍개, 격지	중기~후기	이영철 외 2004
7	나주 광암리 상잉	문화층	격지, 긁개. 몸돌	중기~후기	호남문화재연구원 2006b
8	나주 송월동	문화층	몸돌, 격지, 긁개, 찍개, 여러면석기	후기	이헌종 외 2009
9	나주 도민동	문화층	몸돌, 격기, 조각돌, 망치돌, 자르개	중기~후기	전남문화재연구원 2012
10	나주 신도리 신평	유물 포함층	몸돌, 여러면석기, 찍개, 긁개	중기~후기	대한문화재연구원 2013a
11	함평 장년리 당하산	후기층	돌날, 세형돌날, 긁개, 찌르개, 찍개, 여러면석기	중기~후기	최성락 외 2001
		중기층	주먹도끼, 찌르개, 긁개, 찍개		

12	무안 피서리	A지점	몸돌, 찍개, 여러면석기	후기	이헌종 외 2002
		B지점	몸돌		
13	화순 사수리 대전	말기층	좀돌날몸돌, 좀돌날, 새기개, 긁개, 찌르개	중기~후기	이융조 외 1992
		후기층	좀돌날몸돌, 긁개, 밀개, 새기개, 찍개		
		중기층	긁개, 찌르개, 밀개		
14	화순 도산	문화층	몸돌, 격지, 긁개, 뚜르개, 주먹찌르개,	중기	이기길 2002
15	화순 사창	3층	몸돌, 긁개, 자르개, 찌르개, 주먹도끼, 여러면석기	후기	이영철 외 2007
		2층	몸돌, 긁개, 슴베찌르개, 찌르개, 주먹도끼, 찍개		
		1층	몸돌, 긁개, 슴베찌르개, 찌르개, 주먹도끼, 찍개, 여러면석기		
16	완도 달도	유물층	몸돌, 격지, 긁개, 새기개, 여러면석기	후기	이헌종 외 2006b

　영산강유역에서는 어느 지역 보다도 많은 구석기시대 유적이 분포하고 있음이 확인되었다. 현재까지 발굴조사를 통해 알 수 있는 것은 영산강유역이 중기 구석기시대부터 사람들의 터전이 되었다는 점이다. 하지만 아직까지 전기 구석기시대 유적이 확인되지 않고 있다(그림 3-1·2, 표 3-1).

　그리고 구석기시대 사람들은 정주생활이 아닌 이동생활을 주로 하였을 것으로 추정되는데 관심의 대상 중 하나가 구석기인들의 활동범위이다. 장흥 신북유적에서 발견된 흑요석을 분석한 결과 그 원석이 일본 큐슈지역과 백두산에서 출토된 것으로 추정되고 있어 과연 백두산의 원석이 어떻게 전남지역까지 공급될 수 있었는지 의문이다(이기길·김명진 2008). 또한 일본 연구자인 安蒜政雄(2010)은 한국의 동해안지역과 일본 열도와의 관련성을 언급한 '환동해문화회랑설'을 주장한 바가 있다.

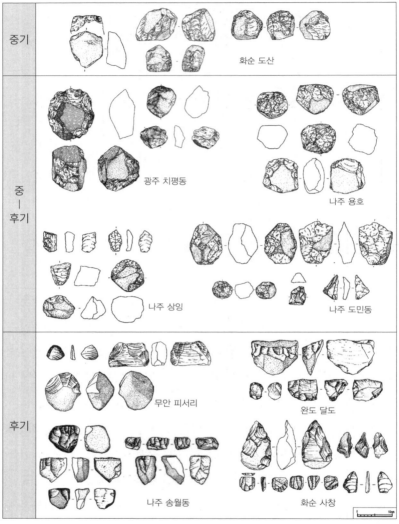

중기	화순 도산
중-후기	광주 치평동 / 나주 용호 / 나주 상잉 / 나주 도민동
후기	무안 피서리 / 완도 달도 / 나주 송월동 / 화순 사창

■ 그림 3-2. 영산강유역 구석기문화의 양상

2. 신석기시대(기원전 8,000~1,300년)

전남지역에서 신석기시대 유적은 주로 해안이나 도서지역에 분포하고 있고, 영산강유역에서는 극히 드물게 확인되고 있다. 영산강유역에서 처음으로 발굴조사된 유적으로는 서해안고속도로 구간에서 발굴된 함평 장년리 당하산 유적이 있다. 이 유적에서 후기 구석기시대 유물과 함께 신석기시대의 부석유구, 화덕 등이 다량의 석기들과 빗살문토기편들이 수습되었다. 그리고 광주 노대동 유적에서 신석기시대 말기에 속하는 토기편이 수혈에서 출토되었다.

최근 나주 운곡동 유적에서도 신석기시대 야외화덕 2기가 확인되었다. 평면형태는 원형을 띠고 있으며, 수혈 내에 불 먹은 돌과 숯, 재 등이 가득 찬 채로 확인되었다. 내부에서 유물은 확인되지 않았지만, 절대연대 측정결과 기원전 2,070년으로 확인되어 신석기시대의 야외노지로 파악할 수 있다.

한편 해안 및 도서지역의 신석기시대 유적으로는 신안 흑산도·가거도·하태도·우이도, 여천 송도·안도, 완도 여서도 등지에서 패총이 조사되었고, 탐진강유역에서는 오복동 바위그늘 유적이 조사되었다(표 3-2).

■ 표 3-2. 신석기시대 유적 조사현황

번호	지역	유적명	유적성격	출토유물	시기	조사	참고문헌
1	영광	송이도패총	패총	봉계리식토기	후기	지표	이영문외 1997
2		상낙월도패총	패총	점열문토기	후기	지표	이영문외 1997

3		어의도 패총	패총	평행단사선문토기, 패륜편	후기	지 표	최성락 1990a
4		대흑산도 패총	패총	세침선문토기, 점열문토 기, 이중구연토기, 석기류	전기, 후~말기	지 표	김원용 외 1968 최성락 1988b
5		우이도 패총	패총	단사선문토기	후기	시 굴	김원용외 1968 최성락 1988b
6	신 안	하태도 패총 (3개소)	패총	패각압날문토기, 격지	전기, 후~말기	시 굴	김원용 외 1968 최성락 1988b
7		가거도 패총	패총	융기문토기, 압날문토기, 압인문토기, 패각문토기, 점열문토기, 봉계리식토 기, 이중구연토기, 굴지 구, 갈판, 낚시축, 낚시바 늘, 작살, 장신구	전기, 후기	시 굴	신상효 외 2006
8	함 평	당하산 유적	수혈	압인문토기, 압날문토기, 단사선문토기, 점열문토 기, '之'자문토기	전기	발 굴	최성락 외 2001
9	나 주	운곡동 유적	야외 노지		후기	발 굴	마한문화연구원 2008-11
10	광 주	노대동 유적	수혈	봉계리식토기, 이중구연 토기, 석부	후기~ 말기	발 굴	전남문화재 연구원 2006
11	장 흥	오복리 유적	암음	단사선문토기, 이중구연 토기	말기	발 굴	최성락 외 2004
12		고금도 패총	패총	패각조흔문토기	후기	지 표	김원용 외 1968 최성락 외 1995
13		평일도 패총	패총	단사선문토기	후기~ 말기	지 표	최성락 외 1995
14	완도	여서도 패총	패총	융기문토기, 구순각목문 토기, 세침선문토기, 내면 문양시문토기, 주칠토기, 찍개, 긁개, 뚜르개, 마제 석부, 결합식낚시축, 고정 식작살, 회전식작살, 역T 자형바늘, 결합식낚시바 늘, 패천	전기	발 굴	김건수 외 2007

신석기시대 유적에는 패총이 대부분이지만 일부 주거지, 바위그늘유적, 수혈, 분묘시설, 야외노지를 비롯하여 유물포함층이 확인되고 있다. 여천 송도패총에서 확인된 주거지 바닥에는 점토다짐을 하였으며, 중앙에 위석식의 노시설이 설치되어 있었다. 분묘유적으로는 안도패총에서 확인되었는데 당시의 매장풍습과 사후세계관에 대한 사료를 제공해주고 있다. 바위그늘유적은 장흥 오복리 유적에서 확인되었는데 자연적인 바위를 신석기인들이 주거 또는 다른 용도로 사용한 것으로 추정된다.

다음은 신석기시대의 편년을 살펴보면, 아직 제주 고산리 유적과 같이 초기에 속하는 유적은 확인되지 않고 있다. 신석기시대의 편년은 주로 출토된 빗살문토기를 기초로 상정하고 있다.

일찍 일본연구자 小原哲(1987)은 전남지방의 신석기토기를 隆起文土器 이외에 A~F류로 분류하면서 그 문화의 양상을 다음과 같이 파악하였다. 즉 조기에 있어서는 한반도에 퍼진 융기문토기가 있고, 전기에는 구연부에 압날문, 자돌문 압인문을 시문하여 지역성이 농후한 토기가 나타나며 제주도 고두기 유적의 刺突列點文土器도 같은 시기의 것으로 보았다. 중기에서 후기에 있어서는 沈線文系의 토기가 분포하는데 중기에 비정되는 침선에는 경남지방의 太線文 수법이 발견되지 않아 중부지방과의 관련성을 상정할 수 있으며 만기가 되면 경남지방과 동일계통의 토기가 분포하여 이 지역의 독자성이 희박하다고 보았다.

이런 견해는 전남지방의 신석기문화를 새롭게 해석하는데 큰 도움을 주는 것으로 주목할 필요가 있으나 몇 가지 문제점이 있다. 먼저 융기문토기를 한반도 중남부지역에서 무조건 조기로 볼 수 없다는 점이다. 특히 중부지방에서는 융기문토기의 존재가 불확실하며 경남 남해안지역을 제외하면 융기문토기가 조기로 설정될 근거가 없다.

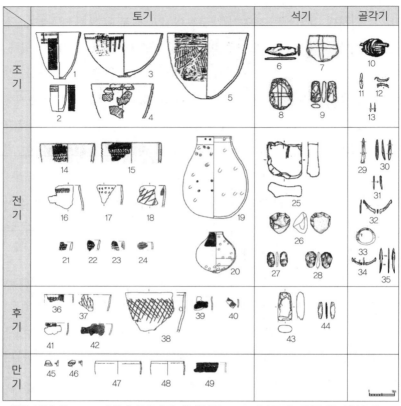

	토기	석기	골각기
조기	1, 2, 3, 4, 5	6, 7, 8, 9	10, 11, 12, 13
전기	14, 15, 16, 17, 18, 19, 20, 21, 22, 23, 24	25, 26, 27, 28	29, 30, 31, 32, 33, 34, 35
후기	36, 37, 38, 39, 40, 41, 42	43, 44	
만기	45, 46, 47, 48, 49		

안도 1, 2, 6, 10   송도 3~5, 7~9, 11~15, 36, 37   가거도 16~18, 25, 29~33, 38, 43
여서도 19, 20, 26, 34, 35   당하산 21~24, 27, 28   송이도 39, 40'   상낙월도 41
노대동 42, 44, 47~49   오복리 45

■ 그림 3-3. 영산강유역 신석기시대 편년

한편 전남지역에서 출토된 빗살문토기를 경남 수가리패총의 출토 유물
과 비교하여 연대를 살펴보면 다음과 같다(이승윤 2008). 조기는 융기문을
지표로 하는 시기(기원전 6,000~4,500년)로 송도 패총, 안도 패총 등이 여기
에 속한다. 전기는 영선동식 토기를 지표로 하는 시기(기원전 4,500~3,500
년)이다. 송도 및 안도 패총 이외에도 완도 여서도 패총과 함평 장년리 유

적이 있다. 중기는 태선침선문토기를 지표로 하는 시기(기원전 3,500~2,700년)이다. 이 시기에 해당되는 유적은 아직 알려지지 않았다. 후기는 봉계리식토기를 지표로 하는 시기(기원전 2,700~2,000년)이다. 광주 노대동 유적, 신안 가거도 패총 등이 있다. 만기는 이중구연토기를 지표로 하는 시기(기원전 2,000년 전후)이다. 전남지역에서는 장흥 오복동 유적, 흑산도 패총, 나주 운곡동 등이 있다. 이 중에서 여천 송도 유적을 통해 전남지역의 신석기문화는 조기(기원전 5,000년경)까지 소급될 수 있고, 영산강유역에서는 함평 장년리 당하산 유적이 전기까지 소급될 수 있음을 알 수 있다. 따라서 전남지역의 신석기문화는 경남해안지역의 신석기문화와 밀접한 관계를 가졌음을 알 수 있다(그림 3-3).

이를 종합하면 전남 서부지역의 신석기시대 유적은 전기 이후 만기까지 지속적으로 분포하고 있다. 다만 신석기시대 중기의 유적은 불분명하다. 이것은 어디까지나 경남지역과 비교를 통해 나타나는 현상이라고 볼 수 있다. 만약 이 지역이 경남지역과 다른 문화양상을 보여주었다고 가정한다면 중기가 존재하지 않는다고 할 수 없을 것이다.

하지만 여전히 제기되는 의문은 왜 영산강유역에서는 신석기시대 유적이 희소하게 발견되고 있는가 하는 문제이다. 함평 당하산 유적을 제외하면 영산강유역에서 보이는 신석기시대 유적은 모두 후기에 속하는 것뿐이다. 이 문제를 풀기 위해서는 당시의 해수면의 변동과 기후양상 등을 종합적으로 검토하여야 한다. 현재로서는 별다른 해법을 찾지 못하고 있는 것이 사실이다. 다만 한 가지 가설로 당시 해수면이 현재보다도 낮았다고 가정한다면 현재와 같이 해안이나 도서지역에서 신석기시대 유적이 주로 확인되는 것이 이해될 수 있다. 나아가 이를 통해 영산강유역의 퇴적층 속에서도 신석기시대의 유적이 발견될 가능성이 있다.

3. 청동기시대(기원전 1,300~200년)

1) 문화양상

1980년대부터 영산강유역에서 청동기시대 유적이 조사되면서 청동기시대에 대한 연구가 시작되었다. 1980년대 중반 이후에는 세형동검 관련 분묘유적, 대규모 취락지와 지석묘의 발굴조사가 이루어졌고, 2000년 이후에는 점토대토기 단계의 분묘 유적, 전기 주거지가 확인되면서 호남지역 청동기시대 편년 수립과 문화의 변천 양상이 밝혀지고 있다. 특히 주거지 조사는 1977년 전남대학교 박물관에서 조사한 광주 송암동에서 처음 확인되었으며, 이후 1982년 영암 장천리 유적에서 같은 형태의 주거지군이 목포대학교 박물관에 의해 조사되었다. 1990년 이후부터 10여 기 내외의 소위 송국리형 주거지들이 조사되었으며, 활발한 발굴조사가 진행되면서 20기 이상의 대형 취락이 광주 수문, 평동, 나주 운곡동 등 청동기시대 취락 연구의 중요자료를 제공하고 있다(이영문 2014).

영산강유역을 포함한 전남지역의 청동기 문화는 크게 전기, 중기, 후기 등 세 시기로 구분되어 왔으나 최근 조기의 가능성이 제기되고 있다(김규정 2013; 이영문 2014)(그림 3-4).

먼저 청동기시대 전기(기원전 1,300~900년)의 시작을 알려주는 토기는 각목돌대문토기를 비롯하여 일정한 간격으로 돌대를 두른 절상돌대문토기, 등간격으로 3~4개의 돌대 또는 파수를 붙인 사이부토기(계관형파수부토기) 등과 소형의 대부토기 등이 있다(천선행 2005). 석기는 삼각만입촉과 장방형에 가까운 형태에 한쪽에만 날이 있는 석도가 있다. 주거지는 방형과 장방형으로 가운데에 석상위석식 노지 1–3개 정도가 있고, 주

	유구 및 유물
전기	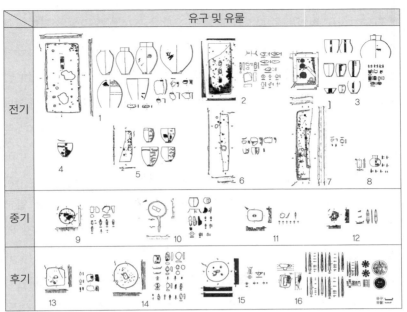
중기	
후기	

1. 담양 태목리 1호 주거지 2. 함평 신흥동 II-8호 주거지 3. 나주 동곡리 1호 주거지 4. 광주 동림동 저습지 5. 광주 산정동 1호 주거지 6. 광주 수문 1호 주거지 7. 광주 수문 2호 주거지 8. 나주 장동리 토광묘 9. 광주 수문 8호 주거지 10. 나주 운곡동 11호 주거지 11. 나주 운곡동 18호 주거지 12. 나주 랑동 1호 지석묘 13. 장흥 갈두 II-4호 주거지 14. 장흥 갈두 II-9호 주거지 15. 광주 하남동 1호 주거지 16. 화순 대곡리 적석목관묘

■ 그림 3-4. 영산강유역 청동기시대 편년

초석 열과 가장자리에 단시설이 된 경우도 있다. 이 시기로 편년할 수 있는 순창 원촌과 담양 태목리 주거지(호남문화재연구원 2010a)에서 각목돌대문토기 등이 출토되었고, 광주 동림동유적 저습지(호남문화재연구원 2007d)에서는 신석기시대 만기의 점열문토기와 구순각목+이중구연단사선문토기가 공반되었다. 광주 동림동 출토 목기의 방사성탄소연대값이 기원전 1,120~1,480년(보정연대)으로 나왔다. 이를 통해 늦어도 기원전 1,300년경에는 청동기시대가 시작되었음을 알 수 있고, 청동기시대 조기의 설정 가능성을 보여주고 있다(이영문 2014).

청동기시대 전기는 주거지가 형태상 장방형 또는 세장방형의 평면형태에 위석식 또는 무시설식노지를 가진 것이고, 토기의 경우 이중구연단사선문, 공열문, 구순각목문을 한 토기와 각 문양이 조합된 토기, 직립구연호형토기, 대부호토기 등이, 석기의 경우 이단병 석검(또는 유단병의 일단석검), 삼각만입촉, 이단경촉, 반월형석도 등이 표지로 하고 있다(김문국 2010; 홍밝음 2010).

전기의 분묘는 앞의 토기와 석기가 부장유물로 출토되는 양상으로 보면 다양한 형태가 축조되었음이 밝혀지고 있다. 분묘들은 대개 단독 입지하거나 2~3기 정도가 군집을 이룬 경우가 대부분이다. 이러한 입지 외에도 지금까지 밝혀진 전기 분묘의 특징은 지석묘, 석곽묘, 석관묘, 주구묘, 토광묘(목관묘), 옹관묘 등 모든 분묘 유형이 확인되고 있다. 묘실의 규모에서도 장축 길이가 2m 이상과 1m 미만 등 다양성이 보이며, 장방형 묘역시설과 저분구형 적석묘역이 나타난다. 또한 검+촉+호의 조합화된 유물 부장, 관외 부장 풍습과 목관의 유행도 특징이다(이영문 2011).

다음으로 청동기시대 중기(기원전 900~500년)는 소형의 방형과 원형 주거지로 주거지 가운데에 타원형 구덩이가 있고, 그 가장자리에 중심 기둥 구멍이 배치된 주거지를 표지로 삼고 있다. 유물로는 외반구연호형토기(소위 송국리식토기)를 비롯한 삼각형석도, 유구석부, 유경식 단검 등이 대표적이다. 영산강유역에서는 이 시기의 취락이 전기에 비해 급격히 늘어나고 있지만 전기와 같이 5기 미만이 많고, 10기 미만이 대다수를 차지하며 20기 이상도 존재한다. 특히 나주 운곡동 58기, 장흥 신풍 51기, 광주 평동 42기, 장흥 갈두 44기 등 대규모 취락이 등장하고 있는 점도 하나의 특징이다. 지금까지 10기에서 20기의 중형 취락은 호남지역 전역에서 확인되지만 30기 이상의 대형 취락은 영산강유역과 남해안지역에서만 발견되었다. 이러한 조사는 청동기시대에서 이 시기의 연구가 가장 활발하고 다양한 시각에서 접근하고 있는 추세와 무관하지 않다.

중기의 분묘는 지석묘, 석관묘, 석곽묘, 토광묘(석개토광묘 포함), 옹관묘 등으로 전기 분묘 유형과 별차이가 없지만 단독 보다는 한 묘제가 군집되거나 2~3개 묘제가 군집되어 나타난다. 이 중에서 지석묘는 열상 배치로 대규모로 조성되거나 거대한 묘역시설과 연접묘역시설 등이 나타나며, 석관묘도 군집으로 확인되고, 석관묘와 함께 토광묘나 옹관묘가 한 묘역을 형성한 것도 확인된다. 특히 지석묘군은 소규모에서부터 대규모로 조성되고 있다. 이러한 양상은 중기 주거지의 양상과 같다. 영산강유역에서 30기 이상 대규모로 묘역이 조성된 예는 화순 대신리(35기)·영암 엄길리(40여 기), 보성강유역에서 화순 사수리 대전(31기)·보성 죽산리(39기)·순천 우산리(58기) 등이 있다. 이와 같이 대규모로 묘역이 조성된 것은 혈연집단을 기반으로 하는 세력집단의 형성을 의미한 것으로 볼 수 있다. 발굴된 중요유물이 출토된 것이지만 중기의 중심취락과 같은 양상을 보인다. 주거지와 분묘의 자료를 보면 중기에 와서 유력한 혈연집단의 등장을 상정할 수 있다(이영문 1993, 2014).

중기의 대표적인 유물인 석검은 전북 동부지역, 전남 동부지역, 남해안지역에서 출토 빈도가 높다. 이는 남한에서도 가장 집중되어 출토되는 양상이고, 석검의 형태도 다양하고 지역성도 엿보인다. 즉 전북 동부지역(용담댐)에서는 유절병식 이단석검과 일단석검이, 영산강유역에서는 유절병 일단석검(2점)도 있지만 유경유구식 석검이 대부분이며, 보성강유역(주암댐)에서는 유경유구식 석검과 유단병·유절병의 일단석검이, 여수반도에서는 유단병의 일단병식 위주에 유절병의 일단석검이 출토되고 있어 지역적으로 석검의 형태 차이가 있다. 이는 시기적인 차이인지 지역적 선호도 차이인지는 밝혀야할 문제이다. 장신구인 옥이나 부장용 토기(적색마연토기, 채문토기)는 전 지역에서 출토되지만 옥은 여수반도, 부장토기는 고흥반도에서 많이 출토되는 편이다. 이러한 현상은 옥을 생산한 남강댐 지역과 부장토기가 성행한 경남 남해안지역과의 인접성과 관련될 수 있다(이재운 2011).

청동기인 비파형 동검을 비롯한 비파형 동모는 남해안지역에 집중되어 있다. 여수 적량동, 월내동, 평여동, 봉계동, 오림동, 화장동 등에서 17점이, 고흥 운대리 2점, 순천 우산리 2점, 보성 덕치리 신기 1점 등 22점이고, 비파형 동모는 여수 적량동과 보성 봉릉리에서 각각 1점씩 2점으로 모두 12개 지석묘군에서 24점이 발견되었다. 보성강유역 3점과 고흥반도 2점을 제외하면 모두 여수반도 출토이다(이영문 1998).

이 시기 청동기문화는 서남부지역에 자리잡은 독특한 청동기문화권에 속한다. 이 문화권의 분포는 대개 충청지방, 전라지방 및 경상남도 서부지방까지로 한정된다. 그 중에서도 전남지방은 충청지방의 문화와 밀접하다. 즉 이들 두 지방의 공통점은 독특한 타원형의 주거지, 호형토기(송국리형토기), 삼각형석도, 유구석부(2식) 등에서 찾아볼 수 있다. 한편 그 차이점으로는 충청지방에서 보이는 장방형의 주거지, 구순각목문토기, 유병식 석검(송국리형 석검) 등이 영산강유역에서는 극히 적으며, 채문토기, 유경식 석검, 유단석부 등이 나타나고 있다. 이와 같은 세부적인 차이는 지역적인 차이로 해석될 수 있을 것이다. 그리고 서부 경남지방도 대체로 같은 문화권에 속하는데 타원형 주거지 등 전남지방과 공통적인 요소들이 있다. 그 밖에 경남지방에는 채문토기, 삼각형석도 등이 공통적으로 나타나고 있지만 동부지방으로 갈수록 전남지방과 상이성이 커지고 있다. 또한 타원형 주거지(송국리형 주거지), 유경식 석검 등의 문화적인 요소들은 멀리 일본지역에서도 발견되고 있어서 그 공통점을 찾아 볼 수 있다. 이것은 이 지방의 문화가 경남지방을 거쳐 일본까지 파급되었음을 보여주는 것이다.

끝으로 청동기시대 후기(기원전 500~200년)는 점토대토기를 지표로 볼 수 있다. 점토대토기는 일반적으로 송국리식 토기의 다음 단계인 세형동검과 매우 밀접한 관계가 있는 것으로 보고 있었다. 최근에는 세형동검 이전에 점토대토기가 존재하였고, 이후에 세형동검과 결합되었을 가능성도 제기되고 있다. 원형점토대토기 다음에 등장하는 삼각형점토대토기는 두형토기, 조합식파수토기, 철기 등과 공반된 경우가 많다(임설희 2009). 장지현(2015)은 호남지역 점토대토기문화를 3기로 구분하였는 I기(기원전 5세기 전반에서 4세기 후반)는 송국리식 주거지에 원형점토대토기가 출토되고, II기(기원전 3세기 전반에서 2세기 후반)는 방형 주거지에 타원형의 점토대토기와 일부 삼각형점토대토기가 반출되면, III기(기원전 2세기 후반에서 기원후 2세기 전반)는 삼각형점토대토기가 주로 출토된다고 보았다. 원형점토대토기는 나주 운곡동, 고창 성남리 유적 등에서 출토되었고, 삼각형점토대토기는 고창 율계리, 광주 하남동 1호, 광주 수문 5호 주거지에서 발견되었다.

청동기는 영산강유역에서 집중 출토되는 양상이다. 영산강유역에서는 나주 운곡동(청동검 1점), 영암 장천리(세형동검 1점, 검파두식)를 비롯하여 화순 대곡리와 함평 초포리 적석목관묘에서 세형동검을 포함 중국식동검, 세문경, 동령구 등 의기류가 일괄로 다량 발견되어 서해를 통한 전북지역과의 관련성을 시사한다. 즉 토광묘나 목관묘에서 다량의 세형동검과 용범, 철기, 점토대토기, 흑도장경호 등이 전주 효자동과 완주 갈동 등 만경강유역의 여러 유적에서 출토되고 있다(한수영 2011).

따라서 세형동검문화의 중심지로 익산–군산지역을 포함한 만경강유역과 더불어 영산강유역이 주목받고 있다. 또한 이 시기의 청동기문화는 충청지방의 靑銅器文化가 전북 서부지역을 경유하여 영산강유역에 당도하였다고 본다. 그 이유는 전남지방 보다는 충청지방의 靑銅器文化가 시기적으로 앞서는 유적이 많기 때문이다. 다만 서해안지역에 당도하였을 것으로 보이는 中國 靑銅器文化가 어떻게 이 지방에 영향을 끼쳤나 하는 점이 앞으로 연구되어야 할 과제로 남는다.

이상과 같이 영산강유역에서는 수많은 지석묘를 비롯하여 청동기시대 유적들이 밀집하여 분포하고 있다. 특히 화순 지석묘가 세계문화유산으로 등재되면서 지석묘의 가치가 새롭게 인식되기 시작하였다. 또 다른 형태의 무덤인 적석목관묘는 화순 대곡리, 함평 초포리 유적 등지에서 확인되었으며, 다량의 거푸집이 영암지역에서 발견되었다. 영산강유역 청동기문화는 전 단계인 신석기문화와는 다르게 밀집분포하고 있다. 다만 아직까지 청동기문화의 조기의 존재 여부나 후기에 속하는 점토대토기의 등장 과정이 다소 불분명하지만 영산강유역의 고대문화를 특징을 가장 잘 보여주었던 시기 중의 하나 이다.

2) 일본 야요이 문화와의 관계

청동기시대에는 거의 일방적으로 한국에서 일본으로 문화가 전달되었다. 이러한 문화파급은 우리나라의 청동기시대 중기, 즉 일본에서는 조몬시대 만기 후엽(야요이시대 조기)부터 시작된다. 도작농경이 중심이지만 住居, 墓制, 生活利器에 이르기까지 전반적인 문화요소가 포함된다. 즉 송국리형 주거와 같은 주거양식, 환호, 목책열 등의 취락구조, 지석묘로 대표되는 무덤양식, 석검, 석촉, 석부, 석도와 같은 마제석기들이 그것이다.

이러한 주장을 처음으로 한 것은 심봉근(1999)에 의해서이다. 즉 일본의 야요이문화는 우리나라 토기, 도작농경, 지석묘, 마제석검, 청동기 등 청동기시대 문화요소와 관련되어 검토한 결과 종래 야요이식토기 전기전반으로 편년되던 이타츠께(板付)Ⅰ식토기 단계가 아니라 오히려 한두 단계 앞선 유우스식(夜臼)토기 초기단계로 이때부터 무문토기의 영향이 나타난다는 것이다. 도작농경에서도 남방설에서 주장하는 중국적인 요소가 거의 없고 북방설과 같이 중국 화중 이북에서 우리나라를 거쳐 일본에 전달되었으며 그 시기는 유우스식(夜臼)토기 단계로, 지석묘와 마제석기도 이 시기에 전달되었고, 그 연대는 기원전 5세기경으로 비정하였다.

또 청동기는 야요이문화 중기 중반까지 우리나라 청동기가 나타나고, 중기 후반에서 중국산과 일본산이 혼입되어 나타나고 있다. 결국 일본의 야요이문화는 우리나라 남부지역 일부사람들이 (국내의 피치 못할 사정에 의해서) 눈앞에 보이는 대마도를 징검다리로 삼고 현해탄을 건너 큐슈지역에서 생활하기 시작하였으며, 그 과정에서 재래의 조몬인과 결합하여 창출한 것이 유우스식(夜臼)토기 단계의 문화라는 것이다.

한국과 일본과의 관계를 나타내는 고고학 자료는 다양하다. 즉 환호취락과 밭 등도 당시의 양 지역 관계를 보여주는 자료이다. 일본의 원시취락은 조몬 만기에 수전농업기술의 전파와 함께 그 구조적인 변화가 보인다. 즉 조몬시대의 환상취락, 마제형취락이라는 전초적인 취락구성이 해체되고, 수혈식주거를 주체로 하면서 주위에 穴倉(저장고)을 배치하는 농업취락의 기초가 형성된다. 이러한 변화와 함께 마제농공구와 수혈식 주거형태, 지석묘 등이 들어왔다. 이와 함께 환호취락이 전파되었다. 환호

취락은 조몬 만기에 큐슈에서 보이고 야요이시대에 들어서면서 타 지역으로 전파되었다. 야요이 후기가 되면 취락 내에 별도의 환호와 목책에 의해 구분되는 내곽이 만들어지고, 그 내부에 祭祀와 관련 깊은 대형건물과 망루와 같은 방어적인 시설을 설치하는 등 취락의 체제가 정비된다. 바로 國의 핵심취락이 된다(七田忠昭 2000). 밭 유구는 한국에서 청동기시대 이래 삼국시대까지, 일본에서 조몬 만기에서 야요이시대를 거쳐 고분시대에 이르기까지 많은 유적에서 발견되었다. 다만 일본에서는 화산재에 의해 좀 더 분명히 남아있는 편이다(이상길 2000).

한편으로 일본 연구자들은 야요이시대에도 여전히 조몬인의 존재를 강조하고 있다. 즉 큐슈지역의 지석묘에 매장한 사람들이 조몬인의 형질을 가진 사람들이라고 한다. 당시에 큐슈에 살고 있었던 조몬인 혹은 그 계보를 잇는 야요이인이 매장 풍습의 하나로써 지석묘를 채용하였던 것이다(古門訝高 2000).

이와 같이 당시의 두 지역의 관계가 밀접한 이유는 한국에 새로운 청동기문화, 즉 석관묘에 청동무기와 의기를 가진 문화가 파급됨으로써 기존의 농경문화를 바탕으로 한 무문토기문화의 주민들이 남부지방에서 일본으로 건너가 새로운 야요이문화를 형성하는 계기를 이루었다고 보고 있다(이건무 2001). 이러한 견해를 받아들인다면 기존의 농경문화가 일본으로 넘어간 시점은 새로운 청동기문화가 유입되었던 기원전 5~4세기경일 것이다.

기존의 청동기문화인 한국식동검문화를 중국 전국시대 말 새롭게 철기문화가 우리나라에 파급되고, 이것이 기존의 문화를 압박하여 일본으로 문화파급을 이루었을 것이다. 이 문화가 일본의 야요이문화의 발전에 결정적으로 기여한다. 이때 건너간 주민집단은 지배계층에 포함되었을 것이다. 부여 연화리, 대전 괴정동, 함평 초포리 등지에서 보이는 劍·鏡·玉은 일본에서 왕권의 상징이 되어 '三種의 神器'로 인식되고 있고, 이것이 일본 古事記의 天孫降臨神話에서도 이런 내용이 보인다고 한다(이건무 2001).

이상을 종합하면 청동기문화의 파급은 두 차례 이루어졌다. 먼저 송국리형 주거지, 무문토기, 마제석기, 지석묘로 대표되는 전기 청동기문화로 이는 기원전 5~4세기경에 일본으로 대량 넘어가게 된다. 다음은 세형동검으로 대표되는 후기 청동기문화의 파급이다. 이는 기원전 3~2세기경에 이루어졌으며, 이들 청동기는 정착 후 얼마의 시간이 지나면 일본화의 과정을 밟는다.

한편 일본 야요이문화는 북규슈지역에서 시작되었고, 재지적인 문화가 아닌 외래적인 문화에 의해 크게 영향을 받은 것은 주지의 사실이다. 그것도 한국의 농경문화인 청동기문화를 주로 받아들였다는 점에도 대부분 연구자들이 동의하고 있다. 다만 한 가지 논쟁이 되고 있는 것은 당시에 과연 대규모의 주민이동이 있었던가 하는 것이다. 지금까지 대부분의 일본 연구자들은 대체로 문화유입은 인정하나 주민의 이동은 인정하려들지 않는 입장이다. 물론 주민이주를 받아들이는 일본 연구자도 일부 있을 것이다. 그러나 이를 歸化人, 渡來人 등으로 표현하고 있으며 이들이 문화를 변화시키는 주체로서 인정하지는 않고 있다. 반면 한국 연구자들은 야요이문화가 시작되기 이전인 조몬시대 만기(혹은 야요이시대 조기)부터 한국으로부터 주민 이동이 시작되었다고 보고 있어 일본 연구자와는 상반된다.

최근 일본에서는 야요이시대의 개시연대에 대한 새로운 견해가 제시되면서 많은 논쟁이 이루어지고 있다. 즉 과학적인 방법(AMS)에 의해 연대를 측정한 결과 야요이의 개시연대가 기원전 10~9세기에 이른다는 것이다(春成秀爾·今村峯雄編 2004). 이 연대에 대한 논란의 여지가 있는데 필자는 이 연대의 상한에 다소 문제점이 있음이 지적한 바가 있다(최성락 2006b). 그런데 우리나라의 청동기시대의 상한연대도 최근에는 기원전 1,500년 이전으로 비정되고 있다. 특히 동아시아 지역에서 기원전 1,500년경에 널리 나타나는 청동기시대 조기를 대표하는 돌대문토기(천선행 2005)가 일본 야요이시대 조기에도 나타나고 있어 역시 한국 청동기문화의 영향임이 분명하다.

3) 청동기시대의 사회성격

지석묘가 주 묘제인 청동기시대의 사회적인 성격을 검토하고자 한다. 먼저 검토할 사항은 지석묘사회의 성격과 청동기문화와의 관계이다. 지석묘는 지금까지 청동기와 관련이 적으며 자발적인 협력에 의해 축조되었다고 보고 있다(윤무병 1977; 지건길 1983). 그러나 전남지방에서는 청동기시대 중기에는 지석묘가 청동기와 관련이 큰 것으로 보인다. 이 시기에 해당되는 승주 우산리, 보성 덕치리, 여천시 봉계동, 적량동, 평여동, 여수 오림동의 지석묘에서 琵琶形銅劍을 비롯하여 琵琶形銅鉾, 靑銅鏃, 小玉, 管玉 등이 발견되었다. 이들은 그 이전 단계의 지석묘와는 다르게 볼 수밖에 없다. 또한 구조적인 면에서도 대형의 지석묘를 중심으로 소형의 지석묘가 주변에 분포하는 경우로는 麗川 平呂洞 산본지석묘(이영문·최인선·정기진 1993), 昇州 牛山里 내우지석묘(최성락·고용규 1993) 등이 있어 이는 당시 사회의 구조적인 면을 반영한다고 본다. 따라서 지석묘 단계에서도 서서히 社會의 複合化가 이루어지기 시작한 단계로 인식하여야 할 것이다(이영문 1993: 276-286).

　이 시기의 지석묘사회를 族長社會로 보는 이유는 지석묘의 거대한 규
모와 지석묘 축조과정에서 동원되는 사람의 수와 부장품, 당시 유물을 제
작하였던 전문집단의 출현 등을 들고 있고, 또한 유럽에서 신석기시대에
거석문화를 만들던 단계를 族長社會로 보는 경우를 염두에 두고 있다.[5]

　그런데 지석묘사회를 族長社會로 보는 견해도 고고학적으로 문제가 있
음을 스스로 밝히고 있다. 즉 최몽룡은 아직 주거유형, 족장의 직무실,
거석기념물, 계급 및 신분을 표시해주는 상징적인 유물, 무역에서 얻어
진 값비싼 수입품, 지석묘를 지배자의 무덤으로 볼 때의 피지배자의 무
덤 등이 밝혀져야 한다는 것이다(최몽룡 1981:50). 이렇게 본다면 지석묘사
회가 사회계층의 분화가 미약한 사회(공동사회, 부족사회)로 보는 견해들이
좀 더 설득력이 있을 것이다. 그러나 이들 견해가 제시된 이후 전남의 동
부지역 지석묘에서 비파형동검을 비롯하여 다량의 부장품이 출토되었고,
昌原 德川里지석묘(이상길 1993)에서도 석축 시설과 함께 비파형동검, 석
촉, 석검, 관옥, 홍도 등이 출토된 예를 본다면 이들 견해도 재검토되어
야 할 것이다. 따라서 청동기시대 중기의 지석묘사회를 현재까지 자료로
서는 바로 族長社會이라고 단정할 수 없더라도 무덤에 위세품이 부장되
는 것으로 보아 어느 정도 社會의 複合化가 시작되었다고 볼 수 있을 것
이다.

　다음은 본격적으로 세형동검이 사용되던 시기인 청동기시대 후기의 사

---

5. 이러한 견해로부터 두 가지 점을 유추해 볼 수 있다. 하나는 지석묘사회 전체가
　族長社會라는 것이 아니라 지석묘가 축조되던 시기 중의 어느 시기만이 해당되
　거나 지석묘 중에서 일부만을 族長의 무덤으로 보고 있다는 것이다. 다른 하나
　는 이미 최정필(1997)의 지적한 것과 같이 지석묘사회가 族長社會로 비정된다
　고 하더라도 지석묘사회의 다음 단계가 바로 國家라는 주장이 아니라는 것이다.

회적인 성격이다. 이 시기를 고고학계에서는 대부분 族長社會에 해당된다고 보고 있는 편이다. 그런데 이 시기에 지석묘의 존재여부가 문제이다. 전남지방의 경우 영암 장천리 지석묘에서 세형동검이 출토되었고, 발굴된 경우는 아니나 昇州 中平里 지석묘 등지에서 세형동검이 출토되었다는 보고도 있다(이영문 1993:42). 그리고 務安 月巖里 支石墓 출토 曲玉(최성락·조근우·박철원 1992) 등은 咸平 草浦里 출토품과 동일한 형식이므로 세형동검 사용시기에도 지석묘가 존재하였음을 말해준다.

전남지방에서 지석묘와 세형동검과의 관계는 기존의 지석묘 축조집단이 세형동검 등 청동기를 직접 제작하여 사용하였다기 보다는 세형동검 등의 발달된 청동기를 받아들인 것으로 볼 수 있다. 또한 이 시기의 사회는 이미 지석묘만의 사회는 아니다. 이 시기에는 지석묘가 청동기를 다수 부장한 함평 초포리, 화순 대곡리 등의 적석목관묘와 함께 존재하였다. 이 시기의 사회는 지석묘의 내부적인 차이뿐만 아니라 타 묘제와 공존하고 있는 점 등을 고려해 볼 때 사회의 복합화가 한층 진전되었을 것이다. 그런데 청동기시대 중기에서 후기로의 변천을 대부분 대륙으로부터 주민의 유입(이남석 1985:106-107)으로 해석하고 있으나 이는 지극히 외부적인 영향만을 강조한 것이고, 전남지방의 경우 외부적인 청동기 제작기술이 유입되었더라도 기존의 청동기시대 사회가 이를 수용하면서 서서히 변화되었을 것으로 판단된다. 따라서 청동기시대 사회는 그 전체가 族長社會라고 할 수 없더라도 청동기시대 중기에 이르면 위세품의 등장으로 보아 서서히 복합화되었다고 볼 수 있고, 청동기시대 후기에 이르면 복합화가 진전되어 완전히 族長社會의 단계에 진입하였을 것이다.

4장

고대사회의 형성과 마한

제 1 절
철기문화의 연구현황

호남지역에서 조사된 철기시대의 유구에는 주거지, 저습지, 토기요지, 패총, 무덤(토광묘와 옹관묘) 등이 있고, 유물에는 토기, 철기, 골각기, 목기 등이 있다. 이러한 유구와 유물의 연구현황과 함께 편년을 살펴보고자 한다.

1. 유구

1) 주거지, 저습지, 토기요지

호남 서부지역에서 점토대토기가 반출되는 철기시대 전기의 주거지는 거의 알려지지 않았으나 최근 전주 혁신도시지역 발굴조사에서 철기시대 전기의 방형 주거지가 일부 확인되었다(호남문화재연구원 2013). 그런데 광주 평동이나 광주 수문 유적 등에서 조사된 송국리형 주거지에서 삼각형점토대토기, 경질무문토기 등이 출토되었고, 송국리형 주거지의 하한이 기원전후까지 내려올 가능성이 있다(호남문화재연구원 2008a, 2012).

영산강유역의 철기시대 주거지는 해남 군곡리, 광주 신창동, 보성 조성리, 순천 연향동 대석 유적 등지에서 몇 기씩 발견되고 있으나 전남 동부지역에서는 기원전까지 올라가는 원형 주거지가 순천 덕암동, 여수 화장동, 보성 조성리, 곡성 대평리, 구례 봉북리 등에서 다수 조사되었다.

전남지역에서 본격적으로 취락을 형성한 것은 기원후 2세기경 이후이다. 2세기 이후 대규모 취락유적인 보성 도안리 석평, 곡성 오지리 등이 전남 동부지역에서 확인되고 있고, 전남 서부지역에서도 담양 태목리 등지에서 확인되고 있다. 이 시기의 주거지는 원형, 타원형, 방형, 말각방형, 장방형, 말각장방형 등 다양한 형태를 띠고 있으며 시기적으로 큰 변화를 찾아보기 힘들다. 3세기경에 접어들면 대부분 방형계로 변화되었으며, 4세기 이후에도 거의 같은 형태가 지속되었다.

1990년대까지 철기시대 후기 주거지에 대한 연구는 그다지 많이 이루지지 못하고 있다. 주거지의 벽구의 특징(이영철 1997)을 살핀다든지 영산강유역과 섬진강유역의 주거지 비교(김진영 1997)하는 정도에 그쳤다. 2000년대에 들어와 주거지에 대한 연구가 더욱 활발해 졌다. 호남지역(김승옥 2000), 금강유역(김승옥 2007; 서현주 2011a), 전북지역(김승옥 2004; 김은정 2007), 전남지역(이은정 2007), 영산강유역(이영철 2003), 탐진강유역(김영훈 2006; 이영철 2008), 전남 동부지역(이동희 2007; 박미라 2008; 한윤선 2010) 등 지역별로 철기시대에서 삼국시대에 이르는 주거지에 대한 연구가 세밀하게 이루어졌다.

철기문화가 시작되는 시기의 취락은 구릉에 위치하는 경우가 많으나 강가나 평지에도 자리 잡았다. 초기에는 작은 규모의 취락이 형성되었으나 점차 큰 규모의 취락이 형성되었다. 취락의 주변에는 環濠가 발견되기도 한다. 주거지의 특색은 평면형태가 다양하지만 점차 원형계의 주거지가 줄어들고, 방형 혹은 장방형의 주거지가 늘어나며, 화덕도 아무 시설이 없거나 부뚜막형이나 일부 지역에서는 구들형이 나타난다. 청동기시대에 이미 나타난 壁溝시설도 철기시대에 계속되며, 주거지 벽선을 따라 나타나는 기둥구멍은 후기에 가면 四柱式이 많아지고, 일부에서는 地上

家屋의 출현도 이루어진다.

저습지 유적으로는 광주 신창동 유적, 보성 조성리 유적, 나주 랑동, 나주 운곡동, 담양 화방리 물구심리들, 구례 봉북리, 장성 월정리 구하도 등이 있다. 특히 광주 신창동 유적은 우리나라에서 처음으로 발견된 複合農耕遺蹟으로 생산과 생활, 분묘유적이 존재하는 대표적인 곳이다. 이 유적에서는 옹관묘, 토기가마, 환호, 밭, 주거지, 저습지 등 철기시대 초기의 생산 및 생활, 분묘유구가 조사되었다. 서울대학교 발굴팀은 총 53기(단옹식 1기, 合口式 52기)의 옹관묘를 조사하였고, 평저장경호 등의 토기류, 청동제 검파두식·편평합인석부·유경식석촉, 그리고 掘地具로 보이는 철편 등을 수습한 바 있다(김원용 1964). 국립광주박물관팀이 조사한 저습지에서는 각종 칠기류·무구류·농공구류·칠용기·현악기·베틀부속구 등 다량의 목제유물과 민물패류, 인골을 비롯해서 선사시대 생활문화와 관계된 여러 자료, 또 벼껍질·탄화미·보리 등 곡물류, 오이씨·박씨 등 채소류가 출토되었다(국립광주박물관 1993b).

광주 신창동 유적에서 저습지가 조사되면서 목기류, 칠기류와 같이 쉽게 부식되는 유물들이 확인되었다. 신창동 저습지에 대한 종합적인 연구결과는 국립광주박물관(2012c, 2012d)의 특별전 도록과 학술대회로 정리되었다. 남해안에 위치한 보성 조성리 유적에서도 저습지에서 수로와 보시설이 확인되었다(박태홍 2011; 이동희 2011b). 영산강 중류지역에 속하는 나주 랑동유적의 저습지에서는 화천이 출토되어 중국과의 대외교류를 엿볼 수 있다(최성락·김경칠·정일·한옥민·이경림 2006).

그리고 토기를 구웠던 토기요지가 몇 기 발견되었다. 즉 해남 군곡리 유적을 시작으로 순천 대곡리·연향동 대석, 광주 신창동, 여수 미평동 양지, 영광 군동, 곡성 대평리 유적 등지에서 발굴되었다. 그리고 호남지역

토기가마에 대한 자세한 연구(박수현 2001; 이지영 2008)가 있었다. 그밖에 순천 연향동의 9호 주거지에서는 바닥에 숯이 섞여 있는 점토가 두텁게 깔려 있고, 토제용범이 출토되고 있어 철기를 제작하였던 곳으로 추정되었으며 보성 예당리 유적에서는 옥제품을 제작하였던 곳도 확인되었다.

2) 패총

호남지역에서 알려진 패총은 모두 23개소(최성락 1993b)이었으나 이후 군산지역에서 많은 패총이 조사되었고, 나주시 동강면에서 수문 패총이 알려지는 등 40개소 이상의 패총이 발견되었다(호남고고학회 1995; 한수영 1998). 패총의 발굴조사는 해남 군곡리 패총으로부터 시작되었다. 해남 군곡리 유적(목포대학교박물관 1987-1989)은 패각층, 주거지, 토기요지 등이 조사되었다. 패각층의 층위는 자연층에 의해 14개 층으로 나누어지며 이는 다시 5개의 문화층으로 구분된다. 출토유물은 무문토기, 경질무문토기, 경질찰문토기, 타날문토기를 비롯하여, 방추차·어망추 등 토제품, 석촉·숫돌·홈돌 등 석기류, 철부·철도자 등 철기류, 도자병·골촉 등 골각기, 복골, 토제곡옥·소옥 등 장신구 및 동물뼈 등이 다량으로 발견되었고, 중국 화폐인 貨泉도 1점 출토되었다. 이후 나주 수문 패총(국립광주박물관 2010b), 보성 벌교읍 금평 패총, 순천 좌야 패총 등과 서해안 지역의 군산 비응도, 노래섬, 가도, 오식도 등지에서도 패총이 발굴조사되었다.

최성락(1993b)은 해남 군곡리 패총에 대한 연구결과를 토대로 청동기문화로부터 철기문화가 형성되는 변천과정을 확인할 수 있었고, 海路의 중요성을 강조하였으며, 패총의 중심연대가 삼국시대로 내려갈 수 없음을 주장하였다. 또한 군곡리 패총의 층위적 구분을 통해 호남지역 철기시대 토기의 변화상과 문화상을 파악하였다.

한편 서현주(1996, 2000)는 패총의 기원을 중국 遼寧地方의 夏家店上層文化와 관련된다고 보았고, 원삼국시대(철기시대 후기) 패총의 형성배경을 기후변화에 따른 현상으로 파악하고 있다. 즉 그는 기원후 2~3세기에 속하는 패총이 다수를 차지하고 있다고 보면서 이 시기가 『三國史記』나 기후 관련 자료로 보아 한랭기로 추정되기 때문에 이로 인해서 농업생산력이 감소하였고, 상대적으로 해양과 육상의 자연자원에 대한 의존도가 높아져 해안가에서 패총이 형성된 것으로 보았다. 이를 정리하여 다음과 같이 나타내었다.

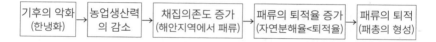

반면 최성락과 김건수(2002)는 철기시대 패총의 형성과 관련된 여러 가지 원인을 철기문화의 시작과 관련된다고 보았다. 청동기시대 후기를 지나면서 새로운 철기제조기술이 유입되는데 이러한 기술의 유입과 더불어 해로가 발달되었고, 나아가 해안지역으로 주민이 이동하면서 인구가 증가하였을 것이다. 해안지대에 자리잡았던 주민들은 자연히 바다로부터 식량자원을 획득하였고, 패총 형성의 원인이 되었을 것이다. 한편으로 기후의 한냉화가 이루어지면서 식량자원이 고갈되었고 더불어 주민의 갈등이 나타났는데 이것은 패총의 급증과 高地化를 가속시켰을 것이다. 이러한 과정을 정리해 보면 다음과 같다.

철기문화의 시작 → 해안가의 주민 증가 → 패총의 형성 → 패총의 급증 및 고지화
(해로의 발달)   ↗
기후의 한냉화 → 주민간의 갈등 유발

패총은 당시의 생활도구가 패각과 함께 매몰되어 있어 패총 발굴을 통해 다양한 인공유물의 수습뿐만 아니라 다양한 자연유물의 수습도 가능하기 때문에 당시 생활상을 복원하는데 중요한 자료를 제공해 주고 있다.

3) 무덤

철기시대의 무덤은 토광묘와 옹관묘로 대표된다. 토광묘는 일반적으로 토광직장묘, 토광목관묘, 토광목곽묘 등으로 분류되나 호남지역에서는 이러한 구분이 용이하지 못하다. 호남지역의 토광묘는 청동기시대의 석관묘계열인 積石土壙墓(혹은 積石木棺墓)와 무덤 주변에 간단히 돌을 두른 圍石土壙墓가 있고, 주구가 없이 발견된 단독 土壙墓와 주구를 가진 周溝土壙墓 등으로 나누어진다.

철기시대 초기의 토광묘의 형태는 장수 남양리 유적에서 볼 수 있듯이 토광묘에 일부 적석을 한 형태로 이를 적석목관묘라고 한다. 전남지역의 함평 초포리, 화순 대곡리 유적에서도 발견된 바 있다. 그런데 장수 남양리 유적에서는 청동기와 함께 철기가, 익산 평장동 유적에서는 前漢鏡이 발견되었으나 그 밖의 무덤에서는 청동기만 출토되었다. 최근 전북지역에서 청동기시대 후기와 초기철기시대에 걸친 많은 토광묘가 조사되면서 초기철기시대의 분묘양상이 파악되었다(한수영 2015).

최근 전북지역에서 토광묘(목관묘)가 완주 신풍, 갈동, 덕동 유적, 전주 원장동, 익산 평장리, 김제 서정동, 산치리, 부거리 유적 등에서 확인되었

다. 전북지역의 토광묘에서는 청동무기, 의기 등 다량의 청동유물이 출토되는 우월성을 보이는 집단무덤이 확인되고 있다. 또한 완주 갈동과 신풍 유적 등에서 철겸 등을 비롯한 주조철기가 출토된다.

반면 전남 서부지역에서는 영광 군동 4호 토광묘를 비롯하여 나주 도민동, 나주 월양리 토광묘 등이 확인되었다. 특히 나주 구기촌 유적에서는 토광묘 10기가 집단으로 발굴되었는데 토광묘 내부에서 목관을 사용한 흔적이 확인되었으며, 토기류, 청동기류와 철기류가 함께 출토되어 전북 혁신도시지구와 유사한 출토양상을 보이고 있다(전남문화재연구원 2016). 광주 복룡동 유적의 토광묘에서는 경질무문토기옹과 삼각형점토대토기 화천, 옥, 철겸 등이 출토된 바 있다(동북아지석묘연구소 2016).

더욱이 전남 동부지역은 이른 단계의 토광묘가 거의 보이지 않지만 지석묘의 밀집도가 호남지역 내에서도 가장 높다. 전남 동부지역에 가장 늦은 지석묘의 매장주체부 형식인 위석형이 많다는 것은 보성강유역을 비롯한 전남 동부권이 한반도에서 가장 늦게까지 지석묘가 축조되었다는 것을 의미한다. 실제로 보성 송곡리 지석묘군에서는 원형점토대토기가 출토된 바 있고, 여수 웅천동 웅동 지석묘군에서는 지석묘 군집 내의 토광묘에서 세형동검이 출토되기도 하였다. 가장 이른 단계의 토광묘는 기원전 1세기 후반대의 순천 용당동 유적으로서 삼각구연점토대토기가 출토되었다(이동희 2002).

토광묘 주위에 돌을 두른 위석토광묘는 나주 마산리와 화순 용강리 유적에서 각각 발견되었다. 또 단독 토광묘는 전주 효자동, 순천 요곡동, 군산 조촌동 고분군, 남원 행정리 유적 등이 있고, 무안 사창리 유적을 비롯하여 영산강유역의 옹관고분 내에서 옹관과 함께 발굴되었다. 이러한 토광묘는 전북지역(유철 1996)과 전남지역(임영진 1989; 조현종 외 1996; 박중환

1997)에서 각각 그 성격이 정리된 바 있다. 뒤이어 호남지역 전체의 토광묘의 편년과 성격(한수영 1996)과 전남지역 토광묘의 성격(한옥민 2001)이 정리되었다.

또한 주구를 가진 토광묘를 주구묘 혹은 주구토광묘라 부른다. 주구토광묘는 다시 方形계 주구토광묘와 梯形(사다리꼴)계의 주구토광묘로 나누어지는데 사다리꼴의 주구토광묘가 늦은 시기에 등장하였고, 익산 율촌리 단계에 이르면 저분구의 무덤 형태로 발전하였으며, 그 다음 단계는 고분구의 옹관고분으로 발전되었다고 보는 것이다. 이러한 주구묘의 성격은 최완규(1996b, 1997a, 1997b, 2000a)에 의해 집중적으로 조명되었는데 마한의 무덤으로 파악되고 있다. 이후 최완규(2000a)는 본격적으로 분구묘의 개념 속에 주구묘와 일부 삼국시대 고분도 포함시키기 시작하였다. 즉 그는 마한의 무덤을 토광묘, 옹관묘 그리고 분구묘로 나누고, 분구묘를 다시 주구묘, 이형 분구묘, 방대형 분구묘, 원형 분구묘 등으로 세분하기도 하였다.

2002년 제10회 호남고고학회 국제학술대회에서 최완규(2002a)와 임영진(2002)은 주구묘에서 초기 석실분(즉 전방후원형고분)까지 호남지역의 특색을 보여주는 모든 무덤을 분구묘로 통일하여 부르고 있다. 2006년 역사학대회 고고학 분과에서는 분구묘를 논의하면서 '墳丘式 古墳'이라는 용어가 제기되었으나 이 용어에 대한 별다른 논의가 이루어지지 못하였고, 종래 분구묘에 대한 논의만 있었다. 특히 최완규(2006)는 주구묘로부터 백제 석실분 이전까지의 마한의 무덤을 분구묘로 규정하였다. 또 분구묘의 관련 자료에도 주구묘에서 전방후원형 고분까지를 포함하고 있어 분구묘의 개념이 확대되어 있음을 알 수 있다.

한편 주구토광묘의 기원문제를 살펴보면, 이 무덤이 등장하기 이전인 청동기시대에도 주구를 가진 무덤이 일부 알려졌다. 즉 춘천 천전리 유적을 비롯하여, 천안 운전리, 보령 관창리, 남강댐 수몰지구 등에서 주구석관묘가 확인된 것이다. 이에 이호형(2004)은 주구토광묘의 주구가 方形과 馬蹄形으로 구분되는데 금강유역에서는 마제형이, 서해안에서는 방형이 주류를 이룬다고 보면서 마제형 주구토광묘의 조형을 천안 운전리 주구석관묘에서, 그리고 방형 주구토광묘의 조형을 보령 관창리 KM437호에서 각각 찾고자 하였다.

따라서 청동기시대에도 이미 무덤 주변에 주구가 만들어졌다는 점에서 주구토광묘의 기원을 청동기시대의 무덤에 두는 것은 별다른 문제가 없다고 본다. 그러나 철기문화의 시작과 함께 나타나는 주구토광묘는 청동기시대의 주구석관묘와 매장시설에서 차이가 남에 따라 단순하게 발전된 것으로 볼 수 있을지는 의문이다. 주구의 중심에 들어가는 토광묘(혹은 목관묘)는 분명 새롭게 변화된 묘제이기 때문이다.

또한 토광묘에 주구가 만들어진 것은 어느 정도 분구를 만들었다는 증거일 수 있다. 이는 한국뿐 아니라 중국에서도 西周시기에 이미 圍溝墓로 부르는 주구가 있는 무덤(呂智榮 2002)이 있기 때문에 철기시대에 다른 문화적 요소와 함께 유입되었다고 볼 수 있다. 주구토광묘에서 주구의 변화는 방형에서 타원형으로 다시 제형(사다리꼴)으로 변화된다. 다만 충청지역과 전북지역에서의 주구는 방형과 타원형이 보이지만 방형을 그대로 유지하는 경우가 많으며 제형의 주구가 잘 나타나지 않는다.[6]

호남지역에서 주구토광묘의 시원을 영광 군동 A-18호로 보는 데는 이

---

6. 서산 기지리 유적(이남석 · 이현숙 2006)의 주구를 短梯形으로 보기도 하나 방형이 변화된 말각방형(타원형)으로 보고자 한다. 즉 영산강유역에서 보이는 제형 혹은 장제형의 주구와는 차이가 있다.

견이 없다(목포대학교박물관 2001; 김영희 2004). 다만 최근 전남 동부내륙지역인 곡성 대평리 유적에서 석개토광묘를 매장주체부로 하는 주구토광묘가 확인되어 주구토광묘의 변화과정을 밝힐 수 있는 새로운 자료를 제공해 주었다(영해문화유산연구원 2012). 함평 자풍리 유적에서는 매장주체부는 확인되지 않았지만 세장방형의 주구가 확인되었으며, 주구 내에서 경질무문토기를 횡치한 옹관묘가 배장되어 확인되었다(동서종합문화재연구원 2015). 따라서 전남지역에서 주구토광묘의 시작이 철기시대 전기까지 올라갈 가능성이 많아졌다.

옹관묘는 청동기시대부터 사용되어오던 형태로 금강유역을 중심으로 분포권을 형성하고 있어 송국리형묘제로 인식되어 왔다. 철기시대로 접어들면서 단옹 직치의 매장방법이 이옹횡치의 형태로 변화를 나타낸다. 옹관묘는 광주 신창동 옹관묘가 처음 알려졌다. 이후 전북지역에서는 익산 어양동, 김제 서정동, 완주 갈산리, 부안 당하산, 남원 두락리 옹관, 고창 송룡리 옹관, 익산 율촌리 옹관 등이 알려졌다(조규택 2008). 전남지역에서는 신창동식 옹관이 광주 운남동, 무안 인평 고분군, 서해안고속도로구간인 함평 장년리 당하산 유적, 광주 평동, 함평 송산유적 등에서 출토되었고, 전남 동부지역에서는 보성 덕림리 송림유적 등에서 확인된 바 있다. 함평 송산과 함평 신흥동유적에서는 경질무문토기와 연질토기가 결합된 옹관묘가 조사되기도 하였다. 이 보다 늦은 옹관이 주구토광묘 주변에서 많이 확인되었다. 옹관은 철기시대 후기로 가면서 점차 대형화되어 가는데 대형옹관묘가 출현하기 직전의 것으로 영암 선황리, 함평 만가촌, 월야 순촌 유적 등에서 발견되었다(조미순 2008). 소위 선황리식 옹관도 초기전용옹관에 포함시키면서 대형옹관으로의 발전과정에 대한 연구가 이루어지고 있다(김낙중 2009; 서현주

2006a; 오동선 2008).

2. 유물

1) 토기

토기에 대한 연구는 해남 군곡리 패총이 발굴된 이래로 시작되었다. 해남 군곡리패총에서 출토된 토기는 크게 무문토기와 타날문토기로 구분된다. 무문토기는 경질무문토기와 경질찰문토기로, 타날문토기는 적갈색연질토기, 회색연질토기, 흑색연질토기 등과 회청색경질토기로 세분되는데 이러한 토기들이 호남지역에 널리 분포하고 있으며, 또한 점진적으로 변화·발전되었음이 주장되었다(최성락 1987b, 1993b).

그리고 실험적인 방법에 의해 이 시기에는 연질토기와 경질토기가 같은 가마에서 생산될 수 있다는 견해가 제기되었다(김미란 1995). 그리고 兩耳附壺의 형태적 분류와 편년문제(김종만 1999), 주거지 출토 토기의 기능문제(김건수 1997) 등이 다루어졌다. 호남지역의 점토대토기(박진일 2000; 신경숙 2002; 이동희 2002; 김규정 2004; 임설희 2010; 송종열 2015; 장지현 2015)와 흑도장경호 연구(김진영 2015a)에 대한 연구가 일부 이루어졌으며, 원삼국시대 토기는 삼국시대 토기와 함께 주로 다루어지고 있다. 또 철기시대의 토기에 관련된 전반적인 문제(최성락 2002b)와 원삼국시대 영산강유역의 토기(윤온식 2008) 등이 연구되었다.

이 중에서 가장 논란이 되는 것이 경질무문토기의 개념문제이다. 경질무문토기는 처음 풍납리식 무문토기(김원용 1967)로 불리던 것으로 한강유역의 다른 철기시대의 유적에서도 확인되므로 경질무문토기로 명명되었다(김양옥 1976). 그리고 중도유적이 조사되면서 처음에는 무문토기(국립중앙박물관 1980)로 인식되었으나 그 중요성이 인식되면서 중도식토기(이홍종 1991; 이상길 1991; 노혁진 2004) 혹은 중도식 무문토기(최병현 1998; 유은식 2006, 2011)로 지칭되었다. 남부지역에서는 이 시기의 무문토기는 후기무문토기(신경철 1980), 종말기무문토기(정징원·신경철 1987), 발달무문토기(김원용 1985:304) 등으로 불러졌다.

이 시기의 토기가 해남 군곡리 패총에서 확인되면서 남부지역에서는 처음으로 경질무문토기라 지칭되었다. 즉 군곡리 패총에서 출토된 경질무문토기란 단면삼각형 점토대토기를 비롯하여 철기시대에 속하는 무문토기로 그 특징이 청동기시대의 무문토기에 비하면 다소 경도가 높은 점과 다양한 기종(옹형, 호형, 심발형, 시루, 뚜껑, 소형토기)을 들 수 있다(최성락 1987c, 1988a).[7] 이후 경질무문토기라는 용어가 중부지역을 비롯하여 남부지역까지 비교적 넓게 사용되었다(박순발 1989; 최병현 1990; 심재연 1999; 이동희 2006).

그런데 경질무문토기의 개념은 한국고고학의 시대구분에서 철기시대와 밀접한 관계가 있다. 경질무문토기라는 용어를 쓰는 대부분 연구자들은 철기시대라는 개념을 가진 연구자들이다. 한편 초기철기시대와 원삼국시대라는 용어를 사용하는 연구자들도 경질무문토기의 개념을 사용하지만 삼각형점토대토기를 제외시키는 한정된 의미로 사용하고 있다. 반면 삼한시대를 받아들이고 있는 연구자들은 대체로 경질무문토기를 인정

---

7. 1983년 초 해남 군곡리 패총을 답사한 필자는 그곳에서 특이한 무문토기를 수습하였다. 이 토기는 경도가 아주 높았고, 기형도 전형적인 무문토기와는 많이 달랐다. 이에 필자는 이후 여러 가지로 생각해 본 결과 한강유역에서 사용되고 있던 '경질무문토기'라는 용어를 이 토기에 처음으로 붙이게 되었다.

하지 않는 경향이 있다.

결국 경질무문토기라는 용어는 연구자들 사이에 비교적 넓게 사용되고 있다. 하지만 다수의 연구자들은 이 용어를 부정하거나 다른 의미로 사용하고 있다. 이에 필자는 경질무문토기의 개념을 재차 정의하였다. 즉 경질무문토기는 단순히 어떤 특정 기형을 의미하는 것이 아니며 무문토기의 전통을 가지면서 철기시대 이후에 사용되었던 무문토기를 말한다(최성락 2013a). 따라서 경질무문토기이란 중도식 무문토기와 삼각형점토대토기를 포함하는 넓은 의미의 철기시대 무문토기인 것이다.

앞으로 토기의 세부적인 편년 수립, 주거지 출토 토기와 무덤 출토 토기의 관계 등이 검토되어야 한다. 또한 토기의 연구는 형태분석, 자연과학적 분석 등과 더불어 이들 토기를 구웠던 토기요지에 대한 연구도 이루어져야 한다.

철기시대 토기가마로는 광주 신창동 유적과 곡성 대평리 유적에서 확인된 바가 있다. 광주 신창동 토기가마는 타원형의 노천요로 내부에서 무문토기, 경질무문토기, 삼각형점토대토기, 흑도장경호 등 다양한 토기가 출토되었고, 삼각형점토대토기를 중심으로 기원전 1세기 전반으로 편년되고 있다(국립광주박물관 2001a). 또 곡성 대평리 토기가마는 장방형의 정형화된 개방요 형태로 확인되었으며, 기원전 1세기에서 기원후 1세기경으로 편년되고 있다(영해문화유산연구원 2012).

2) 철기 · 동경 · 중국 화폐

청동기와 철기가 함께 출토된 곳으로는 일찍 장수 남양리 유적이 알려졌다. 장수 남양리 유적에서는 세형동검, 검파두식, 동모, 동경 등의 청동기와 철부, 철착 등 철기가 발견되었다. 이러한 사례로는 익산 신동리 유적(최완규 1998)을 비롯하여 전주혁신도시지구 등에서 확인된 다수의 목관묘가 있다(한수영 2015). 최근 조사된 나주 구기촌 유적에서는 흑도장경호, 삼각형점토대토기, 경질무문토기 등의 토기류와 세형동검, 검파두식, 삼각형동기, 각형동기, 검초부속품 등의 청동기, 철검, 철모, 철부, 철사, 괭이형철기 등의 철기가 발견되었다(전남문화재연구원 2016). 패총과 주거지에서는 철낚시, 철도자, 철부, 철촉, 철겸 등이 발견되고 있으며, 무덤에서도 철부, 철도자, 철겸 등이 주로 출토되고 있다. 철촉을 제외하면 철검이나 철모 등의 무기류는 고분단계에서 출토된다. 이 시대의 철기에 대한 연구(이범기 2002; 이남규 2005; 김상민 2007; 김영희 2008)와 고대 철생산과 관련된 연구(윤종균 1998; 김상민 2011)가 있고, 그리고 철기문화의 출현과 전개과정에 대한 연구(김상민 2013a, 2013b)도 이루어졌다.

그리고 익산 평장동 유적에서 청동유물과 함께 前漢鏡이 발견되었고, 서해안고속도로구간인 영광군 대마면 원흥리 수동 토광묘에서 새문양이 있는 이형청동기, 倣製鏡 등이 철기와 함께 출토되었다(이기길 2001; 강형태 외 2002). 한편 중국 화폐인 貨泉이 해남 군곡리 패총에서 1점 발견되었고, 나주 랑동 저습지에서 2점이 발견되었다(최성락·김경칠·정일·한옥민·이경림 2006). 광주 복룡동 토광묘에서 삼베 끈으로 엮인 화천 50점이 발견되기도 하였다(동북아지석묘연구소 2016). 여수 거문도에서도 五銖錢 980점이 발견되었다(지건길 1990; 김경칠 2007).

3) 자연유물 및 기타

패총에서 출토된 자연유물에 대한 연구는 김건수(1994a, 1994b, 2006)에 의해 이루어졌으며, 광주 신창동 출토 목기와 칠기(조현종 1997, 2012) 및 식물과 동물(조현종·박영만편 2009)대한 연구와 골각기(김건수 1999), 卜骨 (渡辺誠 1991; 은화수 1999)에 대한 연구가 있다. 그밖에 유리구슬의 분석(강형태외 2002, 2005)과 유리의 실험적 연구(조대연 2007), 그리고 곡물에 대한 분석적 연구(조현종 2008; 김민구·정유진 2010; 김민구 2008, 2010) 등이 있다.

3. 호남지역 철기시대의 편년

철기시대의 편년은 해남 군곡리 패총이 조사되면서 처음으로 시도되었다. 즉 최성락(1993b, 2000c)은 전남지역의 철기시대 후기(원삼국시대)를 크게 3시기로 구분하였고, 뒤이어 호남지역의 철기문화(초기철기시대와 원삼국시대)를 네 시기로 구분하였다. 즉 I기(조기)는 청동기사회에 철기가 유입되는 단계로 기원전 2세기경이다. 이 시기의 묘제는 적석토광묘가 있다. 적석토광묘는 석관묘계열로 철기시대 토광묘로 이행되는 과도기적인 형태로 추정되는데 이 시기에 속하는 유적으로는 장수 남양리, 익산 평장동 유적 등이 있다. 그리고 주구토광묘와 주구가 없는 토광묘도 이미 등장하였다. 즉 서해안고속도로구간인 영광 군동 라 A지구에서는 흑색마연토기를 부장한 방형의 주구토광묘가 발견되었으며, 청동기와 철기가 함께 출토된 익산 신동리유적과 영광 군동 라 B지구에서는 주구가 없는 토광묘가 조사되었다. II기(전기)는 철기문화가 시작되는 단계로 기원전 2세기 말 혹은 1세기 초에서 기원후 1세기 전반까지이다. 이 시기에는 합구식 옹관이 나타나고, 토기는 경질무문토기가 주로 사용된 시기이다. 대표적인 유적에는 광주 신창동유적, 해남 군곡리 패총 Ⅱ·Ⅲ기층이 있다. Ⅲ기(중기)는 철기문화가 성장하는 단계로 기원후 1세기 중반에서 2세기 중반까지이다. 주구토광묘가 중심이며 주변에 옹관묘가 일부 나타난다. 토기는 경질찰문토기와 함께 타날문이 약하게 찍힌 연질토기가 사용되었다. 대표적인 유적으로는 해남 군곡리 Ⅳ기층과 영광 군동-라 유적 등이 있다. Ⅳ기(후기)는 철기문화가 발전되는 단계로 기원후 2세기 후반에서 3세기 후반까지이다. 이 시기에는 주구토광묘가 많아지고, 주구의 형태도 다양해진다. 그리고 옹관도 점차 커지면서 단독묘로 발전되었으며 옹관고분으로 발전되기 직전단계이다. 대부분의 유적이 여기에 해당한다.[8]

이후 김승옥(2000)은 호남지역 마한 주거지 출토 토기를 중심으로 편년을 제시하였는데 전북지역의 경우, 기원전 1세기에서 기원후 2세기까지 경질무문토기가 출토되는 주거지가 거의 없음을 언급하였다. 이후 박순발(2005)과 이영철(2005)도 토기의 변천을 중심으로 각각 수정된 편년안을 제시하였다. 그리고 이동희(2006)는 전남 동부지역을 중심으로 원삼국시대 편년안을 제시하였다(표 4-1).

---

8. 해남 군곡리 패총의 층위와 연대는 김진영, 한옥민 등에 의해 재검토되었다. 김진영(2015b)은 낙랑계토기, 복골 등 중국과의 교류뿐 아니라, 기원후 형성된 층에서는 야요이계토기, 패제관옥, 패천 등 일본과의 교류를 보이는 유물을 통해 연대를 검토하였고, 한옥민(2016d)은 경질찰문토기에 중점을 두고 패총의 연대 문제를 검토하였다.

표 4-1. 호남지역 원삼국시대 편년표

연대	최성락 (2000c)		김승옥 (2000)		박순발 (2005)		이영철 (2005)		이동희 (2006)	
BC 200	I	철기의 유입 (삼각형점토대토기)								
100	II	경질무문토기(삼각형점토대토기)	I	삼각형점토대토기	I	삼각형구연단순기	I	경질무문토기	I	경질무문토기, 삼각형점토대토기
1					II	경질무문토기				
100	III	경질무문토기 연질타날문토기	II	경질무문토기	III	경질무문토기 승문타날단경호	II	타날문토기 등장	II	경질무문토기, 연질타날문토기
200	IV	타날문 토기	III	경질무문토기 연질타날문토기	IV	격자타날	III	타날문토기 성행		
300 AD					V	격자타날			III	경질무문토기, 연질타날문토기, 회청색경질토기 등장
			IV	회청색경질토기의 성행					IV	연질타날문토기, 회청색결질토기 증가

최근 김은정(2016)은 전북지역에서 원삼국시대 유적과 유물의 공백을 극복하기 위한 편년안을 제시하면서 기원후 1~2세기대 유적으로 고창 교운리 수혈유구와 남원 세전리 일부 주거지가 여기에 해당된다고 보았다.

한편 전북지역에서 초기철기시대의 많은 목관묘가 조사되면서 유적과 유물의 편년이 이루어졌다. 한수영(2015)은 초기철기시대를 네시기로 구분하고 지속적으로 변화되고 있다고 하였다. 즉 I기(기원전 3세기 전반에서 후엽)는 적석석관묘와 석관묘, 이단석개토광묘, 직장묘, 지석묘 등이 사용되었으며 소형의 점토대토기와 조문경, 선형동부 등이 부장된 시기이다. 익산 다송리, 구평리, 전주 여의동, 중인동, 중화산동, 군산 둔율, 정읍 정토, 고창 왕촌리 유적이 해당된다. II기(기원전 3세기 후엽에서 2세기 전반)는 만경강 중상류에 토광묘가 본격적으로 조성되었으며, 세문경이 출현하고, 계층이 형성된 시기이다. 완주 덕동, 원장동, 신풍 나지구과 가—1군·가—2군, 김제 서정동, 수록리 유적이 해당한다. III기(기원전 2세기 전엽에서 말)는 목관의 사용률이 현저히 높고, 중대형급 무덤이 조성되며 세장방형에서 장방형으로 정형화되고, 옹관이 새롭게 출현하다. 철기와 유리가 등장하며, 세문경이 대량으로 제작된다. 완주 갈동, 신풍, 전주 만성동, 효자동, 순창 동촌리, 장수 남양리 유적을 들 수 있다. 그리고 IV기(기원전 2세기 말에서 1세기 전반경)는 단조철겸과 철모가 등장하고, 동검은 세신화되어 쇠퇴된다. 익산 신동리, 어양동, 계문동, 김제 서정동 II 유적을 들 수 있다(표 4-2). 이러한 연대관은 전북지역 연구자들에게 공통적으로 나타나고 있다(송종열 2015).

■ 표 4-2. 전북지역 초기철기시대 편년(한수영 2015)

연대	분기	대표유적			특징	주요유물	분묘
		익산	전주, 완주	그외			
-BC300-					이형청동기, 조문경		
	I기	다송리 오룡리, 구평리	여의동 중인동, 중화산동	정토 왕촌리, 둔율	익산중심 청동기 공반 그외-토기 공반	조문경, 동검, 선형동부 소형토기 확산	적석석관묘, 석관묘 지석묘, 이단석개토 광묘 소형토광묘
-BC200-	II기		덕동, 원장 동, 신풍나 신풍가1, 가2	서정동 수록리	무덤위계 등장 청동기 증 가, 조우파 등장	유견동부, 장방형동부 세문경, 검파두식	토광묘
	III기		갈동 신풍가 3, 4, 5 효자동 만성동 갈산리, 중동	동촌리 남양리	세문경 확산 토광묘 대형화, 토기 기종 증가	간두령, 철기, 유리 쇠퇴기 세 형동검	토광묘 생활유적 증가 옹관묘
-BC100-	IV기	신동리, 어양동 계문동		서종동 II	단조철기 등장	청동기 감소 철모, 시루	토광묘, 옹관묘
- 1 -							

　　전북지역에서는 초기철기시대의 문화양상이 다수 연구되고 있는데 특히 혁신도시지역에서 출토된 유구와 유물에 대한 연구가 집중적으로 이루어졌다(국립전주박물관 2016; 호남고고학회 2016). 반면 전남지역에서의 초기철기시대에 대한 연구는 광주 신창동 유적(국립광주박물관 2010a, 2012b, 2012c)을 제외하면 극히 빈약하다.

　　그런데 이상의 편년안들을 살펴보면 크게 두 가지 문제점이 노출된다.

먼저 가장 큰 문제점은 초기철기시대와 원삼국시대로 구분하여 각각의 편년안이 제시됨으로써 전체적으로 편년이 연결되지 못하는 점이 있다. 즉 동일한 철기문화를 다른 시대로 구분하여 봄으로써 단절적으로 해석될 위험성이 없지 않다. 실제로 호남지역에서는 두 시대 사이에 나타나는 불연속성에 대한 논란이 많은 것이 사실이다.

이러한 시대구분에서 벗어나서 이를 연속적으로 바라보는 연구도 있다. 먼저 마한과 관련된 연구이다. 마한의 분묘, 특히 분구묘가 자제적으로 변화 발전되었다는 시각에서 연속적으로 설명하고 있다(임영진 1995; 최완규 2000b, 2016; 마한연구원 2014, 2015). 즉 호남지역에서 마한은 초기철기시대와 원삼국시대를 지나 삼국시대인 6세기 전반까지 긴 시기에 걸쳐 지속적으로 변화되었다고 주장되고 있다. 이에 대한 논란이 없는 것은 아니지만 두 시대를 구분하지 않는다는 점에서는 의미가 있다. 그리고 점토대토기와 관련된 연구이다(박순발 2004; 박진일 2000; 이형원 2011). 점토대토기는 초기철기시대의 특징적인 요소이지만 그 등장시기가 기원전 6~5세기경까지 올라가고, 소멸시기가 기원후 1세기경으로 내려가고 있어 초기철기시대의 시간적인 범위를 벗어나고 있다. 호남지역에서 점토대토기 연구(신경숙 2002; 장지현 2015), 흑도장경호 연구(김진영 2015a), 그리고 점토대토기문화기의 무덤에 대한 연구(김훈희 2015; 이동희 2002) 등이 역시 그 범위를 벗어나 원삼국시대를 일부 포함하고 있다.

최근에는 비슷한 사례로 경질무문토기를 중심으로 한 편년 연구가 제시되었다. 즉 하진영(2015)은 기원전 3세기에서 기원후 5세기 대까지의 경질무문토기가 점진적으로 변화되고 있음에 주목하면서 경질무문토기의 기종 중에 그 변화과정을 잘 보여줄 수 있다고 판단되는 발형토기, 장동옹, 시루, 파수부토기, 장경호를 분석대상으로 형식분류하였다. 그리고 그는 공반유물의 검토를 통하여 호남지역 경질무문토기의 사용 시기를 네시기로 구분하였다(표 4-3). 이 중에서 Ⅳ기는 삼국시대에 속하지만 Ⅰ~Ⅲ기가 철기시대에 속한다.

■ 표 4-3. 경질무문토기 분기 설정(하진영 2015)

단계	편년	경질무문토기 형식	공반유물	권역	유구
Ⅰ기	기원전 3세기 초~ 2세기 말	발Ⅰ·(Ⅱ), 장동옹Ⅰ, 파수부호Ⅰ, 장경호Ⅰ·ⅡA·ⅡB	세형동검, 검파두식, 세문경	만경강 중·하류권	적석목관묘, 토광목관묘(옹관묘)주거지, 수혈, 구
Ⅱ기	기원전 1세기 초~ 기원후 1세기 말	발(Ⅰ)·Ⅱ, 장동옹Ⅰ, 시루Ⅰ, 파수부호Ⅱ, 장경호ⅡA·ⅡB	방제경	영산강유역권, 섬진강유역권	옹관묘,(토광목관묘)주거지, 수혈, 구, 저습지
		발Ⅲ, 장동옹Ⅱ, 시루Ⅱ, 파수부발, 파수부완Ⅰ·Ⅱ의 등장		해남·장흥반도권, 고흥반도권, 여수반도권	(옹관묘), (토광목관묘)주거지, 수혈, 저습지
Ⅲ기	기원후 2세기초~ 3세기 말	시루Ⅱ, 파수부발, 파수부완에 발Ⅳ, 장동옹Ⅲ의 등장	심발형토기·장란형토기, 시루, 호형토기Ⅰ형	영산강유역권, 섬진강유역권, 여수반도권,	주거지, 패총
Ⅳ기	기원후 4세기 초~ 5세기 후반	발Ⅳ, 장동옹Ⅲ, 시루Ⅱ, 파수부발, 파수부완 지속	심발형토기·장란형토기, 시루, 호형토기Ⅱ·Ⅲ형, 완형토기, 가야계토기, 백제토기	여수반도권	주거지

또 다른 문제점으로 대부분의 편년안들은 방사성탄소연대 등 절대연대를 적극적으로 사용하지 않았다는 점이다. 만약 기존에 얻어진 절대연대를 참고하다면 철기가 출현하는 연대를 비롯한 초기철기시대의 편년안은 크게 수정될 가능성이 많으며 원삼국시대의 편년도 다소 변화될 수 있을 것이다. 실제로 방사성탄소연대를 적극적으로 채용하는 연구자들은 새로

운 편년안을 제시하고 있다. 이창희(2010)는 갈동 유적에서 측정된 방사성탄소연대를 근거로 철기의 시작연대를 기원전 4세기 전반으로, 삼각형 점토대토기의 출현 시기를 기원전 3세기 초까지 올라간다고 보면서 원형 점토대토기와 세형동검의 시작연대를 이보다 빠르다고 보았다. 또한 그는 해남 군곡리 패총에서 출토된 동물뼈를 대상으로 방사성탄소연대를 측정하여 경질무문토기와 타날문토기의 연대를 제시한 바가 있다(이창희 2014). 그리고 김상민(2013a, 2013b)은 호남지역에서 철기의 출현을 적어도 기원전 3세기 전반에 유입되었고, 기원전 2세기경에 다양화되었다고 하였다. 이와 같이 전북지역에서 철기가 등장하는 시점은 방사성탄소연대를 고려한다면 기원전 3세기경으로 설정하여도 별다른 문제가 없다고 판단된다. 하지만 아직도 많은 연구자들이 방사성탄소연대를 가지고 있는 여러 가지 문제점으로 인하여 적극적으로 받아들이지 못하는 실정이고, 철기의 유입연대만을 올리는 것은 상대편년의 근간을 흔드는 것이기 때문에 좀 더 신중한 검토가 필요하다고 본다.

따라서 필자는 종래의 인식과 같이 철기시대의 시작을 기원전 2세기 초로 비정하는 한편 과거 네 시기로 나누었던 철기시대를 최근의 연구성과를 받아들여 세 시기로 구분하고자 한다. 즉 Ⅰ기(전기)는 만경강유역을 중심으로 호남지역에 철기가 등장하는 시기로 경질무문토기의 하나인 단면삼각형 점토대토기가 사용되었고, 이 시기의 연대를 기원전 2세기대로 설정한다. 다음으로 Ⅱ기(중기)는 경질무문토기가 널리 사용되었던 시기로 그 연대를 기원전 1세기 초에서 기원후 1세기 말로 볼 수 있다. 그리고 Ⅲ기(후기)는 연질의 타날문토기가 등장하는 시기로 그 연대를 기원후 2세기 초에서 3세기 말까지로 설정한다.

제 2 절
철기문화의 형성과 변화

1. 철기문화의 형성

전북 익산-전주지역에서는 다수의 목관묘들이 조사되면서 관련 유구와 유물에 대한 연구가 이루어졌다(한수영 2011, 2015; 송종열 2015). 이 지역에서는 발달된 청동기에 뒤이어 철기도 공반되고 있어 기원전 3세기경에서 1세기경까지 지속적인 유적 형성이 있었다. 즉 조문경 등 청동기와 원형점토대토기는 기원전 300년경에, 이보다 늦은 기원전 3세기에 세형동검이 출현하였으며, 기원전 2세기에 철기가 등장하였다는 것이다. 무덤에서도 적석목관묘, 이중석개토광묘, 석관묘 등에 뒤이어 기원전 2세기대에 토광묘(목관묘)와 옹관묘로 변화되고 있음을 보여주고 있다. 따라서 전북 서부지역은 발달된 청동기문화를 배경으로 철기문화가 새로이 유입되는 양상을 한반도 남부지역에서 가장 잘 보여주는 곳이다.

한편 전남지역에서 기원전 3~2세기는 아직 철기문화가 시작되기 전인 청동기시대의 마지막 단계이다. 이 시기에 해당하는 대표적인 유적으로는 화순 대곡리 유적, 함평 초포리 유적 등이 있다. 함평 초포리 유적은 유구가 적석목관묘로 여기에서 총 26점의 유물이 출토되었다. 무기류는 세형동검 4점, 동과 3점, 동모 2점, 중국식동검 1점이고, 공구류는 동부 1점, 동착 2점, 동사 1점이다. 그밖에 의기류는 정문경 3점, 간두령 2점, 조합식쌍두령 1점, 쌍두령 1점, 柄附銅鈴 1점이고, 장신구는 천하석제식옥 2점이 있다(국립광주박물관 1988b). 화순 대곡리 유적에서도 같은 형태의 무덤이 확인되었다. 이 무덤은 우선 일정한 크기로 토광을 파고 그 내부에 통나무 목관을 안치한 뒤 주변을 할석제 돌로 채운 이른바 적석목관묘인 것이다. 출토유물은 세형동검 3점, 팔주령 2점, 쌍두령 2점, 동사 1점, 유견동부 1점, 정문경 2점 등 전체 11점이며 그 외 옥류나 토기류는 없다(조유전 1984). 이 유적은 2008년 국립광주박물관에 의해 재차 조사되어 목관이 통나무관임을 확인하였고, 한국식동검 2점도 추가로 수습한 바가 있다(조현종·은화수 2013).

전남지역에서는 아직 주조철기와 청동기가 공반되는 유적은 거의 알려지지 않고 있지만 원형점토대토기는 여러 유적에서 발견되고 있다.[9] 또 전북지역과 같이 토광묘(목관묘)에서 삼각형점토대토기가 출토되고 철기와 청동기가 공반되는 유적이 알려지고 있다. 그 대표적인 유적으로는 영광 군동 유적의 토광묘와 나주 구기촌 유적을 들 수 있다. 영광 군동 유적은 남쪽 구역이 A지구, 북쪽 구역이 B지구로 나누어 조사되었다. B지구에서는 단독 목관묘와 옹관묘가 확인되었고, 삼각형점토대토기 등이 출토된 것으로 보아 A지구의 방형의 주구토광묘인 18호와 공존하였거나 다소 빠른 시기에 속할 것으로 볼 수 있다(목포대학교박물관 2001).

또 나주 구기촌유적은 2013년 전남 나주 미래일반산업단지 조성부지에서 발굴조사되었다. 해발 36.5~38.5m의 구릉 정상부와 사면부에서는 토광묘 10기가 군집을 이루며 분포하였다. 1~9호는 등고선과 평행하며 일단으로 굴착되었고, 10호는 등고선과 직교하며 2단으로 굴착되

---

9. 최근 주조철기로 추정되는 철착이 나주 운곡동 지석묘에서 출토되었다고 한다(이범기 2017). 앞으로 이러한 사례가 증가한다면 영산강유역에서도 기원전 2세기대의 철기의 존재를 인정할 수 있을 것이다.

었다. 내부퇴적상태를 통해 보면 목관과 통나무관을 사용한 것이 확인
되었다. 출토유물은 흑도장경호, 삼각형점토대토기, 호형토기, 검파두
식, 삼각형동기, 각형동기, 검초부
속품, 철검 등이 출토되었다(전남문
화재연구원 2016)(그림 4-1). 이 두 유
적은 전북지역의 철기시대 전기 유
적과 연관성이 있는 유적으로 그 연
대를 기원전 1세기로 보고 있으나
기원전 2세기경으로 소급될 가능성
도 있다.

■ 그림 4-1. 나주 구기촌 9호 토광묘
(전남문화재연구원 2016 재편집)

이상에서 본 바와 같이 철기문
화가 형성되는 과정을 정리하면 익산–전주 지역에서는 새로이 청동기
시대 후기에 속하는 원형점토대토기와 세형동검을 가진 집단이 대규모
로 형성되었고 뒤이어 철기문화를 받아들었다. 이들의 분묘는 적석목
관묘와 목관묘이며, 목관의 경우에 통나무목관에서 판재목관으로 변화
되었다. 새로이 형성된 청동기와 철기를 가진 집단은 이전의 청동기시
대 중기의 집단과는 비슷한 분포양상(한수영 2015)을 보여주고 있을 뿐만
아니라 유적의 입지에서도 유사하게 내륙 구릉지역에 많이 위치하고 있
다. 또한 만경강유역에 자리잡았던 철기문화는 영산강유역을 포함하는
전남지역으로 파급되었다고 볼 수 있다.

2. 철기문화의 변동-소위 공백의 문제

호남지역에서 가장 크게 대두되는 문제는 철기시대 전기(초기철기시대)에서 철기시대 중·후기(원삼국시대)로 넘어가는 과정에서 보이는 단절의 문제이다. 철기시대 전기의 분묘가 전북지역에서 집중적으로 나타나지만 당시의 생활유적이 많이 조사되지 않았다. 그리고 그 뒤를 이어 기원전 1세기에서 기원후 2세기까지의 유적이 극히 드물게 확인되고 있다. 사실 이 문제는 호남지역 연구자들뿐만 아니라 다른 지역의 연구자들까지 주목하고 있는 문제이며 그 이유가 무엇인지에 대한 논란이 적지 아니하였다.

이러한 문제를 바라보는 시각은 몇 가지 방향으로 나누어질 수 있다. 첫째는 '경질무문토기 단순기'의 부재로 보아 타날문토기의 연대를 올려 보자는 입장이다. 여기에서 '경질무문토기 단순기 부재설'은 처음 김승옥(2007)에 의해 제기되었다. 이를 받아들인 김장석(2009)은 그는 호서와 호남의 서부 지역에 경질무문토기 단순기가 존재하지 않으며 문화적인 연속성을 상정한다면 타날문토기의 상한연대를 기원전 2세기 후반경까지 소급시켜야 한다고 주장하였다.[10] 허진아(2011)도 김장석의 인식을 바탕으로 호남지역 원삼국시대 지역성을 언급하면서 호남 서부지역과 호남 동부지역 사이에 문화적인 변화양상이 다른 점을 지적하고 있다.

------

10. 김장석(2009)은 그의 논고에서 제시한 (그림 1)에는 문제가 있다. 즉 경질무문토기 출토 주거지와 타날문토기 출토 주거지(김승옥 2007의 III기)의 분포를 통해 호남 서부지역의 '경질무문토기 단순기'의 부재를 주장하는 것은 타당성이 없는 주장이다. 왜냐하면 김승옥의 경질무문토기는 삼각형점토대토기를 제외시킨 좁은 의미이고, 주거지에 한정시키고 있기 때문이다. 경질무문토기의 개념을 필자와 같이 넓게 잡거나 당시의 무덤이나 패총, 유물산포지 등을 포함한다면 공백이라고 단정할 수 없다.

이러한 주장에 대하여 이동희(2010)의 반론이 제기되었다. 그는 김장석의 주장을 세밀하게 비판하면서 타날문토기의 연대를 소급시키는 것이 부적절하다고 지적하였다. 즉 삼각형점토대토기를 경질무문토기에서 제외시킴으로써 호남 서부지역에 경질무문토기가 거의 존재하지 않는다고 본 김장석의 인식은 잘못되었다는 것이다. 더구나 호서 및 호남의 서부지역에서 공백문제를 극복하기 위하여 타날문토기의 연대를 지나치게 소급시켜야 한다는 주장은 납득할 수 없다는 것이다. 따라서 중부지역과 다르게 경질무문토기와 동반하는 타날문토기의 연대를 기원전으로 소급시키는 것은 현실적으로 받아들일 수 없는 것이다. 왜냐하면 방사성탄소연대를 고고학 편년에 적극적으로 적용한다면 타날문토기뿐만 아니라 원형점토대토기, 삼각형점토대토기 등을 포함하여 모든 유구와 유물의 시작연대가 올라갈 것이다.

두 번째의 견해는 송국리식 주거지와 지석묘의 연대를 기원전후까지 낮추자는 것으로 이동희(2015)에 의해 제시되었다. 철기시대 전기에 뒤이어 기원전 1세기에서 기원후 2세기대의 유적이 희소한 것은 철기시대 전기 문화가 외부로부터 유입된 것이기에 토착적인 문화에 별다른 변화가 없이 그대로 전승되었다는 것이다. 이러한 사례로는 곡성 대평리 유적에서 일부 송국리형 주거지의 방사성탄소연대가 기원후 1세기경으로 내려가고 있으며, 보성 송곡리 지석묘나 여수 화동리 안골 지석묘의 방사성탄소연대가 기원전 1세기로 나오고 있다는 것이다. 즉 그는 청동기시대의 송국리식 주거지와 지석묘의 연대를 기원전후까지 지속되었다고 보고 있어 지석묘의 하한연대를 기원전후까지 보는 견해(조진선 2008)와도 일맥상통한 면이 있다.

이러한 주장은 어느 정도 일리가 있는 견해로 볼 수 있다. 즉 새로운 문화가 유입된 이후에도 주변지역에는 여전히 토착적인 문화를 유지하였을 것이다. 하지만 물질자료를 연구하고 있는 고고학 연구자들의 어려움은 문화의 중심지와 그 주변지역을 쉽게 구분하기 어렵다는 것이다. 문화양상의 변화를 기준으로 시기를 구분하여야 하기에 동일한 유구와 유물이 출토되면 동일한 시기의 것으로 인식할 수밖에 없다. 또한 지역적으로 세분하여 각각의 편년을 설정할 수 없고, 비교적 넓은 지역에 걸친 편년을 설정할 수밖에 없기 때문에 세밀한 편년을 통한 지역적인 차이를 인식하는데 어려움이 많다.

따라서 이러한 주장은 비록 지역적인 특성을 지나치게 강조하기에 고고학연구에서 쉽지 아니한 문제이지만 충분히 고려해 볼만한 일이다. 즉 지역적으로 나타나는 문화적인 공백을 채울 수 있는 하나의 방안이라고 생각한다.

셋째는 위의 노력들과 다르게 타날문토기의 연대를 오히려 낮추어 봄으로써 그 공백을 더 크게 보려고 하는 견해가 있다. 즉 전세원(2016)은 영산강유역 상류지역 주거지를 검토하면서 고고지자기연대를 취신하여 기원전 2세기대로 편년되는 주거지를 기원후 3세기 중엽으로 편년하면서 기원전후에서 기원후 3세기 중엽까지 공백임을 주장하고 있다. 하지만 이러한 인식은 아주 잘못된 것으로 영남지역 연구자의 시각에서 바라보고 있다는 점이 문제점으로 지적된다. 문화의 양상은 지역마다 다르므로 영남 지역에서의 편년 기준으로 호남지역을 바라본다면 잘못될 수밖에 없다.[11] 더구나 이것은 이 시기의 공백을 메우려고 하는 이 지역의 연구자

---

11. 과거 해남 군곡리 패총의 편년에서 기원후 2세기에서 3세기경이 공백이라는 인식도 영남지역 연구자에 의해 주장되었던 바가 있다(안재호 1989). 이것은 영남지역에서 보이는 와질토기가 발견되지 않았기 때문에 나온 것으로 잘못된 주장이다. 해남 군곡리 패총은 중간에 시기적인 공백이 없이 연속적으로 퇴적되

들의 노력을 도외시하는 주장이기도 하다. 이러한 인식은 이 지역의 공백 문제를 해결하려는 것이 아니라 오히려 더 큰 공백을 조장하는 것으로 결코 받아들이기 어렵다.

이상과 같이 여러 연구자들의 인식을 정리해 보면 두 가지 문제가 대두된다. 하나는 호남 서부지역에 경질무문토기의 단순기가 과연 존재하지 않는가 하는 문제이고, 다른 하나는 그로 인하여 철기시대 중기(기원전 1세기에서 기원후 2세기경)에 유적의 공백인가 하는 문제이다. 물론 두 문제는 분리된 것이 아니라 서로 연결되어 있는 문제이기도 한다.

먼저 경질무문토기 단순기 부재의 문제이다. 사실상 '경질무문토기 단순기'라는 용어는 김승옥(2007)이 사용한 것으로 기원전 1세기에서 기원후 2세기에 해당하는 주거지가 호남 서부지역에서 거의 발견되지 않고 있다는 것이다. 그런데 경질무문토기 단순기에 대한 논란은 해남 군곡리 패총에서 시작되었다. 이 패총의 발굴조사를 통해 필자는 타날문토기가 등장하기 이전에 상당 기간 경질무문토기가 존재하였음을 주장하였다(최성락 1988a, 1993a). 이러한 견해가 당시 한강유역에 적용되면서 박순발(1989)도 한강유역의 원삼국시대 토기를 경질무문토기, 타날문토기, 회색연질토기 등으로 분류하였고, 기원전 1세기경부터 기원후 2세기경에는 경질무문토기가 주로 사용되었던 시기로 설정한 것이다. 이후 중부지역에서도 경질무문토기 단순기에 대한 논란이 진행되고 있다.[12]

없음은 분명하다(최성락 1993a).

12. 중부지역에서는 경질무문토기 단순기(혹은 중도식무문토기 단순기)의 존재를 받아들이는 입장(이홍종 1991)도 있으나 이를 부정하는 견해들(최병현 1998; 송만영 1999; 유은식 2006, 2011; 노혁진 2004; 심재연 2011)도 다수 제기되고 있어 중도식무문토기의 기원문제와 더불어 여전히 논란의 대상이다. 다만 유은식(2011, 55–56)은 영서지역에서 짧지만 경질무문토기 단순기가 존재할 가능성이 있음을 제시하고 있다.

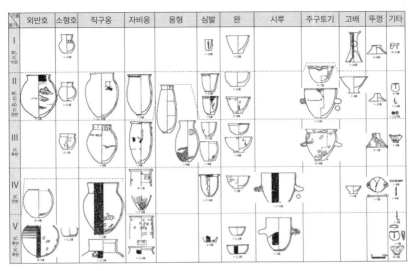

■ 그림 4-2. 해남 군곡리 패총 기층별 출토 토기 양상(강귀형 2016)

　가장 큰 문제는 연구자마다 경질무문토기라는 용어의 개념이 다르게 사용되고 있다는 것이다. 경질무문토기는 중부지역에서 풍납동식 무문토기(중도식 무문토기)를 대신하여 처음 사용되었으며 남부지역에서도 해남 군곡리 패총의 발굴보고서에서 처음 사용되었다. 경질무문토기는 철기시대의 무문토기로 삼각형점토대토기를 포함하기도 한다. 하지만 연구자들 사이에는 이를 인정하지 않고, 경질무문토기에서 삼각형점토대토기를 제외시키거나 중부지역의 경질무문토기만을 인정하는 등 그 개념을 달리하고 있다. 만약 필자의 견해와 같이 경질무문토기를 철기시대의 무문토기라고 정의한다면 타날문토기가 등장하기 이전까지 상당한 시기 단독적으로 사용되었음이 분명하다(최성락 2013a). 호남지역에서는 적어도 기원전 2세기 전반에서 기원후 2세기 전반까지는 주로 경질무문토기가 사용된 시기로 볼 수 있다(그림 4-2).[13]

다음으로 가장 본질적인 문제는 경질무문토기 단순기의 부재가 아니라 기원전 1세기에서 기원후 2세기 사이에 해당하는 고고학 유적이 없다는 것이다. 즉 고고학 유적의 공백은 곧 단절을 의미한다.[14] 실제로 전북 서부지역에서는 기원전 4세기경에서 기원전 1세기경에 이르는 청동기시대 후기에서 철기시대 전기(즉 초기철기시대)에 이르는 유적들이 집중적으로 나타나고 있지만 이 시기의 생활유적이 전주-익산 부근에서 극히 희소하고, 더욱이 이를 뒤이은 유적도 나타나지 아니한 것이 지적된 바가 있다(김승옥 2007). 하지만 이러한 현상을 유적의 부재로만 해석될 수 없는 것이다. 기원전 4세기에서 기원전 1세기의 생활유적은 당연히 무덤의 주변 어디에서 위치하고 있을 것이기 때문에 그 지역 주변에 대한 집중적인 조사가 이루어진다면 당연히 발견될 것이다.[15] 다만 그 뒤를 이은 유적의 부재를 어떻게 설명하는 것인가가 문제이다.

최근 이러한 공백문제를 어느 정도 극복할 수 있는 방안이 제시되었다. 즉 경질무문토기의 개념을 확대하여 원형점토대토기까지를 여기에 포함

---

13. 경질무문토기에서 경질찰문토기와 타날문토기로의 변천에 대한 문제가 해남 군곡리 패총 발굴 30주년 기념 학술대회에서 집중적으로 논의된 바가 있다(목포대학교박물관 2016). 특히 경질찰문토기는 경질무문토기에서 타날문토기로 변화되는 과도적인 토기로 여러 발표자들에 의해 주목을 받았다.

14. 실상 공백의 문제는 한국고고학이 가지고 있는 몇 가지 근본적인 문제 중의 하나이다. 철기시대만 하더라도 중부지역에서는 기원전 3~1세기 유적들이 희소하고, 호서지역에서는 기원전 2세기부터 기원후 2세기까지, 영남지역에서는 기원전 2세기대 유적이 역시 희소하다는 것이다. 공백의 원인으로는 유적의 부재, 유적의 미조사, 그리고 연구자의 인식부족 등을 들 수 있다. 또 이 문제는 당시의 문화를 고고학 자료의 일부만으로 볼 때 흔히 나타날 수 있기 때문에 당시의 문화를 가능한 총체적인 관점에서 바라볼 필요가 있다.

15. 실제로 송종열(2016)은 전북혁신도시부지에서 분묘 유적이 분포하는 중앙 구릉 서쪽 사면부와 마주보는 동쪽 정상부에 열상으로 생활유적이 분포하고 있어 서로 영역이 분리되어 있다고 한다.

시킨 하진영(2015)은 기원전 3세기에서 기원후 5세기대까지 이 토기가 점진적으로 변화되고 있음을 주장하고 있다. 특히 그동안 공백문제로 많은 논란이 된 철기시대 중기의 유적이 호남지역에 넓게 분포하고 있음을 보여주고 있다(그림 4-3, 4-4). 즉 철기시대 중기에 해당하는 Ⅱ기(기원전 1세기에서 기원후 1세기)는 호남지역에서 삼각형점토대토기를 비롯한 경질무문토기가 자리잡고 호남 전역으로 확산해가는 단계로, 만경강 중·상류권을 제외한 호남지역 전체에서 확인되지만 주 분포지역은 광주지역을 중심으로 한 영산강유역, 해남·장흥반도권, 전남 동부지역인 고흥반도권과 여수반도권에서 확인되었다는 것이다. 분묘는 영산강유역에서 횡치식 매장과 2옹 합구식을 기본으로 하는 신창리식 옹관묘가 확인되었고, 주거지는 방형계와 원형계 주거지가 함께 확인되는데, 영산강유역권에서 방형계 주거지가 중심을 이루고, 노지는 부뚜막식 노지이고, 전남 동부지역

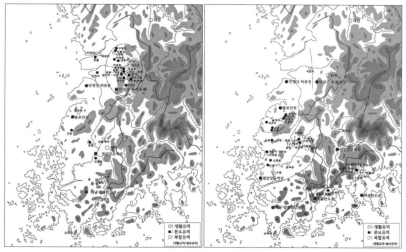

■ 그림 4-3. Ⅰ기의 유적 분포도(하진영 2015)　　■ 그림 4-4. Ⅱ기의 유적 분포도(하진영 2015)

에서는 원형계가 중심을 이루고 있으며 노지는 순천지역에서 'ㄱ'자형 구들이 확인되었다는 것이다.

그런데 이 시기의 유적이 전북지역에서 찾아보기 힘들다고 하였지만 전북 서해안지역에는 다수의 패총이 분포하고 있는데(윤덕향 1995) 그 일부가 철기시대에 속한다고 볼 수 있고, 그 연대가 기원전 1세기경까지 올라갈 수 있을 것이다.[16] 이 시기의 패총인 해남 군곡리 유적을 비롯하여 다수의 패총이 남해안지역에서 확인되었기에 이를 뒷받침한다고 볼 수 있다.

호남지역 철기시대 중기의 무덤에는 토광묘와 옹관묘가 있는데 주구를 가진 주구토광묘가 특징이다. 옹관묘는 두 개의 옹관을 합친 합구식으로 영산강유역에서 출현한다. 반면 주구토광묘는 방형에서 타원형(마제형), 그리고 제형으로 변화된다(김낙중 2015a)(그림 4-5).

이 중에서 가장 이른 주구토광묘는 목관 1기를 안치한 영광 원

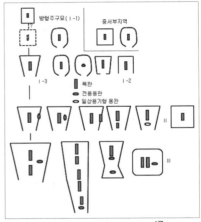

■ 그림 4-5. 제형분묘의 변천[17] 모식도 (김낙중 2015a)

홍리 군동리 18호묘이다. 18호묘는 영광 군동 유적 A지구의 구릉 말단부

---

16. 패총의 중심연대를 기원후 3세기로 본 서현주(1996)에 대하여 이동희(2010)는 기원후 1~2세기경으로 올려볼 수 있음을 주장하고 있다. 대표적인 패총으로는 군산 남전 패총이 있다.
17. 방형주구묘와 제형분묘를 필자는 주구토광묘(Ⅰ, Ⅱ)와 목관고분(Ⅲ)로 부르고 있다.

에 자리하며 그 위쪽에는 청동기시대 수혈주거지 12기를 비롯하여 철기시대 중·후기의 주구토광묘 23기가 군집되어 있다. 주구토광묘의 평면형태는 대부분 마제형과 제형을 띠고 있으나 18호의 경우는 말단부에 독립적으로 조성되어 있으면서 네 변이 모두 막혀 있는 방형을 띠고 있다(목포대학교박물관 2001).

호남지역의 주구토광묘를 호서 내륙지역의 주구토광묘와 구분하여 주구묘로 부르다가 이를 분구묘에 포함시켰고(최완규 2006), 그 기원을 중국의 토돈묘에 두는 주장이 제기되고 있다(임영진 2015). 필자는 이 무덤을 분구묘나 주구묘로 부르지 않고, 주구토광묘로 지칭하고 있다.

그런데 이러한 주구토광묘는 단순히 외부로부터 유입된 것이 아니라 청동기시대부터 점진적으로 발전된 것으로 추정되는 자료가 있어 주목된

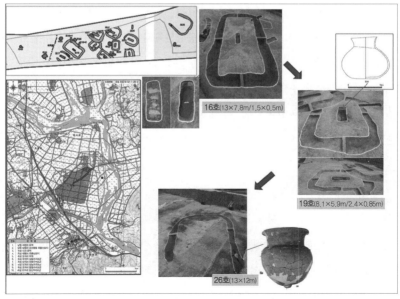

■ 그림 4-6. 곡성 대평리 유적의 주구토광묘(한옥민 2016c)

다. 즉 광주 외촌 유적에서 주구를 가진 토광묘가 조사되었는데 청동기시대에 속하는 것으로 보고 있다(호남문화재연구원 2005). 또 곡성 대평리 유적에서는 주거지 2기(원형 1기, 타원형 1기), 토기가마(장방형의 개방요), 수혈(원형점토대토기), 주구가 있는 석개토광묘 등이 조사되었는데 여기에서 석개토광묘가 장방형의 주구를 가진 점이 특이하다(영해문화유산연구원 2012)(그림 4-6). 장방형의 주구는 청동기시대 분묘에서 이미 나타나고 있는데 대표적인 사례로 춘천 천전리 유적에서 확인된 주구석곽묘가 있다. 한편 석개토광묘는 청동기시대 송국리문화와 밀접한 관계를 가진 분묘(김승옥 2001)로 보거나 초기철기시대의 분묘(한수영 2015)로 보고 있다. 따라서 이 무덤들은 그 동안 호남지역 주구토광묘 중에서 가장 이르다고 보는 영광 군동 18호묘보다 앞선다고 볼 수 있으며 주구토광묘의 개념에 포함되는 것으로 볼 수 있다(한옥민 2016c).

그리고 무안 자풍리 신풍 유적에서는 매장 주체는 확인되지 않았지만 장방형의 주구가 확인되었다(동서종합문화재연구원 2015). 그런데 주구토광묘 주변에서 삼각형점토대토기가 수습된 것으로 보아 곡성 대평리의 주구토광묘와 유사함을 보여주고 있다. 따라서 철기시대 주구토광묘가 청동기시대 주구석관묘와 직접 연결된다고 단정하기 어렵다 하더라도 주구토광묘가 철기시대 전기까지 올라갈 가능성은 충분하다고 볼 수 있다.

이 시기의 유적은 광주지역에 밀집되어 있다. 광주 신창동 유적을 비롯하여, 치평동 유적, 오룡동 유적 B지구, 평동 유적, 복룡동 유적 등이 있다. 특히 광주 평동 유적에서는 2012년에 옹관묘와 수혈, 구 등이 조사되었다. 옹관묘는 남쪽에서 9기 정도가 조사되었으며, 주로 경질무문의 옹형토기를 횡치하였고, 옹관의 조합방식은 2옹 합구식이다. 수혈은 원

형·타원형·부정형 등의 평면형
태로 내부에서는 흑도, 삼각형
점토대토기, 경질무문토기, 경
질찰문토기, 석기류 등의 다양
한 유물이 출토되었다. 또한 원
형주거지 내에서 경질무문토
기, 삼각형점토대토기 등이 출
토되었다(호남문화재연구원 2012a,
2012b). 또 2016년에 광주 평동

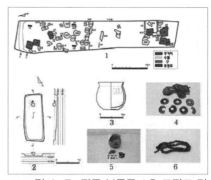

■ 그림 4-7. 광주 복룡동 1호 토광묘 및
출토유물(박충원 2016)

유적의 인근인 복룡동 유적의 토광묘에서 단경호, 옥과 함께 화천 꾸러미
(50개)가 발견되었다(동북아지석묘연구소 2016; 박충원 2016)(그림 4-7).

　이와 같이 전남 서부지역에서는 전기의 유적에 비해 중기의 유적이 증
가한 것은 전북지역과 차이를 보여주는 것이다. 이러한 철기시대 중기의
유적은 전기 유적에 비해 해안이나 강안에 위치하는 경우가 많다.

　그리고 전남 동부지역도 역시 다수의 철기시대 중기 유적이 나타나고
있다. 1992년 조사된 보성 금평 패총을 비롯하여 순천 연향동 대석유적,
보성 조성리 유적, 구례 봉북리 유적, 순천 용당동 망북·성산리 대법·덕
암동 유적, 여수 화장동 유적 등지에서 기원전 1세기경부터 기원후 4세기
경에 속하는 경질무문토기가 계속적으로 발견되었다. 이 시기의 주거지
는 원형 혹은 타원형의 수혈주거지가 대세를 이루며, 방형의 주거지가 비
교적 늦게 나타나고 있다(박미라 2008; 이동희 2014; 한윤선 2010).

3. 철기문화의 확산과 고분의 등장

호남지역에서 철기시대 중기의 유적이 다소 제한적으로 확인되고 있다. 하지만 기원후 2세기에 이르면 해안에서 멀리 떨어진 내륙에서도 점차 철기시대의 유적이 나타나고 있다. 대표적인 사례로는 담양 태목리 유

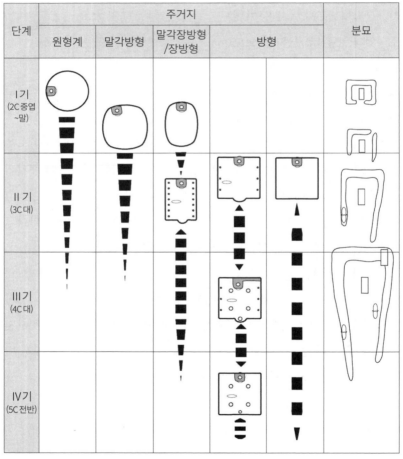

단계	주거지					분묘
	원형계	말각방형	말각장방형/장방형	방형		
I기 (2C중엽 ~말)						
II기 (3C대)						
III기 (4C대)						
IV기 (5C전반)						

■ 그림 4-8. 담양 태목리 유적의 변천(강귀형 2013)

적(강귀형 2013)이나 장흥 상방촌 유적(김영훈 2006)을 들 수 있다. 각 유적에서는 각 2세기의 주거지가 분포하고 있음을 확인되었고, 3세기에 접어들면 취락의 규모도 커지면서 유적의 분포 범위도 훨씬 확산되었다. 특히 담양 태목리 유적의 경우에는 2세기대 경질무문토기의 원형계 주거지가 3세기대가 되면 방형계 주거지로 변화되면서 대규모 취락으로 성장되었음을 볼 수 있다(그림 8·9).

■ 그림 4-9. 담양 태목리 유적에서 II기(3세기대) 취락의 양상(강귀형 2013)

이렇게 확산된 철기문화를 바탕으로 일상적으로 사용되는 토기, 철기 등 유물과 무덤에서도 변화가 나타난다. 먼저 철기시대 후기의 토기의 양상을 살펴보면 1세기 말이나 2세기 초에는 기벽을 강화하기 위하여 기벽을 두드리는 타날기법이 채용되었을 것이다. 이 시기의 타날기법은 무문양(素文)의 타날이었을 가능성이 높지만 타날 후 물손질하여 이를 지웠을 가능성도 있다. 그리고 3세기 대에는 비로소 연질의 타날문토기(적색연질토기와 회색연질토기)가 완성되었고, 4세기 대에 이르면 경질의 타날문토기(회청색 경질토기)가 만들어졌을 것이다. 이와 더불어 토기제작기술의 발달과 가마의 변화, 즉 露天窯에서 登窯로의 발전도 병행하였을 것이다(최성락 2002b).

토기의 기종은 주거지와 무덤에서 약간의 차이를 볼 수 있다. 주거지에서는 호형토기, 발형토기, 장란형토기, 이중구연호, 주구토기, 시루 등이 3~4세기에 지속적으로 출토되었고, 4세기에 완, 양이부호, 소호, 유공광구소호 등이 새로이 나타났다(최미숙 2001). 무덤에서는 3세기대에 단경호, 발형토기, 이중구연호, 양이부호, 직구평저호 등이 출토되었고, 4세기대에 광구호와 이중구연호가 없어지고, 장경호, 사이호, 유공광구소호, 완, 경배 등이 새로이 사용되었다(한옥민 2001). 3세기에서 4세기 걸쳐 토기제작기술의 발전은 있었으나 기종에 있어서 점진적인 변화를 보여주고 있으며 일시적이고, 급격한 변화는 보이지 않는다.

중기와 후기의 철기는 철정, 철부, 철도자 등 생활도구가 주류를 이루는 반면에 무덤에 무기류가 거의 부장되지 않았다. 무기류인 철모, 철검, 철촉 등은 목관고분과 옹관고분이 형성되는 3세기 후반경부터 나타나고 있다(이범기 2016).

후기의 무덤에는 옹관묘와 주구토광묘가 있다. 옹관묘는 소형의 옹관이 점차 그 크기가 커지다가 대형의 전용옹관으로 변화되었고, 주구의 중심묘제가 되면서 옹관고분으로 발전된다(성낙준 1991; 최성락 2010). 한편 주구토광묘는 타원형(마제형)에서 사다리꼴(제형)으로 변화되는데 이것이 대형화되면서 사다리꼴의 목관고분이 발생하게 된다(이승민 2015; 최성락 2009a; 한옥민 2016c). 전북 서부지역에서는 전주 상운리 유적과 같이 방형의 주구를 가진 목관고분이 등장하였다.

　호남 동부지역에서는 토광묘로부터 자체적으로 고분으로 발전되지 못하고, 가야문화의 유입과 함께 바로 가야계 고분이 등장하였다. 즉 곽장근(1999)은 전북 동부지역 고분 변천을 토광묘로부터 수혈식 석곽묘로 발전된다고 보았고, 이동희(2006)도 전남 동부지역의 고분 변천을 토광(목관)묘에서 가야계 석곽묘로 변화된다고 보았다.

제 3 절
철기문화의 대외교류

영산강유역의 철기문화가 발전되는 과정에서 여러 가지 요인(즉 原動力)이 작용하였을 것이다. 특히 철제기술이 유입되어 철기가 제작되면서 농업 생산성을 높였고 이로 인하여 인구의 증가 등을 생각해 볼 수 있다. 그런데 철기문화와 철기제작기술의 유입에 크게 기여한 것은 무엇보다도 해양을 통한 대외교류이다. 여기에서는 이 시기의 대외교류의 양상을 살펴보고자 한다.

문헌기록에 의한 최초의 해상활동은 秦始皇에 의한 不老草 사건이다. 그는 기원전 3세기경 徐福(혹은 徐市)을 파견하여 불로초를 구해오도록 하였는데 서복이 산동지역을 출발하여, 제주도와 남해지역을 거쳐 일본에 이르게 된다. 이것이 동아시아에서 최초로 연안 항로가 존재하였음을 보여주는 기록이다(강봉룡 2004).

또 기원후 3세기 후반경에 기록된 『三國志』위서 동이전에 의하면 帶方으로부터 일본에 이르는 海路에 대한 기록과 樂浪과 帶方이 변한으로부터 철을 수입하였다는 기록도 있어 해상을 통한 교류가 활발하였음을 알 수 있다. 이를 통해 알 수 있는 것은 당시 중국으로부터 일본에 이르는 해로가 완성되었으며 한반도 남부를 경유하여 일본으로 새로운 철기문화가 유입되었다는 것이다(최성락 1993b)(그림 4-10). 또한 『晉書』卷36 張華傳에서의 기록된 新彌諸國이 서남해안지역에 자리잡은 세력으로 볼 수 있다면 영산강유역 세력은 서해안을 통한 교역이 가능하리라고 본다. 따라서 이 시기에 해로를 통한 교류의 증대가 영산강유역 고대사회의 발전에 기

여하였을 것으로 보는 견해
(강봉룡 1999b)는 타당하리
라고 본다.

먼저 이 시기의 중국과
의 관계를 보여주는 유물
이다. 가장 이른 시기의 유
물로는 중국식 동검이 함평
초포리 유적에서 발견된 것
이다. 또 서해안고속도로구
간인 영광군 대마면 화평리
수동유적의 토광묘에서 철
기, 새모양이 새겨진 이형
청동기와 함께 倣製鏡 2점
이 출토되었다. 하나는 前

■ 그림 4-10. 『삼국지』 위서동이전 왜인조에
나타나는 해로와 중국계 유물의 분포

漢鏡에 속하고, 다른 하나는 後漢鏡에 속한다. 그리고 해남 군곡리 패총
에서는 중국 화폐인 貨泉이 卜骨, 유리, 뼈로 만든 장신구 등과 함께 발굴
되었고, 나주 랑동 유적에서는 화천 2점이, 여수 거문도에서 五銖錢 980
점이 각각 발견되었다. 그리고 광주 신창동 유적에서 삼각형 鐵莖銅鏃과
樂浪土器가 출토된 바가 있다. 최근 함평 신흥 유적에서는 제형의 주구
토광묘에서 철기류와 함께 회색의 낙랑토기가 확인되었다(대한문화재연구
원 2016). 또 2016년에 광주 평동 유적의 인근인 복룡동 유적의 토광묘에
서 단경호, 옥과 함께 화천 꾸러미(50개)가 발견되었다(동북아지석묘연구소
2016). 광주 신창동 유적에서 오수전이 새로이 확인되었다(그림 4-11).

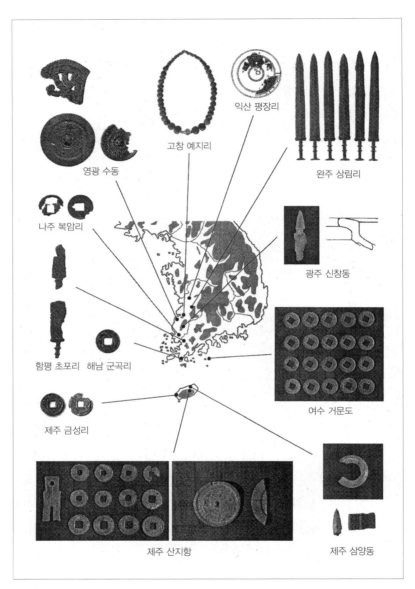

영광 수동

고창 예지리

익산 평장리

완주 상림리

나주 복암리

광주 신창동

함평 초포리 해남 군곡리

여수 거문도

제주 금성리

제주 산지항

제주 삼양동

■ 그림 4-11. 영산강주변의 외래계 유물(한국고고학회 2010 : 206)

또한 한반도 남해안지역과 일본지역은 기원전 2세기경부터 해양루트를 통해 중국으로부터 철기문화의 유입이 있었다. 남해안지역에 형성되는 철기시대 패총에서는 중국에서 유입된 중국계 銅錢(貨泉, 五銖錢 등)과 卜骨 등이 발견되고 있고, 이는 일본지역에서도 발견되었다. 이러한 해로상에는 각 지역에 거점이 확보되는데 대표적인 곳이 해남 군곡리 패총과 사천 늑도 패총 등이다. 해남 군곡리 패총에서는 貨泉과 卜骨이 출토되었고, 사천 늑도 패총에서는 半兩錢, 樂浪土器, 卜骨을 비롯하여 일본의 야요이토기가 집중적으로 출토되어 海路上의 중요한 거점이었음을 알게 되었다(경상남도·경상대박물관 2001). 또 이들 무역항이 모든 물자의 재분배 기능을 담당하기보다는 중간의 경유지로서 기능하였을 것으로 보고 있다(이청규 2003a). 따라서 당시에는 중국에서 서해안과 남해안을 거쳐 일본에 이르는 원거리 교역망이 확보되었고(이성주 2000b), 이 지역에 대한 교류가 많아지면서 해안지역을 중심으로 많은 사람들이 모이게 되고, 이를 바탕으로 각 지역간의 교류가 증가하였고, 또한 해상활동이 많아졌을 것이다.

철기시대 이후 한국 남부지역에 나타나는 중국적인 문화요소가 일본지역에 그대로 나타나고 있지만 일본의 문화요소를 영산강유역에서 찾아보기 매우 어렵다. 일본과 관련되는 유물로는 함평 소명동 17호 주거지에서 土師器系 옹 구연부편, 광주 신창동 저습지에서 출토된 일본 야요이시대 중기에 속하는 須玖式土器片이 알려져 있다. 또 남원 세전리 유적에서 야요이시대 후기의 細頸壺가 출토된 바가 있다(武末純一 2005; 서현주 2007c). 반면에 일본 큐슈지역의 西新町遺蹟에서는 영산강유역의 3~4세경 유물이 집중적으로 출토되고 있어 상호교류가 시작하였다고 볼 수 있다. 또 오사카(大板)의 남부지역과 인접한 奈良지역에서는 주거지와 함께 수많은 적갈색토기, 즉 韓式土器가 발견되는데 이는 영산강유역에서 유입된 것으로 볼 수 있다. 다시 말하면 영산강유역 주민들이 일본지역으로 넘어갔을 가능성이 높다.

한편 일본지역에서 철기가 처음 나타나는 것은 조몬 만기 혹은 야요이 조기에 해당하는 후쿠오카현(福岡縣)이토시마군(系島郡) 니죠마치(二丈町) 아사자키(石崎) 구릉에 위치한 마카리타(曲り田)유적이다. 유우스식 토기 단순기에 해당하는 16호 주거지 바닥에서 철편이 출토되었다. 이는 板狀鐵斧의 基部 파편으로 알려져 있다. 그리고 구마모토(熊本)현 사이토산(齊藤山) 유적 출토 철기편이 있다. 이는 袋狀鐵斧의 刃部 파편이다. 이러한 형태는 구마모토현 카모토군(鹿本郡) 우에키미치(植木町) 토도로키(轟) 유적에서도 출토되었다. 야요이 중기 초두까지 나타나는 철기류의 근원지는 불분명하다. 한반도 남부지역에서는 아직 그 시기에 철기가 발견되지 않기 때문이다.[18]

다음 야요이 중기 전반에서 중기 중반이 되면 철제공구류에서 철제농구나 철제무기가 혼합되고, 철부는 판상철부가 추가된다. 이들 철기는 한반도 중부의 당진 소소리, 장수 남양리, 부여 합송리 등과 북부지역의 함흥 이화동, 봉산 송산리, 배천 석산리 등에서 청동기와 철기가 함께 출토되는 것과 같은 현상으로 파악되고 있다. 그리고 야요이 중기 후반에서 후기 전반이 되면 북부구주지역의 타테이와유적을 비롯하여 분묘에 철제무기가 부장된다. 이는 중국 漢代의 매장풍습과 관련되는 듯하다(高久健二 1992). 당시 일본에서 사용되는 철제무기는 대부분 한국에서 수입한 것이다. 마지막으로 후기 중반 이후가 되면 중국 기록에 나타나는 것과 같

---

18. 최근 야요이시대의 상한연대를 올려보는 측에서는 이 시기의 철기에 대한 회의론이 대두되고 있다(春成秀爾 2004a).

이 남부지역의 철 소재를 일본이 공급받아 철기생산이 가능하게 되고, 그 생산량도 증가되며, 철기가 부장품뿐만 아니라 생활주거지에서도 많이 나타난다(심봉근 1997).

일본 연구자의 견해를 보면 야요이 전기까지의 철기는 한국에서 들어오지만 야요이 중기 이후에는 중국에서 들어오는 것이 가미되었고, 야요이 중기 후반 이후에는 일본에서도 철기가 생산되었다고 한다(潮見 浩 1991). 그리고 일본지역에는 낙랑계 토기와 한국계 토기들이 나타났다. 한국계 토기로는 환원염의 와질토기가 많이 있다(武末純一 1991). 와질토기 이전에도 청동기시대 후기의 원형점토대토기가 야요이 전기 유적에서 출토되는 것에 이어, 철기시대의 토기인 삼각형점토대토기가 야요이 중기 후반의 유적에서 많이 출토되었다(片岡宏二 1991).

한편 서해안지역에서 발굴조사된 1~3세기대 방형의 주구를 가진 토광묘가 일본의 方形周溝墓와 관련되고 있음을 한국 연구자들(강인구 1984; 최완규 1997a)은 주장하고 있다. 반면 일본 연구자는 方形周溝墓의 기원을 한국의 청동기시대 주구를 가진 무덤에 두고 있다(中村大介 2004).

이상 살펴본 바와 같이 철기시대의 한·일문화교류는 일차적으로는 한국의 철기문화가 영향을 주었으나 뒤이어 중국으로부터 파급된 철기문화가 한국의 남해안을 거쳐 일본지역으로 바로 파급되면서 두 지역 사이의 문화교류가 점차 증가해 나갔다.

제 4 절
마한에 대한 인식과 사회 성격

영산강유역 철기시대의 역사적 배경은 삼한 중 마한에 해당한다. 마한의 성립과 성장과정에 대하여 여러 가지 견해가 있으나 대체로 마한은 기원전 2세기부터 백제에 병합되는 4세기 후반까지 경기, 충청, 전라지역에 자리잡았다고 보는 것이 일반적이다(이기백 1982). 하지만 마한에 관련된 인식은 연구자에 따라 달리하고 있으며 최근에는 그 간격이 더 커지고 있는 것이 현실이다.

마한의 관련 문제들을 다루기 위해 고고학자와 문헌사학자들이 함께 참가한 학술대회(원광대학교 마한백제연구소 1989; 충남대학교 백제연구소 1997)가 개최되었으나 마한의 실체에 대한 여러 논의만 이루어졌을 뿐 뚜렷한 결론에 도달하지 못하였다. 오히려 마한문제를 종합적으로 다룬 것은 국립전주박물관(2009)의 특별전이다. 이 특별전에서는 마한과 관련된 고고학 자료의 전시와 함께 특별전 도록이 발간되었다. 특별전 도록에는 마한과 관련된 연구논문들을 수록하고 있어 마한에 대한 여러 연구자들의 견해를 한 눈으로 볼 수 있다. 또 마한 소국의 위치와 성격에 대한 국제학술대회가 백제학회(2012, 2013)에 의해 개최되었다.

이 절에서는 마한에 대한 인식을 문헌 자료와 연구성과를 통해 검토해보고, 철기시대 사회의 문화양상을 통해 당시 마한의 사회 성격을 살펴보고자 한다.

1. 마한에 대한 인식 검토

馬韓은 辰國에 뒤이어 변한과 진한과 함께 三韓을 이루었는데 그 형성 시기가 기원전 3~2세기경이다. 그 근거는 중국의 陳壽(233~297)가 편찬한 『三國志』魏書東夷傳에 있다. 이 기록에 의하면 조선의 準王이 衛滿에 밀려 남쪽으로 내려왔다고 한다. 그 때가 기원전 194년으로 늦어도 기원전 2세기 초부터 韓의 존재를 인정할 수 있다. 한편 일부 연구자들은 韓 社會가 그 이전에 이미 형성되었을 것으로 보아 기원전 3세기경부터 마한의 존재를 주장하고 있다. 또 삼한의 위치는 과거 다양한 견해가 제시되었으나 현재 마한이 경기·충청·전라지방, 진한이 낙동강의 동쪽, 변한이 낙동강의 서쪽으로 정리되었다. 또 마한은 目支國을 중심으로 얼마동안 삼한의 주도권을 행사하였던 것으로 기록되어 있다.

마한에 대한 기록은 한국, 중국, 일본의 문헌에서 각각 다르게 나타나고 있다. 먼저 우리나라 문헌기록에 의하면 마한은 한강유역에 자리잡은 북방계의 백제 세력에 의해 기원후 1세기경에 소멸되었다. 즉 『三國史記』에 의하면 온조왕 26년(기원후 8)에 마한의 國邑을 습격하여 병합하였다는 기록과 온조왕 27년(기원후 9)에 드디어 마한이 멸망하였다는 기록이 있다. 여기에서 나타나는 마한과 관련된 기록들은 후대에 의도적으로 온조왕대로 올려놓은 것으로 해석되고 있고, 실제로 중부지역의 마한이 백제에 편입되는 시기는 3세기 말일 것으로 추정된다(노중국 1978).

반면 중국 문헌으로는 『三國志』와 『後漢書』 이외에 『晋書』 東夷傳 馬韓 條에 咸寧 3년(277)으로부터 太熙 원년(290)까지 마한이 晋國에 사신을 보냈다는 기록이 있어 마한세력이 건재하였음을 알 수 있다. 하지만 연구자들 사이에 이 기록을 인정하는 입장과 그 주체가 마한의 目支國이 아닌

伯濟國으로 보는 입장으로 구분되고 있다.[19]

그리고 『진서』 권36 張華傳에는 다음과 같은 기록이 있다.

> 동이마한 신미제국은 산에 의지하고 바다를 끼고 있었으며 유주(幽州)와 4
> 천여 리였는데, 역대로 내부하지 않던 20여국이 함께 사신을 보내 조공을
> 바쳐왔다(東夷馬韓 新彌諸國 依山帶海 去州四千 餘里 歷世未附者二十
> 餘國 竝遣使朝獻).

여기에 나오는 新彌國은 『삼국지』에 나오는 마한의 54국과는 다른 이
름이다. 이병도는 이를 서해안지대에 분포한 마한제국읍의 하나로 보았
다(이병도 1959). 이에 따라 다른 연구자들도 신미제국을 영산강유역의 세
력으로 보고 있다. 반면 강봉룡(2006)은 신미제국을 '신미의 여러 나라'란
의미로 『삼국지』마한조의 마한과는 별개의 정치체로 보면서 이를 해남지
역으로 비정하였다. 그런데 과연 신미국이 목지국과 동등한 위상의 정치
체인지가 의문이 생긴다. 문헌기록에는 신미제국이 사신을 보냈다는 것
이외에는 자세히 나타나지 않고 있어 辰王이 통치하였던 목지국과 같은
위상으로 볼 근거는 거의 없다. 따라서 신미제국은 단지 소국의 집합체일
뿐이라고 추정된다.

그리고 일본 문헌 기록에는 마한이 처음부터 존재하지 않고 백제만 존
재할 뿐이다. 다만 『日本書紀』에 반설화적으로 남아있는 다음과 같은 기

---

19. 『진서』의 조공기사에 대한 상반된 견해가 있지만 실제로 『삼국지』위지동이전
에 나타나는 몇몇 기사는 『삼국사기』백제전의 기록으로도 나오고 있어 한국과
중국 사이에 마한에 대한 인식 차이가 있음이 분명하다. 하나의 사례로 帶方郡
의 崎離營에 공격의 주체가 마한의 辰王인지 백제의 古爾王인지가 역시 논란
이 되고 있다(최성락 2001; 박현숙 2016).

록이 있다.

이에 병사를 서쪽으로 이동시켜 古奚津에 이르렀다. 南蠻 枕彌多禮를 없
애고 백제에 주었다. 이때 왕 肖古와 왕자 貴須가 역시 군사를 이끌고 나아
가 맞으니 比利辟中布彌支半古四邑이 스스로 항복하여 왔다. 백제왕 부
자와 黃田別 木羅斤資 등이 모두 意流村(州流須祇)에서 서로 즐겁게 만
났다(『日本書紀』神功紀 49년).

이 기사를 해석한 이병도(1959)는 일본의 응원군이 와서 더불어 경략하
였다는 것에는 의문의 여지가 있으나 近肖古王의 父子가 전남지역에 원
정하여 마한의 잔존세력을 토벌한 것으로 보았다. 나아가 노중국(1987)은
'忱彌多禮'를 『진서』에 나오는 '新彌國'으로 연결지어 근초고왕의 마한 정
벌설에 동조하고 있다. 또 김태식(2007)은 침미다례를 신미국이 위치하였
던 해남 현산면일대로 비정하면서 당시 내부한 布彌支를 담양 금성읍으
로, 半古를 나주 반남면으로 비정하고 있다.

그밖에 『宋書』의 倭 5王에 대한 기록에 나타나는 慕韓이 있다. 즉 438
년 倭王 珍은 '使持節 都督倭百濟新羅任那秦韓慕韓六國諸軍事 安東大將
軍 倭國王'이라는 작호를 자칭하게 된다. 즉 왜·백제·신라·임나·진한·
모한 등 6국에 대한 통솔권을 자임한 것을 의미한다. 그 후 계속 對宋외
교를 집요하게 하여 倭王 濟는 451년에 百濟가 빠지고 加羅가 첨가된 6
국의 安東大將軍으로 가호를 받게 된다. 또한 478년 倭王 武는 '使持節
都督倭百濟新羅任那加羅秦韓慕韓七國諸軍事 安東大將軍 開府儀同三司
倭國王'이라 자칭하였으나 '使持節 都督倭新羅任那加羅秦韓慕韓六國諸
軍事 安東大將軍 倭王'이라고 책봉을 받았다. 즉 백제가 고구려의 공격을

받아 漢城이 함락되자 倭王이 백제를 임의로 포함시켰으나 中國이 이를 제외하고 책봉한 것이다. 그러나 당시 宋과 외교관계가 없었던 新羅·任那·加羅와 같은 실존의 국가나 秦韓·慕韓과 같은 가공의 국가 이름을 나열한 작호의 사용을 허용한 것이고, 백제에 대해서는 현실적인 세력관계를 분명히 따져서 제외시켰던 것으로 모한의 존재를 부정하는 견해가 일반적이다(강봉룡 1998).

이를 종합하면 우리나라 문헌 기록에는 기원후 1세기경에 백제가 마한을 정복하였다고 되어 있으나 일본 문헌 기록에는 마한이 처음부터 존재하지 않는다. 이에 비하여 중국 문헌 기록에는 기원후 300년경까지 마한에 대한 기록이 나오고 있어 서로 차이를 보여주고 있다. 문헌사학자들은 마한이 기원전 3~2세기부터 4세기 후반까지 존재하였다고 보았다. 즉 백제의 국력이 신장되면서 중부지역의 마한은 소멸되고, 그 잔존세력이 전남지역에 자리잡았지만 근초고왕 24년(369년)에 백제에 의해 완전히 장악되었다는 것이다(노중국 1987).

그런데 삼한에 대한 우리나라 연구자들의 인식은 삼국시대 초기 기록을 불신하면서 주로 중국 문헌 기록에 의거하여 삼한의 실체를 기원후 3세기말까지 대체로 인정하는 경향이 있다. 그렇다면 문헌 기록에 나타나는 마한을 어떠한 의미로 해석되고 있나?

먼저 권오영(2010)은 각 문헌에 나타나는 마한의 위치가 다양한 형태라고 인식하고 있다. 즉 『삼국지』의 마한은 일반적으로 경기-전라에 분포하는 50여국의 소국으로 구성된 마한이고, 『삼국사기』의 마한은 아산-직선에 위치한 목지국을 중심으로 하는 마한으로 본 반면에 『진서』에서 나오는 중국에 조공하는 마한을 중부지역에 위치한 伯濟國을 중심으로 보았고, 『송서』에 나오는 慕韓이 영산강유역의 반남-다시 세력을 지칭하는지 아니면 허구인지는 더 검토해 보아야 한다고 하였다.

반면 강봉룡(1999a)은 마한을 충청지역 목지국을 중심으로 결집되었던 실체적 정치 단위체를 지칭하거나 경기─전라도에 걸치는 지역 일대를 지칭하는 막연한 지역 개념으로 나누어지고 있다고 보았다. 실체적 정치단위체를 지칭하는 마한은 3세기 후반경 晉 왕조에 사신을 파견하여 백제를 견제하고자 하였으나 결국 3세기 말경에 백제에 완전 멸망하고 말았고, 반면 막연한 지역적 개념을 의미하는 마한 지역에는 몇 개의 독자적인 정치체가 있었을 가능성이 크다고 보았는데 그 중 하나의 흔적이 영산강유역의 '옹관고분'이라는 것이다.

이러한 문헌사학자들의 견해에 대하여 고고학자들은 다른 견해를 제시하였다. 마한의 고고학적 배경으로 청동기문화가 관련된다는 견해(전영래 1983)와 철기문화와 관련된다는 주장(최성락 1990b)이 있으며, 마한의 시간적인 축을 전기(기원전 200~기원후 200년)와 후기(기원후 200~369년)로 나눌 것을 제안하기도 하였다(김원용 1989).

또한 최몽룡(1986)은 중부지역의 目支國이 멸망된 것이 아니라 남쪽으로 이동되어 영산강유역에 자리 잡았을 것으로 보고, 영산강유역의 옹관고분을 마한의 무덤으로 인식하였다. 뒤이어 일부 고고학 연구자들은 마한이 호남지역에서 기원전 3세기로부터 기원후 6세기 중반까지 자리 잡았다고 주장하였다. 즉 주구묘(주구토광묘)와 옹관고분을 거쳐 초기 석실분의 단계인 6세기 전반까지도 마한에 속한다는 것이다(임영진 1995, 1997d; 최완규 2000b). 다시 말하면 사비계 석실분이 나타나고, 백제의 한 지방으로 편입된 6세기 중엽 이전까지 마한이라는 정치체가 이 지역에 자리 잡았다는 것이다. 이러한 주장의 배경으로는 백제의 문화요소가 6세기 중엽경까지 잘 나타나지 않았고, 이 지역의 독자적인 문화가 지속되었다는 것이다.

지금까지 마한에 대한 인식은 4세기 후반에 마한이 백제로 편입되었다는 4세기 후반설을 근간으로 하고 있다. 즉 4세기 후반설을 지지하는 견해는 설명할 필요가 없이 당연한 것이고, 이를 비판하고 백제로의 편입시기를 6세기 전반으로 보는 견해도 백제로 편입되는 이전의 토착세력을 마한으로 보고 있다.

그런데 4세기 후반에서 6세기 전반까지 영산강유역의 토착세력이 존재하였다는 것과 이를 마한으로 불려야 하는 것은 별개의 문제로 보아야 한다. 만약 4세기 후반설의 근거인 『일본서기』의 기록을 믿을 수 없는 것으로 타당하지 않다고 본다면 마한이 4세기 이후에 존재하였다고 볼 근거는 전혀 없게 된다. 앞에서 살펴보았듯이 한국, 중국, 일본 등 어느 나라의 문헌 기록에도 300년 이후에 마한이 존재하지 않기 때문이다. 문헌에 나타나지 아니한 마한이 영산강유역이 300년 이후에도 존재하였다고 주장하기 위해서는 적어도 중부지역 마한의 중심세력이 전남지역으로 내려와 어떠한 정치체를 형성하였다는 증거가 있어야 한다.[20] 마치 한성백제가 붕괴된 이후 웅진으로 천도한 것과 같은 중심세력의 이동이 필수적이다.

그러나 마한의 중심세력이 남천하였다는 증거는 문헌 기록뿐만 아니라 고고학 자료로도 분명하지 않다. 그럼에도 불구하고 일부 연구자들은 북

20. 마한 전기 중심이 목지국에서 후기 중심이 신미국으로 변화되었다는 견해(노중국, 1988, 『백제정치사연구』, 일조각)는 마한 중심세력의 이동뿐만 아니라 마한의 영도권 혹은 주도권의 이동으로 해석되고 있어 비교적 학계에 널리 통용되고 있다. 하지만 필자의 관점에서 보면 이것은 마한이 369년까지 존속되었다는 것을 보완하는 견해로 보여진다. 반면 중부지역의 마한 목지국이 영산강유역으로 이동하였다는 주장(최몽룡 1986, 전게 논문)은 진정한 의미에서 마한 중심세력의 이동설로 볼 수 있지만 학계에서 널리 수용되지 못하고 있다. 이 학설이 성립될 수는 있다면 영산강유역의 소국들을 마한이라고 부를 수 있으나 중심세력의 이동에 대한 뚜렷한 근거가 제시된 것은 아니다.

쪽으로부터 백제의 영역이 넓어지면 마한의 영역이 점차 축소되었으므로 중부지역의 마한이 남부지역으로 자연스럽게 이동하였을 것이라는 가정을 그대로 받아들이고 있다.

실제로 영산강유역에서는 기원전 1세기에서 기원후 3세기경까지 여러 지역에서 소국으로 추정될 수 있는 유적들이 확인되었지만 어디에서도 마한의 중심지로 추정해볼 수 있는 곳은 아직 확인되지 않고 있다. 이 시기에 수장급 무덤, 즉 위신재를 부장한 분묘가 본격적으로 등장하지 않고 있어 당시 영남지역의 문화양상과는 차이를 보여주고 있다. 이와 같이 마한의 중심세력의 이동을 직접 증명할 수 없다면 사실상 중부지역의 마한이 백제에 정복되면서 마한의 존재는 사라진 것으로 보는 것이 순리이다. 마치 진한이나 변한도 4세기경부터 신라의 사로국과 가야의 구야국이 고대국가로 발전되면서 자연스럽게 사라진 것과 일맥상통하다고 볼 수 있다.

한편 영산강유역의 세력들이 스스로가 마한이라는 정치체를 형성하였고, 이를 인식하였을 가능성도 적다. 만약 그들이 마한으로 인식하였다면 당연히 문헌 기록이나 고고학 자료에 남겨져 있어야 할 것이다. 실제로 4세기 이후의 문헌 기록에 남아 있는 것은 '남만 침미다례', '반고', '모한', '지미' 등이 전부이다. 가장 마한과 유사한 것이 모한이지만 이 역시 부정적으로 보는 견해가 압도적이다. 따라서 이러한 기록을 근거로 영산강유역의 고대사회를 마한이라고 하는 부르는 것은 전혀 타당하지 않다.

결국 영산강유역에서 마한은 백제에 의해 소멸된 것이 아니다.[21] 처음부터 영산강유역에서는 마한의 중심적인 정치체가 존재한 바가 없었으며

---

21. 영산강유역에서 자리잡았던 세력은 특별히 중심세력이 없었기 때문에 백제를 위협할 만한 수준에 이르지 못하였을 것이다. 왜냐하면 백제에 편입되면서 백제와 전쟁을 수행하였다는 기록도 없거니와 고고학적으로 보아 영남지역과 같이 무기가 발달되지 않아서 전쟁을 치를만한 능력도 없었기 때문이다.

단지 여러 소국들로 구성되어 있었을 뿐이다. 설사 4세기 이후에 영산강 유역의 토착적인 세력이 지속적으로 발전된다고 하더라도 중부지역의 마한 중심지가 백제에 통합되는 3세기 말 이후에는 이 지역도 백제의 영역으로 인식되어야 할 것이다. 따라서 마한을 결정하는 가장 중요한 요인은 물질적인 자료가 아니라 어느 시기부터 백제로 볼 것인가 하는 역사 인식의 문제인 것이다.

그렇기 때문에 마한에 대한 인식은 한국사의 틀에서 이루어져야 한다. 마한은 진·변한과 유사한 성격이라고 볼 수 있다. 다시 말하면 진한과 변한이 신라와 가야로 변화된 시점이 불분명하지만 대체로 기원후 300년경으로 보고 있다.[22] 마한이 백제로 변화되었다면 변·진한과 같은 시점으로 보는 것이 타당할 것이다. 따라서 필자는 영산강유역의 마한을 철기문화 단계, 즉 기원전 3~2세기에서 기원후 3세기말까지로 한정된다고 보고자 한다(최성락 2017b).

2. 사회의 변천

1) 전기의 사회

철기시대 전기의 유적은 전북 서부지역인 만경강유역에 집중적으로 분

---

22. 辰韓 斯盧國이 경상지역의 押督國 등 주변의 소국들을 복속하는 것이 문헌 기록에 100~200년경이지만 고고학에서 新羅가 고대국가로 성장하는 것은 대략 300년경으로 보고 있다. 또 각 지역에서는 5~6세기경까지 소국이 존재하였다고 보고 있으나 이를 辰韓이라고 생각하는 연구자는 아무도 없으며 단지 그 복속 시기가 언제인지가 논란될 뿐이다. 예를 들면 부산지역의 독로국이

포하고 있다. 기원전 4~3세기에 형성되었던 청동기문화를 바탕으로 새로이 철기와 철제기술이 유입되면서 철기문화가 시작되었다. 이 지역에 먼저 자리잡았던 청동기문화는 적석목관묘, 이중석개토광묘, 석곽묘 등의 무덤으로부터 많은 청동기들이 출토되었다. 즉 조문경, 선형동부, 동포, 동착 등에 뒤이어 세문경, 유견동부, 검파두식 등과 함께 거푸집이 확인되어서 청동기의 생산도 활발하게 이루어졌음을 알 수 있다. 이후 이 지역에서는 철기가 유입되면서 청동기와 철기가 함께 부장된 토광묘(목관묘)가 다수 확인되었다. 유물의 부장양상을 통해 이미 계층화가 진행되었으며 토광묘의 군집 현상도 나타나고 있다. 또 제사와 관련된 구상유구를 비롯하여 다수의 수혈유구와 유물의 확인은 『삼국지』 위서동이전 한전조에 나오는 제사 기사와 관련해서 해석되고 있다(최완규 2016; 한수영 2015).

그런데 철기시대 무덤인 토광묘(목관묘)는 이전 청동기시대의 무덤인 적석목관묘나 석개토광묘 등과 연속적인 면이 있지만 서북부지역의 무덤과도 관련이 깊고, 또 처음 유입된 철기가 중국 燕의 주조철기와 관련이 깊다고 한다(김상민 2013a).

철기시대 전기의 사회는 삼한 중에서 마한에 속한다. 역사적인 사건인 準王의 남천은 청동기문화 혹은 철기문화의 유입과 관련된다고 보고 있으면 그 위치가 한강유역, 충청 서해안지역, 금강유역, 전북 익산지역, 전주지역 등 여러 지역이 비정되고 있다. 한수영(2015)은 이를 철기문화의 유입과 관련지어 보고, 準王이 당도한 곳을 금강과 만경강이 합치는 군산일대로 비정하면서 철기문화가 본격화된 만경강 상류지역과는 관계가

460년경에 신라에 병합되었고, 540년경에 신라의 직접적인 통치를 받았다는 주장(신석열 2016)이 있어 논란이 되고 있는데 이것은 문헌 기록이 분명하지 않기 때문에 고고학 자료를 해석하는 시각의 차이에서 시작된 것이다.

없다고 보고 있다. 필자도 기원전 2세기 초에 이루어진 준왕의 남천은 청동기문화가 아닌 철기문화의 이동과 연결시키는 것이 합리적이라고 생각한다.

당시 형성된 마한사회는 어느 정도 계층화가 이루어지면서 지배세력이 존재하였던 사회일 것이다. 이 지역 수장층은 청동기의 소유를 통해 정치적인 지위를 확보하였으며 종교적인 직능자로서 경제 기반을 강화하였고, 무덤들의 군집으로 보아 동족 집단이 형성되었음을 알 수 있다고 한다(이희준 2011). 따라서 익산−전주지역에서는 발달된 청동기문화를 가진 사회를 기반으로 하여 서북부지역에서 이주한 철기를 소유한 세력이 자리잡았을 것이며, 이를 통해 마한사회가 형성되었으며 수장층이 자리잡았다고 볼 수 있다.

그런데 여기에서 대두되는 의문은 철기시대 전기의 유적이 매우 한정된 지역에 분포하고 있다는 점이다. 이러한 특징을 고려해본다면 철기시대 전기에 해당되는 유적이 집중적으로 분포하는 중심지역에서 벗어난 주변지역, 특히 영산강유역이나 호남 동부지역에서 청동기시대의 고인돌이나 송국리형 주거지가 철기시대에 들어와서도 일정기간 존재하였다는 주장(이동희 2015, 2017)은 이 시기의 공백을 극복한다는 점에서 매우 설득력이 있다고 본다.

2) 중기로의 변천 원인

호남지역 철기시대에서 가장 큰 연구과제는 만경강유역의 철기시대 전기의 사회가 중기로 넘어오면서 지속되지 못한 채 중단된 점이다. 철기시대 중기에 접어드는 시기, 즉 기원전 1세기경부터 기원후 1세기경에 해당되는 시기의 유적은 철기시대 전기 유적과 문화적으로 연속성이 보이지만 지역적으로 달리하고 분포하고 있다. 이러한 현상이 나타나는 이유를 앞에서 필자는 단순히 문화적인 공백으로 인식하는 것이 아니라 주민의 이동으로 추정해 보았다.

그렇다면 주민의 이동이 일어나는 원인은 무엇일까? 첫 번째로 생각해 볼 수 있는 요인은 기후의 변화이다. 즉 기후의 변화로 인해 생업에 변화가 생겼고, 새로운 환경에 적응하기 위하여 다른 지역으로 이동하였다고 설명될 수 있다. 당시 기후에 대한 연구에 의하면 대체로 기원후 100~250년경이 한냉기라고 보고 있다(김연옥 1985; 山本武夫 1980). 이로 인하여 패총이 형성되었다고 보는 견해(서현주 2000)와 패총이 형성된 이후 확산되었다고 보는 견해(최성락·김건수 2002) 등이 제시되었다. 또 이 시기는 벼농사가 증가하지 않고, 밭농사 위주인 것으로 해석되고 있다(정유진 2010).

반면 일부 연구자들은 1800 B.P. 경에 고해수준기로 보았다(오건환 1991; 조화룡 1987). 이것은 그 이전 시기의 기후가 추웠을 가능성도 있다. 더구나 철기시대 전기의 유적이 주로 구릉지역에 분포하고 있는데 비하여 중기의 유적이 해안이나 강안지역에 분포하는 것은 기후의 변화에 따른 생업의 변화가 이루어졌을 것으로 추정된다. 하지만 기원전 1세기대가 한냉기라는 연구가 아직도 분명히 제시되지 않았기 때문에 철기시대 중기에 이루어진 주민 이주와 직접적으로 연결시켜 설명할 수가 없는 한계가 있다. 현재로서는 철기시대 중기나 후기에 해안지역으로 주민들이 이주하는 부차적인 요인으로 볼 수밖에 없다.

두 번째 요인으로 해로가 형성되고 해상활동의 증가로 볼 수 있다. 중국에서 한국의 서남해안을 거쳐 일본에 이르는 해로는 기원전 3~2세기경에 시작되었고, 기원전 1세기경부터는 활성화되었다. 이러한 해로의 발달은 당시 많은 주민들이 해안지역으로 이동을 야기하였고, 다수의 패총이 형성되는 요인으로 해석되고 있다(최성락·김건수 2002). 이 중에는 해남 군곡리 유적과 사천 늑도 유적과 같이 중국과 일본에 이르는 해로상에 기항지의 기능을 가졌던 곳도 있었다.

또한 당시 해로를 통해 주민들의 유입이나 다양한 해양교류의 결과로 많은 외래유물이 확인되었다. 청동기시대 후기에서 철기시대 전기에 이르는 시기에 서북지역에서 들어오는 청동기 및 철기문화는 주민들의 이동과 함께 해로를 통해 유입되었을 것이다. 완주 상림리와 함평 초포리 유적에서 발견된 중국식 동검을 비롯하여 철기시대에 들어서면 중국계 유물인 화폐, 방제경, 복골, 삼각형 鐵莖銅鏃, 낙랑토기 등이 발견되었고, 왜와 관련되는 유물로는 함평 소명동 17호 주거지에서 하지키계(土師器系) 옹 구연부편, 광주 신창동 저습지에서 출토된 일본 야요이시대 중기에 속하는 須玖式土器片이 알려져 있다. 또 남원 세전리 유적에서 야요이시대 후기의 細頸壺가 출토된 바가 있다(서현주 2007c; 武末純一 2008). 그런데 해로의 형성과 이를 통한 문화교류의 증가는 만경강유역의 철기시대 전기 집단의 이동을 직접적으로 설명하기에는 역시 부족함이 있다. 따라서 이것은 당시 주민들이 이동된 이후에 나타날 수 있는 현상으로 해석해 볼 수 있다.

세 번째로는 삼한의 형성과정에서의 주민들의 이동이다. 먼저 삼한의 이동설이 있다. 삼한이동설은 처음 신채호(1929)에 의해 제기되었다. 뒤이어 천관우는 삼한을 箕子族의 구성요소로 파악하고, 각기 한반도 북부와 요동지방에 자리잡았다가 이동해 왔으며, 辰韓의 경우, 한강유역을 거쳐서 낙동강유역에 자리잡았다고 보았다(천관우 1975). 이와 같이 삼한의

형성시기에 한반도 내에서 주민들의 이동이 진행되었다면 마한지역에서
도 그 영향이 미쳤고, 지역별로 주민의 이동이 이루어졌을 것이다. 하지
만 이로 인한 주민 이동은 삼한의 형성기인 기원전 3~2세경에 이루어진
것으로 기원전 1세기경에 이루어진 현상이 아닐 것이다.

좀 더 직접적인 사건은 위만조선의 붕괴와 낙랑의 등장이다. 기원전
108년 대동강유역에 위만조선이 붕괴되면서 그 여파가 한반도 남부지역
에 파급되었을 것이다. 특히 서북지역과 관련이 깊었던 만경강유역의 철
기시대 전기 집단은 위만조선의 멸망과 더불어 내부적인 동요가 있었고,
뒤이어 여러 지역으로 파급되었다고 가정해 볼 수 있다.[23]

철기시대 전기 집단은 중기의 대표적인 유적들이 영광 군동지역 등 서
해안지역과 광주·나주지역이 포함된 영산강유역, 해남 군곡리 패총 등
남해안지역에 분포하고 있는 것으로 보아 여러 지역으로 분산되었음을
알 수 있다. 또한 그들은 영남지역으로도 이동하였을 것으로 추정된다.
즉 대구 팔달동 유적에서는 적석목관묘가 목관묘, 옹관묘 등과 함께 조
사되었는데 적석목관묘와 목관묘의 경우, 호서지역과 호남지역과의 관련
성이 언급되고 있다(김권구 2016; 정창희 2016). 또한 창원 다호리 유적에서
도 기원전 1세기경에 목관묘에서 청동검, 철검, 판상철부, 성운경, 오수
전 등 다량의 유물이 출토되어 수장급의 무덤이 조사되었다(국립중앙박물
관 2008). 이곳에서 확인된 통형목관은 중국 지역과 연결짓는 견해가 많지
만 역시 만경강유역의 목관에 뒤이어 나타나고 있어 이 지역과의 관련성

---

23. 위만조선의 붕괴나 낙랑의 등장이 호남지역의 철기문화에 미친 영향에 대하
여 이미 연구자들이 언급하고 있다(김상민 2013b; 한수영 2016). 실제 호남지
역에서도 일부 낙랑의 유물이 출토되는 것으로 보면 그 영향을 충분히 짐작할
수 있다. 그리고 準王의 일파가 전북지역에 머물렀다가 대구·경북지역으로 이
동하여 와질토기가 발생되었다는 견해(신경철 2013)도 제시된 바가 있다.

도 고려되어야 할 것이다.

그리고 주조철기의 유통과정으로 보아도 호남지역과 영남지역은 관련성이 높다고 한다(김도헌 2002; 김상민 2013a). 더구나 기원전 1세기부터 호남지역에 비하면 영남지역의 무덤에서 철기의 부장량이 급격히 증가하였다는 점을 고려한다면 만경강유역의 철제기술을 가진 주력 집단은 영남지역으로 이동하였음이 분명하다. 이들 집단은 낙랑의 통제에서 벗어나 지리적으로 좀 더 먼 곳을 선택하였을 것으로 추정해 본다.

결론적으로 호남지역에서 철기시대 전기(Ⅰ기)와 중기(Ⅱ기) 사이에 유적의 분포범위가 확연하게 차이가 나는 것은 주민의 이동으로 설명될 수 있다. 이것은 자연환경의 변화, 해로의 개통과 문화교류의 활발 등을 생각해 볼 수 있지만 지배계층의 이동의 가장 직접적인 요인은 위만조선의 붕괴와 낙랑의 등장일 것이다. 철기시대 전기 집단은 전남지역과 영남지역으로 각각 분산하여 이동되었다고 추정된다. 이와 같이 지배계층의 분산은 호남지역에서 고대국가로 발전되기 위한 원동력의 상실을 초래하였고, 영남지역에 비하면 고대국가로의 발전 속도가 늦어질 수밖에 없었을 것이다.

3) 중·후기의 사회

이와 같이 마한 사회에 큰 변화가 시작되었던 철기시대 중기에는 원형혹은 방형의 주거지와 무덤으로 주구토광묘와 옹관묘가 새로이 등장되었으며 서해안지역이나 전남지역에서 주로 분포하였다. 이러한 문화양상은 전기의 문화양상을 부분적으로 계승하지만 다소 달라지는 양상을 보여주고 있다. 가장 특징적인 요소가 주구토광묘와 단조철기의 등장이다. 주구토광묘는 방형에서 벗어나 타원형으로 바뀌는데 영산강유역에서는 사다리꼴(梯形)도 나타난다. 철기는 철기시대 전기에 燕代 주조철기가 유입되면서 일시적으로 활발하였으나 위만의 붕괴 이후 잠시 약화되었다가 기원후 2세기대 이후에 漢代의 단조철기가 유입되면서 다시 다양하게 제작되었다고 한다(김상민 2013b). 그리고 철기시대 후기에는 내륙지역으로 취락뿐 아니라 주구토광묘도 전 지역으로 확산되었다. 다만 중기에는 위신재가 부장된 수장급의 무덤이 거의 발견되지 않고 있지만 후기에는 주구토광묘가 군집화되고 부장품도 다소 다양화된다.

반면 호남 동부지역은 중기 이후에 많은 유적이 분포하고 있지만 서부지역과 문화양상이 차이가 나타나기 시작한다. 이미 여러 연구자들이 지적하였듯이 서부지역에 비하면 후진적인 문화양상을 보여주고 있다(이동희 2006, 2014; 허진아 2011). 특히 전남 동부지역은 원형계 주거지와 경질무문토기가 기원후 4세기경까지 지속되었다. 또 서부지역의 특징인 주구토광묘나 사주식 주거지 등도 잘 나타나지 않는다.

그리고 각 지역에서는 확산된 철기문화를 바탕으로 중심 취락이 형성되었을 것으로 보인다. 즉 군집화된 무덤이나 집단 주거지군이 나타나는 익산 영등동 유적, 완주 상운리 유적, 고창 만동 유적, 영광 군동 유적, 함평 만가촌 유적, 광주 신창동 유적, 담양 태목리 유적, 보성 석평 유적을 중심으로 하는 지역과 당시 해로상의 기항지인 해남 군곡리 유적 등이 중심 취락일 것이다. 특히 환호취락[24]이 확인된 함평 마산리 표산 유적, 보

---

24. 청동기시대 후기에서 철기시대 전기에 해당하는 환호 중에서는 환호 안쪽 공간에 주거지가 전무하거나 극소수에 불과하거나 토기 폐기 행위가 집중적으로 나타나는 경우, 방어적 개념보다는 신성시된 공간의 경계 및 경계 시설로 집단 의례 장소를 경계 짓는 의미가 높다(배진성 2013). 한편 환호는 취락의 주거 및 생활공간을 감싸는 일종의 방어시설로 알려져 있는데, 공간 구분을 위한 경계 의

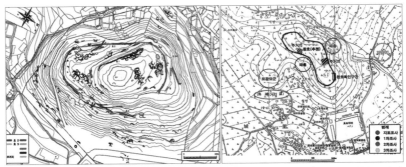

■ 그림 4-12. 순천 덕암동 환호취락(마한
문화재연구원 2010)

■ 그림 4-13. 보성 조성리 환호취락
(이동희에 의해 작성됨)

성 조성리 유적, 순천 덕암동 유적 등을 중심으로 하는 지역에서 마한의
소국이 형성되었을 것으로 추정해 본다. 예를 들면 보성 조성리 유적에서
는 구릉을 중심으로 하는 환호취락, 패총, 무덤과 함께 저습지에서 보시
설, 수변제사유구가 확인되고 있어 마한 소국의 중심지임을 보여주는 가
장 좋은 사례로 볼 수 있다(박태홍 2011; 이동희 2011b) (그림 4-12, 4-13).

3. 마한의 사회 성격

결국 전기의 철기문화가 일차적인 마한이라고 한다면, 기원전 1세기
이후에 형성된 중기와 후기의 철기문화는 이차적인 마한으로 볼 수 있다.
이차적인 마한은『삼국지』위서동이전 마한조에 나오는 여러 소국으로 구
성된 사회일 것이다.

철기시대 전기의 취락은 극히 적게 확인되는 반면에 철기시대 후기의

미도 포함된다(이영철 2015). 그런데 김권구(2012)는 전자를 환구로 명명하여
후자인 환호와 구분하고 있다. 본고에서 언급하는 환호취락은 후자를 말한다.

취락은 호남지역에 넓게 확인되고 있다. 철기시대 후기의 취락은 구릉에 위치하는 경우가 많으나 강가나 평지에도 자리잡았다. 그리고 취락의 규모도 철기시대 후기에 이르면 점차 크게 확대되고 있다.

철기시대의 생업은 청동기시대와 같이 수렵과 어로가 지속되었고 농경도 발달되었다. 즉 가축을 기르면서 곡물을 재배하는 농업을 근간으로 사슴과 멧돼지를 포획하고, 그 뼈를 도구의 재료로 사용하였으며, 어로 활동을 통해 얻어진 어류는 그 지역에서 소비하였을 뿐만 아니라 교역의 대상이 되기도 하였다(김건수 1999, 2006). 토기에 보이는 압흔을 관찰한 결과 영산강유역에서는 청동기시대부터 벼농사가 시작되었을 것으로 추정되지만 고고학 자료는 광주 신창동 유적에서 처음 나타나고 있다(김민구 2010).

또 발달된 철제도구를 기초로 농업생산성이 높아졌을 것으로 생각되며, 농경과 관련된 철제도구를 사용하여 가공한 것으로 보이는 목제농기구도 다수 발견되었으나 水田址는 발견되지 않고 있다(조현종 1997). 당시의 생활상은 광주 신창동 유적에서 출토된 유물상에 의해 추정된다. 즉 무기류, 농공구류, 용기류, 제의구류, 방직구, 악기류, 차여구, 건축부재 등 다양한 목기류와 칠기 제작 기술이 확인된 바 있다(조현종 2012).

당시의 신앙으로는 자연물 숭배사상 등 전통적인 원시종교가 지속되었을 것이고, 중국으로부터 들어온 卜骨의 존재로 보아 개인적인 흉복을 점쳤을 것으로 여겨진다(은화수 1999). 광주 신창동 저습지에서 출토된 새모양목기, 목기고배, 파문형칠기 등과 광주 치평동에서 출토된 새모양 토제품, 의례용으로 보이는 이형토제품 등으로 신앙적 의례행위를 추정할 수 있다. 당시의 사회는 점차적으로 계층화되면서 복합사회로 진입하였을 것이다.

마한사회가 족장사회에 해당된다는 것은 이미 여러 학자들에 의해 주장되어 왔다. 특히 김정배는 삼한사회가 군장사회(chiefdom)임을 문헌적인 자료와 고고학적 자료를 통해 논증하였다(김정배 1983, 1986). 그리고 필자는 신진화론의 발전단계설에 의거하여 전남지역 고대사회가 점진적으로 계층화되었음을 주장하였다. 즉 전남지역은 청동기시대 이래로 사회가 점차 복합화되어 갔으며 청동기시대 후반에서 철기시대를 단순 족장사회로, 옹관고분 사회를 복합 족장사회로, 5세기 후반 옹관고분 사회를 최상 족장사회로 각각 비정되었다(최성락 1996a). 반면 이동희(2017)는 영산강유역에서의 정치체가 철기시대 중기(기원전 1세기~기원후 1세기)에 이르면 3단계의 계층화가 이루어졌을 것으로 보고 있다.

　　그런데 고대사학자들은 삼한사회가 chiefdom에 해당되느냐의 논의에서 벗어나 이 시기를 성읍국가, 소국 등으로 부르거나 『三國史記』의 초기 기록들을 긍정하여 백제나 신라의 중심지에서는 이미 이 시기에 국가 단계에 들어섰다고 보고 있다. 그러나 영산강유역은 고대국가가 발생하는 지역이거나 고대국가의 직접적인 영향권이 아니기 때문에 여전히 족장사회의 단계에 머물었을 것이다. 그런데 철기시대 전기에 만경강유역에서 형성된 족장사회가 철기시대 중기로 변화되면서 일차적으로 해체되고, 그 중심세력들이 전남지역과 영남지역으로 이동해 갔다. 그로 인하여 철기시대 중기에는 지역적으로 제한되었지만 철기시대 후기에 접어들면서 광범위하게 각 지역에서 소국들이 형성되었다고 볼 수 있다. 결국 영산강유역에서는 청동기시대 후기에 시작된 사회의 복합화가 철기시대 전기에 이르러 일시적으로 정체되는 면을 보이지만 철기시대 중기 이후에는 철기라는 새로운 도구가 사용되면서 복합사회가 지속되었고, 점차 마한의 여러 소국을 형성하게 되었다.

5장

고분을 통해 본 고대문화

제 1 절
고분과 분구묘

호남지역에서는 주구묘, 분구묘 등 다른 지역에서 잘 사용되지 않는 용어가 무덤 혹은 고분을 나타내는 용어로 사용되고 있다. 특히 분구묘는 주구묘와 삼국시대 고분을 묶어서 통칭하는 개념으로 쓰이고 있다. 과연 이러한 용어가 호남지역의 고분을 연구하는 데 도움이 되는 것일까? 필자는 이를 회의적으로 받아들이고 있으며, 오히려 호남지역의 고분을 잘못 이해할 수도 있다고 본다.

분구묘라는 용어는 일본고고학에서 사용되고 있는 개념이다. 이것은 일본 야요이시대의 무덤을 나타내는 용어이지만 한국고고학에서 사용되면서 그 의미가 확대되었다. 특히 봉토와 분구의 개념이 다르게 정의되면서 분구를 가진 무덤을 분구묘로 부르게 된 것이다.

이 용어와 관련된 몇 차례의 학술대회가 개최된 바가 있었다. 즉 2002년에는 주구묘를 중심으로 한 국제학술대회에서 분구묘가 논의된 바 있었고(호남고고학회 2002), 2006년에는 본격적으로 분구묘를 중심으로 학술대회가 개최되었다(한국고고학회 2006). 그 뒤 2011년에는 한·일 분구묘의 비교 논의가 있었다(전북대학교 BK21사업단 2011). 2014년에는 경기·충청·전라지역을 망라한 분구묘 연구 성과에 대한 검토가 이루어졌고(한국고고학회 2014), 이듬해에 한·중·일 분구묘에 대한 국제학술대회가 개최되기도 하였다(마한연구원 2015). 그러나 그 동안 학술대회를 통해 분구묘의 개념이 명확하게 정리되었다기 보다는 논란만 가중되었다.

본고에서는 분구묘, 주구묘 등의 용어가 지니고 있는 문제점을 파악하기 위해서, 이들 용어가 한국고고학에서 어떠한 과정을 거쳐 사용되었으며 구체적으로 무엇을 의미하는지 살펴보고자 한다. 또한 이들 용어가 처음 만들어졌던 일본고고학에서는 어떻게 정의되고 있는지 알아보아야 할 것이다. 나아가 용어의 타당성을 검토함과 동시에 이를 사용함으로써 나타나는 득실을 따져보고, 앞으로의 해결방안이 무엇인지 생각해 보기로 한다.

1. 고분의 개념

한국고고학에서 古墳의 개념이 분명하게 정의되어 있지 않다. 넓은 의미의 고분은 선사시대의 무덤을 포괄하고 있지만(김원용 1974) 대체로 삼국시대 이후의 무덤으로 정의되기도 한다. 즉 고구려의 적석총과 석실분, 백제의 적석총과 석실분, 신라의 적석목곽분, 가야의 수혈식 석곽분 등이 대표적인 무덤이다(김원용 1986). 반면 일본고고학에서의 古墳은 '古墳時代의 무덤'으로 정의되면서 前方後圓墳을 지칭하는 의미로도 사용되고 있으며, 古墳時代 이전의 무덤을 墳丘墓라 한다(近藤義郎 1977, 1995).

한국에서 고분의 개념에 대한 논의는 1990년대에 들어와서 이루어졌다. 먼저 최종규(1991:150~151)는 고분의 개념을 부정하고, 그 대신 大形墓와 高塚으로 분류하였다. 특히 대형묘는 묘곽의 길이가 5m 이상인 것을 기준으로 하였다.

신경철(1992)은 고분이란 高塚古墳의 약어로 정치적 신분질서체제화의 상징물로서 王者의 墓를 지칭하는 용어로 인식하였다. 그는 고분의 특징을 입지의 우월성, 매장주체부의 대형화, 무기의 개인집중화, 순장의 증거 등으로 전제하고, 낙동강유역에서 3세기말에 선행무덤을 파괴하고 등장하는 Ⅱ류 목곽묘(북방계 목곽묘)를 고분으로 인정하였다.

또 안재호(1992)도 고분 또는 고총의 개념이 입지의 우월성, 무기의 개인집중화, 매장주체부의 대형화, 殉葬 등이 나타나는 王者 혹은 首長의 墓임에 동의하였다. 그는 울산 하대Ⅱ기 대형석곽묘의 경우, 구릉의 정상부에 위치하고, 주변에 소형분들이 등고선에 따라 둥글게 배치되고 있으며 대형분의 철기매장량이 소형분에 비하여 압도적이어서 비록 순장의 요소가 결여된 점이 있지만 3세기 후반에 해당하는 수장묘로 보았다.

그러나 영남지역 연구자들 중에는 무덤의 변천과정을 墓-墳-塚(이희준 1997) 혹은 墳墓-古墳-高塚(김용성 1998)이라고 보고 있어 고총고분만을 고분으로 인식하지 않고 있다. 따라서 고분이란 어느 정도 봉분[25]을 가진 무덤으로서 왕이나 수장급이 출현한 시기, 즉 사회의 계층화가 이루어진 3세기 후반 이후의 무덤을 총체적으로 지칭하는 용어로 볼 수 있다.

2. 주구묘와 분구묘

호남지역 고분의 매장시설로 옹관묘, 토광묘, 석곽묘, 석실분 등이 언급(호남고고학회 1997)되지만 영산강유역의 고분은 대체로 옹관고분과 석실분으로 대별되어 왔다. 그러나 분구묘의 개념이 유입되면서 고분의 개

---

25. 영어의 mound에 해당하는 용어로 封墳, 墳丘, 封土 등이 있는데 분구와 봉토를 대립적인 개념으로 받아들이는 연구자가 많지만 필자는 그러한 구분을 인정하지 않기 때문에 본문에 사용하는 봉분과 분구의 개념은 동일한 것이다.

념이 약간 변화되었다고 볼 수 있다. 호남지역에서 분구묘[26]라는 용어를 처음 사용한 최완규(1996c)는 제4회 호남고고학회 학술대회(주제: 호남지역 고분의 분구)에서 전북지역 원삼국시대의 분묘를 주구묘, 주구토광묘, 분구묘 등으로 구분하고, 분구묘란 주구묘의 평면적 기획에서 입체적으로 이행된 것으로 익산 율촌리 무덤을 그 예로 들고 있다. 이후 최완규(2000a)는 본격적으로 분구묘의 개념 속에 주구묘와 일부 삼국시대 고분도 포함시키기 시작하였다. 즉 그는 마한의 무덤을 토광묘, 옹관묘 그리고 분구묘로 나누고, 분구묘를 다시 주구묘, 이형 분구묘, 방대형 분구묘, 원형 분구묘 등으로 세분하기도 하였다.

2002년 제10회 호남고고학회 국제학술대회에서 최완규(2002a)는 호남지역 백제고분 이전의 무덤을 분구묘로 총칭하고, 이를 馬韓의 무덤으로 보았으며, 충청지역의 주구토광묘를 辰韓의 무덤이라고 주장하였다. 또 임영진(2002)은 고분과 관련된 용어를 정리하면서 주구묘로부터 전방후원형 고분까지를 분구묘에 포함시켰다. 즉 封墳과 墳丘의 개념을 구분하면서 墳丘墓를 저분구묘, 중분구묘, 고분구묘로 분류하고, 각각 주구묘, 만가촌 고분, 신촌리 9호분을 예로 들었다. 주구묘에서 초기 석실분(즉 전방후원형고분)까지 호남지역의 특색을 보여주는 모든 무덤을 분구묘로 통일하여 부르고 있다. 그리고 최병현(2002)도 호남지역의 고분을 정리하면서 크게 봉토묘와 분구묘로 나누고, 봉토묘의 경우에는 저봉토묘에서 (봉토)

---

26. 분구묘를 개념적으로 정의한 것은 이성주이다. 그는 일본 야요이시대 분구묘에서 착안하여 墳丘의 개념을 封土와 뚜렷이 구분하면서 동아시아의 고분을 봉토분과 분구묘로 양분하였다. 즉 封土墳은 "선 매장주체부 설치 후 봉토"한 고분이고, 분구묘는 "선 분구축조 후 매장주체부 설치"한 고분으로 규정하였다. 또 墳丘墓에는 積石墳丘墓와 盛土墳丘墓가 있는데 이는 모두 非中原系 무덤으로 중국의 주변지역, 요동지역, 호남지역, 일본지역으로 연결된다고 보았다(이성주 2000a).

고총으로, 분구묘의 경우에는 저분구묘에서 (분구)고총으로 각기 변화된 것으로 보았다.

2006년 역사학대회 고고학 분과에서는 분구묘[27]를 논의하면서 '墳丘式古墳'이라는 용어가 제기되었으나 이 용어에 대한 별다른 논의가 이루어지지 못하였고, 종래 분구묘에 대한 논의만 있었다. 특히 최완규(2006)는 주구묘로부터 백제 석실분 이전까지의 마한의 무덤을 분구묘로 규정하였다. 또 분구묘와 관련된 자료에도 주구묘에서 전방후원형 고분까지를 포함하고 있어 분구묘의 개념이 확대되어 있음을 알 수 있다.

3. 일본에서의 분구묘

고분, 주구묘, 분구묘 등 무덤과 관련된 용어는 일본고고학에서 이미 사용되었던 것이다. 이들 용어가 한국고고학에 차용되어 쓰이면서 혼돈을 주고 있다. 이러한 혼돈을 줄이기 위해서는 일본에서 사용되는 개념을 정확히 파악하여야 할 것이다.

일본에서 古墳에 대한 개념은 1960년대에 형성되었다. 기본적으로 "큰 墳丘를 가진 高塚墳墓"로 정의되었다. 큰 분구를 가진 고총분묘는 야요이시대 이후 奈良時代 이전의 古墳時代에 속하는 분묘이다(白石太一郞 1992).

반면 야요이시대의 무덤을 方形周溝墓, 方形臺狀墓, 區劃墓, 墳丘墓 등 다양한 명칭을 가지고 있다. 특히 墳丘墓는 야요이시대에 분구를 가진

---

27. 분구묘 대신에 분구분으로 지칭하여야 한다는 주장(신대곤 2001)이 있고, 분구묘를 분구옹관묘와 분구토광묘로 나누는 견해(이남석 2002)도 있다.

분묘 중에서 성토하여 묘역을 구획 형성한 것으로 고분 출현직전까지의 무덤(近藤義郎 1977)을 말하거나 넓은 의미에서 분구를 가진 모든 彌生時代의 무덤(都出比呂志 1979)을 지칭하는 등, 일본고고학에서의 개념도 다소 복잡하게 정의되고 있다(山岸良二編 1991).

또 야요이시대 분구묘는 墳形에 따라 圓形인가 方形인가, 주변을 구획하는데 도랑을 파는가(周溝墓), 생토를 깎아냈는가(臺狀墓)로 구분될 수 있고, 분구묘로부터 前方後圓墳으로의 발전은 큰 비약이 있었다고 한다(和田晴吾 2002). 고분의 등장은 분구에서의 거대화, 祭祀土器의 등장, 木棺에서 긴 割竹形 木棺과 石槨으로의 변화, 부장품에서의 차이 등과 함께 전방후원분의 성립이 가지고 있는 역사적 의미를 포함하고 있다(近藤義郎 2001:30-32).

그러나 분구묘에서 고분으로 전환되는 과도기적 무덤 중에는 四隅突出型墳丘墓, 前方後方形墳丘墓, 前方後圓形墳丘墓 등이 있다. 이 중 한편에서는 분구묘 혹은 대상묘로 인식하고 있는 3세기 전반 혹은 중엽경의 奈良의 호게노야먀(ネヶノ山)古墳 등을 다른 편에서는 前方後圓墳으로 인정하고 있어 분구묘와 고분과의 구분이 뚜렷하지는 않다. 또한 古墳時代에도 주구묘, 토광묘, 석관묘 등이 존재한다고 하나 이는 古墳, 즉 前方後圓墳 보다는 하위의 무덤으로 인식되고 있다.

일부에서는 분구묘를 '분구를 가진 무덤'으로 광의적으로 해석하는 경향도 없지 아니하며 이를 중국이나 한국의 무덤에 적용하려고 한다. 즉 중국의 경우, 秦漢代의 陵園이 나타나기 이전의 무덤을 분구묘로 지칭하고(徐苹芳 1993; 王 巍·茂木雅博 1990), 한국의 경우, 청동기시대 무덤으로부터 삼국시대 고분까지 넓은 의미에서 무덤을 지칭하지만 삼국시대의 개별 무덤을 古墳으로 부르고 있다(門田誠一 1990). 아직 일본고고학에서는 어떠한 경우에도 墳丘의 개념이 封土와 구분되지 않는다. 실제로 한국고고학에서 분구와 봉토가 구분되는 것을 인식한 연구자도 이를 墳丘先行型, 墳丘後行型으로 표현하고 있다(吉井秀夫 2002).

4. 분구묘에 대한 비판적 검토

1) 분구와 봉토는 구분이 가능한가?

주구묘와 주구토광묘를 구분하는 것이나 분구묘와 봉토분을 구분하는 가장 큰 기준은 바로 분구와 봉토의 차이에서 시작된다. 그러면 과연 분구와 봉토는 구분이 가능한 것인가?

『禮記』壇弓上에는 公子의 말씀으로 "옛날에는 묘이나 분은 아니다(古也, 墓而不墳)"가 있고, 그 註에는 "흙이 높은 것을 분이라 한다(土之高者曰墳)"고 하였고, 『漢書』劉向傳에는 "분은 흙을 쌓는 것이라(墳, 謂積土也)"고 하였다(王巍·茂木雅博 1990:18쪽에서 재인용). 즉 墓와 墳을 구분하는 의미가 담겨 있다.

영어의 mound에 해당하는 용어로는 封土, 墳丘, 封墳 등이 있다. 封土는 흙으로 (매장주체부를) 봉한다는 의미이고, 墳丘란 지면위에 나타난 커다란 형태를 말한다. 그리고 封墳은 '분으로 (매장주체부를) 봉한다는 의미'로 분구와 같은 의미를 지니고 있다.[28]

그런데 봉토와 분구 사이에 어떠한 차이가 있을까? 단순히 용어의 의

---

28. 그밖에 mound와 관련된 용어로는 墳形과 盛土가 있다. 墳形이란 mound의 다양한 형태를 말하고, 盛土란 흙을 쌓아 올리는 것을 말한다.

미로만 본다면 서로 표현이 다를 뿐 큰 차이는 없다. 만약 무덤이 돌을 쌓아 올린 積石塚이 아니라 盛土한 墳丘墓라면 둘 다 매장주체부 위에 흙을 쌓아 올린 상태를 말하는 것이다. 앞에서 언급하였듯이 매장주체부를 만든 후에 흙을 쌓는 것은 封土이고, 매장주체부를 설치하기 전에 쌓는 것은 墳丘라고 하는 구분(이성주 2000a: 79-80)은 매우 작위적인 개념이다. 이러한 개념을 바탕으로 만들어진 분구묘의 의미는 일본에서 처음 사용된 '야요이시대 분구묘'라는 개념에서 벗어나 크게 확대된 것이다.

이들 용어를 다르게 설명하는 경우도 있다. 즉 "단위 매장시설자체를 보호하기 위해 국부적으로 쌓은 1차적인 보호수단을 封土라 하고, 이들 각 매장시설을 수용하기 위해 하나의 큰 흙무더기를 墳丘라 하여 구분하고자 한다"는 것이다(국립문화재연구소 2001a:365). 이러한 구분은 호남지역 고분을 설명하기 위한 매우 유익한 것이기는 하나 역시 일반화할 수 있을지 의문이다.

이와 같은 설명이 있다고 하더라도 봉토와 분구를 개념적으로 구분할 수 있는 근거는 없다고 본다. 실제 일본고고학에서도 봉토와 분구의 구분을 뚜렷하게 하지 않고, 한국의 일부 연구자도 분구의 개념을 봉토와 구분하려고 하지 않고 있다(이상길 2006: 門田誠一 1990).

그렇지만 만약 봉토와 분구의 구분이 실제로 가능하다면 과연 무덤에서 확연하게 구분할 수 있는지 검토해 보아야 할 것이다.

먼저 주구묘와 주구토광묘에서 검토해 보자. 둘 다 매장주체부(토광묘)가 있고, 주변에 주구가 있는 무덤 양식이다. 주구토광묘는 매장주체부가 지하이고, 주구묘는 매장주체부가 지상이라는 이분법이 가능할까? 또는 그 분포가 서로 다른 것일까? 2장에서 살펴보았듯이 주구묘와 주구토광묘는 공존하는 경우도 있고, 엄격하게 구분하기 어려운 경우도 많다. 설사 매장주체부가 발견되지 못하는 경우라 하더라도 모두가 지상식이라고 단정할 수 없다. 예를 들면 주구묘로 분류되는 호남지역의 무덤 중에서 토광이 남아 있는 경우도 적지 않다. 따라서 모든 주구묘가 분구를 쌓고 이를 되파기하였다고 볼 수 없다.

다음은 소위 분구묘로 지칭되는 무덤들을 살펴보자. 대표적인 것이 주구묘로부터 발전된 완주 상운리 고분(목관고분), 영산강유역의 옹관고분, 초기 석실분 등이 있다.

(1) 상운리 무덤의 주체는 토광묘(목관묘)에 점토곽(?)이 있는 것으로 가장 중심에 있는 무덤은 결코 지상식이 아니고 구 지표를 파고 만들었고, 일부 추가적인 후대의 무덤일 경우 분구 속에 축조되었다고 볼 수 있다. 따라서 이 경우 처음에는 봉토이다가 나중에 분구로 바뀌게 되는 모순이 있다.

(2) 이미 일부 연구자가 지적하였듯이 영암 만수리 고분의 경우 분구묘로 볼 수 없다고 한다(성낙준 2002). 즉 토광이나 옹관이 구 지표의 아래에 축조되어 있다. 실제 고총고분인 나주 신촌리 고분군을 제외하면 많은 옹관고분이 반지하형태를 띠고 있다.

(3) 석실분의 경우도 일부 지상식으로 분구 속에 위치하고 있으나 반드시 분구를 먼저 만든 후에 매장주체를 만들었다고 볼 수 없다. 분구의 축조와 동시에 매장 주체를 만든 것이다. 결과론적으로 보면 분구 속에 위치하는 지상식 혹은 공중식이 되어 있으나 축조과정에서는 함께 만들어진 것이다.

따라서 주구묘와 주구토광묘를 엄격히 구분하기 힘들고, 분구묘가 반드시 분구를 만든 후에 매장주체를 만들었다는 주장이 성립되지 아니한다면 분구와 봉토의 구분이 의미가 있는 것조차도 의문이다. 만약 분구와 봉토의 의미가 확연히 구분된다고 인정한다면 그것이 가지는 고고학적 의미는 무엇일까? 아마도 동아시아의 분묘를 이분법적으로 나누어 볼 수 있는 점일 것이다. 그밖에 주구토광묘가 충청내륙에 분포하는 반면 주구묘는 충청해안에서 호남지역에 분포한다는 점과 봉토분이 영남지역의 고분을 나타내는 점은 의미가 없는 주장이다.

특히 분구묘가 호남지역의 고분을 나타내는 점은 성립되기 어렵다. 호남지역의 모든 고분을 분구묘로 획일적으로 지칭한다면 많은 문제가 노출될 수밖에 없다. 예를 들면 충청지역이나 전북지역에서 주구묘로부터 발전된 방형 주구의 고분을 보면 오히려 주매장시설이 지하에 분명히 나타나고 있으나 전남지역의 사다리꼴 주구의 고분은 주매장시설이 지하에 잘 나타나지 않는 차이가 있다. 이러한 차이를 분구묘로 통칭한다면 설명할 수 없는 부분이다.

또한 영남지역의 고분 중에도 지상식이 있어 호남지역의 고분과 차이를 설명하기가 쉽지 않다. 오히려 호남지역 고분의 가장 큰 특징은 바로 多葬이 아닐까 한다. 다장이 특징인 호남지역 고분은 처음 매장주체부가 설치되고 일단 분구를 만들었으며, 추가적으로 매장시설을 설치하면서 분구가 확대되는 경향이 있다. 따라서 추가장은 분구 축조 후에 매장하게 되지만 주매장시설을 설치하기 전에 먼저 분구 전체를 조성하였다는 주장은 성립하기 어렵다.

결론적으로 무덤 혹은 고분의 성격을 파악하는데 분구와 봉토의 개념적인 구분은 거의 의미가 없다고 본다. 설사 의미를 부여한다고 하더라도 고분을 형성하였던 다른 속성에 비하여 절대적인 의미를 가진다고 볼 수 없다. 따라서 이러한 속성을 바탕으로 호남지역 고분의 명칭으로 사용하거나 고분의 성격을 규정할 수는 없다.[29]

2) 분구묘라는 용어의 문제점

현재 한국에서 사용되는 분구묘의 개념은 일본에서 사용되는 분구묘의 개념이 아니다. 일본에서 사용된 분구묘라는 용어를 차용하여, 새로운 개념으로 변화시킨 것이다. 즉 매장주체부를 봉토로 밀봉한 것이 아니라 분구를 미리 조성한 후에 매장주체시설을 분구 중에 설치하는 것을 말한다(이성주 2000a: 80). 이 용어는 동아시아의 분묘를 거시적인 관점에서 해석하려는 시도에서 제시되었으나 이것이 점차 호남지역의 무덤 명칭으로 사용되고 있다.

이미 2006년 역사학회 고고학분과 학술대회에서도 분구묘에 대한 많은 비판이 있었다. 즉 분구묘라는 용어 자체의 부적절성에 대한 비판(이훈 2006), 분구묘라는 용어를 사용할 경우 영남지역에서와 같이 고총고분의 출현을 보여주지 못하다는 점에 대한 지적(이주헌 2006), 그리고 분구묘와 봉토분의 차이에 대한 의문을 제기하면서 이를 '주구분'이나 '구획분'으로 불려야 한다는 견해(김용성 2006) 등이 개진되었다.

그럼에도 불구하고 일부 연구자들은 기존의 주구묘로부터 삼국시대의 고분(옹관고분, 초기 석실분)을 포함하여 분구묘로 부르고 있다. 이렇게 부름으로써 얻을 수 있는 장점은 완주 상운리나 함평 만가촌 고분과 같이 호남지역에 나타나는 특징적인 무덤을 지칭할 수 있다는 점과 호남지역 토착세력(즉 마한)의 무덤을 일괄적으로 표현할 수 있다는 점이다.

그러나 분구묘를 주구묘로부터 초기 석실분까지를 포괄하는 개념으로

---

29. 한국고고학에서는 고분의 mound를 전통적으로 봉토라고 하였으나 일본고고학의 영향인지 점차 분구로 대치되는 경향이 있다. 분구를 봉토에 대신하는 용어로 받아들일 수 있으나 그 의미를 구분하는 것은 적절하기 못하다.

사용할 때 다음과 같은 문제점이 지적될 수 있다(최성락 2007).

첫째, 분구묘라는 용어의 개념문제이다. 우선 분구묘의 개념이 연구자마다 다르게 인식되고 있는 것은 분구의 개념이 각기 다르게 받아들이고 있는 데에서 기인한다. 또 일부 연구자들이 지적하였듯이 '분구'라는 용어에 묘를 결합한 용어가 삼국시대 고분을 지칭하는 용어로 적절하지 않고, 무덤에 대한 변천과정을 설명하는 것과도 상치된다. 즉 무덤의 변천과정을 분묘→고분→고총이거나 묘→분→총 등으로 설명하고 있어 삼국시대 고분을 墓로 표현하는 것이 적절하지 않다.

둘째, 영산강유역의 옹관고분, 완주 상운리 고분, 서산 부장리 고분 등을 분구묘로 규정할 경우, 무덤의 축조과정을 잘못 해석할 위험도 있다. 실제로 서산 부장리 고분을 분구묘가 아닌 봉토분이라고 보고 있고(이훈 2006), 영암 만수리 4호분과 신연리 9호분은 분구묘의 개념과 다르게 매장주체를 먼저 설치하고 봉토를 만들었다는 지적(성낙준 2002)도 있기 때문이다.

셋째, 한국에서 쓰이는 분구묘의 개념은 일본고고학에서의 개념, 즉 고분 이전 단계의 무덤으로 인식하는 것과 차이가 있다. 분구묘를 현재와 같이 호남지역의 무덤을 나타내는 대표적인 용어로 사용할 경우에 호남지역 무덤의 발달과정이 일본지역과 비교하여 아주 늦거나 하위의 무덤이라는 점을 인정할 우려가 있다.

따라서 호남지역 고분의 특징이 분구 중에 무덤을 쓰는 것이므로 '분구묘'라고 부른다면 이것은 성립될 수 없는 주장이다. 마치 고인돌의 특징이 큰 돌을 상석으로 사용하기 때문에 큰돌 무덤으로 바꾸어야 한다는 주장과 유사하다. 더구나 분구묘는 이미 일본에서 야요이시대의 무덤으로 정의되어 있기 때문에 사용에 신중하여야 한다. 또 일본에서 고분(즉 전방후원분)을 분구묘로 부르지 않고 있는 한 한국에서 옹관고분이나 전방후원형고분을 분구묘로 부르는 것은 타당하지 않다.[30] 특히 문제가 되는 것은 호남지역에서만 분구묘가 고분을 대신하는 용어로 사용되고 있다는 점과 분구묘라는 인식으로 인하여 무덤의 축조방법을 잘못 해석할 위험이 있다는 점이다.[31]

현재 사용되는 분구묘에 대한 개념과 인식이 연구자들마다 달라 매우 혼란스럽다. 먼저 분구묘의 개념은 대략 다섯 가지로 정의되고 있다.

(1) 호남지역에서 처음 사용된 분구묘 개념, 즉 '선분구 후 매장주체 설치'라는 개념을 받아들여 주구묘에서 전방후원형고분까지를 분구묘로 보는 경우이다(최완규 1996c, 2002a, 2006; 임영진 2002).

(2) 기존의 개념을 따르지만 주구에 토광(목관)이 매장주체인 무덤을 분

---

30. 이성주(2000a)는 일본의 전방후원분도 분구묘의 개념에 포함시키고 있다. 이를 일본고고학자들이 받아들이지 않는다면 한국에서 분구묘의 사용이 신중하여야 한다. 그렇지 않으면 한일고고학에 심각한 혼란을 초래할 것이다. 이와 비슷한 사례로는 한일간의 고분편년 문제와 전방후원분의 인식 등에서도 나타나고 있다. 즉 고분편년 문제는 일본의 수혈식 석실(석곽)이나 횡구식 및 횡혈식 석실분의 연대가 한반도 남부지역보다 빠르게 편년하고 있어 혼란스럽다. 그리고 전방후원분이라는 개념은 일본의 고분이라는 개념이 포함되어 있어 영산강유역에 전방후원분이 있다는 주장은 이것이 곧 일본인들의 무덤이라는 해석으로 받아들일 수 있게 되어 역시 혼란을 초래한다.

31. 현재까지 관찰된 무덤 중에서 先墳丘 後埋葬主體를 설치하는 고분은 거의 없다. 설사 지상식의 무덤이라도 매장주체부를 만들 때는 분구와 동시에 축조가 이루어진다. 따라서 "선분구 후매장주체부 설치"라는 개념은 재고되어야 한다. 매장주체부를 지상에 올리기 위해 분구의 일부(즉 기저부)를 먼저 만드는 것이지 분구를 완전히 만든 후에 매장주체가 다시 파고 들어가는 것은 아니다. 이것은 축조의 효율성 면에서도 설명될 수 없다. 과거 사람들이 그러한 노동력의 소비를 의도적으로 하였을 리가 만무하다. 다만 추가장을 하였을 경우에는 기존의 분구를 어쩔 수 없이 파고 들어갔다고 볼 수 있다. 이러한 점은 김낙중(2006:360)도 인식하고 있다. 그는 분구묘를 3유형으로 나누고 있는데 墳丘先行型이란 분구의 성토층에 추가로 매장시설을 하는 경우라고 하였다.

구묘로 강조하는 경우이다(이택구 2008). 실제로 경기지역, 충정지역, 그리고 전북지역에서는 주구를 가진 목관 혹은 목곽의 무덤을 분구묘로 부르는 것이 일반적이다.

(3) 분구묘의 개념을 축소하는 경우로 분구묘를 주구토광묘(주구묘)와 분리하여 사다리꼴의 주구에 매장주체부가 토광묘인 무덤에 한정하는 하거나(김영희 2008)와 분구묘를 분구토광묘와 분구옹관묘로 나누면서 주구묘나 주구토광묘에서 변화된 무덤으로 보는 경우이다(이남석 2002).

(4) 분구묘의 개념을 이전과 같이 '선분구 후매장시설 설치'로 정의하기 어렵기 때문에 '지상에 매장시설을 설치한 무덤'으로 정의하고 영산강유역 삼국시대 고분을 대부분 포함하는 경우이다(임영진 2011a).

(5) 그밖에 분구묘의 개념을 다르게 정의하면서 영산강유역 고분의 특징을 '분구묘 전통'이라고 하는 경우이다(김낙중의 견해). 즉 김낙중(2006, 2009)은 분구묘의 개념을 단순히 "선분구 후매장시설 설치"가 아니라 "주구를 돌리고 분구에 대한 매장시설의 설치순서가 동시에 또는 후행성을 나타내며 이에 따라 다장의 특징을 수반하고, 분구 확장의 현상이 자주 관찰되는 묘제를 '분구묘'라고 하고, 매장시설의 변천과 상관없이 지속적으로 전통성을 보여주고 있다는 점에서 '분구묘전통'이라고 부르고자 하며, 일본과 같이 묘제의 발전단계의 한 과정으로 설정하지 않는다"고 하였다. 또 그는 주구묘와 분구묘를 구분하고 있어 첫 번째에 비하면 분구묘의 개념이 약간 축소되고 있다.

이상과 같이 분구묘의 개념이 다르게 정의되면서 분구묘의 연대를 기원후 1~3세기 혹은 1~5세기경으로 보는 입장과 기원후 4세기 이후의 무덤으로 보는 입장으로 나누어진다. 또한 대부분의 연구자들은 분구묘를 마한의 무덤으로 보고 있지만 4세기 이후의 분구묘를 백제의 무덤으로 보는 견해도 있다.

다음은 서해안지역에 분포하는 분구묘와 충청 내륙지역에서 분포하는 주구토광묘를 지나치게 구분하려고 하는 인식의 문제이다. 처음 최완규(2002b)는 주구묘(분구묘)와 주구토광묘의 계통이 전혀 다르다고 주장하는데 주구토광묘가 진한계인데 비하여 주구묘(분구묘)가 마한계로 보았다. 나아가 이택구(2008:50)는 분구묘와 주구토광묘와의 사이에 차이점을 표 5-1과 같이 자세하게 구분하고 있다.

■ 표 5-1. 분구묘와 주구토광묘의 비교(이택구 2008)

특 징		분 구 묘	주구토광묘
분 포		서해안(평야)지역	충청내륙(산간)지역
입 지		저평한 구릉정상부 및 사면부	경사진 산 또는 구릉 사면부
장축방향		등고선과 직교 · 평행 혼재	등고선과 평행
축조방법		선분구 후매장	선매장 후분구
매장시설		토광-목관묘	토광-목관(목곽)묘
추가매장시설		토광(목관)묘 및 옹관묘	
출토 유물 (빈도순)	토기류	단경호(원저, 평저), 직구호, 이중구연 등 – 薄葬	원저단경호, 발(토광내 공반 출토), 직구호 등 – 厚葬
	철기류	철부, 철겸, 철도자 등	철부, 철모, 철촉 등

이후 이러한 인식은 다른 연구자들에게 확대 재생산되어 분구묘와 주구토광묘 사이의 차이가 큰 것으로 인식되고 있다(김승옥 2009; 김중엽

2013). 하지만 두 묘제 사이에는 주구가 있고, 주매장시설이 목관 혹은 목곽인 점 등 공통점도 적지 않다. 실제로 주구토광묘의 분포도 경기지역으로 확대되고, 호남지역에서도 주구토광묘의 특징을 보이는 무덤이 있는가 하면 금강 중하류지역에서는 어디에 속하는지 애매한 무덤들이 많이 발견되고 있다. 이러한 이유로 해서 두 종류의 무덤을 서로 배타적인 무덤이 아니라 동일한 성격을 지닌 무덤으로 보는 연구자들도 적지 않아 두 종류의 무덤을 주구토광묘 혹은 주구묘로 통일하자는 것이다(성정용 2000; 박순발 2003; 이훈 2003; 이호형 2004).

결국 분구묘와 같이 하나의 고고학 용어가 지나치게 다양하게 정의되는 것은 고고학 연구에 도움이 되지 못한다. 분구묘라는 용어가 처음 정의될 때 '선분구 후매장시설 설치'라는 특징을 부여한 것도 문제이지만 동시에 고고학적으로 쉽게 정의할 수 없는 정치체인 마한의 무덤으로 인식되는 것이기에 더욱더 모순이 중첩되는 것이다.[32] 고고학에서의 연구목적은 고고학 용어의 설정이 아니라 고고학 자료의 해석, 즉 당시의 문화의 복원과 변천과정을 설명하는 것이다. 고고학 용어란 연구자들 사이에 통상적으로 사용되면서 고고학 자료의 속성에 따라 명명되는 것이다. 따라서 삼국시대의 무덤이면서 일정한 봉분을 가진 것을 고분이라고 부르고 개별적인 명칭은 주매장시설에 따라 분류한다면 크게 문제될 일이 없을 것이다.

---

32. 2014년 국립중앙박물관에서 열린 제38회 한국고고학 전국대회의 둘째 날(11월 8일) 자유패널 중의 하나인 '마한 분구묘 사회의 비교 검토'에서 분구묘에 대한 종합적인 연구 발표가 있었다. 발표 내용을 살펴보면 충청지역의 4세기대 분구묘(목관)에서 백제계 유물이 출토되어 백제고분으로 인식하고 있고, 호남지역의 분구묘(옹관, 석곽, 석실)에서도 백제와 관련된 유물이 없지 않아 마한이라고 단정하기 어렵기 때문에 분구묘가 마한의 무덤이라는 것은 성립되기 어려운 전제이다(마한연구원 2014; 학연문화사 2015).

그런데 분구묘를 사용하거나 분구묘의 개념을 받아들이는 연구자들은 고분과의 관계에 대하여 대체로 두 가지 입장을 취한다. 하나는 고분을 대신하여 분구묘를 적극적으로 사용하고 있는 입장이고, 다른 하나는 영산강유역 고분의 특징이 분구묘라는 것이다.

첫 번째 입장은 주구묘(주구토광묘), 옹관고분, 전방후원형 고분 등을 분구묘로 부르고 있다(임영진 2002; 최병현 2002; 최완규 2002a, 2006). 다만 최완규가 백제 석실분을 고분으로 부르고 있는데 비하여 최병현과 임영진은 분구묘를 모두 고분이라고 인식하고 있다. 이 입장은 봉토와 대립적인 개념을 가진 분구의 특징을 가진 모든 무덤을 분구묘로 인식함으로써 분구묘의 개념을 확대하였다. 이러한 분구묘의 개념을 그대로 받아들인다면 춘천 천전리 주구석관묘나 마산 진동리 지석묘 등 청동기시대의 무덤도 주구가 있거나 규모로 보아 역시 분구묘가 될 수 있다. 이렇게 된다면 분구묘 혹은 고분의 개념은 더욱 확대될 수밖에 없어 혼란스럽게 된다.

두 번째 입장은 기존의 개념과 다르게 분구묘를 정의하면서 영산강유역 고분의 특징을 분구묘전통으로 규정한 것이다(김낙중 2006, 2009). 여기에서 사용되는 분구묘의 개념은 극히 주관적이어서 한·일고학연구에 혼란을 피할 수가 없다.[33] 또 방형의 주구묘와 제형의 분구묘를 구분하고, 후자를 복합제형분으로 부르고 있어 고분에 대한 인식 범위가 첫 번째 입장과는 다르게 다소 축소되었다.

---

33. 김낙중(2006:359)은 일본 고분시대도 야요이시대의 분구묘 특징이 지속된다고 하였다. 그렇다면 영산강유역에서 보이는 이러한 분구묘전통이 일본 야요이시대나 고분시대에서도 그대로 나타나는지 의문이다. 그렇지 않다면 영산강유역 고분에 나타나는 여러 특징을 포함시켜 분구묘로 규정하는 것은 지극히 자의적인 개념설정인 것이다.

호남지역의 고분을 분구묘로 보고자 하는 연구자들은 무덤의 자체적인 발전을 강조하면서 그 주체가 마한이라는 점에 의미를 두고 있으면서 그 개념을 널리 확신시키고자 노력하고 있다(전북대학교 BK21사업단 2011). 더구나 호남지역을 벗어나 중부지역에서도 일부 사용되고 있다.

이상과 같이 고분을 대신하여 분구묘라는 개념을 적용하여 영산강유역 고분의 형성과 변천을 설명한다는 것은 어떤 면에서 유익하다고 볼 수 있다. 즉 호남지역 고분의 연속성과 특징을 강하게 나타내면서 백제 고분과 다른 점을 부각시키고, 한편으로 일본지역과의 연계성을 강조하려는 의도를 잘 보여주고 있다. 하지만 이를 무덤의 명칭으로 쓰는 것은 곤란하다. 왜냐하면 우리나라 전 지역에서 삼국시대 무덤을 고분으로 지칭하고 있는데 호남지역에서만 이를 다르게 부름으로써 독자성(특수성)이 지나치게 강조되고, 보편성이 소홀하게 취급되기 때문이다. 이 보다는 호남지역 고분의 특징이 분구묘전통이라는 주장이 좀 더 설득력이 있어 보인다.

그러나 필자는 영산강유역 고분의 특징을 분구묘전통으로 규정하는 것 조차도 회의적이며, 영산강유역 고분의 특징들을 분구묘로 대변하거나 분구묘에 함축할 수 없다고 본다. 따라서 분구묘가 아닌 고분이라는 용어를 사용하는 것이 더 타당할 것이다.[34] 다만 고분의 개념을 어떻게 정할 것인가 하는 것이 문제가 남는다. 고분을 일반적인 무덤과 같은 개념으로 사용하는 것은 적절하지 못하다. 이러한 용어로는 이미 무덤 혹은 墳墓가 사용되고 있기 때문이다. 반면 일본에서는 前方後圓墳 혹은 古墳時代의

---

34. 영산강유역 고분을 저분구와 고총분구로 구분하고, 분형에 따라 저분구로는 제형분, 고총분구으로는 방대형분, 원형분, 전방후원형분으로 구분하여 축조 방법을 검토한 결과, 저분구나 고총분구를 분구묘로 정의될 수 있는 특징이 없기에 이를 분구묘로 호칭하는 것은 적절하지 못하다는 연구가 제시되었다(한옥민 2016b).

무덤을 지칭하는 高塚古墳만을 고분으로 보고 있지만 그 개념을 바로 한국고고학에 적용하는 것도 어려움이 있다. 한국에서의 고분은 반드시 왕 혹은 수장급의 무덤만을 지칭하는 것이 아니라 오히려 왕 혹은 수장급의 무덤이 출현한 시기 이후의 무덤들을 지칭하고 있다.

따라서 필자는 고분이란 왕이나 수장급이 출현하여 사회의 계층화가 뚜렷이 나타나는 시기, 즉 삼국시대의 무덤을 포괄적으로 지칭하는 용어로 보고자 한다. 다만 고분의 실질적인 명칭은 '매장주체부를 근거'로 제시되어야 할 것이다. 즉 영산강유역의 고분은 옹관고분, 목관고분, 석곽분, 석실분, 전방후원형고분 등으로 분류되어야 한다. 예외적으로 전방후원형고분(장고형고분)의 경우, 석실분을 매장주체부로 하지만 일본의 전방후원분과 관련성이 있기에 고분의 외형에 따른 명칭이 사용되고 있다. 또 특정한 매장주체부가 중심을 이루지 못하는 경우, 즉 복암리 3호분이나 영동리 1호분 등과 같이 다장을 이루는 무덤도 당연히 분구묘가 아닌 고분으로 인식되어야 한다.

5. 소결-과제와 전망

일단 삼국시대의 무덤을 고분으로 보아야 한다. 고분의 외형을 개념적으로 봉토와 분구로 구분하는 것은 결코 타당하지 않으며 이러한 특징을 바탕으로 분구묘 혹은 봉토분(묘)라고 하는 것은 혼란을 주는 명칭이다. 이와 같은 용어상의 혼란을 방지하기 위해서는 몇 가지 전제조건이 있어야 한다.

첫째, 무덤과 관련된 용어들이 정확한 개념으로 정의되어야 한다. 고고학에서 지나치게 해석을 전제로 하는 용어는 적절치 않고, 가능한 유구나 유물의 특징(속성)을 바탕으로 정하는 것이 적절하다. 따라서 용어에 의미를 포함하는 경우에는 조심하여야 한다. 이는 용어가 고고학 자료(무덤)의 의미를 왜곡할 수도 있기 때문이다.

둘째, 무덤에 대한 용어와 무덤에 대한 인식은 다른 것이다. 예를 들면 크게 봉토묘와 분구묘로 나누는 것(이성주 2000a)이나 봉토묘가 저봉토묘에서 (봉토)고총으로, 분구묘가 저분구묘에서 (분구)고총으로 각기 변화되었다고 보는 견해(최병현 2002) 등이 있는데 이들 견해는 고분의 용어를 제시하기 보다는 고분에 대한 인식으로 보아야 한다. 그러나 이러한 인식도 봉토와 분구를 엄격하게 구분하는 데는 문제가 있고, 호남지역 고분의 변천을 앞에서와 같이 간략하게 설명할 수 없으며 좀 더 복잡한 과정을 거쳤다고 볼 수 있다.[35]

셋째, 삼국시대 고분은 당연히 매장주체부로 구분하여야 한다. 호남지역의 고분도 그러한 원칙으로 본다면 별다른 문제가 없다. 즉 옹관고분, 석실분, 수혈식 석곽분 등으로 지칭하면 된다. 다만 새롭게 알려진 무덤, 즉 서산 부장리, 완주 상운리, 함평 만가촌[36] 등의 고분을 어떻게 부를 것인가? 이 무덤은 주구묘 혹은 주구토광묘에서 발전된 고분이다. 이를 토광고분이라고 부르기도 어렵고, 호남지역에서는 토광이 대부분 목관으로 추정되고 있고, 현재 사용하고 있는 옹관고분에 대칭되는 의미에서 '목관

---

35. 거시적인 관점에서 분구묘와 봉토분을 구분하는 것은 어느 정도 의미를 가진 것으로 볼 수 있지만 호남지역이라는 한정된 공간에서의 고분을 분석하기 위해서는 미시적인 관점을 가져야 하므로 호남지역 고분을 통틀어 분구묘로 규정하는 것은 적절하지 못하다고 본다.
36. 특히 문제가 되는 것은 함평 만가촌의 무덤에 대한 명칭이다. 이를 이형분구 고분, 사다리꼴 주구묘, 분구묘, 고분 등으로 불려지고 있어 혼란을 야기시키고 있다.

고분'이라는 용어가 적절하다고 생각된다.

이러한 문제의식 때문에 필자는 영산강유역 무덤의 명칭을 주매장시설을 근거로 부르고, 4세기 이전은 墓로, 그 이후는 墳(古墳)으로 인식하고자 한다.[37] 즉 1~3세기의 무덤을 옹관묘와 토광묘로 구분하고, 토광묘의 주변에 주구가 있으면 주구토광묘로 한다. 또 4~5세기대의 영산강유역의 고분을 옹관고분과 목관고분으로 나누고자 한다. 그리고 5세기 후반에 등장하는 고분은 횡혈식 석실분, 횡구식 석실분, 수혈식 석곽분 등으로 구분하여 부른다(최성락 2006a).

그런데 고고학연구에서 정작 중요한 것은 고고학 용어(즉 고분의 명칭)가 아니다. 고분이 어떻게 축조되었고, 그 의미가 무엇인지 밝히는 것이다. 고분의 연구는 무덤의 양식과 더불어 출토유물을 분석하고, 나아가서 피장자의 성격을 밝혀야 한다. 또 무덤의 변천을 연구하고, 무덤이 왜 변화되었는지도 연구되어야 한다. 이러한 과정에서 어떠한 선입관도 버리고 분석결과를 존중하여야 할 것이다. 이 과정에서 중요한 것은 변화의 현상을 객관적으로 파악하기 전에 이미 결론을 내려놓고, 고고학 자료를 분석하여서는 안 된다.

---

37. 고분의 개념을 연대적으로 설정한 것은 아니다. 실제로 호남지역에서 1~3세기의 무덤은 거의 분구가 남아있지 않았다. 필자가 고분으로 보는 것은 실제로 분구가 남아있는 경우를 말한다.

제 2 절
고분의 등장과 변천

고고학에서 무덤이 중요한 연구대상이 되는 것은 무덤 속에 당시의 문화가 함축적으로 담겨 있고, 또 무덤이 각 시기별로, 지역별로 변화되기 때문일 것이다. 특히 그 중에서 古墳은 큰 무덤 혹은 封墳을 가진 무덤 등으로 인식되어 역사고고학 연구자들에게 가장 중요한 연구대상이 되기도 한다.

호남지역에서 고분의 분포양상은 크게 전북 서부지역, 전남 서부지역 (영산강유역), 전북 동부지역과 전남 동부지역(이상 호남 동부지역) 등 세 지역으로 나누어 볼 수 있다. 전북 서부지역은 백제의 영향이 일찍 나타나는 곳이고, 전남 서부지역은 독특한 옹관고분이 발달된 지역으로 백제의 영향이 상대적으로 늦은 지역이며, 호남 동부지역은 가야계 고분이 나타나는 것이 특징이다. 호남지역 고분의 성격을 파악하기 위해서는 먼저 각 지역별로 세밀한 변천과정을 살펴보아야 할 것이다.

그런데 호남지역에서는 墳丘墓라는 용어가 古墳을 대신하여 사용되는 경향이 있다. 즉 토광묘에 周溝가 부가된 무덤을 처음에는 周溝墓로 부르다가 다시 이를 墳丘墓에 포함시켰고, 그 개념을 옹관고분과 전기 석실분까지 적용하였다. 그러나 필자는 분구묘가 고분을 대신하는 적절한 용어로 보지 않는다. 즉 분구묘는 그 개념에서도 문제가 있지만 호남지역 고분을 분구묘로 보는 시각에서는 호남지역 고분의 형성과 변천과정을 객관적으로 설명할 수 없기 때문이다.

최근에는 영산강유역 고분의 축조과정에 대한 연구가 비교적 활발하게 이루어지고 있다(오동선 2009; 임지나 2014; 한옥민 2016c; 대한문화재연구원 2013b, 2014b). 이것은 고분의 발굴조사가 발전되면서 분구에 대한 조사가 한층 정교해진 면과 궤를 같이 한다. 또 과거 고분 연구가 매장주체시설이나 부장품에 한정되었으나 이제 고분의 축조과정에 대한 연구도 함께 이루어지는 것은 아주 바람직한 일이다. 하지만 고분의 축조는 매장주체부를 어떻게 안치시킬 것인가하는 문제와 긴밀한 관계를 가지는 있는 것이기 때문에 고분을 이루는 다른 요소들과 함께 연구되어야 한다.

따라서 필자는 호남지역의 삼국시대의 무덤을 분구묘가 아닌 고분이라고 보는 관점에서 영산강유역 고분의 형성과 축조방법을 알아보고, 또 고분의 변천과 특징을 살펴보고자 한다.

1. 영산강유역 고분의 형성과 축조방법

영산강유역의 고분은 목관고분, 옹관고분, 석곽분, 석실분 및 전방후원형고분 등으로 구분된다. 각 고분의 형성과정과 축조방법을 살펴보고자 한다.

1) 목관고분

목관고분은 주구토광묘가 발전된 것으로 제형의 주구를 가지고, 그 중심에 토광묘(목관)를 여러 기 매장하여 다장을 이루는 고분을 말한다. 이를 분구묘 혹은 복합제형분(김낙중 2009)으로 부르기도 하지만 필자는 매장주체부가 대부분 목관이기에 옹관고분에 대비하여 목관고분이라 부르고 있다.

먼저 주구토광묘와 목관고분과의 관계이다. 김낙중(2006)은 주구묘(필자의 주구토광묘)에서 분구묘(필자의 목관고분)의 구분을 다음과 같이 하고 있다. 즉 "주구묘는 평면이 방형 혹은 마제형이고, 매장시설이 지상이나 지하에 얕게 설치되어 이를 피복하기 위한 성토가 이루어졌지만 거의 확인되지 않을 정도로 매우 낮은 분묘이다. 분구묘는 분형이 사다리꼴로 변화되면서 성토 높이가 높아지고 매장시설이 복수화되는 분묘이며, 영산강유역에서 알려진 주구묘가 거의 분구묘이다"고 하였다.

반면 필자는 주구토광묘와 목관고분을 구분하는 기준에서 김낙중의 견해와 약간의 차이가 있으며 이를 정리하면 다음과 같다. 첫째, 제형 주구에 매장주체부(목관)가 중심에 하나가 있으면 주구토광묘로, 제형 주구에 매장주체부가 두 기 이상 있으면 목관고분으로 분류하고자 한다. 예를 들면 함평 순촌유적과 같이 매장주체부인 토광묘(목관)가 단독으로 나타나고 있으면 주구토광묘로, 함평 만가촌 고분군에서와 같이 토광묘(목관)가 두 기 이상 연속적으로 설치되면서 분구를 확대하고 있어 목관고분으로 보자는 것이다.

둘째, 주구토광묘는 옹관이나 토광이 매장주체부를 중심으로 주변 대상부나 주구에 매장되지만 평면적인 구조를 가지는 반면에, 목관고분은 추가장이 이루어지면서 길게 열을 이루거나 서로 레벨을 달리하기에 분구의 확대가 이루어진다. 즉 목관고분은 두 기 이상의 무덤이 분구의 중심축을 함께 공유하는 형태이다.

셋째, 주구토광묘의 매장주체부가 지상식도 있지만 지표면을 파고들어간 경우도 적지 않게 확인되고 있으나 목관고분은 매장주체부가 대부분 지상식이어서 분구가 남아있지 않는 경우에는 거의 확인할 수 없다.[38]

그런데 이러한 기준들을 적용해 보면 과거 주구토광묘로 인식되었던 제형 주구 중에서 규모가 큰 것은 두 기 이상의 매장주체부가 있었을 가능성이 있어 목관고분으로 추정될 수 있다.

다음으로 목관고분의 형성과 축조방법에 대한 검토이다. 목관고분은 분구의 중심에 토광묘(목관)가 위치하며, 일부는 옹관도 함께 매장되는 경우가 있다.39 이 고분은 매장주체부가 대부분 목곽이 아닌 목관의 단계에 머물러 있다는 점과 다수의 목관이 한 분구 속에 자리잡고 있다는 점을 특징으로 하고 있다. 주구의 형태는 제형(사다리꼴)을 띠고 있으며 주구토광묘(주구묘)와 다르게 수평적 혹은 수직적 확장을 통해 고분의 규모가 커지면서 어느 정도 분구의 규모도 커진다고 보고 있다.

영산강유역의 목관고분은 함평 만가촌 고분(임영진 외 2004)을 비롯하여 영암 신연리 9호분(국립광주박물관 1993a), 만수리 4호분(국립광주박물관 1990), 내동리 초분골 2호분(서성훈·성낙준 1986b) 등이 있다. 대표적 목관고분인 함평 만가촌 13호분을 통해 목관고분의 축조방법을 알 수 있다. 이 고분은 긴 사다리꼴로 한쪽은 넓고 높으며, 다른 한쪽으로 좁고 낮다. 두 곳의 목관군 사이에 선행하는 주구가 확인되었으며 현존 분구는 이 주구를 메우면서 확장된 것이다. 따라서 좁고 낮은 쪽으로 목관이 축조되면서 수평적인 확장이 이루어졌고, 그 다음에 선행 주구를 메우고 넓고 높은 곳에 가장 늦은 시기의 목관을 축조하면서 수직적인 확장도 이루어졌

---

38. 화순 내평리 유적(동북아지석묘연구소 발굴)에서는 목관고분임에도 불구하고 고분의 중심부에 토광묘가 확인되어 예외적인 경우도 있다.
39. 목관고분과 옹관고분의 구분은 어느 묘제가 고분의 중심 매장시설인지에 달려있다. 과거 옹관고분으로 분류되었던 고분도 목관이 중심이면 목관고분이라고 분류하여야 한다. 다만 매장주체부를 전혀 알 수 없는 경우에는 주구의 형태를 따라 제형 주구나 방형 주구로 지칭하면 될 것이다.

다(그림 5-1·2).

■ 그림 5-1. 함평 만가촌 고분군 전경

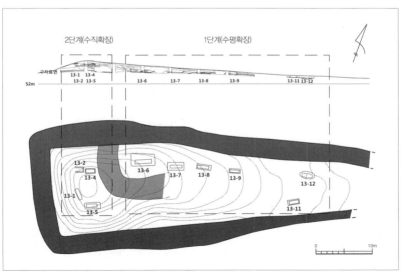

■ 그림 5-2. 함평 만가촌 13호분 축조과정

또 나주 반남지역이나 영암 시종지역 등 옹관고분이 밀집된 지역을 제외한다면 제형 주구의 매장주체는 목관일 것으로 추정한다. 그 분포는 영산강유역뿐 아니라 전남 서부지역 전체에 나타나고 있다. 즉 함평 순촌유적(최성락·박철원·최미숙 2001), 영암 금계리 유적(최성락·한옥민·한미진 2004), 나주 영천 유적·장등 유적(호남문화재연구원 2007b, 2007c), 담양 태목리 유적(호남문화재연구원 2000a, 2010a), 광주 하남 유적(호남문화재연구원 2008b)·평동 유적(호남문화재연구원 2012), 산정·기용 유적(호남문화재연구원 2009a), 용강·용곡·금곡 유적(호남문화재연구원 2009b), 장성 환교 유적(호남문화재연구원 2010b), 나주 복암리 유적(국립나주문화재연구소 2013b), 화순 내평리 유적(동북아지석묘연구소 2013), 해남 분토리 유적(최성락·김진영·백명선 2008), 장흥 대리 상방촌B 유적(호남문화재연구원 2006a), 보성 거석리 구주 유적(전남문화재연구원 2007) 등이 이에 속한다. 이 중에서 광주 월전동 원두 유적에서는 길이가 100m 넘는 제형 주구가 확인되어 고분의 규모가 작지 않았음을 알 수 있다. 목관고분은 대체로 3세기 후반부터 횡혈식 석실분이 유행하였던 5세기 전반까지 계속 축조되었다.[40]

목관고분의 분포범위는 옹관고분의 분포범위보다도 넓다. 즉 영산강 중·하류에 자리잡았던 옹관고분에 비하여 목관고분은 영산강유역 전체와 서해안과 남해안유역, 탐진강유역 등 전남 서부지역에 넓게 분포하고 있다(그림 5-3).

그런데 흥미로운 점은 목관고분의 양상이 전북지역과 전남지역 사이에 차이를 보여준다는 것이다. 전북지역에서는 군산 수동리 축동(호남문화재

---

40. 다만 광주 평동 제형분, 나주 장등 제형분(필자의 목관고분)의 주구에서 유공광구소호, 고배, 삼족토기, 병형토기 등이 출토되어서 목관고분이 6세기 전반까지 존재하였다고 볼 수 있다.

연구원 2005c), 완주 상운리 유적
(김승옥·이승태 2006)과 같이 방형
의 주구를 가진 목관고분이 주로
나타나는데 비해 전남지역, 특히
영산강유역에서는 제형의 주구가
대부분이다.

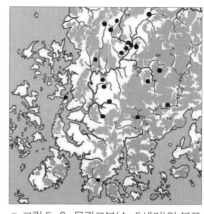

다른 차이는 고분의 축조방법
에서도 보인다. 전북지역이나 충
청 서부지역의 목관고분은 대체

■ 그림 5-3. 목관고분(4-5세기)의 분포

로 무덤의 중심에 반지하식으로 목관을 만들고 분구를 조성하였으며 추
가장이 이루어지면서 분구에 매장시설을 축조하는 경향이 많지만 전남지
역의 목관고분은 제형의 주구에 반지하식의 매장주체부가 잘 나타나지
않는다.

결국 영산강유역의 목관고분은 매장주체부가 대부분 목곽이 아닌 목관
의 단계에 머물러 있다는 점이 특징이고, 주구토광묘와 다르게 수평적 혹
은 수직적 확장을 통해 고분의 규모가 커지면서 어느 정도 분구의 규모도
커진다. 또한 목관고분은 사다리꼴의 주구가 대부분이고, 반지하식의 매
장주체부가 잘 나타나지 않는다. 즉 기저부를 먼저 축조하고 그 위에 목
관을 안치하는 지상식으로 볼 수 있다.[41]

---

41. 최근에 목관고분을 본격적으로 다루는 논문이 발표되었다. 즉 제형주구의 형
    태 분류와 변천에 관한 구체적인 연구(이승민 2015)가 있고, 목관고분과 제형
    분의 축조과정에 대한 연구(임지나 2014; 한옥민 2016b)가 있다.

2) 옹관고분

영산강유역에서 옹관고분의 발생을 설명하는 데에는 두 가지 입장이 있다. 하나는 자체적인 변화발전이다. 즉 영산강유역의 토광묘에서 옹관묘로 발전되었다는 입장이다(성낙준 1991). 다른 하나는 한강유역의 즙석분이나 중서부지역의 주구묘로부터 영향을 받았다는 입장이다(안춘배 1985, 최완규 2000b). 특히 최완규(2000b)는 주구묘(필자의 주구토광묘)로부터 영산강유역의 옹관고분으로 변천해 나가는 과정을 제시하였다. 즉 전기에는 주구묘가 유행하다가 중기에는 주구묘에 옹관이 함께 매장되면서 다장으로 변하였으며, 후기에는 옹관고분으로 발전되었다는 것이다.

그런데 필자는 좀 더 구체적으로 영산강유역 옹관고분의 등장과정을 설명한 바가 있다(최성락 2002c, 2009a, 2010). 먼저 주구토광묘의 주체가 언제, 어떻게 토광에서 옹관으로 변화되었는지 주목하여야 한다. 2~3세기대의 주구토광묘에서는 옹관이 부수적으로 혹은 추가적으로 매장되고 있었으나 주묘제는 아니다. 3세기경 옹관은 대형화되고, 주구토광묘의 대상부에 매장되는 현상이 호남 전 지역에서 나타나지만 무덤의 주묘제로 등장하는 것은 3세기 말경 영산강유역에서 이루어진다. 즉 영암 옥야리 14호분(최성락·조근우 1991)이나 함평 월야 순촌 A-32호분(최성락·박철원·최미숙 2001), 나주 용호 10호, 16호분(김건수 외 2003) 등에서 옹관묘가 처음으로 나타났는데 이 경우 옹관묘는 단독장이다. 이를 통상적으로 옹관고분(I기)로 분류하기도 하지만 주구토광묘와 같이 중심에 한 기의 매장주체부가 있기에 옹관묘로 보는 것이 적절할 것이다. 하지만 이보다 늦은 3세기 말 이후에는 多葬이 되면서 옹관과 목관이 동일한 봉분에 함께 매장되면서 고분으로 발전된다.

그리고 나주 복암리 2호분(임영진·조진선·서현주 1999)과 3호분(국립문화재연구소·전남대학교박물관 2001)의 분구 아래에서는 사다리꼴의 주구가 조사되었다. 이 주구의 매장주체부를 최성락(2008a:52-64)이 토광묘(목관)로 추정한 바가 있으나 김낙중(2006:371)은 이를 옹관으로 추정하고 있다. 또 인접한 나주 영동리 4호분의 경우, 제형의 주구에 매장주체는 옹관이 조사되고 있어 나주를 중심으로 하는 영산강 중하류지역에서는 제형 주구의 매장주체는 옹관만이거나 옹관과 목관이 공존할 가능성이 높다.

　이처럼 옹관고분의 발생은 주구토광묘에서 바로 변화된 것이 아니라 옹관이 주묘제로 등장한 이후에 토광묘와 결합한 것이다. 즉 3세기경 옹관이 대형화되고, 주구토광묘의 주구나 대상부에 옹관이 매장되는 현상이 호남지역에서 넓게 나타나지만 무덤의 주매장시설로 등장하는 곳은 3세기 후반경 영산강유역이다. 뒤이어 3세기 말경에는 多葬化되고, 옹관과 목관이 함께 동일한 봉분에 매장되면서 옹관고분이 더욱 발전되었다. 다시 말하면 옹관고분은 3세기 후반경 당시 주민들이 옹관을 주묘제로 채택하면서 등장하였고, 곧 이어 옹관과 토광이 합친 사다리꼴 고분이 만들어졌으며 최후에는 옹관을 중심으로 하는 高塚古墳을 만들어졌다. 따라서 옹관고분은 영산강유역에서 처음 발생한 것이고, 이 지역에서 형성된 독특한 문화를 보여주는 대표적인 고분이다.

　그런데 옹관고분의 축조방법은 대체로 네 가지 유형으로 나누어진다. 첫째는 목관이 설치된 이후에 옹관을 추가로 매장하면서 분구를 확장하는 경우(I유형)이다(그림 5-4). 여기에는 무안 인평 1호분(최성락·이영철·한옥민 1999)과 나주 용호 12호분(김건수 외 2003)이 있다. 인평 1호분은 방형 주구의 중심에 목관이 있고, 추가로 옹관이 매장되는 것으로 전북 익산 율촌리 5호분(최완규 2002b)과 유사하다. 그리고 나주 용호 12호분과 비슷하게 영암과 나주지역의 많은 옹관고분은 제형분구에 옹관과 목관이 함께 매장되고 있다.

둘째는 무덤의 중심에 대형의 옹관을 반지하식으로 매장하고, 나머지 추가적인 옹관을 분구에 두는 경우(Ⅱ유형)이다(그림 5-5). 이 과정에서 분구의 확장이 이루어진다. 대표적인 고분으로는 무안 구산리 고분(최성락·이영철·한옥민 1999), 나주 대안리 방두 고분(국립나주문화재연구소 2009b), 나주 화정리 마산 고분군(국립나주문화재연구소 2009b, 2013a), 나주 운곡동 고분(동신대문화박물관 2009) 등이 있다. 이것은 주구토광묘의 전통에서 발전된 전북지역의 목관고분, 즉 전주 상운리 고분(김승옥·이승태, 2006)과 아주 유사한 축조방법이다.

셋째는 옹관고분 위에 다시 옹관을 추가하는 경우(Ⅲ유형)이다(그림 5-6). 이 경우 고총고분으로 발전된 것이다. 대표적인 고분으로는 나주 영동리 4호분(2006-2009년 동신대 문화박물관 발굴), 나주 신촌리 9호분(국립문화재연구소 2001b) 등이 있다.

넷째는 고총고분으로 정상부에서 옹관이 발견되지만 중심 매장주체부가 불확실한 경우(Ⅳ유형)이다(그림 5-7). 대표적인 것으로 무안 고절리 고분(최성락·이정호·윤효남 2002), 나주 장동 고분(2008년 동신대 문화박물관 발굴), 나주 횡산 고분(2007년 국립나주문화재연구소 발굴) 등이 있다. 이 고분들은 축조될 당시의 중심 매장주체부가 무엇인지 알 수 없으나 주변에 옹관이 매장되어 있어 옹관고분으로 추정된다. 이 고분들의 축조과정이 분명하지 못하지만 대체로 분구를 어느 정도 높이 쌓아 올리고, 그 위에 옹관이나 다른 매장시설을 설치하였을 것으로 추정된다.[42]

---

42. 이러한 유형은 혹시 '선분구 후매장주체부 설치'라는 분구묘에 해당하는 것이 아닐까 생각해 볼 수 있으나 이후 등장하는 지상식 석실분의 경우를 보면 대

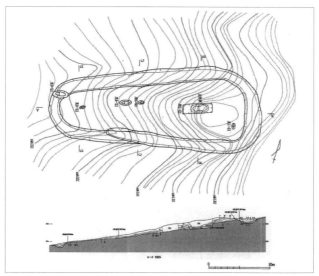

■ 그림 5-4. 옹관고분 Ⅰ유형(나주 용호 12호분)

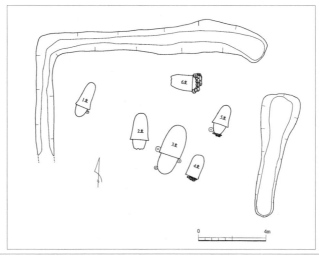

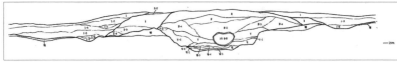

■ 그림 5-5. 옹관고분 Ⅱ유형(무안 구산리 고분)

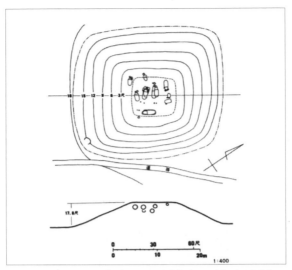

■ 그림 5-6. 옹관고분 Ⅲ유형(나주 신촌리 9호분)

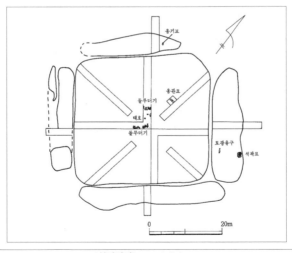

■ 그림 5-7. 옹관고분 Ⅳ유형(무안 고절리고분)

따라서 옹관고분의 발생은 주구토광묘에서 주매장시설이 옹관묘로 변화되면서 발생되었다고 볼 수 있다. 과거 옹관고분의 발생지역을 영암 시종지역으로 비정(성낙준 1991)하였으나 동일 시기의 고분이 나주와 함평지역에서도 나타나고 있어 영산강 중하류지역으로 확대해 볼 수 있다. 그리고 4세기대의 전용옹관은 영산강유역에 넓게 분포하는 양상을 보여주고 있는데 5세기대의 전용옹관은 나주 오량동 가마(최성락·이정호·박철원·이

■ 그림 5-8. 옹관고분(3세기 중엽-5세기) 분포(김낙중 2009)

수진 2004, 2007-2016년 국립나주문화재연구소 발굴)에서 만들어졌을 것으로 추정되며 나주지역을 중심으로 영산강 중하류지역에만 집중적으로 분포하고 있다(그림 5-8). 이러한 옹관은 나주 반남세력들의 통제하에 만들어지고 배포되었을 것이다.

부분 분구의 조성과 석실의 축조가 동시에 이루어진다. 따라서 아직까지 영산강유역에서 분구묘의 개념을 그대로 따르는 고분을 찾아보기 힘들다.

3) 석곽분

영산강유역에서 석곽분은 횡혈식 석실분보다는 조금 이른 시기인 5세기 중·후반경부터 나타났다. 석곽분은 크게 竪穴式과 橫口式으로 구분된다. 대표적인 수혈식 석곽분으로는 담양 대전 서옥 2호분, 무안 망운면 신기 고분, 해남 분토리 고분, 해남 만의총 고분, 신안 안좌면 배널리 고분 등이 있다. 특히 배널리 고분에서는 내부에서 철제 투구와 갑옷이 발견되었다. 영산강중류에 위치한 소위 아파트형 고분인 나주 복암리 3호분이나 영동리 1호분에서도 수혈식 석곽이 축조되었지만 모두 6세기 전반 이후의 것이다. 횡구식 석곽분인 영암 옥야리 방대형 고분은 방대형으로 주변 주구에서 원통형토기가 출토되었고, 자라봉 고분은 전방후원형으로 역시 주구에서 원통형토기가 발견되었다. 그밖에 해남 북일면 신월리 고분과 외도 고분은 모두 대형 판석으로 관을 만든 石棺形으로 무기류가 많이 부장되고 있었다.

5세기대 중엽경에 영산강유역에서 나타나는 석곽분은 이후 석실분이나 전방후원형분과 같이 고총 고분에 속하는 경우가 많다. 석곽분의 분구의 형태는 방대형을 띄고 있다. 고총고분의 축조기술은 사전 기획에 의해 일정한 공정을 거쳐 분구가 축조되었기에 그 이전의 단계에 비해 한층 발전되었음을 알 수 있다(한옥민 2016c).

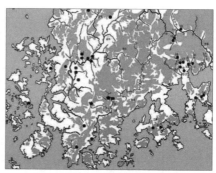

■ 그림 5-9. 전남지역 석곽분(5-6세기)
　의 분포

초기 석곽분은 해안지역이나 영산강 상류지역에 분포하고 대부분 단독분이 많지만 6세기대가 되면 그 분포가 내륙지역으로 파급되면서 집단적으로 나타나고 있다. 이것은 6세기대에 상위계층의 무덤으로 횡혈식 석실분이나 전방후원형고분이 사용되면서 석곽분이 그보다 하위계층의 무덤으로 확산되었음을 보여주는 것이다(그림 5-9).

4) 석실분과 전방후원형고분

橫穴式 石室墳은 무덤방의 입구에 출입시설이 있는 양식으로 축조시기(5세기말에서 7세기 중반)가 전기와 후기로 나누어진다(임영진 1997b; 이정호 1999). 5세기말에서 6세기 전반까지 축조된 전기 석실분은 옹관고분의 전통을 유지하면서 무덤의 주체부가 옹관에서 석실로 변화되고 있다. 이것은 여전히 토착세력에 의해 고분이 축조되었음을 보여주는 증거일 것이다. 나주 복암리 3호분 96석실(국립문화재연구소·전남대학교박물관 2001)에서 알 수 있듯이 초기 석실분 안에 옹관이 확인되어 이를 뒷받침해 주고 있다. 전기 석실분의 공통적인 특징은 지상식이 많고, 대부분 단독분의 형태로 나타난다. 전기 석실분은 토착성이 강하지만 왜계 요소와 더불어 백제적인 요소도 일부 나타나고 있다(吉井秀夫 1996). 전기 석실분의 축조방법을 살펴보면 지상식이기는 하지만 분구를 먼저 만들고 되판 후 석실을 만들었다는 증거는 없다. 석실은 약간의 기반을 조성한 후에 그 위에 올리지만 석실의 축조와 분구의 축조가 동시에 이루어졌다고 본다.

또한 석실분의 분구는 원대형이 많으며 역시 고총을 축조하는 기술이 적용되었다. 즉 대칭된 원상의 평면을 기획한 후, 개흙의 점지토를 깔아 분구 기초면을 정지작업을 하였다. 이후 주구를 굴착하여 분구 외연에 토제를 선축하였다, 구축묘광 중앙에 석실을 시설하면서 바깥의 빈 공간을 동시에 채웠고, 피장자를 안치한 후 분구를 완성하였다(한옥민 2016c).

그런데 이 시기 고분연구에 가장 큰 문제는 석실분의 형성과정일 것이다. 즉 영산강유역 전기 석실분은 크게 영산강식 석실분과 백제계인 웅진식 석실분으로 구분되는데 어느 형식이 빠른지가 논란이 되고 있다.

먼저 영산강식 석실분이 빠르다고 보는 견해이다(임영진 1997b, 2000; 홍보식 2005, 서현주 2007b; 柳澤一男 2002, 2006). 영산강식 석실분은 재지적인 성격과 더불어 일본 九州지역과 관련성이 있는 무덤으로 보고 있다. 또 영산강유역에서는 석실분의 등장과 거의 동시에 전방후원형 고분이 축조되기 시작하였다. 그런데 전방후원형 고분의 주인공을 왜인으로 보는 연구자들도 영산강식 석실분이 먼저 축조되었다고 보고 있다. 다만 김낙중(2008)은 이러한 흐름과 다르게 영산강식 석실분이 웅진식 석실분보다는 먼저 만들어졌지만 초기 대형석실분의 피장자는 재지세력이라고 주장하고 있다. 만약 웅진식 석실분이 영산강식 석실분 보다 늦은 6세기 전반에 나타난다고 가정한다면 횡혈식 석실분의 양식이 백제로부터 일본으로 건너갔다가 다시 영산강유역으로 건너왔으며, 또 강력한 독자세력이 형성되었던 영산강유역이 먼저 일본지역과 긴밀하게 교류하였고, 그 와중에 백제의 영향에 의해 웅진식 석실분이 축조되었다는 등 어색한 설명이 될 수밖에 없다.

반면 웅진식 석실분이 영산강식 석실분보다 연대가 빠르다고 보는 견해도 있다(조근우 1996; 이정호 1999; 박영훈 2009). 웅진식 석실분으로는 나주 송제리 고분(최성락·이정호·윤효남 2000)과 영광 학정리 대천고분(최성락·김건수 2000) 등이 있다. 이 고분들은 무덤의 양식이나 출토유물에서

웅진기의 석실분이 틀림없고, 그 연대도 5세기 말까지 올라갈 가능성이
많다고 한다. 그리고 전방후원형 고분을 재지세력의 무덤이라고 보는 입
장에서는 영산강유역의 석실분이 백제로부터 먼저 유입된 이후에 전방후
원형 고분이 축조되었다고 해석하고 있다. 이것은 전방후원형 고분이 나
타나기 이전에 백제의 영향이 이미 영산강유역에 도달하였음을 의미한
다. 이와 같이 어느 양식의 고분 연대가 빠른지는 앞으로 더 검토되어야
하지만 보는 관점에 따라 해석이
달라지고 있음을 알 수 있다.

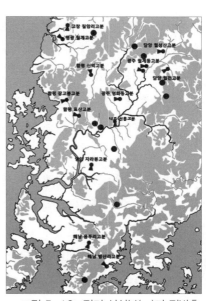

　전기 석실분과 함께 등장하는
전방후원형고분은 일본의 전방
후원분과 유사한 고분으로 같은
시기에 축조되었다. 전방후원형
고분은 1985년에 해남 북일면 방
산리 장고봉고분이 알려진 이래
전남 및 전북지역의 고창까지 16
기가 분포하고 있음이 확인되었
다(그림 5-10).

　전방후원형고분의 축조과정
에서는 전방부와 후원부의 결합
을 통해 분형이 완성된다는 점에

■ 그림 5-10. 전기 석실분(●)과 전방후
원형고분(5세기말~6세기 전반)의 분포

서 두 부분의 성토 공정 순서가 중시되고 있다. 분형의 특징상 장축방향
의 중심선이 우선적으로 설정된 기획이 이루어졌고, 중심선을 기준으로
대칭된 원형과 방형의 밑변이 마련되었는데 대부분 점성이 강한 점질토
를 사용하였다. 이후 원분과 방부 외연에 토제를 선축한 후 내부를 채우

는 순으로 공정이 진행되었다. 고대한 규모의 특성상 반복된 작업이 이루어졌다(임지나 2014; 한옥민 2016c).

전방후원형고분의 피장자에 대하여 여러 가지 설이 제기되었다. 즉 '재지수장설', '백제와 관련된 재지세력', '왜와 관련된 재지세력', '왜계백제관료설', '왜인설' 등이 있다. 먼저 한국연구자들은 이 고분의 주인공을 백제의 직접적인 지배하에 있으면서 일본 열도와 교류가 잦았던 재지적인 인물로 보거나 왜인으로서 백제의 관료에 채용된 인물로 보는 견해가 일반적이다. 하지만 필자는 고분의 주인공을 백제와 직접 관련이 적은 재지인으로 보았다. 다시 말하면 전방후원형고분의 출현배경으로 475년 한성백제가 함락과 영산강유역 옹관고분세력의 약화를 들 수 있다. 이 시기에 옹관고분 주변지역에서 목관고분과 석곽분을 축조하였던 재지세력들은 경쟁적으로 새로운 고분을 축조하였는데 이것이 바로 일본지역과의 교류를 통해 알게 된 전방후원형고분이라는 것이다(최성락 2008b).

한편 일본 연구자들은 백제가 영산강유역을 장악하는 것을 4세기 후반으로 볼 것이 아니라 5세기 후반 내지 6세기 초로 보아야 하며 그 이전은 倭와의 관계가 깊다고 인식하고 있다. 따라서 그들은 고분의 피장자를 왜와 관련된 재지세력으로 보았지만 점차 왜인 혹은 왜인 집단으로 보거나 일본 큐슈지역에서의 이주자로 보는 견해가 많아지고 있다. 또 그들은 전방후원형고분에서 출토된 원통형토기의 일본 하니와와 관련이 깊다고 보고 있다. 그러나 전방후원형고분 출토된 원통형토기 보다 이른 시기에 속하는 목관고분에서 출토된 돌대가 없는 원통형토기의 조형을 한국 중부지역에 찾을 수 있음이 주장(최성락·김성미 2012)되면서 원통형토기의 조형문제를 재검토할 필요성이 제기되었다.

다음으로 6세기 중엽부터 축조된 후기 석실분은 전형적인 백제계 사비식 석실분으로 천정의 형식이 平斜天井式과 平天井式이 있다. 이 시기는 무덤의 양식뿐만 아니라 유물에서도 백제적인 영향이 증대된 반면에 고분의 형식이 석실분과 석곽분으로 통일되는 등 문화의 다양성이 줄어들고 있다. 이것은 바로 백제가 지방통치를 강화한 결과로 해석된다.

그런데 석실분이 유입된 이후에도 영산강유역에선 여전히 전통을 유지하는 고분이 있다. 그것은 바로 소위 아파트형 고분이라고 부르는 나주 복암리 3호분(국립문화재연구소·전남대학교박물관 2001)과 영동리 1호분(이정호 2006), 그리고 정촌 고분(국립나주문화재연구소 2016)이다. 복암리 3호분은 옹관에서 석실까지 41기의 매장주체부가 한 봉분에 함께한 아주 독특한 고분이다. 이 고분은 대략 400년간 축조가 지속되면서 분형의 부분적인 변형이 이루어졌을 것이다. 이는 목관고분이나 옹관고분이 축조되면서 분형이 약간씩 변화되는 것과 유사한 면이 있다. 즉 선행기에는 분구의 주변에 옹관이 먼저 매장되었고, 1기에는 '96석실을 비롯하여 분구의 중앙부에 주로 매장되다가, 2기에 이르면 좌우 양측에서 석실분이 자리잡았다(최성락 2008a). 이러한 분묘의 축조순서에 따르면 처음 '96석실을 축조하면서 어느 정도 거대한 분구가 형성되었으나 2기에 후기 석실분이 축조되면서는 약간의 분구조정 작업이 있었을 것이다.

2. 영산강유역 고분의 변천과 특징

1) 영산강유역 고분의 변천

영산강유역 고분은 대체로 토광묘 혹은 옹관묘에서 발전되어 옹관고분

→ 석실분으로 변화되었다고 인식되었다. 그런데 분구묘의 개념이 도입되면서 그 변천이 다소 다르게 인식되고 있다. 먼저 임영진(2002)은 영산강유역의 무덤을 방형목관분구묘 → 제형목곽분구묘 → 방대형옹관분구묘 → 원형석실분구묘·장고형석실분구묘 등으로 변화되고 있다고 보았다. 또 분구의 형태를 제외하면 매장주체부가 목관 → 목곽 → 옹관 → 석실 순으로 변천된다고 보고 있다(표 5-2). 이 견해는 고분을 모두 분구묘로 지칭하고 있고, 분구의 형태를 명칭 앞에 붙이고 있는 것이 특징이다.

그러나 제형분구의 매장주체가 목관이 아닌 목곽이라는 견해는 의문이다. 영암 만수리 4호분에서 목곽으로 추정되는 토광묘(10호)가 발견되었으나 나머지 대부분의 토광묘는 목관으로 추정되고 있다. 또 분구의 형태와 매장주체부가 확연하게 맞아 떨어지는 것도 아니다. 전체적으로 보면 분구의 형태와 매장주체부를 연결하여 그 변천을 지나치게 단순화하였다고 생각된다.

한편 김낙중(2009)은 영산강유역의 고분을 매장시설(목관, 옹관, 석실), 분형(제형, 원대형, 방대형, 전방후원형, 원형), 그리고 분구규모(저, 중, 고)에 따라 구분하고, 이를 종합하여 복합제형분1(목관중심), 복합제형분2(목관옹관병용), 옹관분, 초기석실분, 백제식석실분 단계로 구분하였다(표 5-3). 그의 견해는 매장주체시설이 목관·옹관 → 석실로 변화되고 있다고 보아 앞선 견해와 다소 차이가 나고 있다. 이것은 이미 분구묘의 개념을 종래와 다르게 해석하고 있기 때문이다. 그가 정리한 분구묘의 개념은 영산강유역 고분의 특징을 거의 모두 함축하고 있어 고분의 변천과정에 대한 설명도 한층 설득력이 있다.

---

43. 이러한 변천이 처음 제시된 것이 2002년(임영진 2002)이지만 여기에서는 인용한 것은 최근 수정된 것(임영진 2009)이다.

■ 표 5-2. 영산강유역권 분구묘의 변천과 그 배경[43]

구분	기원전후~2C말	2C말~4C중엽	4C중엽~5C말	5C말~6C초
방형목관분구묘				
제형목곽분구묘				
(장)방대형옹관분구묘				
원(대)형석실분구묘 장고형석실분구묘				
분구규모	저분구(저분구묘)	중분구(분구고분)	고분구(분구고총)	고분구(분구고총)
분구형태	방형	제형	(장)방대형	원(대)형
중심매장주체	목관	목곽	전용옹관	석실
매장방식	단장-다장	다장(수평적)	다장(수직적)	합장
제사(주구내)	미상	소규모	성행	악화
분포특징	다지역 산재	다핵 중심권	다핵 계층화	다핵 계층화 이완
사회 통합도	(소국)분립	권역별 통합 (권역별 중심지)	유역권 통합 (대중심지 등장)	통합 이완 (권역별 부중심)
변천 배경	분구묘 파급	백제의 건국과 아산만권 병합에 따른 권역별 결집	백제의 금강유역권 병합에 따른 영산강유역권의 통합대응	백제의 사비천도에 연계된 병합

그러나 복합제형분이라는 새로운 용어도 어색하지만 일부 단계만 분구의 형태를 명칭에 사용하는 것은 적절하지 못하다. 그리고 옹관고분이 본격적으로 유행하는 시기에도 목관고분이 영산강유역에 여전히 자리잡고 있었음을 제대로 인식하지 못하고 있다. 또 정교한 분석을 바탕으로 하고 있지만 영산강유역 고분의 특징을 분구묘전통에 억지로 대입하려고 하고 있어 고대문화 실체에 접근하는데 미흡하다는 느낌을 준다.

■ 표 5-3. 영산강유역 무덤의 전개 및 발전 단계의 설정(김낙중 2009)

묘제＼시기		250　　300　　　　400　　　　500　　　　600
매장시설	목관	(250~500 전후)
	옹관	(250~520 전후)
	석실	(500~600 이후)

대표적인 분형	제형	원대형 방대형	전방후원형 원형 방대형	원형(반구형)

분구규모	고 / 중 / 저

묘제의 특징	목관 1·2형식 옹관 복합제형분 I·II형식 제형·(타)원형옹관분	목관(곽) 3A형식 옹관 출현 복합제형분 III형식 원형옹관분 분구 원형·방형화 경향	3B형식 옹관 성행	3B형식 옹관 존속 I형식 횡혈식 석실	II·III형식 횡혈식 석실분 유행 은제관식 장식대도

부장품	토기	I~II기 범마한양식(원저단경호, 이중구연호 등)	III~IV기 영산강유역양식의 성립	V기 영산강유역양식의 성행	VI기 영산강유역양식의 절정	VII~VIII기 백제양식으로의 전환 및 일원화
	금속제품	1기 소형농공구, 철정, 환두도를 비롯한 소량의 무기류		2기 무기류 증가 장식성 위세품	3기 부장품 종류 급증 장식마구류 등장	4기 부장량 감소하며 백제의 관등제와 관련된 은제관식 등 신분표상품, 棺材類出土

段階	複合梯形墳		高塚		百濟式石室墳
	複合梯形墳1 (木棺中心)	複合梯形墳2 (木棺甕棺竝用)	甕棺墳 (高塚)	初期 石室墳	百濟式石室墳

이상에서 살펴본 바와 같이 두 연구자는 분구의 축조과정을 중시하는 분구묘의 개념을 포함시켜 영산강유역 고분의 변천을 설명하고 있다.

그러나 필자는 고분의 연구에 있어서 매장주체부와 분구의 축조방법을 함께 논의하자는 원칙에 전적으로 동의하지만 분구의 특징만을 중시할 수는 없다고 본다. 영산강유역에서 분구의 형태는 대체로 제형 – 방대형 – 원형 등으로 변화되는 것은 사실이지만 이것이 획일적으로 변화되었다기 보다는 전반적인 흐름을 나타나는 것이기 때문에 예외적인 경우도 많아 이를 고분의 명칭으로 사용하는 것이 타당한 것인지 의문이다. 또 분구형태나 축조방법의 변화는 고분 연구에 중요하지만 가장 비중이 있는 것은 역시 매장주체부일 것이다. 따라서 필자는 영산강유역 고분의 변천을 매장주체부 중심으로 다음과 같이 제시해 보고자 한다.

$$
\begin{array}{l}
\text{주구토광묘} \rightarrow \text{목관고분} \rightarrow \\
\qquad\qquad\searrow \qquad\qquad\searrow \quad \text{석곽분 · 석실분} \\
\qquad \text{옹관묘} \rightarrow \text{옹관고분} \nearrow
\end{array}
$$

그 변천을 정리하면 주구토광묘에서 추가장과 더불어 수평적 혹은 수직적 확장이 이루어지면서 목관고분으로 발전되었고, 동시에 일부 지역에서는 매장주체가 옹관으로 대치되면서 옹관고분으로 발전되었다. 그런데 옹관묘는 주구토광묘의 대상부에 위치하다가 단독으로 매장되지만 고분으로 발전되면서 목관과 함께 매장되거나 옹관만으로 구성되어 축조되었다. 또 나주와 영암지역에서는 옹관고분과 목관고분이 공존하지만 이를 제외한 주변 지역에서는 옹관고분 대신 목관고분이 6세기 전반까지 지속적으로 축조되었다. 그리고 5세기 말부터 횡혈식 석실분이 상부 계층을 대표하는 무덤이 되면서 옹관이나 목관은 그 위상이 상대적으로 낮아진다. 또 석곽분은 횡혈식 석실분에 앞선 5세기 중엽부터 등장하는데, 매장시설은 수혈식과 횡구식이 있다.

2) 영산강유역의 고분의 특징

이상에서 검토한 영산강유역 고분의 특징을 정리해 보면 다음과 같다. 첫째, 다양한 주구를 가지고 있다. 네모꼴, 타원형 혹은 말굽형(마제형), 사다리꼴(제형), 방형, 원형 등이다. 특히 다른 지역에서 찾아볼 수 없는 것으로 사다리꼴과 전방후원형이 있다. 사다리꼴 주구는 주구토광묘에서 처음 나타난 이후 목관고분과 옹관고분에 이르기까지 지속된다. 반면 전방후원형 주구는 전기(I기) 석실분, 즉 전방후원형 고분에서 단기적으로 나타난다. 그리고 영산강유역에서 독특한 주구의 전통이 7세기 대까지 지속되었다는 김낙중(2006)의 지적은 적절하다.

둘째, 분묘에서 고분으로 발전되면서 수평적인 확장과 수직적인 확장이 이루어진다. 수평적인 확장은 기존 무덤에 추가로 매장시설을 하면서 옆으로 확장되는 것이고, 수직적인 확장은 기존 무덤의 봉분이 추가로 매장시설을 하면서 봉분이 높아지는 것이다.

셋째, 영산강 중하류에는 5세기 후반까지 옹관고분이 집중적으로 분포하지만 목관고분의 분포가 훨씬 넓다. 즉 이 고분은 영산강유역을 중심으로 장성, 담양, 해남, 장흥, 보성지역 등 전남 서부지역에 넓게 분포하고 있다.

넷째, 고분의 매장주체부가 지상에 위치하는 지상식이 많다. 이러한 전통은 주구토광묘에서 시작되어 옹관고분이나 목관고분, 석실분 등으로 이어지고 있다. 그렇지만 모든 고분이 지상식이 아니며, 지상식이라고 하더라도 추가장을 제외하면 "선분구 후매장주체부 설치"인 경우가 거의 보이지 않는다.

다섯째, 한 분구에 다장 혹은 추가장이 이루어진다.[44] 이 전통은 주구토광묘 단계에서 시작하여 옹관고분이나 목관고분에서도 보이지만 단독 고분인 석실분이 유입된 이후인 7세기까지도 일부 고분에서 다장을 이루고 있다. 대표적인 예로는 복암리 3호분, 정촌 고분, 영동리 1호분 등이 있다. 이러한 고분이 바로 영산강유역 고분의 특징을 가장 잘 나타내는 고분이다. 이러한 현상은 전북지역인 전주 마전고분(호남문화재연구원 2008c)에서도 찾아볼 수 있다.

이상과 같이 영산강유역의 고분이 가지는 독특한 전통은 주구토광묘 단계에서 사비식 석실분이 등장하는 6세기 중반 이후까지 지속되었다. 따라서 '분구묘'는 영산강유역 고분을 대변할 수 없으며, 이러한 다양한 특징을 '분구묘 전통'이라고 묶을 수도 없다. 다시 말하면 "분구묘가 당시 역사적 상황을 추론하는데 유용한 하나의 키워드(김낙중 2006:379)"로 보고 있지만 그보다는 나주 복암리 3호분과 같은 소위 아파트형 고분이 이러한 독특한 전통을 압축적으로 보여주고 있다고 생각한다. 고분 연구는

---

44. 하나의 봉분에 多葬의 경우, 매장시점과 조성방법에 근거하여 분구 상의 최초 피장자인 중심 무덤과 이후에 들어선 추가장을 구분할 필요가 있다. 기왕의 인식에서 주구토광묘(목관고분)의 매장주체부 위치에 따라 나누면 지상식이 대부분이고, 지하식은 일부에 지나지 않는다. 이것은 추가장의 축조공정에 근거한 결과적 현상이지 최초 분구를 조성하면서 진행된 중심 무덤의 과정적 의미를 희석해 버리는 해석이라는 것이다(한옥민 2016b). 다만 다장의 관점을 적용할 시, 지상식이 대부분이라는 기왕의 주장들이 틀렸다고 할 수 없을 것이다. 결국 영산강유역 고분의 특징인 '다장'을 강조하여 다수의 매장시설을 기준으로 할 것인지, 아니면 최초 피장자인 중심묘로 기준할 것인지에 대한 인식의 문제라 하겠다.

어느 특성을 부각시키기 위한 노력보다는 이를 통해 과거 문화의 복원에 치중하여야 할 것이다.

그런데 주목할 점은 이러한 특징들은 고분이 형성되면서부터 이 지역이 백제의 지방으로 편입된 이후까지 지속되고 있다는 점이다. 이는 백제가 이 지역을 정치적으로 장악하였더라도 문화적으로는 종속시키지 못하였음을 의미한다고 볼 수 있다. 또 고분의 특징이 다양하게 나타나는 것은 영산강유역 고대문화의 형성과정과 밀접한 관계가 있다. 영산강유역의 고대사회는 철기문화가 시작되면서 외부와의 교류를 바탕으로 변화되어 왔다. 낙동강유역과 비교한다면 자생적인 사회가 형성되어 비교적 오랜 기간 유지되었으며 그 과정에서 사회적 변화가 지속적으로 이루어졌다고 볼 수 있다. 특히 5세기 후반에서 6세기 전반에 걸친 시기에 사회적 변화가 가장 심하였고, 문화적인 양상도 복잡하였다. 이러한 양상은 백제가 이 지역을 제대로 통치하지 못한 시기에 이 지역의 다양한 욕구가 분출되었고, 그것이 대외적으로 활발하게 나타났다고 본다.

제 3 절
석곽분의 등장과정과 의미

　사람들은 과거로부터 현재까지 다양한 형태의 무덤을 만들고 주검을 매장하여 왔다. 사람들이 한 가지 무덤을 사용하지 않고 다양하게 무덤을 축조하게 된 것은 당시 사회에 정치적이나 문화적으로 변동이 생겼다거나 사회적으로 계층화가 이루어졌다는 증거로 볼 수 있다. 영산강유역에서는 청동기시대에 지석묘와 석관묘가, 철기시대에 토광묘와 옹관묘가 사용되다가 삼국시대가 되면 옹관고분과 목관고분으로 발전되었고, 뒤이어 석곽분과 석실분이 축조되었다.

　석곽분은 대체로 4세기 중·후반이면 한반도 전역에서 축조되기 시작하였다. 특히 가야지역에서는 목곽분에 뒤이어 석곽분이 출현하면서 계기적인 변화발전 양상을 보여주고 있다. 반면 영산강유역에서는 그 동안 석곽분에 대한 관심이 거의 없었거나 다른 지역에 비해 늦은 5세기말 석실분과 함께 등장하였을 것으로 인식되었다.[45]

　그런데 최근 횡혈식 석실분보다 이르거나 비슷한 시기의 석곽분이 점차 알려지면서 이러한 인식에는 문제가 있음을 알게 되었다. 더구나 영암 옥야리 방대형 고분이나 나주 가흥리 신흥고분은 옹관고분이 밀집 분포

---

45. 나주 복암리 3호분(국립문화재연구소·전남대학교박물관 2001)에서 수혈식 석곽이나 횡구식 석곽이 횡혈식 석실과 같은 시기에 출현하고 있어 석곽은 다른 지역보다는 늦게 등장하였다는 인식이 더욱 굳어졌다고 볼 수 있다. 더구나 지난 10년간 영산강유역의 고분을 '분구묘'로 보는 인식이 팽배되면서 고분의 매장시설에 대한 관심은 상대적으로 줄어들었던 것이 하나의 요인으로 작용하였다. 그러한 사례가 최근의 연구(김낙중 2009, 박형열 2014a)에서도 찾아볼 수 있다.

하고 있는 지역에서 확인된 석곽분이기에 새로운 해석이 요구되고 있다. 따라서 본고에서는 영산강유역에서 나타나는 5세기 대의 석곽분을 검토하면서 어떻게 등장하였고 그 의미가 무엇인지 살펴보고자 한다.

1. 석곽분의 연구성과와 쟁점

석곽분[46]은 통상적으로 석곽묘로 불러지기도 한다. 석곽묘는 청동기시대에 처음 석관묘와 더불어 일부 축조되었으나 철기시대에 들어서면 목관이나 옹관의 사용으로 거의 쇠퇴되었다가 삼국시대에 석곽분으로 발전되었으며 통일신라시대 이후에도 지속적으로 축조되었다.

석곽분의 매장주체부인 석곽은 크게 수혈식과 횡구식으로 구분된다.[47] 수혈식 석곽묘는 능선의 정상부나 평탄한 구릉상에 땅을 파 墓壙을 만들고 石材로 네 벽을 구축한 무덤으로서 硬質土器나 鐵材遺物이 부장된 매장유구라 정의된다(강현숙 1990). 한편 횡구식 석곽묘는 입구가 마련된 것으로 한쪽 벽면 전체 혹은 일부를 개구한 것이며, 입구 이외의 요소는 수

---

46. 본고에서는 삼국시대 石槨이 대다수 봉분을 갖춘 무덤이기에 墓보다는 墳이 더 적합하다고 보아 石槨墳이라 통칭하고자 한다. 반면 석곽묘는 봉분이 없는 무덤이거나 봉분이 있지만 매장주체부만을 지칭하는 의미로 석곽과 혼용되기도 한다. 또한 다른 묘제와 함께 한 봉분 아래에서 다장을 이루고 있는 경우에도 석곽묘 혹은 석곽으로 지칭할 수 있다.

47. 일부 연구자들이 수혈식 중에서 대형(5m² 이상)이거나 횡구식을 석실로 분류하고 있지만 본고에서는 이를 모두 석곽으로 분류하여 연구대상으로 한다. 다만 횡구식의 경우 '수혈계 횡구식'과 '횡혈계 횡구식'으로 구분되는데 본고에서는 '수혈계 횡구식'만을 포함한다. 수혈계 횡구식은 입구가 한쪽 벽면 일부만 개구된 것으로 목관과 유물의 안치를 위한 작업통로로 이용된 이후에 벽면을 쌓은 것이다. 그리고 石築墓라는 용어는 석곽과 석실을 포괄하는 의미로 사용되고 있다.

혈식의 속성을 가졌다고 한다(이남석 1994). 이러한 개념들을 정리하면 석곽분이란 돌로 槨을 만든 후 槨안에 시신을 넣은 목관을 유물과 같이 안치하고, 일정한 봉분(mound)을 갖춘 무덤으로 정리될 수 있다.

삼국시대 석곽분은 그 동안 영남지역에서 가장 많은 연구가 이루어졌다. 이것은 삼국시대에 적석목곽분이 축조된 경주지역을 제외한 넓은 지역에서 다양한 형태의 석곽분이 축조되었을 뿐만 아니라 많은 연구자들이 이 고분에 대한 관심이 매우 컸기 때문에 형식분류와 형성과정에 대한 연구(전길희 1961; 김세기 1985; 박광춘 1992; 홍보식 1994; 조수현 2003; 조영제 2007)가 중심을 이루었다. 특히 김세기는 가야지역 수혈식고분을 축조재료와 규모를 기준으로 크게 石箱墳, 石槨墳, 石室墳(5m² 이상)으로 분류하고, 2차적으로 주피장자와 부장품 배치시설에 따라 7형식으로 세분하였고, 매장된 피장자의 수와 존재양상을 '墓葬形態'로 규정하면서 1인만 매장하는 단장묘와 2인 이상이 매장되는 다장묘로 구분하면서 다장묘를 다시 여러 사람을 동시에 묻는 동시장(순장묘, 합장묘)과 시기를 달리하여 매장하는 추가장(부부묘, 가족묘)으로 나누었다. 그는 석상분과 석곽분의 기원을 남방식 지석묘와 하부구조가 흡사한 점이 있기 때문에 선사시대 묘제에 두면서 발생시기를 기원후 3세기 중반으로, 석실분의 등장시기를 4세기 후반으로 추정하였다.

가야·신라지역 석곽분의 기원에 대한 연구는 크게 선사시대 묘제로부터 계승되었다고 보는 견해와 이전 시기인 목곽묘로부터 변화되었다는 견해로 집약되지만 석재를 다루는 기술은 멀리 고구려 적석총이나 중국 화북지역 혹은 낙랑지역 묘제의 영향이라는 견해가 많다. 또 초기 석곽분의 등장시기도 3세기 후반경으로 보는 견해(이은창 1982; 김세기 1985; 박광춘 1992)와 4세기 후반경으로 보는 견해(홍보식 1994; 조수현 2003; 조영제

2007)로 나누어진다. 그리고 횡구식 석곽(실)은 영남지역과 일본 구주지역에서 집중적으로 확인되고 있는데 그 출현시기를 5세기 초로 보는 견해(박광춘 1988)와 횡혈식 석실과 함께 6세기 초로 보는 견해(임효택 1978)로 나누어진다. 그리고 목곽묘에서 수혈식 석곽분이나 적석목곽분으로 변화되기 전에 그 중간과정을 보여주는 소위 '위석목곽묘'의 존재가 알려졌다. 이러한 형태가 울산지역에서 나타나고 있어 적석목곽분의 형성과정에 나타나는 중간형식(이성주 1996; 이희준 1996)으로 인식하였으며, 이것이 목곽묘 주변에 돌을 돌려 점차 석축묘로의 전환을 보여주고 있다고 하였다(권용대 2008).

다음으로 백제지역에서의 석곽분은 논산 표정리 유적에 대한 연구를 시작으로 석곽분의 구조, 피장자의 성격, 묘제의 변화양상 등의 연구가 많이 이루어졌다(안승주 1989; 최완규 1997a; 이남석 2001; 이성준 2003; 김영국 2010). 특히 최완규는 금강유역에서 수혈식 석곽분이 전 단계의 토광목관묘(목곽묘)의 전통을 계승하며 단장을 전제로 4세기 말경에 축조되기 시작하였으며 5세기 중엽경 횡구식 석곽분과 5세기 후엽경 횡혈식 석실분의 등장과 더불어 주묘제에서 종속묘제로 변화되어 간다고 주장하였다. 또한 그는 횡구식 석곽분이 횡혈식 석실분의 영향으로 축조되었고, 수혈식 석곽분과 횡혈식 석실분의 두 속성을 공통으로 가지고 있는 고분이라고 보았다. 그리고 이남석은 석곽묘의 수용과 관련된 문제에 초점을 맞추어 정리하였는데, 수혈식 석곽묘란 청동기시대 석관묘가 변화 발전한 것으로 추론하지만 시간적 공백기가 있으므로 외부에서 유입된 묘제라 생각하였고, 4세기 중엽경 등장한 수혈식 석곽묘가 토광묘 혹은 횡혈식 석실분과 같이 존재한다고 보았으며, 이들과의 상호영향으로 구조형상의 다양성이 두드러지는 특징이 있다고 보았다. 또한 그는 수혈식 석곽묘가 입지나 지하를 파서 묘광을 조성한 점 등을 백제의 다른 묘제와의 공통점으로 인식하였고, 장축을 등고선 방향으로 맞춘 점, 묘실이 세장된 장방형이고 묘실의 단면이 제형이나 장방형인 점, 축조재료가 할석과 거친 판석재를 사용하고, 묘실 내에 시상대나 부곽을 둔 점, 그리고 묘실 바닥에 敷石이 있는 점 등을 특징으로 보고 있다.

또한 호남 동부지역의 석곽분 연구는 석곽묘와 출토유물의 변화를 통해 재지세력과 가야 및 백제 등 외부세력과의 관계에 대한 연구가 중심이다(곽장근 1997a·b, 1999, 2004; 전상학 2006). 특히 곽장근은 금강·섬진강·남강 수계권으로 권역을 설정한 다음, 각 권역간의 석곽묘와 관련 유적들을 파악하고 분석을 하였는데, 고총의 분포상과 석곽묘에서 출토된 토기류의 조합상에 담긴 의미를 해석하였다. 즉 석곽분은 4세기 중엽경 등장하기 시작하여 독자적인 발전과정을 보여주다가 5세기 중엽경 부장유물인 재지적인 토기가 대가야양식의 토기로 변화되었고, 6세기 중엽경 백제계 토기로 변화되었다고 보았다. 또 이동희(2008. 2011c)는 순천 운평리 고분의 구조와 출토유물을 기준으로 당시 무덤을 3단계로 구분하였다. 즉 Ⅰ단계(재지계)는 4세기 후반에서 5세기 전반의 무덤으로 토광묘(1차 1, 3, 4, 5, 6호, 2차 1, 2, 3호)와 석곽묘(1차 2호)가 있고, Ⅱ단계(소가야계)는 5세기 중엽경의 무덤으로 토광묘(1차 2호)가 있으며, Ⅲ단계(대가야계)는 5세기 말에서 6세기 전반의 무덤으로 석곽묘(1, 2, 3호분과 1차 1, 3, 4, 5호)가 있다. 즉 전남 동부지역도 재지적인 석곽묘가 점차 가야계 석곽묘로 전환되었다고 보고 있는 것이다.

마지막으로 영산강유역과 관련이 있는 석곽분에 대한 연구이다. 하승철(2011)은 남해안지역의 석곽분과 출토유물을 검토하면서 북부구주계 석실과 스에키의 존재로 보아 백제-마한-고성-북부큐슈-왜 왕권으로 이어지는 교역망이 형성된 것이 5세기 중엽경의 일이고, 그 중간 기착지인 고성 소가야와 영산강유역의 동질성을 찾아볼 수 있다고 보았으며, 거제 장목고분의 피장자를 왜인으로 보지만 다른 고분의 피장자를 재지 수장 층으로 판단하였다. 반면 김낙중(2013)은 5세기 전·중엽에 보이는 남해 안 지역의 수혈식 석곽과 횡구식 석실을 '왜계 고분'으로 보고, 그 부장품 의 검토를 통해 이 고분이 왜와 백제의 교역에 직접적으로 종사한 왜(계) 인의 활동과 관련되며, 현지 수장의 고분과 짝을 이루었다고 보았다. 또 그는 지속적이고 활발한 교류를 바탕으로 한반도와 일본열도의 정치적인 지형의 변화와 연동되어 구주계 횡혈식 석실과 전방후원형고분이 등장하 였다고 보았다.

그리고 이진우(2014)는 마한·백제권역 석곽묘의 기본적인 변화요인을 축조기술이라 보았고, 모서리형태와 석축형태를 통해 8개 형식으로 설정 하였다. 또한 그는 석곽묘 변천과정을 발생기→성행기→쇠퇴기→소멸 기의 4기로 구분하였으며, 석곽묘 형식과 설정한 분기를 고려해 아산만 권·금강유역권·영산강유역권으로 나누었다. 그는 석곽묘가 아산만권에 서 4세기 중엽에 발생하여, 금강유역권과 전북 동부지역에서 성행하였으 며, 금강유역권과 영산강유역권에서 쇠퇴기를 거쳐 소멸되었다고 보면서 석곽묘가 토착세력집단이 자신들의 지위를 강화하기 위해 축조되었고, 최상위계층 석곽묘의 경우, 단기간에 축조되다가 횡혈식 석실분으로 전 환된다고 주장하였다. 하지만 그는 영산강유역에서 옹관묘의 발달로 인 하여 다른 지역보다 늦은 5세기 후반경에 석곽묘가 등장하였다고 보고 있어 기존의 인식을 그대로 가지고 있다.

이상과 같이 지역별로 석곽분에 대한 연구가 비교적 깊이 있게 진행되 었으나 영산강유역 석곽분의 연구는 백제계 혹은 왜계라는 견해가 제시되었을 뿐 어떻게 시작되었고, 변화·발전되었는지에 대해서는 본격적인 논의가 이루어지지 않고 있다. 더구나 처음 등장하는 석곽분의 의미가 무엇인지 검토되지 못하고 있다.

2. 영산강유역 초기 석곽분의 검토

1) 초기 석곽분의 양상

영산강유역의 5세기 말 이전에 축조된 초기 석곽분48은 담양에서 나주에 이르는 영산강 유역과 무안, 신안, 해남 등 서남해안과 도서 지역에 분포하고 있다 (그림 5-11).49

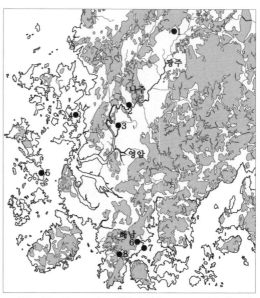

1.담양 서옥고분 2.나주 가흥리 신흥고분 3.영암 옥야리 방대형고분 4.무안 신기고분 5.신안 배널리고분 6.해남 신월리고분 7.해남 외도고분 8.해남 황산리 분토 유적

■ 그림 5-11. 영산강유역 초기 석곽분의 분포

---

48. 영산강유역에서의 석곽분은 5세기 전반에 처음 등장한 이후 지속적으로 축조되었다. 최근 횡혈식 석실분인 나주 정촌 고분의 연대가 5세기 말이 아닌 5세기 후반으로 추정되고 있으나 본고에서의 '초기 석곽분'은 5세기말까지 축조된 석곽분을 의미한다.

(1) 석곽분의 입지와 분구

영산강유역 석곽분의 입지, 분구 및 묘장형태 등은 다음과 같다(표 5-4).

영산강유역의 석곽분의 분포지역은 영산강 상류, 영산강 중류, 서남해 안지역 등으로 구분된다. 영산강 상류지역인 담양 서옥고분은 구릉말단 부에 입지하며 장축방향은 동−서 방향이다. 이 고분의 묘장형태는 다장 과 단장인데 2호분의 경우, 영산강유역의 석곽분 중에서 유일하게 2기가 나란히 매장된 부부장으로 추정된다.

영산강 중류지역인 나주 가흥리 신흥고분과 영암 옥야리 방대형고분 의 입지 양상은 구릉정상부, 평지에 위치하고, 장축방향은 각각 남−북과 동−서 방향이다. 묘장형태는 두 고분 모두 다장이며, 주매장시설 주변에 옹관 혹은 석곽으로 추가장이 이루어진 형태이다. 이것은 주매장시설과 후대에 추가된 매장시설 사이에 규모나 출토유물에서 큰 차이가 있다.

서남해안지역에 속하는 무안 신기고분, 신안 배널리고분, 해남 신월 리·외도·분토 유적 등은 구릉정상부와 구릉말단부에 입지하며 장축방향

---

49. 무안, 신안, 해남 등 서남해안과 도서지역은 영산강유역과 관련이 깊은 곳이기 에 통상 영산강유역에 포함하고 있다. 다만 본고에서는 석곽분의 분포를 세분 하면서 영산강 상류, 영산강 중류, 그리고 서남해안지역으로 구분한다.
50. 묘장형태는 김세기(1985)의 분류를 따른다. 즉 그는 다장의 추가장을 다시 부 부장과 가족장으로 분류하고 있다. 하지만 영산강유역에서는 주매장시설과 규 모면에서 차이가 나는 후대의 매장시설이 추가로 매장되고 있는 점이 특이하 다. 이와 같이 한 분구에 주매장시설과 추가적인 매장시설이 공존하는 현상은 영산강유역에서 일찍 주구토광묘 단계에서부터 시작되었다. 하지만 이것이 목 관고분과 옹관고분으로 변화되면서 매장시설이 대등한 위상을 지닌 다장으로 발전되었고, 그 전통이 복암리 3호분과 같이 나주 다시지역에서는 7세기경까 지 지속되었다. 다만 이 지역의 석곽분에서는 단독의 주매장시설에 후대의 매 장시설이 추가된 점(단장+추가장)이 특징이다.

■ 표 5-4. 영산강유역 석곽분 주요 속성[50]

유적번호	유적명	지역	입지	장축방향	분구형태	분구 규모 (cm)	묘장형태	석곽수	참고문헌
1	담양 서옥고분	영상강 상류	구릉 말단부	동-서	원형	2호: 1,700×140	다장, 부부장	2	호남문화재 연구원 2007a
						4호: 1,101×95	단장	1	대한문화재 연구원 2015a
2	나주 가흥리 신흥고분	영산강 중류	평지	동-서	전방 후원형(?)	3,150×180	단장. 추가장	1	대한문화재 연구원 2015b
3	영암 옥야리 방대형고분		구릉 정상부	남-북 동-서	방대형	3,000×305	단장. 추가장	2	국립나주문화재 연구소 2012, 2014a, 2015a
4	무안 신기 고분	서남 해안 지역	구릉 말단부	남-북	원형	670×106	단장, 추가장	1	목포대학교 박물관 2011
5	신안 배널리고분		구릉 정상부	동-서	원형	800×70	단장	1	동신대학교문 화박물관 2015
6	해남 신월리고분		구릉 말단부	남-북	방대형	2,000×150	단장	1	목포대학교 박물관 2010
7	해남 외도 고분		구릉 정상부	동-서	원형	2,300×150	단장	1	국립광주 박물관 2001b
8	해남 황산리 분토 유적		구릉 말단부	남-북, 동-서	사다리꼴	1호(?)	다장	1	전남문화재 연구원 2008
					방형(?)	4호: 1,200×80(?)	다장	1	

은 남-북과 동-서 모두 존재한다.[51] 분구형태는 원형과 방형이 존재하는 데 원형의 경우, 단장의 성격이 강하다. 방대형인 해남 신월리 고분은 즙석분으로 역시 단장이다. 다만 방형으로 추정되는 해남 황산리 분토 유적의 경우, 토광, 옹관, 석곽 등이 한 분구에 매장된 다장의 성격이 남아있는 것으로 판단된다.

---

51. 백제나 가야의 석곽분은 대체로 등고선과 평행하면서 동-서방향이 많다. 하지만 횡혈식 석실분이 등장한 이후의 석곽분은 등고선과 직교하고, 남-북방향으로 축조되는 경향이 많아진다.

(2) 석곽의 구조적 특징

석곽의 구조적 특징을 장·단벽 형태와 바닥시설, 평면형태, 매장방법 등으로 나누어 살펴볼 수 있다(표 5-5). 영산강유역 석곽의 장·단벽은 축조할 때 판석재와 할석재를 사용한 것으로 보인다. 장벽의 형태는 할석을 이용해 가로나 세로방향으로 세워쌓거나 눕혀쌓은 후 빈 부분은 점토나 소형의 석재를 이용해 축조하는 방법과 판석을 이용해 1매 혹은 3~4매를 이어서 축조하는 방법 등이 있다. 전자의 경우는 담양 서옥고분, 영암 옥야리 방대형 고분 등이 있고, 후자의 경우는 신안 배널리 3호분, 해남 신월리고분 등이 있다.

단벽의 형태는 일정한 크기의 할석을 통해 눕혀쌓거나 세워쌓은 후 그 다음 단도 비슷한 크기의 할석 등을 통해 쌓는 방법과 중·대형의 할석을 세워쌓거나 눕혀 쌓은 후 그 위로 작은 할석이나 천석 등이 가로 쌓기나 세로 쌓기로 축조되는 형식이 있다. 이들은 할석을 이용한 축조방법이며, 판석을 이용해 눕혀쌓거나 세워쌓는 방법이 있다. 할석을 장벽으로 사용하는 석곽의 경우 단벽을 축조할 때도 할석을 주로 사용하지만 판석을 이용하는 경우도 있다. 하지만 판석을 장벽으로 사용한 석곽은 판석만을 사용하는 특징을 보이고 있다. 또한 장벽의 길이가 300cm가 넘어가는 석곽의 특징으로 목주시설을 사용한 방법이 특징이라 할 수 있다. 그리고 단벽 뒷부분에 뒷채움석을 사용한 석곽들도 일부 확인이 된다.[52]

---

52. 목주시설을 사용하거나 뒷채움석을 사용한 이유는 5세기 대에 석곽분이 영산강유역에 처음 들어 올 때에는 석곽을 축조방법의 기술력이 높지 않았기에 중형 이상의 석곽분을 축조할 때 목주시설이나 뒷채움석을 사용한 것으로 보인다. 이러한 유적들은 나주 가흥리 신흥고분, 영암 옥야리 방대형고분이 있으며 이 석곽들은 모두 그 길이가 300cm에 가깝거나 그 이상이 되는 중형급 이상의 석곽들이다.

바닥시설의 형태는 생토면을 그대로 사용하여 그 상면에 목관을 사용하는 방법과 할석이나 판석을 소형으로 깔아 바닥시설로 하거나 아니면 큰 석재를 이용해 크게 3~5매 정도 깔아 만드는 방법이다. 큰 석재를 사용한 경우, 빈 공간을 채울 때 대부분 소형석재를 사용한다. 영산강유역 석곽분에서는 두 가지 방법이 모두 혼용되었다.

이를 종합하면 영산강유역에서 석곽의 축조형태는 할석형, 할석형+판석형, 판석형 등으로 구분된다. 할석형의 석곽은 담양 서옥고분 2-2호분, 영암 옥야리 방대형 고분 주매장시설, 무안 신기고분 등이다. 할석형+판석형의 석곽은 담양 서옥 2-1호·4호분, 가흥리 신흥고분, 영암 옥야리 추가장 등이고, 판석형의 석곽은 대부분의 서남해안지역 고분에서 확인되었다(그림 5-12).

평면형태[53]는 크게 장방형과 세장방형으로 구분되며 장방형이 더 많다. 영산강 상류지역인 담양 서옥고분은 장방형과 세장방형이 혼재되어 있고, 중류지역에 속하는 나주 가흥리 신흥고분과 영암 옥야리 방대형 고분은 모두 장방형이다. 서남해지역의 석곽분들은 장방형과 세장방형이 혼재되어 있지만 세장방형의 수가 약간 더 많다. 매장방법은 크게 수혈식과 횡구식으로 나눌 수 있고 영산강 중류지역에서만 횡구식이 분포하고, 이를 제외한 모든 지역에서는 수혈식만 나타나고 있다.

---

53. 본고에서는 영산강유역 석곽분의 평면형태가 장단비 3.5:1 이상을 세장방형으로, 3.5:1 이하를 장방형으로 나누었다.

■ 표 5-5. 영산강유역 석곽분 구조적 특징

유구명	석곽규모 (길이×너비 ×깊이)(cm)	장·단벽 축조형태	바닥 형태	평면 형태	매장 방법	비고
담양 서옥고분 2-1호	260× 100~110× 36~40	장벽: 할석을 가로와 세로로 눕혀쌓기 단벽: 판상석 1매 사용	천석과 점토를 이용	장방형	수혈식	할석+판석형
담양 서옥고분 2-2호	290× 60~70× 56~60	장벽: 할석과 천석을 이용해 세로로 눕혀 쌓기 단벽: 세로로 눕혀 쌓기	생토면을 이용	세장방형	수혈식	할석형
담양 서옥고분 4호	206× 80~90× 40	장벽: 판석 위에 할석을 쌓거나 할석과 천석을 이용해 세워 쌓기 단벽: 2장의 판석을 세우거나 할석과 천석을 이용해 세워 쌓기	생토면을 이용	장방형	수혈식	할석+판석형
나주 가흥리 신흥고분	272~281× 120~126× 140	장벽: 할석과 점토를 이용해 축조 남쪽단벽: 대형 판석 1매 사용	대형판석 2매 사용	장방형	횡구식	할석+판석형 목주시설, 뒷채움석(단벽)
영암 옥야리 방대형고분 주매장시설	300× 100~110× 140	장벽: 할석을 이용해 가로쌓기를 하고 부분적으로 세로쌓기나 세워쌓기 단벽: 할석을 이용해 가로쌓기	할석을 사용	장방형	횡구식	할석형 목주시설, 주칠
영암 옥야리 방대형고분 추가장	170× 59~70× 50	장벽: 할석을 이용해 7~8단을 가로 쌓기 단벽: 판석 1매 사용과 할석을 6~7단 가로 쌓기	넓은 판석과 할석을 같이 사용	장방형	횡구식	할석+판석형
무안 신기고분	197× 45× 46	장벽: 할석을 가로방향으로 세워 쌓은 후 2~3열을 가로나 세로로 세우거나 눕혀 쌓기 단벽: 장대석 1매 사용 후 소형할석을 이용하여 가로나 세로 쌓기	생토면을 이용	세장방형	수혈식	할석형
신안 배널리 고분	200× 45× 70	장벽: 장대석 1매 사용 후 할석으로 마감 단벽: 판석 1매 사용	생토면을 이용	세장방형	수혈식	판석형

해남 신월리 고분	270× 74× 50	장벽: 판석 2매 세워 쌓기 단벽: 판석 1매 세워 쌓기	소형의 천석을 사용	세 장 방 형	수 혈 식	판석형, 즙석분, 주칠
해남 외도 고분	210× 63× 60	장벽: 판석 2매 세워 쌓기 단벽: 판석 1매 사용	생토면 을 이용	장 방 형	수 혈 식	판석형
해남 황산 분토 유적 '가'지구 4-1호	255× 75~103× 55	장벽: 판석을 2겹 이상 세 워 쌓기 단벽: 판석 1매를 세워 쌓 은 후 그 뒤에 겹쳐쌓기	생토면 을 이용	장 방 형	수 혈 식	판석형, -뒷채움석

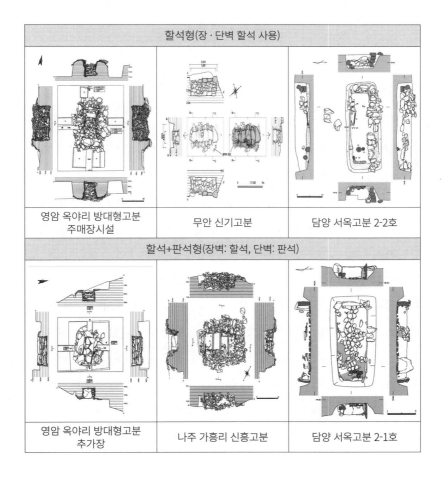

할석형(장·단벽 할석 사용)

영암 옥야리 방대형고분 주매장시설	무안 신기고분	담양 서옥고분 2-2호

할석+판석형(장벽: 할석, 단벽: 판석)

영암 옥야리 방대형고분 추가장	나주 가흥리 신흥고분	담양 서옥고분 2-1호

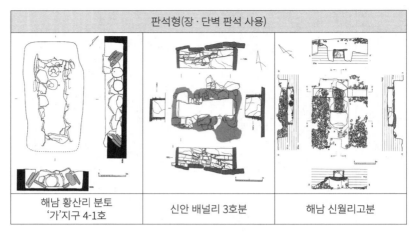

판석형(장·단벽 판석 사용)		
해남 황산리 분토 '가'지구 4-1호	신안 배널리 3호분	해남 신월리고분

■ 그림 5-12. 영산강유역 석곽의 형태

2) 고분의 연대

영산강유역 석곽분의 부장유물들은 크게 토기류, 철기류, 구슬류 등으로 나눌 수 있다(표 5-6). 석곽분의 부장유물들을 살펴보면 지역적인 차이가 있음을 알 수 있다. 즉 영산강 상류와 중류지역의 부장유물은 토기류, 철기류, 구슬류 등이 고르게 확인된 반면에 서남해안지역의 부장유물은 다양하지 못하며 토기류와 철기류로 한정되고 있다.

영산강유역 석곽분의 구조적인 특징과 부장유물을 통해 각 고분의 연대를 살펴보면 다음과 같다. 먼저 영산강 상류지역에 위치한 서옥고분은 10여기의 고분이 군집되어 있으며 이 중 4기가 조사되었으나 석곽이 확인된 고분은 2호분과 4호분이다. 철기류는 철도자, 철촉, 철도 등이 출토되었다. 토기류의 경우, 개배와 호형토기, 고배 등이 있다. 개배는 영산강 상류지역에서만 출토되고 있으며 대부분 재지적인 토기로 보이지만 '표정리식 고배'의 존재(이진우 2014)가 알려지고 있다. 2호분의 호형토기와 개

유구명	부장 유물			연대
	토기·토제품	철기	구슬류	
담양 서옥고분 2호분 1호	개배, 호형토기	철도자, 철촉, 부형철기,	옥	5세기 후엽
담양 서옥고분 2호분 2호	고배, 개배, 호형토기	철도, 철도자, 철촉, 부형철기, 철겸		
담양 서옥고분 4호분	개배, 호	철도자	옥	
영암 옥야리 방대형 고분 주매장시설	장경호, 고배, 장경소호, 유공광구소호, 편병, 대부완, 완형토기, 어망추, 토제품	철도자, 철부, 철촉, 철겸, 철모, 철갑편, 꺽쇠	곡옥, 유리소옥	5세기 중엽
영암 옥야리 방대형고분 추가장	호형토기, 직구소호	철촉	구슬	5세기 후엽
나주 가흥리 신흥고분	유공광구소호, 장경소호, 조형토기, 완형토기	살포, 대도, 철모, 철부, 꺽쇠, 관못	옥	5세기 중엽
무안 신기고분	호형토기			5세기 중엽
신안 배널리고분		철도, 투구, 갑옷, 도자, 철촉, 철부,	옥	5세기 전엽
해남 황산리 분토 가지구 4호분 4-1호	호형토기			5세기 전엽
해남 신월리고분	호형토기, 장경소호, 발형토기	환두도, 철도, 철도자, 철모, 철준, 철부, 철겸, 철정		5세기 중엽
해남 외도고분		철부, 갑옷, 철촉, 철도		5세기 전엽

배, 고배 등은 5세기 후반에서 6세기 전반의 시기에 제작되었던 것으로 파악된다. 개배는 서현주(2006a)의 D형식이 다수이다. 2-2호 석곽에서 출토된 고배는 Ad2형식에 가까우며 광주 월전동 수습유물과 유사하다. 이 유물들은 모두 5세기 후반에서 6세기 전반 경에 주로 출토되는 유물들이기 때문에 서옥고분은 5세기 후반 이후에 축조되었을 것으로 보인다(호

남문화재연구원 2007a)(그림 5-13). 최근에 조사된 4호분의 연대도 대체로 5
세기 후엽으로 추정되고 있다(대한문화재연구원 2015a)(그림 5-14).

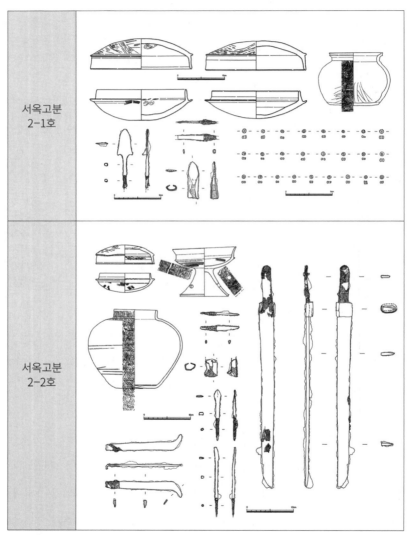

■ 그림 5-13. 영산강 상류지역 석곽분의 출토유물

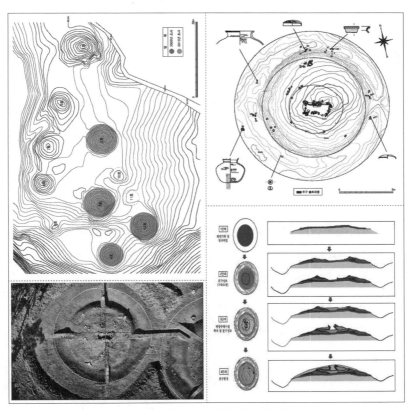

■ 그림 5-14. 담양 서옥 4호분의 축조과정(임지나 2017)

　다음으로 영산강 중류지역에 위치한 영암 옥야리 방대형 고분은 주매
장시설 이외에도 추가장에서도 석곽이 확인되었는데 둘 사이에는 시기
적인 차이가 약간 있다. 먼저 주매장시설은 횡구식 석곽이며, 목주시설
이 확인되었다. 가야와 신라지역에서 목주시설은 대략 5세기 전반에서
6세기 전반까지 나타나고 있다(국립나주문화재연구소 2015a).[54] 석곽의 양

---

54. "그 사례로는 창녕 교동 3호분, 대구 성하리 고분, 함양 백천리 1–3호분, 김해
　　양동리 93·95호분 등이 있다. 함양 백천리와 김해 양동리의 경우, 수혈식 석

상은 벽석을 쌓는 방식이 나주 가흥리 신흥고분처럼 정형화되지 않아 조잡한 것으로 보인다. 영암 옥야리 방대형 고분의 주매장시설에서는 토기류, 철기류, 옥류 등 다양한 유물들이 출토되었다. 출토유물의 양상은 재지적인 성격을 가진 유물들도 있지만 외래적인 성격을 가진 유물들도 있는데 유공광구소호의 경우, 가야, 신라, 왜 등에서 출토된 사례가 있다. 또 석실 내부에 출토된 유물 중 호형토기는 강은주(2009)의 ⅢD형과 유사하고, 장경소호는 서현주(2006a)의 A2형식에 가까운 형식이다. 이 토기들의 편년은 대체로 5세기 중엽 이후라 할 수 있다. 가장 주목할 유물은 三角板革綴板甲片이라고 할 수 있다. 이 板甲片은 현재까지 일본에서 많은 양이 확인되었고, 우리나라에서는 주로 남해안지역에서 출토되고 있으나 내륙지역인 영산강 중류지역에서 처음 출토되었다. 三角板革綴板甲이 출토된 다른 유적들을 살펴볼 때 그 시기가 대체적으로 5세기 전반 이후이지만 출토된 토기들을 살펴볼 때 5세기 중엽경에 축조된 것으로 보인다.

그런데 추가장의 경우, 주매장시설보다는 늦게 축조 되었으며 소형의 횡구식 석곽이다. 축조방식은 석실과 비슷하며 석곽에 부장된 직구소호, 철촉 등의 유물과 주위에 같이 매장된 목관묘, 옹관묘를 통해 볼 때 그 시기는 5세기 중엽에서 5세기 후반 사이에 축조된 것으로 보인다(그림

곽으로 장벽과 시상의 사이에 목주를 설치한 양상을 보인다. 함양 백천리 고분의 경우 각목에다 판자를 횡으로 잇대어 짜 맞춘 후 판벽에 기대어 벽석을 쌓아 올리고 있어 옥야리 방대형 고분과는 각목과 판자의 위치에서 반대의 양상을 보인다. 창녕 교동 3호분과 대구 성하리 고분은 수혈계 횡구식 석실(석곽)로 목곽을 먼저 구축하고 목곽의 목주간에 할석으로 석축시설을 했으며 매장주체부가 횡구식인 점에서 영암 옥야리 방대형 고분과 유사한 모습을 보인다. 하지만 평면형태가 세장방형이고 바닥에도 횡목주를 설치한 점, 축조재료로 천석을 사용한 점 등에서 차이가 있다"(국립나주문화재연구소 2015a).

5-15).

　나주 가흥리 신흥고분의 석곽은 횡구식이다. 이 석곽 내에도 목주시설이 확인되었으며 그 시기를 대략 5세기 1/4분기에서 2/4세기 분기에 해당이 된다. 또 가흥리 신흥고분 출토유물은 옥야리 방대형 고분의 기종과 부장된 양상이 비슷하다. 그 중에서도 조형토기는 나주 랑동 7호 주거지 출토품과 유사하지만 광양만권에 위치한 광양 석정 유적 9호 주거지 출토품과 비슷하다 보고 있다(이영철 2014). 살포는 전남지역에서 고흥 길두리 안동고분을 제외하면 출토가 된 예가 없다. 부장유물로 출토된 살포는 농사용 도구이지만 백제가 재지세력에게 하사하였을 가능성이 있어 위세품으로 보기도 한다(김재홍 2011). 출토유물 중에서 장경소호는 서현주(2006a)의 분류 안에 따르면 A1형에 가까운 형식으로 5세기 전반 이후에 제작된 것으로 보이고, 유공광구소호는 기형과 제작기법을 통해 볼 때 일본의 스에키(須惠器)로 보고 있는데 형식적으로 TK73~TK216과 연결된 것으로 5세가 중엽에 해당한다고 한다(이영철 2014). 따라서 유공광구소호나 살포 등의 유물을 통해 볼 때 이 석곽의 연대는 5세기 중엽경으로 보인다.

　마지막으로 서남해안지역으로 해남 황산리 분토 '가' 유적의 4호분은 방형으로 추정되는 분구 형태를 가지고 있다. 분토 유적의 4-1호 석곽은 수 매의 판석을 이용하여 벽석을 이중으로 덧대어 축조하였고 호형토기만 부장되어 있다. 호형토기는 저부형태가 원저이며 구연부형태가 외반이고, 구순에 홈이 있어 강은주(2009)의 편년안에 따르면 ID형에 해당이 된다. 이 석곽은 호형토기의 편년안에 따라 5세기 전엽에 축조된 것으로 보인다.

　신안 배널리 고분과 해남 외도 고분은 장대석과 판석을 이용한 석곽으로 벽석을 이중으로 덧대어 축조한 해남 황산리 분토 유적의 석곽과는 차이가 있다. 신안 배널리 고분과 해남 외도 고분은 철제 무기류만 부장되어 있는데 그 종류에는 철도, 철부, 철촉 등이 있다. 철촉의 경우 유엽형, 도자형, 역자식도자형, 능형 등 다양한 종류가 출토되었다. 또 두 유적에서는 三角板革綴板甲이 확인되었는데 영암 옥야리 방대형 고분(국립나주문화연구소 2012), 고흥 길두리 안동고분(임영진 2011b), 야막고분(국립나주문화재연구소 2014b) 등에서도 같은 형식이 출토되었다. 또 신안 배널리 고분에서 三角板釘結衝角付冑가 출토되었는데 고흥 야막고분에서 三角板革綴衝角付冑가, 고흥 안동고분에서 遮陽冑가 각각 출토되었다.

5세기 전반에 釘結技法이 도입되었다고 보는 이정호(2014)는 三角板革綴板甲과 三角板釘結衝角付冑가 함께 출토된 신안 배널리 고분의 연대를 5세기 전엽으로 보고 있다. 철촉은 유엽형 철촉과 도자형 철촉 등이 출토되었는데 이 유물의 사용시기는 三角板革綴板甲과 衝角付冑와 중첩되므로 배널리 고분의 시점은 5세기 전엽으로 볼 수 있고, 해남 외도고분에서도 三角板革綴板甲이 확인되는 것으로 보아 그 축조시기가 배널리 고분과 비슷하다(그림 5-16).

무안 신기고분의 축조연대는 석곽 내부에 출토된 호형토기를 통해 알 수가 있다. 이 호형토기는 강은주(2009)의 ⅡD형식에 속하며 5세기대의 토기이다. 또한 주변에 같이 매장된 옹관의 경우 저부만 남았지만 U자형 몸체를 가지고 있어 그 연대가 5세기 후반대의 것으로 보고 있다. 따라서 신기고분의 석곽은 5세기 중·후엽경에 축조된 것으로 추정되고 있다(목포대학교박물관 2011).

해남 신월리고분은 즙석분이며 판석형 석곽구조이다. 이러한 판석형

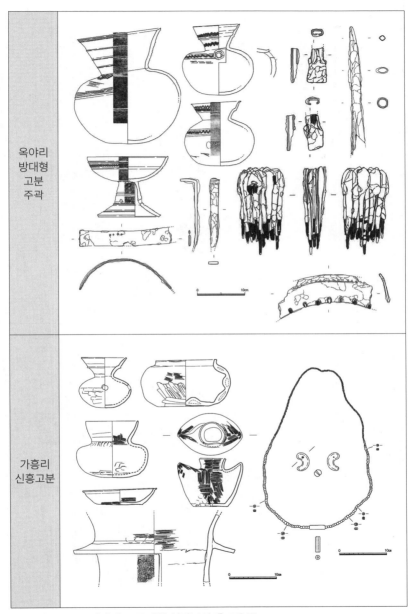

옥야리
방대형
고분
주곽

가흥리
신흥고분

■ 그림 5-15. 영산강 중류지역 석곽분의 출토유물

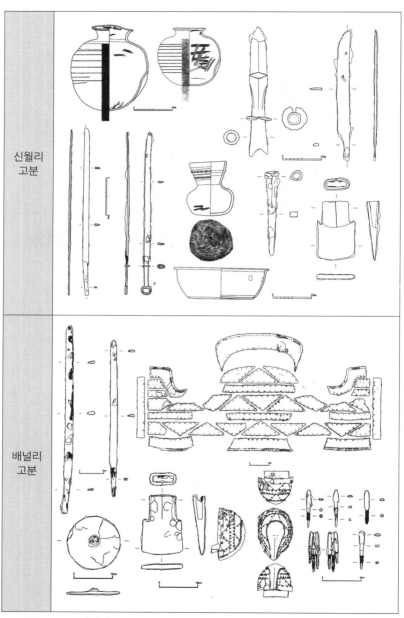

| 신월리
고분 | |
| 배널리
고분 | |

■ 그림 5-16. 서남해지역 석곽분의 출토유물

석곽은 신월리 고분과 가까이 있는 해남 외도고분과 같다. 신월리 고분의 경우 외도고분과는 달리 재지계의 토기류와 철기류가 같이 출토되었다. 철기류는 환두도, 철도, 철도자, 철모, 철준, 철부, 철겸, 철정 등 주로 무구류를 중심으로 부장이 되었으며 갑주류가 확인이 되지 않았다. 또한 토기류로는 호형토기, 장경소호, 발형토기 등이 있는데 영산강유역의 재지적인 토기들이다. 호형토기의 경우 강은주(2009)의 ID와 ⅡD형식에 가까고, 장경소호는 서현주(2006a)의 A2형식에 가까우며 5세기 이후에 제작된 것으로 보인다. 또한 이들 유물 중 장경소호와 광구소호 등은 영암 내동리 초분골, 함평 예덕리 만가촌 고분 출토품과 비슷하다. 철기류는 무기류로 구성된 양상을 통해 볼 때 5세기 중엽경에 축조된 고분으로 판단된다(목포대학교박물관 2010).

이상과 같이 초기 석곽분의 부장양상은 5세기 이후 옹관고분에서 철제무구류가 본격적으로 부장되는 점과 유사한 면이 있다. 또 영산강 상류와 중류지역은 토기류와 철기류가 고르게 부장되지만 서남해지역은 철기류가 중심이며 외래계 유물이 보이는 특징이 있다. 토기류의 경우는 주로 재지적인 양식의 토기가 부장되고 있다. 영산강유역의 초기 석곽분은 시기별로 크게 세 군으로 구분된다. 이 중 가장 이른 시기의 석곽분은 해안가에 입지한 유적이 대다수이며 이에 해당되는 유적으로 신안 배널리고분, 해남 외도고분, 해남 황산리 분토 '가' 유적의 4-1호 석곽이며, 그 연대는 5세기 전엽경으로 추정되고 있다. 다음으로 나주 가흥리 신흥고분, 영암 옥야리 방대형고분, 무안 신기고분, 해남 신월리고분 등이 해당되며 5세기 중엽경으로 볼 수 있다. 이 시기부터는 영산강 중상류지역에도 석곽분이 축조되었다. 그리고 영산강 상류지역인 담양 서옥고분은 5세기 후엽경에 축조되었을 것으로 본다.

3. 석곽분의 등장과정과 그 의미

1) 석곽분의 특징과 등장과정

영산강유역의 초기 석곽분은 5세기 말 횡혈식 석실분이 등장하기 이전에 이미 영산강유역과 서남해안지역에서는 축조되기 시작하였고, 어느 정도 분구를 갖춘 고분으로 자리잡았다. 초기 석곽분은 규모에 따라 크게 대형분과 중소형분으로 구분된다. 흥미롭게도 대형분은 횡구식 석곽으로 영산강 중류인 나주와 영암지역에서 축조되었고, 반면 중소형분은 영산강 상류지역이나 서남해안지역에서 발견되고 있다.

초기 석곽분의 분구 형태는 방대형과 원형이 주를 이루고 있어 영산강유역의 전통적인 형태인 사다리꼴(梯形)은 발견된 바가 없다. 제형의 분구는 주로 목관고분에서 찾아볼 수 있지만 나주지역의 일부 옹관고분도 제형의 분구를 가진다. 그런데 옹관고분은 5세기에 접어들면서 점차 방대형 고분으로 변화되었다. 석곽분이 방대형인 것은 바로 5세기대의 옹관고분과 유사성을 보여주고 있지만 주로 제형을 띠고 있었던 목관고분의 분구형태와는 완연한 다른 차이를 보여주고 있다. 다만 나주 가흥리 고분은 분구의 형태가 전방후원형일 가능성이 언급되고 있어 좀 더 정밀한 발굴조사의 결과를 기다려야 할 것이다.

또한 초기 석곽분은 분구의 중심에 석곽을 안치하고, 그 주변에 석곽이나 옹관을 추가장으로 매장하고 있다. 이것은 옹관고분이나 목관고분에서 볼 수 있는 영산강유역의 전통적인 다장과는 다른 양상이라고 볼 수 있지만 다장이라는 전통이 일부 계승된 측면도 있겠다. 다만 예외적인 것으로 해남 분토리 유적에서는 다수의 석곽과 옹관이 함께 매장되어 있어 전통적인 다장의 양상을 그대로 보여주기도 한다.

다음은 석곽에 나타나는 구조적 특징이다. 서남해안지역에서는 판석을 사용한 석곽이 다수를 차지하고 있다. 특히 해남 외도나 신월리 유적의 판석형 석곽은 주로 해안지역에 많이 분포하고 있다. 이 석곽은 영남지역에서 소위 '石箱墳'과 유사한 면이 많다.[55] 반면 영산강 중류지역에서의 석곽은 할석형 석곽으로 비교적 대형의 석곽을 만들고 있다. 영암 옥야리 방대분이나 나주 가흥고분의 경우, 목주를 세우고 내부에 목판을 사용하였다는 점은 아직 완벽하게 석곽을 만들 수 있는 단계에 이르지 못하였다는 증거이다. 담양 서옥고분에서 보이는 석곽에 판석과 할석을 혼용하고 있는 점도 어딘가 어색하게 조합한 것으로 내부에 목관이 존재하였을 가능성을 보여주고 있다. 그리고 해남 분토리 유적에서 처음 확인된 뒷채움석은 이 보다 시기적으로 늦은 6세기대의 해남 만의총 고분(동신대학교문화박물관 2014)에서도 확인되었는데 이러한 초기 석곽분의 양상이 영남지역의 소위 '위석목곽묘'를 연상시키는 것이기도 하다.

그 다음은 초기 석곽분의 기원을 어디로 보아야 하는가 하는 문제이다. 여기에는 두 가지 관점에서 바라볼 수 있다. 하나는 자체적인 발전으로 보는 관점이요, 다른 하나는 외부로부터 파급되었다는 관점이다. 과거 석곽분을 연구한 많은 연구자들은 그 기원을 선사시대의 묘제에서 찾고자 하였다(전길희 1961; 김세기 1985; 이남석 2001). 즉 석곽분이라는 무덤 양식이 갑자기 외부로부터 유입된 것이 아니라 지석묘나 석관묘 등 석축묘의 전통이 지속되었다고 보았던 것이다. 영산강유역에서도 그 가능성은

---

55. 石箱墳은 副葬間의 설치 유무에 따라 Ⅰa식(무부곽석상분)과 Ⅰb(유부곽석상분)으로 세분된다. Ⅰa식(무부곽석상분)은 부산 오륜대고분군, 김해 예안리고분군, 고성 오방리고분군, 대구 복현동고분군, 고령 지산동고분군, 합천 삼가 고분군, 의성 장림동 고분군 등에서 확인되고 있다(김세기 1985).

전혀 없다고 볼 수 없다. 우선 지석묘가 가장 늦게까지 남아있었던 지역이다. 지석묘의 하부구조에서도 점토대토기가 나오고 있어 일부 연구자는 지석묘가 세형동검시기의 늦은 단계까지 존재한다고 보고 있다(조진선 2008). 실제 나주 운곡동 유적에서는 원형점토대토기가 출토된 석곽이 발굴조사된 사례도 있다(마한문화연구원 2011). 또 다른 사례는 함평 산단-다 지구에서 확인된 수혈식 석곽묘이다(영해문화유산연구원 2014). 이 유적에서는 20여 기의 석곽묘가 조사되었는데 형태적으로 보면 지석묘의 하부구조와 아주 흡사하여 구분하기 어렵다. 아쉽게도 석곽에서 출토유물이 전혀 발견되지 못하여 어느 시기인 것인지 알 수 없었지만 기원후 1~3세기 환호와 주거지에 뒤이어 축조된 것으로 늦어도 기원후 5세기 이전의 것이 분명하지만 석곽분의 기원을 설명할 자료로는 충분하지 못하다. 따라서 다른 지역과 마찬가지로 영산강유역도 석곽분의 기원을 직접 선사시대의 묘제에서 찾을 수 없을 것이다.

또한 영산강유역에서는 석곽분은 목관고분이 축조되었던 지역에서 많이 분포하고 있기에 계기적인 발전이 이루었는지 검토되어야 한다. 하지만 영산강유역의 석곽분은 영남지역의 석곽분과 다르게 앞 시기의 무덤에서 '계기적인 발전'을 찾기가 쉽지 않음이 사실이다. 다만 석곽분의 축조방법(즉 매장주체부가 지상식이고, 주구를 갖춘 점)에서 영산강유역의 전통이 남아있다고 볼 수 있지만 매장시설이 옹관이나 목관에서 석축으로 변화된 점은 분명히 외부적인 영향이라고 생각된다.

그렇다면 영산강유역 초기 석곽분의 등장을 외부지역으로부터의 유입으로 생각해 볼 수 있다. 여기에는 몇 가지 견해가 있다. 하나는 백제계 석곽이 파급되었던 것이다. 즉 이진우(2014)에 의해 제시된 바와 같이 석곽묘가 아산만권에서 4세기 중엽에 발생하였고, 금강유역권과 전북 동부지역에서 유행하였으며, 금강유역권과 영산강유역권에 쇠퇴하였다고 보았다. 하지만 중부지역 백제 석곽분의 특징인 석곽의 모서리가 둥근 형태나 돌출석, 바닥의 시상대 등은 영산강유역의 석곽분에서 보이지 않는다. 또 백제지역에서는 4세기 중엽경부터 中國 六朝磁器가 도입되어 널리 배포되어 사용되었는데 목관분, 석곽분, 석실분 등에도 부장되었다(임영진 2012). 그러나 전남지역의 석곽분에서는 백제와 관련된 유물로 살포와 꺽쇠(나주 신흥고분), '표정리식 고배'(담양 서옥고분) 등이 알려졌을 뿐이고, 中國 六朝磁器도 석곽분이 아닌 이보다 시기적으로 늦은 6세기대 전방후원형고분인 함평 마산리 표산고분이나 해남 용두리 고분에서 확인되고 있다. 따라서 영산강유역에 백제의 영향이 4세기 후반에서 5세기 전반경의 토기나 취락에 나타난다는 점(서현주 2011b, 2014; 김낙중 2012b; 이영철 2011)을 부정할 수 없더라도 초기 석곽분은 백제지역의 석곽분과 관련이 깊다고 보기는 어렵다.

다음은 倭로부터의 유입이다. 서남해지역에서 보이는 석곽분은 남해안지역에 분포하는 석곽분들과 공통점이 보인다. 이를 일부 연구자들이 횡혈식 석실분에 앞서는 수혈식 석곽이나 횡구식 석곽을 왜계 고분으로 보고 있다(김낙중 2013).[56] 이러한 인식은 점차 국내외 연구자들에 의해 확산되고 있다(이정호 2014; 권택장 2014; 高田貫太 2014). 반면 최성락(2014)은 서남해안지역의 석곽분이 일본 큐슈지역과 유사성이 있고, 유물이 왜

---

56. 김낙중(2013)은 남해안지역의 고분과 유사한 형태가 일본 큐슈지역에 분포하고 있고, 고분에서 왜계 유물이 출토되고 있으므로 '왜계 고분'이라고 단정하고 있다. 하지만 남해안지역의 소위 '왜계 고분'은 무덤의 형태가 일정하지 못하고 지역적으로 차이가 난다는 점이 특이하다. 이것은 동일한 세력에 의해 축조되지 않았음을 보여주는 증거일 것이다. 또한 두 지역에서 유사한 형태의 고분이 존재한다면 역으로 일본 큐슈지역 고분의 기원이 우리나라 남해안지역에 있을 가능성도 있는 것이다.

계라고 하더라도 이를 왜계 고분으로 보거나 피장자를 왜인으로 보기 어렵다고 보면서 이러한 고분과 유물이 출현한 배경으로 해로를 통해 문화교류임을 주장하였다. 따라서 초기 석곽분을 살펴보면 일본 큐슈지역과 관련이 되는 유물이 다수 있지만 중국이나 가야 혹은 재지와 관련된 유물도 함께 매장되어 있어 고분의 피장자를 왜인으로 단정할 수가 없다.[57]

마지막으로 생각해 볼 수 있는 것이 가야 석곽분과의 관계이다. 영산강유역의 초기 석곽분의 벽석에 판석을 많이 쓰는 점은 가야의 '石箱墳'과 유사성이 많다. 그리고 횡구식 석곽분에서 보이는 木柱를 사용하는 점이나 내부에 목판을 사용한 흔적뿐 아니라 분구 축조시에 토낭 혹은 土塊를 사용하여 분할축조한 사례들은 가야지역의 석곽분에서 찾아볼 수 있다. 호남 동부지역의 경우, 재지적인 석곽묘가 축조되다가 가야계로 변화되었다.[58] 이것은 5세기 말경에 호남 동부지역이 대가야의 영역에 편입되었음을 반영하는 것이다. 반면에 4세기 후반부터 가야토기가 서남해안지역과 영산강유역에 출토되는 등 가야와의 교류(서현주 2012b; 하승철 2014; 홍보식 2014)가 적지 않았지만 영산강유역의 석곽분은 가야 석곽분에서 흔히 보이는 부곽이나 순장의 풍습이 보이지 않아 가야의 직접적인 영향권

---

57. 남해안지역에 분포하고 있는 5세기대 고분 중에서 가장 왜계적인 요소가 많은 고분은 신안 배널리 3호분과 고흥 야막고분을 들고 있다. 하지만 신안 배널리 3호분에서는 갑주와 철검 등 왜계로 보이는 유물 이외에도 철모가 가야계 혹은 재지계로, 철경이 중국계, 철촉이 재지계로 보고 있어(동신대문화박물관 2015) 이를 왜계 고분이라고 단정하기 어렵다.

58. 이동희(2011a:20-22)는 재지적인 석곽의 경우, 석곽의 바닥에 잡석으로 깔았고, 유물도 석곽 중앙에 위치하고 있는 반면에 가야계 석곽의 경우, 유물이 석곽의 양쪽편에 위치하고 바닥시설도 없다고 한다. 이러한 재지적인 성격의 뚜렷한 석곽이 무안 신기리 고분, 해남 신월리 고분 등 전남 서남해안지역에서도 찾아볼 수 있다.

에 속한다고 볼 수가 없다.

이상과 같이 영산강유역 초기 석곽분은 어느 한 지역과 관련되어 설명하기 어렵다. 이것은 충청지역이나 전북 서부지역과 같이 백제계 석곽분으로 볼 뚜렷한 증거가 부족하고, 호남 동부지역에서와 같이 가야계의 석곽으로 변화된 바도 없으며, 그렇다고 일본 큐슈지역에서 직접 유입된 무덤이라고도 단정하기도 어렵다. 따라서 어느 한 지역으로부터 주민의 이주에 의해 유입된 무덤이 아니라면 당연히 영산강유역의 재지인들에 의해 석곽분이 채용되었다고 볼 수 있다.

영산강유역에서의 초기 석곽분의 등장은 일차적으로 서남해안지역에서 시작되었다. 즉 해로를 통해 외부와 접촉인 빈번하였던 지역에서 먼저 석곽이 수용되었을 것이다. 따라서 중국지역으로부터 일본지역에 이르는 해로상에 위치한 서남해안지역은 당연히 여러 지역으로부터 영향을 받아들일 수 있는 위치에 놓여 있다. 특히 백제와 왜와의 빈번한 접촉 결과를 감안하면 다양한 왜계 유물을 비롯한 외래계 유물들이 이 지역의 석곽분에 부장되었을 가능성이 높은 것이다.

서남해안지역의 초기 석곽분은 최고 수장층의 무덤인 고흥 안동고분과 비교해 볼 때 고분의 규모로 보아 그 보다는 낮은 계층인 무장세력들의 무덤으로 추정된다. 그런데 이 무장세력을 백제에 의해 동원되었다는 견해(동신대문화박물관 2015)가 있으나 필자는 기본적으로 석곽분을 재지세력의 무덤으로 보기 때문에 무장세력도 재지세력이거나 재지세력에 의해 동원된 인물로 보고자 한다.

하지만 영산강 중상류지역으로 올라갈수록 외래계 유물의 수가 줄어들고 있어 이 지역의 석곽분도 역시 재지세력들에 의해 받아들여졌다고 본다.[59] 특히 횡구식 석곽분인 영암 방대형 고분과 나주 신흥고분은 그 규모나 부장유물로 보아 당시 재지세력 중에서는 유력자의 무덤으로 추정된다.

2) 초기 석곽분의 의미

영산강유역에서의 고분 변천은 단순히 옹관고분에서 석실분으로 변화되는 것이 아니다. 옹관고분이 발달하지 못하였던 해안지역과 영산강 상류지역에서는 목관고분이 분포하였고, 5세기 전엽에 석곽분이, 5세기 말경에 횡혈식 석실분과 전방후원형고분이 각각 축조되기 시작하였다(최성락 2009a). 여기에서 목관고분은 함평 만가촌 고분과 같이 한 분구에 여러 기의 매장시설을 두는 다장이면서 매장주체부가 목관으로 3세기 중엽부터 5세기 전반까지 축조된 무덤이다(이승민 2015).

그런데 석곽분의 등장 과정은 각 지역마다 차이가 있다. 즉 가야·신라지역에서는 목곽분에 뒤를 이어 4세기 후반경(혹은 3세기 말)에 석곽분이 축조되었는데 점차 범위가 넓어지면서 다양한 형태가 만들어진다. 이후 5세기에 들어서면 횡구식 석곽이 일부 지역에 등장하고, 5세기 말경에는 횡혈식 석실도 등장하면서 석곽분이 점차 하위 계층의 무덤으로 변

---

59. 이영철(2014)은 나주 신흥고분의 피장자의 출자와 대외교류의 문제를 검토하기 위해 내부적 입장의 해석적 틀과 외부적 입장의 해석의 틀을 살펴보면서 고총고분 축조기술의 채용과 상징성을 감안하고 다원적인 대외관계를 전개할 수 있는 인물로 추정하여 백제 중앙세력과 관련된 인물로 보았다. 나주 신흥고분과 영암 방대형 고분의 피장자는 이 고분들의 위상을 고려해 볼 때 백제와 관련된 인물로 보아도 무리가 없을 것이다. 그러나 이 고분을 포함한 초기 석곽분의 피장자가 과연 백제에서 파견된 인물일 것인가 하는 점에는 의문이 제기된다. 석곽분이 결코 백제 지배세력의 묘제가 아닐 뿐 아니라 고분의 축조기술이나 출토유물의 양상으로 보아도 초기 석곽분의 피장자들은 백제에서 파견된 지배세력이 아니라 재지계 인물로 볼 수 있다.

화된다.

반면 백제지역의 아산만권에서는 4세기 후반에 이르면 주구토광묘로 알려진 목관 혹은 목곽에 이어 주구가 없는 토광묘(매장주체부가 역시 목관 혹은 목곽임)가 등장하는 것과 더불어 석곽분이 출현하기 시작한다. 금강유역에서도 역시 매장주체부가 목관과 석곽이 어느 정도 공존하지만 4세기 후반에서 5세기 전반경에는 점차 석곽으로 변화되어 간다. 더불어 호남 동부지역에서는 4세기 후반에 재지계 석곽이 5세기 초에 가야계 석곽으로 변화되면서 한동안 유행하게 된다.

영산강유역에서의 석곽분의 등장은 5세기 전엽경으로 다른 지역보다 약간의 늦은 것이 사실이지만 한반도 중·남부지역에서 나타나는 변화 양상과 그 궤를 함께 하고 있다. 이것은 설사 영산강유역이 독자적인 문화를 가진 지역이라고 하더라도 대외적인 문화교류나 당시 한반도 정치 및 사회변화에 무관하지 않았음을 알 수 있다.

이러한 변화는 왜 5세기경에 나타났을까? 5세기대 영산강유역의 역사적 배경을 살펴보면 다음과 같다. 4세기 후반 백제의 근초고왕은 서남해안지역을 개척하면서 일본과의 교류관계를 유지하였다고 볼 수 있다. 반면 일본의 倭五王이 중국과의 직접적인 교류, 즉 서남해안지역을 거쳐 중국과 통교하려고 시도한 바가 있어 서남해안지역에서는 다양한 정치문화적 변화가 이루어졌을 개연성이 있다. 그 와중에 고구려와 치열하게 다투었던 백제는 영산강유역에 대한 관심이 점차 줄어들었고, 급기야 475년 한성백제가 붕괴되고 웅진으로 遷都하게 된다. 이로 인하여 얼마간 왕권은 약화되었고, 다시 왕권이 확보된 이후인 498년 동성왕은 무진주 공격을 계기로 이 지역에 대한 지배권을 다시 회복하였던 것이다(최성락 2011b).

다시 말하면 5세기대 영산강유역은 백제의 간접지배(권오영 1986) 속에
서 다른 지역과 문화교류를 할 수 있는 여건이 형성되었던 것이다. 영산
강유역은 결코 외부와 차단되었던 고립된 사회가 아니라 백제를 비롯한
중국, 가야, 신라, 왜 등과의 교류를 통해 다양한 문물을 받아들였던 사회
인 것이다. 당시 나주 반남지역에서 옹관고분 축조세력이 자리잡았고, 인
접한 오량동 가마에서 생산되는 옹관의 분배를 통해 일정한 옹관고분사
회를 형성하고 있었지만 이것이 영산강유역 전체로 파급되었던 것은 아
니다.

　따라서 5세기대 영산강유역의 고대사회는 결코 옹관고분의 축조세력
에 의한 통합된 사회로 보기가 어렵다.[60] 이것은 이 지역이 백제의 영역
에 속한다는 역사적인 해석을 且置하고 단지 고고학 자료만으로 판단하
여도 옹관고분이 집중적으로 분포하는 영산강 중하류지역을 제외하면 5
세기 전반까지 전통성이 강한 목관고분이 축조되었다. 또 새로운 형태의
무덤인 석곽분이 받아들여졌다는 사실은 각 지역마다 독자적인 세력이
형성되고 있었음을 보여주기 때문이다.

　이러한 초기 석곽분의 존재를 통해 영산강유역 고대문화에 대한 인식
을 달리하여야 할 것이다. 즉 영산강유역에서는 석곽분이 먼저 유입되었
고, 뒤이어 석실분이 축조되었음이 분명하다. 그동안 영산강유역에서 옹
관고분의 존재가 워낙 강하게 인식되었기 때문에 이 사실이 쉽게 인지되
지 못하였던 것이다.

---

60. 김낙중(2009)은 5세기말 영산강유역에서 옹관고분 이외에도 석실분, 전방후
　　원형고분 등이 축조되고 있어 반남지역을 중심으로 한 통합된 사회가 아님을
　　언급하였다. 반면 본고에서 필자는 이보다 이른 5세기 전엽에도 여전히 통합
　　된 사회가 아닐 것으로 추정한다.

제 4 절
나주 신촌리 9호분의 성격

영산강유역 옹관고분에 대한 관심은 아주 일찍부터 시작되었다. 일제 강점기 일본연구자들은 혹시 한반도 남부에서 존재할지 모르는 任那日本府의 흔적을 찾고자 영산강유역과 낙동강유역의 고대유적을 답사하였다. 그들은 영산강유역 반남고분에서 倭人의 흔적을 찾았다고 주장하였다. 이후 우리 연구자들도 영산강유역에서 발굴되고 있는 옹관고분의 성격에 대한 논의가 진행되었고, 무덤의 양식이 백제 양식과 아주 달라 마한 혹은 토착세력의 무덤으로 인식하였던 것이다. 특히 1997년 나주 신촌리 9호분 출토 금동관이 국보로 지정되고, 1999년 이 고분이 국립문화재연구소에 의해 재조사되면서 다수의 원통형토기가 봉분 주위에 줄을 지어 나옴에 따라 이 고분의 주인공에 대한 궁금증은 더욱 증폭되었다. 이와 같이 영산강유역 고대사회에 대한 관심은 국내 연구자들뿐만 아니라 일본 연구자들까지도 적지 않다고 볼 수 있다. 더구나 영산강유역에서 옹관고분 이외에 전방후원형고분이 알려지면서 일본연구자들의 관심은 더욱 높아졌다고 볼 수 있다.

그런데 '나주 반남고분 금동관의 주인공이 누구인가'하는 의문은 '나주 반남고분을 축조하였던 집단의 성격이 무엇이고, 여기에서 출토된 금동관의 주인공은 어떤 계층인가'하는 의문으로 풀어볼 수 있다. 따라서 본고에서는 나주 반남고분이 축조되었을 당시 영산강유역 고대사회의 성격에 대한 그간의 연구성과를 살펴봄으로써 나주 반남고분 금동관의 주인공을 추적해 보고자 한다.

1. 반남고분과 이를 바라보는 시각

　반남고분군(사적 제513호)은 나주시 반남군 자미산(98m)을 중심으로 신촌리, 대안리, 덕산리의 낮은 구릉지에 산재해 있다. 덕산리 고분군은 紫微山의 남쪽에서 동북쪽으로 이어지는 낮은 구릉에 10기의 고분이 분포되어 있다. 이 중에 1·2·3·4·5호는 발굴조사가 이루어졌고 7·8·9호분이 인멸되었다. 신촌리 고분군은 자미산(紫微山)에서 동북쪽으로 이어지는 낮은 구릉에 9기의 고분이 분포되어 있다. 이 중에서 6·7·9호은 발굴조사가 이루어졌고 7·8호분이 인멸되었다. 대안리 고분군은 자미산에서 서쪽으로 이어지는 낮은 구릉에 12기의 고분이 분포되어 있다. 이 중에 4·8·9호는 발굴조사가 이루어졌고 5·6·10·11·12호는 인멸되었다.

　고분에 대한 조사는 일제강점기에 조선총독부의 고적조사위원회가 중심이 되어 유적의 수습조사나 발굴조사가 이루어졌다. 영산강유역에서는 1917년에 반남면 신촌리 9호분과 덕산리 4호분이 조사되었다. 1918년에 반남면 신촌리 9호분과 덕산리 4호분을 재조사하고, 대안리 8, 9호분과 덕산리 1호분 등을 추가로 조사하였다.

　1938년 有光敎一과 澤俊一은 신촌리 6·7호분과 덕산리 2·3·5호분 등 옹관고분 5기와 흥덕리 석실분을 조사하였다. 이때 有光敎一은 신촌리 6호분과 덕산리 2호분의 분형이 일본의 '전방후원분'과 유사점이 있고, 埴輪圓筒類品도 존재한다고 지적하였다. 또한 그는 반남면 고분과 관련된 조사기록을 후일 다시 보고하였다. 신촌리 6호분에서는 5기의 옹관이 발견되었고, 전부 동서 방향으로 매장되어 분구의 장축과는 직교하고 있다. 그리고 흥덕리 석실분은 동서 2실로 이루어졌는데 현실(玄室)은 1매의 편평한 큰 돌로 막고, 연도는 한 겹의 적석으로 깔았다. 동실은 매우 좁고 현실과 연도 모두 너비가 1m도 못되고, 높이 역시 1m를 약간 넘을 뿐이다. 길이는 1.34m이다. 서실은 방형 현실의 중앙에 연도를 만들고, 천장의 높이는 1.2m로서 동실보다 높다. 출토유물은 甁形壺, 鐵製座金具, 銀製冠飾 등이 있다.

1978년 대안리 4호분은 도로공사 과정에서 노출되어 전남대학교 박물관에 의해 발굴되었는데 7세기 때의 백제 석실분으로 밝혀졌고, 석실은 전남대학교에 이전 복원되었다. 또 정비복원에 앞서 인멸된 덕산리 7·8·9호분은 전남대학교 박물관에 의해, 인멸된 대안리 10호분은 목포대학교 박물관에 의해 각각 시굴되었다. 대안리 3호분과 신촌리 4, 5, 6호분은 정비복원을 위해 전남대학교 박물관에 의해 재조사되었고, 신촌리 9호분은 1999년 4월 26일부터 8월 26일까지 국립문화재연구소에 의해 재조사되었다.

반남고분군에는 옹관고분의 수십 기가 분포하고 있다. 옹관고분(甕棺古墳)은 기원후 3세기 말부터 6세기까지 4세기 동안 영산강 유역에서 크게 유행하였다. 3세기경에는 옹관 절반을 지하에 묻는 반지하식이었으나 4세기 중반부터는 지상식으로 발전하며 이때에는 분구의 규모가 훨씬 대형화 되어 그 규모가 40~50m에 이른다.

나주 반남고분의 주인공을 바라보는 시각은 대체로 세 가지로 나누어진다. 우선 과거 일본 연구자들에 의해 인식된 것으로 이 고분들의 주인공을 왜인으로 보는 견해이다. 반면 우리 연구자들은 백제가 이 지역을 정복한 이후의 지방세력으로 보는 견해가 있는 반면에 백제와 관련이 적은 토착적인 재지세력, 즉 마한의 잔존세력들의 무덤으로 보는 견해도 있다.

2. 옹관고분과 금동관에 대한 검토

1) 나주 신촌리 9호분

나주 신촌리 9호분은 조선총독부고적조사위원회 소속의 谷井濟一을 비롯한 일본학자 4명이 1917년 12월 17일~27일까지 11일 동안 1차 조사를 실시한데 이어 이듬해 10월 16~28일까지 2차 조사를 한 것이 전부이다. 결국 신촌리 9호분 조사는 발굴이라기보다는 유물수습에 가까웠다. 이 고분에서는 상·하에 11기의 옹관을 매장하였는데 부장유물로는 乙棺에서만 금동관, 금동제귀걸이, 금동신발, 환두대도, 곡옥, 관옥, 동제팔찌 등 다량의 유물과 원통형토기 파편이 수습되었다(朝鮮總督府 1920; 국립광주박물관 1988a).

그리고 이 고분은 1999년 4월 26일부터 8월 26일까지 국립문화재연구소에서 발굴조사한 결과, 1917년 일본인에 의해 발굴된 분정은 11×11m 범위로 최고 깊이 2m까지 발굴조사 하였음이 확인되었고, 성토분구 자체의 밑변은 30.5m×27.5m의 방형이고 주구가 형성되어 있었다(국립문화재연구소 2001b). 주구는 전형적인 영산강식 주구로, 분구의 고대화·채토처로서의 기능적 성격이 강했음을 알 수 있다.

신촌리 9호분은 상·하층으로 옹관이 매장되어 있었다. 하층에는 두 기(庚棺, 辛棺), 상층에는 9기가 자리잡고 있다. 상층 중앙에는 甲, 乙, 丙, 丁棺이 장축을 남북으로 하고 열을 이루고 있다. 열을 달리하여 서쪽으로 壬棺과 癸棺이 있고, 또 동쪽 편으로 戊棺과 己棺이 있다. 옹관묘를 축조한 후 그 주변부에 원통형토기를 2중으로 배열한 것으로 확인되었다. 이와 같이 옹관의 중층 매납과 원통형토기의 배치상태로 미루어 보면 적어도 세 번에 걸쳐 수직 확장된 것으로 보인다(오동선 2009)(그림 5-17).

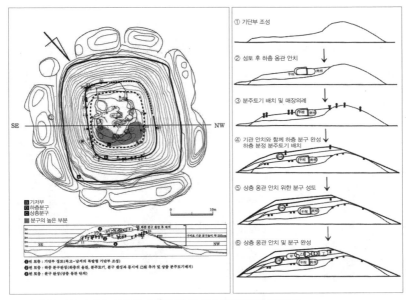

■ 그림 5-17. 나주 신촌리 9호분의 축조과정(오동선 2009)

　　나주 신촌리 9호분에서 가장 이질적이면서 주목받는 유물은 원통형토
기이다. 원통형토기의 용도는 처음부터 의례행위에만 사용되지 않았다.
중부지역에서 출토된 원통형토기는 낙랑지역을 비롯한 여러 곳에서 일상
용으로 사용되었으며 이러한 원통형토기가 중부지역에서 처음으로 주구
토광묘의 분구에 매장되었던 것이다(이상엽 2009). 현재 호남지역에서 발
굴조사된 원통형토기는 크게 세 형식으로 나누어진다. Ⅰ식 원통형토기는
주구토광묘와 뒤이어 등장하는 호남지역의 목관고분에서 출토되고 있어
일본의 하니와와는 계통이 다른 것으로 그 조형이 중부지역의 원통형토
기에 있으며 각 고분에서 출토되는 수가 많지 않다. Ⅱ식은 옹관고분에서

만 나타나는 형식으로 신촌리 9호분과 덕산리 9호분에서 확인되었다. 그
리고 Ⅲ식은 주로 전방후원형고분에서 나타나는 형식으로 광주 월계동 1
호분에서 200점 이상 출토되었다(최성락·김성미 2012).

그런데 신촌리 9호분에서 출토된 Ⅱ형식이 Ⅲ형식에 앞서는 것인지 아
니면 늦은 것인지 논란이 있다. 최근 전북 고창 왕촌리 유적에서도 동일
한 형식이 출토되었고(전주문화유산연구원 2013), 형식적인 배열로 보아도
Ⅲ형식 보다 빠를 가능성이 많다(그림 5-18·19).

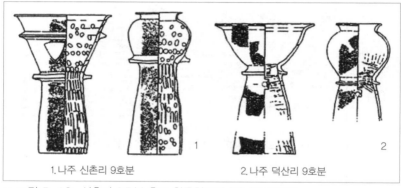

1. 나주 신촌리 9호분   2. 나주 덕산리 9호분

■ 그림 5-18. 신촌리 9호분 출토 원통형토기 (김낙중 2009)

■ 그림 5-19. 고창 왕촌리 고분 출토 원통형토기

다음으로 신촌리 9호분의 축조연대는 출토된 옹관이나 출토유물인 금동관, 금동이식 등에 의해 추정되고 있다. 일본 연구자들은 대체로 6세기 전반으로 보았다. 하지만 국내 연구자들의 견해는 매우 다양하다. 일찍 옹관의 형식을 근거로 4세기 후반 혹은 5세기 전반으로 보는 견해가 있었으나 대체로 5세기 중엽에서 후반으로 보는 견해가 주류였다. 하지만 최근에는 옹관의 형식이나 출토된 토기 편년에 의해 5세기 후반에서 6세기 전반으로 보는 경향이 많다(오동선 2009)(표 5-7).

■ 표 5-7. 나주 신촌리 9호분의 연대관(오동선 2009)

구분	연구자	대 상	4세기		5세기				6세기				비고
			중	후	초	전	중	후	초	전	중	후	
1	穴澤口禾光·馬目順一	장식대도 外				■	■	■	■	■			상하층
2	安承周	옹관·금동관	■										상층
3	徐聲勳·成洛俊	옹관	■	■	■	■							상하층
4	朴永福	금동관						■					상층
5	李正鎬	옹관				■	■	■	■	■			상하층
6	申大坤	금동관				■							상층
7	朴普鉉	금동관							■	■			상층
8	이종선	금동관						■					상층
9	小栗明彦	개배				■	■	■	■	■			상하층
10	金洛中	옹관·장식대도					■	■	■				상하층
11	林永珍(2003)	분주토기					■	■	■				상하층
12	徐賢珠(2006a, 2007a)	위세품·분주토기							■	■			상하층
13	吳東墇(2008)	옹관							■	■	■		상하층

2) 신촌리 9호분 금동관(국보 295호)

신촌리 9호분 금동관은 1917년 일제강점기에 나주 신촌리 9호분 乙棺

에서 발견되었다. 이 금동관에서는 백제지역에서 찾아볼 수 없는 특이한 형태가 나타난다. 엷은 동판을 오려 만든 관모로 내관과 외관이 모두 남아있는 금동관이다. 외관은 폭이 3cm 길이가 50cm의 동대를 구부려 직경 17cm의 테를 만들고 거기에 세 개의 초화형입식을 세웠다. 그 테에는 일정한 간격으로 칠판화문을 철점으로 나타내고 상연 가까이 일렬로 하트형 영락을 달고 있다. 또 세 개의 입식은 중앙 세 기둥의 끝머리와 그 좌우에 세 개의 보주형 두식이 얹히고 그 아래로 좌우 각 두 개씩의 분지가 있는 것이며 무슨 모란이나 백합꽃을 모아 놓은 것 같고 앞쪽에 하트형 영락을 매달고 있다. 내관은 반원형의 동판을 두 개 맞붙여 이루어지고 있는데 각 면마다 인동문 테두리 안에 백합꽃 같은 꽃무늬를 철점으로 나타내고 있다(국립광주박물관 1988a)(그림 5-20).

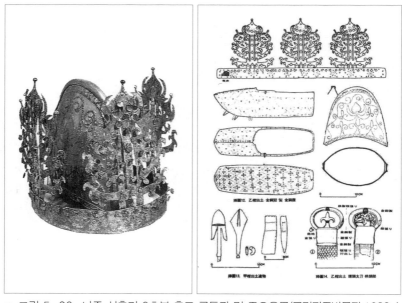

■ 그림 5-20. 나주 신촌리 9호분 출토 금동관 및 주요유물(국립광주박물관 1988a)

나주 신촌리 금동관은 백제지역에서 나타나는 금동관과 차이가 있는 점이 주목된다. 일찍 일본학자인 梅原末治(1959)는 신촌리 금동관을 북방계로 보았다. 한편 금동관이 백제보다는 가야지역과의 관계를 고려하여야 한다고 주장(이종선 1999)이 제기된 바가 있으나 금동관, 금동신발 등은 백제, 영산강유역 그리고 일본을 연결하는 선상에서 이해되어야 할 유물들이다. 현재 백제지역에서 출토된 금동관은 7개로 천안 용원리 금동관, 공주 수촌리 금동관 2점, 익산 입점리 금동관, 서산 부장리 금동관, 나주 신촌리 금동관, 고흥 길두리 안동고분 금동관 등이 있어 백제에 의한 사여품으로 보고 있다(이한상 2009; 186-192). 또 신촌리 금동관의 연대는 신촌리 9호분 을관의 위치가 고분의 상층에 자리잡고 있어 고분 축조시기의 후반부에 해당하므로 5세기 후반에서 6세기 전반 사이에 해당된다(표 5-8).

■ 표 5-8. 나주 신촌리 9호분의 축조연대와 고고학적 현상

연 대	역사 기록	신촌리 9호분 축조연대	고고학적 현상
			석곽분 축조와
450			외래계 유물 등장
		하층(경관, 신관)	
475	한성백제의 붕괴		
498	동성왕의 남정		횡혈식 석실분 및
		상층(을관)	전방후원형고분 축조
538	백제의 사비천도		

3. 금동관을 통해서 본 나주 신촌리 9호분의 성격

영산강유역 고대사회에서 가장 논란이 되는 시기는 4세기 후반부터 6세기 전반까지이다. 이 시기의 영산강유역 고대사회의 실체를 파악하기 위해서는 먼저 마한에 대하여 검토해 보고자 한다. 역사학계에서는 대체로 마한이 경기·충청·전라지방, 진한이 낙동강의 동쪽, 변한이 낙동강의 서쪽에 위치한다고 보고 있다. 따라서 기원후 1~3세기의 영산강유역 고대사회는 마한의 영역에 속한다고 보는 데에 이론의 여지가 없다. 그런데 영산강유역은 4세기 후반 근초고왕에 의해 일차적으로 장악되었으나 간접적인 통치를 받다가 498년 동성왕의 친정에 의해 백제의 직접지배를 받게 되었고, 6세기 중엽에는 五方制가 실시되면서 백제의 지방으로 편입되었다고 볼 수 있다.

그렇다면 왜 신촌리 9호분 금동관은 일반적인 백제 금동관과 다른 형태를 가지고 있을까? 이에 대한 연구자들은 별다른 견해를 제시한 바가 없이 그 출처에 대한 논란만 있을 뿐이다. 필자는 일차적으로 신촌리 9호분의 주인공이 백제와 관련이 있다는 견해에 동의한다. 앞에서 살펴보았듯이 많은 위세품들은 백제로부터 사여되었기 때문이다. 이 경우에 발생하는 것은 帶冠의 문제이다. 이러한 형식의 대관은 백제지역에서 찾아보기 힘들다. 이에 대한 의문을 신촌리 9호분의 축조연대와 관련지어 추정해 볼 수 있다. 즉 필자는 신촌리 9호분이 한성백제가 붕괴(서기 475년)되기 전에 축조되기 시작하였고, 이후 6세기 초까지 축조되었다는 점에 주목하였다.

영산강유역에서는 5세기 전반이 되면 석곽분이 축조되기 시작하였고, 가야 등 외부로부터 영향이 나타나기 시작한 시기이다. 특히 475년에 한성백제가 붕괴되고 498년 동성왕이 무진주(현 광주)에 직접 원정하기까지 영산강유역에 미치는 백제의 영향력은 극히 낮아다고 추정된다. 이와 같이 백제의 영향력이 약한 시기에 반남고분세력들은 자연히 가야지역과 관련성이 높아질 수 있을 것이다. 즉 신촌리 9호분 출토 장신구에 대가야의 요소가 많이 나타나고 있는 점(이한상 2009; 190)은 이를 뒷받침하고 있다.

따라서 이 지역을 대표하는 신촌리 9호분의 피장자는 가야식의 대관을 받아들이거나 만들면서 당시 사회에서의 위상을 유지하였을 것이다. 또한 금동관이 내관과 대관으로 구성되어 있는 것은 당시 사회에 처한 신촌리 9호분 피장자의 입장이 그대로 반영된 것으로 해석된다. 내관의 경우 백제로부터 사여받은 것이라면 대관은 가야의 영향을 받아 만들어졌을 것이다. 이후 금동관은 반남고분세력이 붕괴되면서 신촌리 9호분 을관에 함께 묻혔을 것으로 판단된다.

제 5 절
나주 복암리 3호분의 성격

　나주 복암리 고분의 실체를 파악하기 위한 발굴조사가 시작된 지도 20
년이 되었다. 하나의 분구 속에 41기의 무덤이 약 400년에 걸쳐 축조된
독특한 고분인 복암리 3호분에 대한 조사결과는 영산강유역의 고분문화
를 이해하는데 획기적인 변화를 초래하였다. 특히 '96석실에서 4기의 옹
관이 출토됨으로써 옹관묘로부터 석실분이 일시적으로 교체되었다는 기
존의 편견을 바꾸는 인식의 전환을 가져왔다. 또 복암리 3호분은 영산강
유역에서 모든 무덤 양식이 나타나고 있기 때문에 "무덤의 박물관"으로
불리기도 하고, KBS 역사스페셜에서는 "아파트형 고분"이라는 수식어를
붙이기도 하였다.

　복암리 3호분에 대한 일차적인 연구결과는 발굴보고서인 『나주 복암리
3호분』(국립문화재연구소 2001a)에 잘 기술되어 있으나 아직도 풀어야할 의
문들이 적지 않다. 우선 몇 가지 의문을 적어 보면 다음과 같다.

　첫째, 이 고분은 최근 호남지역에서 통용되는 분구묘로 부를 수 있는가?

　둘째, 이 고분의 방대형 분구는 왜 불균형을 이루고 있는가?

　셋째, 이 고분의 분구 아래에 있는 사다리꼴 주구는 무엇인가?

　넷째, 이 고분은 어떤 순서로 축조되었을까?

　다섯째, 이 고분을 축조한 세력은 누구일까? 등이다

　따라서 먼저 분구묘의 문제는 이미 앞 절에서 언급되었으므로 생략하
지만 이 무덤을 분구묘로 지칭하는 것은 적절하지 못하다고 본다. 다음으
로 복암리 3호분의 분형과 축조과정을 분석해봄으로써 상기한 의문들을

풀어보는 것과 함께 이 고분이 영산강유역에서 차지하는 의미를 알아보고자 한다.

1. 분형의 검토

복암리 고분군의 분형은 다음과 같다. 1호분은 원형 주구에 원형분이고, 2호분은 사다리꼴 주구에 타원형의 분구를 가지고 있으며, 4호분은 반원형의 분구를 가지고 있다. 반면 복암리 3호분의 기저부에는 사다리꼴의 주구가 있고, 지표면에 약간 불규칙한 방대형의 분구가 형성되어 있는데, 그 규모가 남북 최대길이 약 42m, 동서 최대너비 약 38m, 높이 약 6m이다(임영진 외 1999)(그림 5-21).

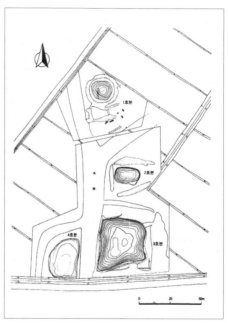

■ 그림 5-21. 나주 복암리 1-4호분 분포도

복암리 3호분의 분형을 검토하기 위해서는 영산강유역에서 나타나는 각 무덤의 분형을 살펴보고 이것들과 비교해 보고자 한다. 먼저 주구토광묘의 주구가 분형을 간접적으로 보여 준다고 한다면 그 변화는 다음과 같

다. 주구토광묘에서의 주구는 대체로 방형→타원형→제형(사다리꼴) 등
으로 변화된다(최성락 2002c). 이 중 사다리꼴의 주구는 일부 전북지역에
서도 나타나기 시작하였으나 영산강유역에서 크게 유행하였다.

이러한 사다리꼴의 주구는 4세기대의 고분단계로 들어서면서 사다리
꼴의 분구, 즉 이형분구로 발전하게 된다. 영산강유역에서 조사된 이형분
구는 표 5-9와 같다.

■ 표 5-9. 영산강유역의 이형분구 현황표(임영진 1997b의 표 일부를 수정함)

유적명	평면형태	규 모(m) (길이×너비×높이)	길이/너비	내부시설	비 교
함평 만가촌 2호	긴 사다리꼴	21.8×9.5	2.3		
3호	긴 사다리꼴	47.3×15.3	3.1	옹관 2기 외	
4호	긴 사다리꼴	48.5×12.7	3.8	목관 2기 외	
5호	사다리꼴	19.2×10.7	1.8		
6호	사다리꼴	15.6×(6.4)	(2.4)	敷炭葬 1기	
7호	긴 사다리꼴	(33)×11	(3.0)		
8호	긴 사다리꼴	(54)×16	(3.4)		
9호	긴 사다리꼴	(45.5)×13.4	(3.4)		
영암 신연리 8호	사다리꼴	24.5×13.7	1.8	목관 1, 옹관 1	
9호	사다리꼴	(20)×14.5×(2)	(1.4)	목관 3, 옹관 4	* 1)
10호	긴 사다리꼴	30.5×12.5×(1.8)	2.4		
11호	긴 사다리꼴	(25)×17.5×(1.7)			
12호	긴 사다리꼴	(20)×17.5×(0.8)			
13호	사다리꼴	13×10.8×(1.4)	1.2		
14호	긴 사다리꼴	22.5×15×(0.6)	1.5		
옥야리 6호	사다리꼴	(30×23.5×2.5)	(1.3)	옹관 4	
초분골 1호	긴 사다리꼴	33×15	2.2	목관 3, 옹관 5	
2호	사다리꼴	16.5×15	1.1	목관 2, 옹관 1	
내동리 7호	사다리꼴	13.4×9.4×(3)	1.4	토광 1, 옹관 6	* 2)

만수리 4호	긴사다리꼴	(37×20)	(1.9)	목관 7, 옹관 2	
나주 신촌리 4호	사다리꼴	10.5×9×2.5	1.2		
신촌리 5호	사다리꼴	17×13×2.5	1.3		
신촌리 6호	장고형	31.5×(16.5)×3	1.9	옹관 5	* 3)
덕산리 2호	사다리꼴	(28.7×16.8×3.6)	(1.7)		

* 1) 발굴보고서에 의하면 방대형의 고분으로 보고 있다. 그러나 임영진은 주변의 주구를 기준으로 재측정하면서 이를 사다리꼴의 고분으로 보았다.

* 2) 성낙준은 이 고분을 방형으로 파악하였다.

* 3) 1938년 有光敎一에 의해 발굴조사되어 전방후원형으로 알려졌으나, 1997년 정비복원을 위한 기초조사를 통해 사다리꼴 2기가 미부쪽을 서로 맞대고 있어 長鼓形으로 확인되었다.

이형분구를 가진 고분은 多葬으로 옹관고분과 목관고분으로 분류된다. 옹관고분에는 토광묘가 포함되는 경우가 대부분이다. 사다리꼴의 목관고분은 주구토광묘가 발달된 것으로 함평 만가촌 고분 이외에도 최근 나주 장등 유적이나 광주 하남 유적에서도 발견되었다.

이러한 이형분구를 가진 고분은 전형적인 옹관고분으로 발전되면서 원형이나 방형의 분구로 바뀌어간다(표 5-10). 다만 초기 옹관고분인 옥야리 6호분을 제외하면 분구 속에 여러 기의 매장시설이 만들어지는 다장인 것은 이형분구를 가진 고분과 마찬가지이다.

■ 표 5-10. 옹관고분 현황표(성낙준 1997b의 표 일부를 수정함)

유적명	평면형태	규 모(m) (길이×너비×높이)	길이/너비	내부시설	비 교
나주 대안리 9호분	방형	44.3×34.94×8.41	1.28	옹관 9	
나주 신촌리 9호분	〃	34.85×30.28×5.46	1.15	옹관 12	
나주 대안리 3호분	〃	18.33×14.14×3.33	1.29		
나주 대안리 7호분	〃	14.52×12.1×2.63	1.20		

나주 대안리 8호분	//	10.5×8.98×2.87	1.17	옹관 4	
나주 신촌리 1호분	//	12.58×10.38×3.12	1.21		
나주 덕산리 10호분	//	16.52×16.24×1.25	1.02		
영암 신연리 9호분	//	19×16×2	1.18	옹관 4, 목관 3	
영암 내동리 7호분	//	13.4×9.4×3	1.42	옹관 6, 목관 1	
나주 덕산리 3호분	원형	44.55×43.81×9.24	1.01	옹관 5	
나주 덕산리 5호분	//	44.85×43.65×7.45	1.02	옹관 7	
나주 덕산리 4호분	//	28.05×27.68×6.45	1.01	옹관 2	
나주 덕산리 9호분	//	15.8×13.6×2.5	1.16		
나주 신촌리 2호분	//	20.12×19.72×4.15	1.02		
영암 내동리 쌍무덤 2호분	//	35×10	1.00		
영암 옥야리 상촌 14호분	//	11×1.7	1.00	옹관 1	* 1)

* 1) 옥야리 상촌 14호분은 단독장으로 본격적인 옹관고분으로 발전되기 전의 초기 옹관고분이다.

그러나 새로이 등장하는 석실분이나 석곽분의 분구는 전방후원형, 방형, 원형 등이 있다(표 5-11). 전방후원형이 새로이 나타나는 점과 방형이 급격히 감소된 점이 특이하다. 전방후원형은 전기 석실분 단계(6세기 전후)에 일시적으로 나타나지만 6세기 중엽의 후기 석실분 단계에서는 없어진다. 방형(혹은 방대형)인 경우는 영산강유역과 서남해안에서 확인되는데, 전방후원형·원형보다 앞서는 5세기 중엽경부터 조성된다. 그러나 무안 고절리 고분, 함평 금산리 방대형 고분, 나주 횡산 고분 등의 방형은 주 매장시설을 알 수 없어 정확한 연대를 파악할 수가 없다. 또한 석실분 단계에서는 석곽 2기가 있는 담양 중옥리 서옥 2호분을 제외하면 모든 고분이 단장(單葬)으로 변화되고 있다.

■ 표 5-11. 석실분과 석곽분의 현황표

유적명	평면형태	규 모(m) (길이×너비×높이)	길이/ 너비	내부 시설	비 교 (분구 내 매장시설)
광주 명화동 고분	전방후원형	33×18×2.73	1.8	석실 1	
광주 월계동 2호분	〃	34.5×20.5×3.5	1.7	석실 1	
영암 자라봉 고분	〃	35.6×23.3×5	1.5	석실 1	옹관 1
해남 용두리 고분	〃	40.5×23×5.1	1.7	석실 1	
영광 월계 장고분	〃	41.2×22.5×6	1.8	·	
광주 월계동 1호분	〃	45.3×25.8×6.1	1.7	석실 1	
함평 신덕 1호분	〃	51×30×5	1.7	석실 1	
함평 장고산 고분	〃	70×39×8	1.8	·	
해남 장고산 고분	〃	77×44×10	1.7	석실 1	
나주 송제리 고분	원형	18×3		석실 1	
영광 대천 3호분	〃	7×2		석실 1	
해남 조산 고분	〃	17×4.5		석실 1	
장성 영천리 고분	〃	20×4		석실 1	
신안 도창리 고분	〃	20×2.8		석실 1	
함평 신덕 2호분	〃	21×3		석실 1	
담양 서옥 2호분	〃	12.2×1.4		석곽 2	
담양 서옥 3호분	〃	12.4×1.4		?	
고흥 길두리 안동고분	〃	34×6		석곽 1	
무안 고절리 고분	방형	38.20×37.47×3.78	1.02	?	* 1)
함평 금산리 방대형분	〃	51×51×9	1.1	석실 ?	
함평 중랑	〃	30×30×?	1.1	석실 ?	주구에서 석재 확인
나주 복암리 3호분	〃	42×38×6	1.1	석실 1	목관 1, 옹관 23, 석실·곽 16
나주 복암리 정촌	〃	40×37×11.6	1.08	석실 1	석실 2, 목관1, 옹관 6, 석곽 4
나주 동곡리 횡산	〃	20×20×1.72	1.1	석실 ?	옹관 3, 석실 1
영암 옥야리 방대형 1호분	〃	36.7×32.23×6.71	1.13	석곽 1	목관 1, 옹관 3, 석곽 1
해남 신월리	〃	20×14.1×1.5	1.41	석곽 1	서남해안 고분

*1) 이 고분과 함께 함평 금산리·중랑, 나주 횡산에서는 매장주체부를 확인하지 못하였으나 석실분 단계의 것으로 추정되고 있어 포함하였다.

이상에서 살펴본 바와 같이 분구의 변천을 종합하면 주구토광묘의 주구는 방형→타원형→사다리꼴 등으로 변화되고, 고분단계에서 이형분구로 발전되지만 전형적인 옹관고분의 분구는 방형이나 원형으로 바뀐다. 그리고 석실분의 분구는 전방후원형과 원형이 주를 이루다가 원형으로 통일된다.

따라서 나주 복암리 3호분의 특징은 옹관고분 단계에서도 많이 찾아볼 수 있는 방대형의 분구를 그대로 조성했다는 점이다. 다만 분구가 방대형을 이루고 있으나 불균형을 보이고 있는 점은 여전히 의문으로 남는다. 또한 석실분 단계에서 다른 고분이 이미 단장으로 변화되는 것과 다르게 이 고분은 다장을 그대로 유지하고 있는 점도 특징이다.

2. 축조과정의 검토

발굴보고서에 의하면 복암리 3호분의 축조과정을 다음과 같이 기술하고 있다.

"-- 성토층 자체는 크게 상, 중, 하의 3층으로 구성되어 있다. 하층은 분구
조영 이전에 형성된 옹관고분군의 봉토와 그 사이의 주구 또는 공백지역을
메운 것으로 전체적으로 어두운 갈색계열의 색조를 띠며 여러 성분이 섞인
혼합점토를 사용하였다. -- 중층은 두껍게 나타나는데 전반적으로 수평으
로 한 겹씩 쌓아 올라간 것이 아니라 국부적으로 일정한 높이로 성토하고

252　영산강유역 고대사회의 형성과정 연구

이에 덧대어 옆으로 동일한 방법으로 확장시켰다. -- 상층은 증층보다 넓은 범위를 수평으로 한 겹씩 성토하였는데 대부분의 유구는 이 층을 파고 만들었다."(국립문화재연구소 2001a:45)

"-- 분구의 성토과정 및 방법을 살펴보면 우선 방대형 분구를 기획, 축조하면서 이미 존재하던 옹관묘군을 조정, 확대한 것으로 볼 수 있다. 성토 자체는 크게 3개의 층으로 구분된다. 하층은 기존 옹관묘의 봉토를 유지하며 주구 및 옹관묘 사이의 공백지대를 메운 것이고, 중층은 방대형의 모습을 염두에 두고 두껍게 분할 성토하여 분구 고대화의 기본틀을 마련한 것이고, 상층은 중층 위에 수평으로 넓게 다져 깔아 방대형의 모습을 완성한 것이다."(국립문화재연구소 2001a:368)

"-- 선행하는 2~3기의 제형고분의 분구를 포함시켜 방대형 분구로 개축하면서 '96석실묘를 축조하였고, 이어 1.2호 석실묘를 축조하면서 현재와 같은 분구로 완성된 고분이다."(국립문화재연구소 2001a:406)

고분의 축조과정은 컴퓨터를 이용하여 복원하는 방안이 연구될 수 있다.[61] 그러나 여기에서는 그러한 복원은 시도할 수 없었고, 다만 축조과정을 좀 더 추적해 보기 위하여 발굴보고서에서 제시된 시기별 무덤양상을 분구의 평면과 단면에 나타내어 살펴보았다.

먼저 선행기의 무덤은 낮은 분구에 수평을 이루고 넓게 형성되어 있다. 이들은 모두 옹관묘이다. 다음 1기에는 '96석실을 시작으로 분구의 중심부에 무덤이 축조되면서 분구는 높아졌다. 마지막으로 2기에는 분구의

---

61. KBS 역사스페셜에서는 분구의 축조과정을 컴퓨터 그래픽을 통해 제시한 바가 있으나 분구가 단순히 3층으로 형성된 것으로 해석하고 있어 잘못된 것이다. 컴퓨터 시뮬레이션을 통해 이를 검토하는 방안은 새로운 시도로 생각된다.

동서 양쪽에서 무덤이 축조되면서 오히려 1기보다도 낮은 높이에서 축조되고 있음을 볼 수 있다. 따라서 1기에는 중심부에서 수직적으로 고총화가 이루어지고, 2기에는 고분의 주변까지도 수평적으로 확대되었음을 알 수 있다.[62]

다음은 고분의 축조과정에서 나타나는 무덤 양식의 변화이다. 발굴보고서에 의하면 복암리 3호분의 분기 및 연대는 다음의 표 5-12와 같다.

■ 표 5-12. 나주 복암리 3호분의 분기 및 연대(국립문화재연구소 2001a)

기	소기	해당유구	연대	비고
선행기	a	옹관1식 : 20·21·22호, 대용관 19호	3세기중엽~후엽	방대형 분구 조영 이전 제형분구
	b	옹관2식 : 3·10·13·15호	3세기말~4세기전반	
	c	옹관3식 : 16·17·18호, 대용관 14호 1호 목관	4세기후반~5세기중엽	
I 기	a	96석실	5세기후엽~6세기초	방대형 분구 조영기
	b	옹관3식 : 1·2·12호, 대용관 9호 수혈식석곽 : 3·4·5호 1·2호 석실	6세기전엽	
II 기	a	옹관3식 : 5·6·7·11호, 대용관 4호 횡혈식석실 : 5·9·10·12호	6세기중엽	방대형 분구 완성 이후
	b	횡혈식석실 : 7·13호 횡구식석곽 : 11호 석곽옹관 : 8호	6세기후엽~7세기초	
	c	횡혈식석실 : 6·16·17호	7세기전엽	

이를 유구별로 정리하면 다음과 같다(표 5-13). 즉 옹관은 3세기 중엽부터 6세기 중엽까지 지속적으로 만들어지면서 전용관과 대용관이 같이 사

---

62. 이를 증명하기 위해서는 층서적인 뒷받침이 필수적이다. 본고에서는 분구의 층서에 대한 충분한 분석을 하지 못하였으나 대체로 그러한 경향을 보여주고 있다.

용되었고, 횡혈식 석실은 5세기 후엽에 시작되고 3호분이 축조되는 마지막 단계까지 지속되었다. 수혈식 석곽은 6세기 전엽에 잠시 나타났으며, 횡구식 석곽과 석곽 옹관도 6세기 후엽에서 7세기 초에 일시적으로 출현했다.

■ 표 5-13. 복암리 3호분의 유구별 변화상

유구별		선행기 a	선행기 b	선행기 c	I기 a	I기 b	II기 a	II기 b	II기 c
옹관	전용	20·21·22호	3·10·13·15호	16·17·18호		1·2·12호	5·6·7·11호		
	대용	19호	14호			9호	4호		
목관			1호						
횡혈식 석실					96석실	1·2호	5·9·10·12호	7·13호	6·16·17호
수혈식 석곽						3·4·5호			
횡구식 석곽								11호	
석곽 옹관								8호	

이 중에서 가장 주목받는 것은 옹관의 축조시기로 석실분이나 석곽분이 등장한 이후에도 계속 지속되고 있다는 점이다. 종래 옹관이 석실분의 등장과 함께 소멸되었다는 인식을 변화시킬 수밖에 없는 적극적인 자료가 이 고분에서 제시된 것이다.

다음으로 주목받은 것은 수혈식 석곽분의 등장이다. 횡혈식 석실분보다 일찍 나타나는 것이 일반적이나 영산강유역에서는 횡혈식과 비슷한 시기에 등장한다. 이는 영산강유역 상류나 남해안지역에서 5세기 중엽경에 나타나는 것과 비교되는 하나의 특징이라고 볼 수 있다.

그리고 횡구식 석실분의 등장시기이다. 가야지역이나 전북지역에서는

횡혈식 석실분 이전에 횡구식 석실분이 일부 나타났음을 알 수 있으나 복
암리 3호분에서는 그러한 현상을 볼 수 없다. 즉 횡구식 석실분도 횡혈식
석실분보다 늦게 등장하였다.

여기에서 복암리 3호분의 축조과정과 관련되어 두 가지 의문이 생긴
다. 먼저 복암리 3호분의 분구 아래에 존재하는 세 개의 사다리꼴 주구의
매장주체는 과연 옹관일까? 우선 필자는 사다리꼴 주구와 옹관을 분리해
서 보고자 한다. 왜냐하면 분구에서 조사된 무덤에는 옹관묘 다수와 목관
묘 1기가 있으나 층서상이나 평면상에서 사다리꼴 주구와 직접 관련성이

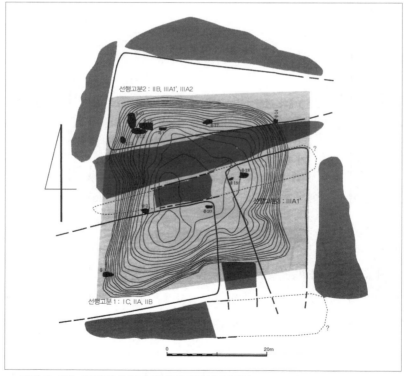

■ 그림 5-22. 복암리 3호분 기저부(오동선 2009)

있는지 불명확하기 때문이다. 영산강유역에서 조사된 대부분의 주구토광묘가 토광(목관)을 주매장시설로 사용하고 있어 사다리꼴 주구와 직접 관련된 매장시설이 옹관이 아니라 토광일 가능성이 높다. 다만 나주지역에서만 일부 사다리꼴 주구에 옹관이 매장되는 경우가 있다. 따라서 옹관이 사다리꼴 주구의 주매장시설인지 아니면 토광이 있었으나 후대에 파괴되었는지 검토할 여지가 있다(그림 5-22).

다음은 '96석실 등장 이전에 옹관고분의 존재여부이다. 발굴보고서에서는 옹관이 6세기 중엽까지 지속적으로 만들어졌다고 보았다. 그러나 옹관의 형식을 보면 그 일부는 6세기의 것으로 받아들일 수 있으나 나머지는 5세기의 것으로 보아도 무방하다.[63] 만약 옹관의 편년을 일부 조정할 수 있다고 가정한다면 '96석실의 등장 이전에 이미 발달된 옹관고분이 형성되어 있었다고 추정할 수 있다. 즉 서남쪽, 서북쪽, 동쪽 등 세 귀퉁이에 3기의 옹관고분이 존재하였을 것이다.

그리고 뒤이어 '96석실이 들어서면서 중앙부에 거대한 분구가 만들어졌고, 마지막으로 분구의 동쪽과 서쪽의 가장자리에 석실분이 들어서면서 옆으로 분구의 확대가 이루어졌을 것이다. 이와 같이 3개의 옹관고분을 연결하여 점차 방대형의 고분이 만들어졌다고 본다면 방대형의 분구가 왜 불균형을 이루었는지에 대한 설명이 가능할 것이다.

한편 오동선(2009)은 복암리 3호분의 층서를 분석하고 이를 바탕으로

---

63. 옹관의 편년에 대해서는 옹관 형식의 검토와 더불어 출토 지점에 대한 층서적인 검토가 요구되므로 별도의 고찰이 필요하다. 여기에서는 단지 의견을 제시하는 것으로 그치고 구체적인 검토는 차후로 미룬다. 그런데 서현주(2006b)의 발표문에서도 옹관의 연대를 보고서와 다르게 보는 편년안이 제시되어 있다. 3호분의 층서적 관계를 재검토한 홍진석(전 동신대문화박물관)은 발굴보고서에서 제시한 편년안에 약간의 수정이 필요하다는 견해를 필자에게 언급한 바가 있다.

분구의 축조과정을 자세하게 제시한 바 있다(그림 5-23·24). 즉 그는 3기의 선행주구에 방대형분구의 조영기에는 수직확장되면서 복발형 성토가 이루어졌다고 보고 있다. 또 그는 상층 분구가 하층 분구의 낮은 지점부터 성토되어 남쪽의 높른 부분과 높이차를 줄인 후에 다시 남쪽부터 성토되었으며 3호분의 최종 모습이 분정에 또 하나의 분구가 형성된 양상으로 보고 있다.

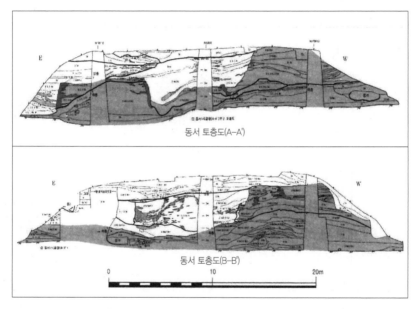

동서 토층도(A-A')

동서 토층도(B-B')

■ 그림 5-23. 복암리 3호분 토층도(오동선 2009)

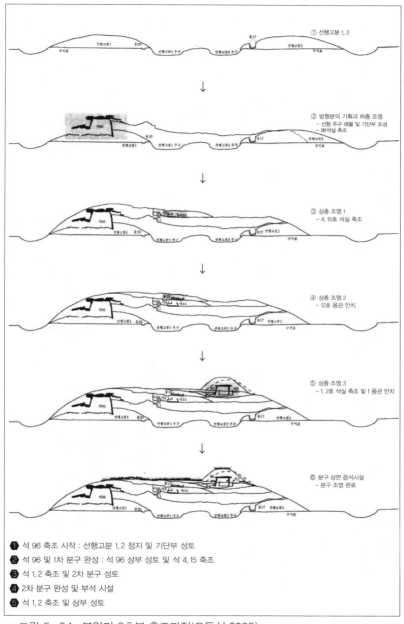

① 선행고분 1, 2

② 방형분의 기획과 하층 조영
  - 선행 주구 매물 및 기단부 조성
  - 96석실 축조

③ 상층 조영 1
  - 4, 15호 석실 축조

④ 상층 조영 2
  - 12호 옹관 안치

⑤ 상층 조영 3
  - 1, 2호 석실 축조 및 1 옹관 안치

⑥ 분구 상면 즙석시설
  - 분구 조영 완료

❶ 석 96 축조 시작 : 선행고분 1, 2 정지 및 기단부 성토
❷ 석 96 및 1차 분구 완성 : 석 96 상부 성토 및 석 4, 15 축조
❸ 석 1, 2 축조 및 2차 분구 성토
❹ 2차 분구 완성 및 부석 시설
❺ 석 1, 2 축조 및 상부 성토

■ 그림 5-24. 복암리 3호분 축조과정(오동선 2009)

3. 복암리 3호분의 성격

앞에서 살펴본 바와 같이 분형과 축조과정의 검토를 통해 복암리 3호분의 성격을 정리하면 다음과 같다.

첫째, 복암리 3호분의 매장시설은 영산강유역 고분의 일반적인 변천을 따르지만 분구가 방대형을 유지하고 있다는 점과 다장의 풍습을 늦게까지 유지한 점이 특이하다. 즉 옹관고분이나 목관고분 단계의 다장묘에서 석실분이나 석곽분의 단장으로 변화되는 것이 일반적이지만 이 고분은 다장의 원칙을 7세기 전반까지 지속시켰다. 영산강유역에서 다장의 풍습은 주구토광묘 단계에서 시작되었다. 즉 주구토광묘의 주매장시설인 토광묘 주변, 즉 대상부나 주구에 옹관이나 토광이 추가장으로 들어가기 시

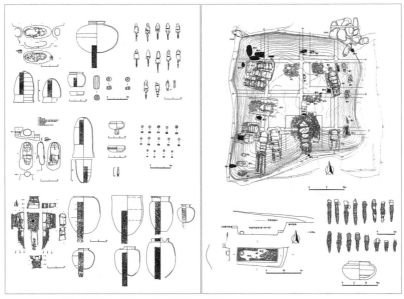

■ 그림 5-25. 나주 복암리 3호분과 출토유물

작하였고, 사다리꼴 고분에서는 토광묘의 다장이 이루어지거나 토광묘와 옹관묘의 다장이 이루어진다. 그러나 석실분이나 석곽분이 축조되면서 대부분 단장으로 회복하게 된다. 다만 완주 상운리 나 지구에서는 토광묘의 분구묘(목관고분)와 수혈식 석곽의 분구묘(석곽고분)가 확인되어서 다장의 풍습이 석곽묘까지 지속되었음을 알 수 있다. 또 전주 서부 신시가지 마정 3호분에서도 석곽묘, 석실묘, 옹관묘, 토광묘 등이 함께 매장되어 있다. 이곳 석실분은 초기 석실분으로 이 시기까지 다장이 이루어졌으나 고분의 규모는 작은 편이다(그림 5-25).

둘째, 복암리 고분군은 옹관고분이 형성된 이후에 지속적으로 고분이 축조되었다. 특히 3호분은 기존의 옹관고분에 덧붙여서 석실분과 석곽분이 만들어진 대형의 고분인 것이다. 즉 옹관고분을 바탕으로 계속적으로 확장된 형태를 보여주고 있다. 처음에는 분구의 중앙부가 고총화되는 경향을 보여주고 있으며, 뒤이어 분구의 가장자리에 무덤이 만들어지면서 분구가 거대화되었다. 이렇게 축조됨으로써 불균형을 이룬 방대형의 분구가 만들어졌다.

셋째, 3호분에서 다장을 하였으나 선대 무덤을 파괴하지는 않았다는 점이다. 무덤이 축조되면서 선대 무덤을 파괴하는 경우는 지역적으로 다른 양상을 보여준다. 전남지역의 경우, 지석묘를 파괴하고 후대의 무덤이 축조되는 예(무안 맥포리 지석묘, 곡성 연화리 지석묘 등)는 있으나 일반적으로 선대의 무덤을 바로 파괴하는 경우는 매우 드물다. 반면 영남지역에서는 김해 양동리 유적과 같이 바로 선대의 무덤을 파괴하고 무덤을 축조하였다. 다만 '96석실에서 석실안에 옹관이 매장된 것은 처음 들어간 것이 아니라 추가매장의 가능성이 있다.

넷째, 새로운 무덤이 들어오면서 기존의 무덤은 그 지위가 변화되고 있음을 볼 수 있다. 예를 들면 옹관묘는 그 중심 무덤이 석실분으로 바뀌면서 주변 무덤으로서 기능을 가지게 된다. 그런데 석실분이 축조됨과 동시에 수혈식 석곽, 횡구식 석곽, 석곽 옹관 등 다양한 무덤이 만들어지고 있어 이들 사이에 차등화가 이루어졌을 것이다. 또한 나주 복암리 3호분은 비록 하나의 분구 아래에 다양한 무덤이 만들어졌지만 동일한 성격의 집단이 축조하였을 것으로 추정된다. 이를 역으로 해석한다면 이 고분의 축조자는 영산강유역에 자리잡은 유력자들로서 새로운 무덤 형태의 유입을 거부하지 않고 적극적으로 받아들여 사용하였다고 볼 수 있다.

다섯째, 이 고분과 같이 수대에 걸쳐 다양한 매장주제부를 설치하는 고분은 나주 영동리 1호분(이정호 2006), 정촌 고분(국립나주문화재연구소 2013-2016 발굴) 등에서만 확인되고 있어 이 지역의 특색을 보여주는 고분으로 상호 비교를 통해 그 성격이 밝혀져야 할 것이다. 특히 복암리 고분에 인접한 정촌 고분은 규모에서는 복암리 3호분과 차이가 없을 뿐더러 거의 완벽에 가까운 금동신발이 발견되어 주목받은 바 있다.

이상과 같이 복암리 3호분은 거대한 분구를 가진 호남지역의 대표적인 고분이다. 이 고분은 발굴조사를 통해 그 성격이 어느 정도 파악되었다. 즉 이 고분은 영산강유역에 있어서 다양한 형태의 무덤을 모두 포함하고 있으면서 약 400년이라는 긴 기간에 걸쳐 거대한 분구가 축조되었다. 분형과 축조과정의 검토를 통해 살펴본 결과, 이 고분은 영산강유역의 고분 변천과 밀접한 관계를 가지면서도 분형이 방대형인 점과 다장을 지속하고 있다는 점에서 특별하다. 또 이 고분은 이 지역의 토착 수장층 세력집단의 무덤이 분명하고, 이들은 외부문화의 수용이 적극적임을 알 수 있다.

한 가지 주목할 부분은 옹관고분 단계에서는 나주 반남면 고분군에 비하면 아주 그 규모가 빈약한 수준이었으나 석실분 단계에서는 중심지로 거듭나고 있다는 점에서 나주 반남면 고분세력과는 다른 길을 걸었다고 볼 수 있다. 즉 복암리고분 세력은 5세기 후반에서 6세기 전반까지 한성 백제에서 웅진백제로 변화되는 시기를 거치면서 지역 토착세력이면서 백제와의 관계를 잘 유지하였다고 볼 수 있고, 백제의 직접지배를 받기 시작한 이후에도 그 지위를 유지하였을 것으로 추정된다.

4. 복암리 주변 세력의 위상과 성격

나주 복암리 주변에는 복암리 고분군을 비롯하여, 인접한 복암리 유적, 전시관 부지의 랑동 유적, 도로구간인 다시들 유적, 그리고 최근 조사된 정촌 유적 등이 있고, 서쪽편으로 영동리 고분군과 가흥리 신흥고분, 횡산고분 등이, 동쪽편으로 회진토성이 위치하고 있다(그림 5-26).

나주 복암리 고분의 성격에 대하여 국립나주문화재

■ 그림 5-26. 나주 복암리 주변 유적 분포(국립나주문화재연구소 2015b)

연구소(2006, 2015b)는 2006년도에 일차적으로 '나주 복암리 3호분과 영산강유역 고대문화'를 주제로 학술대회를 개최하였고, 2015년에 개소 10주년을 기념하여 '삼국시대 복암리 세력의 위상과 주변지역의 동향'을 주제로 국제학술대회를 개최하였다. 특히 국제학술대회에서는 지난 10여 년간 이루어진 발굴조사 및 연구 성과들이 종합적으로 정리되면서 다양한 견해가 제시되었다. 이를 요약하면 다음과 같다.

우선 편년의 문제로 오동선 등에 의해 대체로 정리되었다. 대체로 정촌 고분의 석실분이 먼저 축조되었고, 뒤이어 복암리 3호분 96 석실이 축조된 것으로 보고 있다. 금동신발의 경우에도 정촌고분 출토품이 복암리 96 석실 출토품 보다 이른 5세기 3/4 분기로 보고 있다(표 5-14).

■ 표 5-14. 영산강유역 주요 고분의 상대순서(오동선 2015)

연대	450		475		500		525	550
유적명	옥야리	정촌 1기		정촌 2기				
				복암리 3-96-1옹	복암리 3-96-4옹		명화동	
			신촌리9 하층	자라봉 학정리3 쌍암동 영동리1-1 영동리3 신촌리9상층	조산 월계동1 용두리		신덕 월계동2 영천리 표산 장고봉	

다음은 복암리 3호분과 정촌 고분 출토 유물의 성격문제로 모든 백제, 가야, 왜와 관련되는 유물이 함께 출토되고 있다고 보고 있다. 다만 정촌 고분에서 백제적인 요소가 많이 나타난다는 것으로 보이는 반면 영동리 고분군에서는 신라계 유물이 많이 보인다는 점이 특징이다.

그리고 복암리 석실분을 통해서 본 축조세력의 성격은 대체로 백제와 관련이 되는 재지새력이라고 보는데 많은 연구자들이 동의하고 있다. 다만 고분의 형성과정에서 서남해안지역의 고분과 관련되고 멀리 왜와도 연결된다는 견해(김낙중 2015b)와 정촌 고분의 석실은 광주지역의 이른 시기의 석실과 관련된다고 보는 견해(서현주 2015) 등이 있다. 이후 복암리 고분군 주변에서 출토된 '豆肹舍'명 장군이나 木簡으로 보아 6세기 중엽 이후에는 백제의 지방 통치의 중심지로 자리잡았음은 분명하다.

5. 나주 복암리 3호분 '96석실의 의문

　　나주 복암리 3호분 '98석실은 여전히 한 가지 의문이 남아있다. 즉 왜 옹관이 이 석실에 들어갔을까 하는 의문이다. 이를 발견할 당시에도 연구자들에게는 큰 충격이었다. 당시 옹관고분세력과 석실분의 축조 집단은 서로 다르다는 생각이 일반적이다. 즉 옹관고분은 재지세력들의 무덤이고, 석실분은 백제로부터 파견된 관리들의 무덤으로 해석되었다. 하지만 복암리 3호분 96 석실이 발견되자 복암리 일대의 경우, 예외적으로 재지세력이 중앙관리로 채용되었을 것으로 해석되었다. 즉 재지세력이 석실을 받아들인 것으로 해석된 것이다(그림 5-27).

　　그런데 발굴보고서를 자세히 보면 복암리 3호분 96 석실의 금동신발은 4호 옹관 아래에 눌려서 나왔다는 것이다. 그렇다면 옹관이 처음부터 석실에 묻힌 것이 아니라 목관과 함께 안치되었던 금동신발이 뒤이어 옹관을 추가장으로 안치하면서 기존의 목관과 유물들을 훼손하였다는 추정이 가능한 것이다.[64] 만약 이러한 현상이 있었다면 왜 일어났을까에

대한 의문이다. 이와 관
련된 주장이 아직 공식적
으로 제시되지 않았지만
만약 이러한 현상이 사실
이라면 분명히 어떠한 사
건과 관련된다고 볼 수
있다.

우선 연대를 살펴보자,
일차적으로 복암리 3호
분 96석실의 연대를 5세
기 후반에서 말까지로 보
고 있다. 구체적으로 96
석실의 옹관 1은 5세기 말
로, 96 석실 옹관 4는 6
세기 초로 추정된다(오동
선 2015). 하지만 금동신발

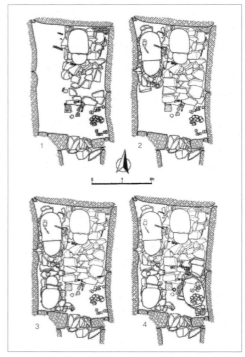

■ 그림 5-27. 복암리 96석실 옹관 안치과정
복원도(국립문화재연구소 2001a)

과 마구의 연대는 4/4분기로 표기되어 있다. 연대상으로도 옹관의 연대
에 비해 빠르다고 볼 수 있고, 금동신발의 성격은 백제의 사여품으로 보
고 있다. 비슷한 시기의 금동신발로는 나주 신촌리 9호분 출토품과 고창
입점리 출토품이 있다. 이런 금동신발은 백제로부터 사여되었다면 아마
도 475년 이전일 가능성이 많다. 한성백제가 붕괴되고 공주에 천도한 이

---

64. 목관의 존재는 금동신발과 관못 4점이 석실의 바닥에 흐트러져 있었다는 점
    외에도 1호 옹관의 관대(그림 5-26의 우의 상)가 다른 옹관에 비해 지나치게
    큰 점으로도 추정될 수 있다.

후에는 사실상 이러한 사여행위가 어려웠을 것이다. 위신재의 사여는 부장되기 이전에 일정기간 일찍 이루어질 수 있다. 그렇다면 96 석실의 축조도 475년을 전후한 시점으로 볼 수 있다.

그런데 복암리 3호분의 축조집단은 신촌리 9호분의 축조집단과 함께 백제로부터 사여품을 받는 것은 같으나 무덤의 형식은 횡혈식 석실을 받아들이고 있어 백제의 영향력이 훨씬 강하였다고 볼 수 있다. 이러한 면은 고창 입접리 고분과 유사한 점이 많다. 또한 신촌리 9호분의 피장자는 백제로부터 일정한 관계를 가졌던 재지세력이지만 복암리 3호분 96 석실의 주인공은 이와 다르게 매우 개방적인 세력으로 보아야 할 것이다. 그리고 인접한 정촌 고분의 경우 기존의 무덤이 없는 곳에 위치하여 새롭게 무덤을 조성하고 있어 복암리 3호분의 축조세력과 다른 세력으로 추정해 볼 수 있다.

그런데 96 석실에 목관이 아닌 옹관으로 추가장이 이루어진 것은 외부적인 요인이 있었다고 본다. 즉 한성백제가 붕괴되면서 나주지역에 대한 장악력이 떨어지자 재지적인 집단이 석실에 목관으로 추가장하는 것이 아니라 기존에 사용하였던 옹관으로 추가장을 하게 된 것이다. 이와 비교되는 정촌고분에서는 일정기간 추가장이 없었다. 즉 목관 1과 목관 2,3 사이에 시간적인 공백이 있었고, 이 고분에는 재지인들이 무덤에 추가장을 할 수 없는 이유가 있었을 것이다.

따라서 복암리 96 석실에서 옹관이 나온 것은 당시 재지세력들이 석실분을 받아들여 목관을 안치하면서 다량의 백제의 사여품을 함께 매장하였다. 그러나 백제가 약화되자 재지세력들이 이를 훼손하고, 다시 옹관을 안치하면서 그 정체성을 지키려고 하였을 것이다. 뒤이어 백제가 다시 이 지역을 장악하게 되면서 옹관은 더 이상 매장되지 않았을 것이다. 다만 나주 신촌리 일대의 세력과는 다른 방향으로 진행되었다. 즉 신촌리 일대의 세력은 백제의 재진입 이후 급격히 쇄락의 길에 들어섰을 것이다.

제 6 절
전방후원형고분과 원통형토기

　영산강유역에서 前方後圓形古墳이 처음 발견된 것은 1980년대 중반의 일이며, 지금까지 전방후원형고분으로 알려진 16기 중에서 12기가 발굴되었으나 이 고분의 성격은 아직도 분명하지 않다. 이것은 이 고분에 대한 학술조사가 부족하고, 설사 발굴되었다고 하더라도 아직 보고서가 공개되지 않았거나 출토유물이 적어 연구에 어려움이 있는 것이 일차적인 이유일 것이다. 그러나 더 큰 이유는 이것이 전남지역에 한정된 단순한 문제가 아니라 고대 한·일간의 문화교류와 관련되는 복잡한 문제이기 때문이다.

　그 동안 전방후원형고분에 대한 관심이 한·일 연구자들 사이에 고조되면서 다양한 의견이 제시되고 있다. 특히 이들 고분의 주인공이 在地勢力인지 아니면 倭와 관련된 인물인지에 초점이 맞추어지고 있고, 더불어 당시 영산강유역의 정치상황이 어떠하였는지에 대한 논의도 계속되고 있다. 이와 같이 복잡해진 논의들을 일차적으로 정리해 보고, 앞으로 이러한 문제를 해결하기 위한 방안을 찾아보는 것은 이 시점에서 시급한 작업으로 생각한다.

　따라서 본고에서는 영산강유역 전방후원형고분의 피장자와 관련된 논란, 특히 최근에 제기된 倭人說에 대한 문제점을 집중적으로 검토하면서 이들 고분에 대한 성격을 정리하고, 앞으로의 연구방향을 제시해 보고자 한다. 또한 이 고분과 관련이 깊은 원통형토기에 대한 연구성과와 성격에 대하여 검토하고자 한다.

1. 고분의 분포 및 조사현황

지금까지 호남지역에서 전방후원형
고분으로 알려진 것은 모두 16기이며,
이 중 시굴 혹은 발굴조사가 이루어진
것은 12기이다. 이 중에는 아직까지
논란이 되고 있는 고분도 있지만 일단
전부 포함한다(그림 5-28, 표 5-15).[65]

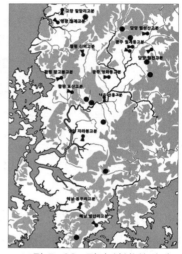

■ 그림 5-28. 전기 석실분(●)과
전방후원형고분의 분포

■ 표 5-15. 전방후원형고분의 조사 현황

순서	고 분 명	규 모 (m) (총길이×원분직경 ×방분길이)	석실 형식	특 징	관련문헌
1	해남 방산리 장고봉고분	76 × 41 × 34	횡혈식	내부 주칠	최성락 1986, 국립광주박물관 2001b

---

65. 나주 신흥고분은 분형에 대한 논의가 필요한 상황인데, 연구자에 따라 전방후
원형고분(이영철 2014; 임지나 2015; 한옥민 2016c), 방대형고분(김낙중 2015b;
최영주 2015)으로 보는 견해 차이가 있다. 최근 발굴조사에서 구획열의 중심
이 원부·방부를 연결하는 접합부로 추정되는 지점에서 확인된 점, 주구가 요
부를 형성하듯 좁아드는 점, 방부와 원부의 외곽 라인을 따라 목주 흔 등이 확
인되어(대한문화재연구원 2015b) 그 가능성을 배제하기 어렵기 때문에 포함시
켜 검토하고자 한다.

2	해남 용두리 고분	41.3 × 24.3 × 17.5	횡혈식	잠형 주구	최성락 1986, 국립광주박물관 2011
3	영암 태간리 자라봉고분	37 × 24 × 13	횡구식	잠형주구, 옹관 1기 배장	서성훈 · 성낙준 1986a, 강인구 1992, 대한문화재연구원 2015d
4	영광 월산리 월계고분	39 × 21 × 18	?	원분 1기 인접	국립광주박물관 1989, 임영진 1993
5	함평 예덕리 신덕고분	51 × 30 × 21	횡혈식	내부 주칠, 즙석시설	국립광주박물관 1992
6	함평 죽암리 장고산고분	66 × 36 × 36	?	분구 주변에서 원통형토기편 수습	최성락 · 이정호 1993, 임영진 · 조진선 2000
7	함평 마산리 표산 1호분	46 × 25 × 33	횡혈식	석실 규모 최대 (623× 244×278cm)	동신대문화박물관 2013
8	광주 요기동 조산고분	50 × ? × ?	?		임영진 1992
9	광주 월계동 1호분	45.3 × 25.8 × 19.5	횡혈식	방패형 주구	임영진 · 조진선 1995a, 전남대학교박물관 2003
10	광주 월계동 2호분	34.5 × 20.5 × 14	횡혈식	방패형 주구	임영진 · 조진선 1995a, 전남대학교박물관 2003
11	광주 명화동 고분	33 × 18 × 17	횡혈식	방패형 주구	박중환 1996b, 국립광주박물관 2012a
12	담양 고성리 고분	24 × 14 × 12	?		임영진 · 조진선 1995
13	담양 성월리 월전고분	47.5 × 17.1 × 19.3	횡구식	석곽 1기 배장	영해문화유산연구원 2015
14	고창 칠암리 고분*	55 × 30.8 × 24.2	수혈식 (석관형)	3기 군집	대한문화재연구원 2015c
15	나주 가흥리 신흥고분	31.4 × 19.7 × 11.7	횡구식	구축묘광 조성	대한문화재연구원 2015b
16	강진 영파리 고분	67 × 38 × 27	?		민족문화유산연구원 2015

* 고창 칠암리 고분 주변에서 새로이 두 기가 대한문화재연구원팀에 의해 추가로 확인되었다.

1) 발견경위

전남지역에서 전방후원형고분이 본격적으로 확인되기 전에 그 존재가 주장된 것은 두 차례 있었다. 첫 번째는 1938년에 나주 반남지역의 고분을 조사한 有光敎一에 의해서 제기되었다. 그는 신촌리 6호분과 덕산리 2호분의 墳形이 日本의 '前方後圓墳'과 유사점이 있고, 埴輪圓筒類品도 존재한다고 주장하였다(有光敎一 1940).

두 번째는 1980년대에 들어와서 강인구(1983a, 1983b)에 의해서 제시되었다. 그는 中國 양자강유역의 土墩墓가 유입되어 한국에서 前方後圓墳이 만들어진 다음 日本으로 건너갔다고 주장하였다. 그가 언급한 전방후원분에는 기존에 알려진 신촌리 6호분과 덕산리 2호분 이외에도, 영암 내동리 쌍무덤, 무안 사창리 2구, 나주 복암리 조산고분 4호분, 함평 월야 예덕리 만가촌고분 등이 포함되어 있다. 이를 계기로 한·일학자들 사이에 전방후원분에 대한 논의가 시작되었고, 일본학자에 의해 『韓國의 前方後圓墳』이라는 책(森浩一 1984)이 출간되기도 하였다. 그러나 한국에 전방후원분이 존재하였다는 주장은 설득력이 매우 약하였다. 왜냐하면 당시까지는 뚜렷한 형태를 갖춘 전방후원분을 제시하지 못하였기 때문이다.

전남지역에서 전방후원형고분이 처음 발견된 것은 1984년의 일이다. 당시 북일면 신월리에서 내동리로 가는 지방도로 확장 공사 중 용일리에서 소형의 석실분이 파괴된 채 발견되자 해남군은 이를 목포대학교 박물관에 알려왔고, 필자는 학생들과 더불어 현지를 답사하였다. 그러나 여기에서 출토된 유물이 국립광주박물관에 신고됨에 따라 파괴분에 대한 조사를 더 이상 진행할 수 없었고, 다만 용일리 주변의 고분들을 답사하게 되었다. 우연히 현지 주민들의 안내로 황도훈(전 해남문화원장)과 함께 장고봉 고분에 올라가게 되었고, 이 고분의 형태가 전방후원형임을 알게 되었다. 곧 이 고분의 형태가 일본의 전방후원분과 유사함을 동행한 여러 사람들에게 이야기하였다. 한편 국립광주박물관에서도 이와 비슷한 시기에 현지를 답사하고, 장고봉 고분의 존재를 확인하였다.

그런데 양측은 모두 본격적인 조사를 하지 않는 채 1년을 보냈다. 1985년 우연히 영암에 내려온 강인구(당시 한국정신문화연구원 교수)에게 이 고분의 존재를 국립광주박물관 측이 알려주게 되었다. 그러자 강인구는 이 고분을 확인한 후 바로 고분을 실측하였고(강인구 1985, 1987b), 국내·외 학계에 알려지기 시작한 계기가 되었다. 이에 많은 일본학자들이 현지를 방문하였고, 전방후원분의 진위여부가 논란의 대상이 되었다. 그리고 이 일대의 고분에 대한 조사는 목포대학교박물관(최성락 1986)에 의해 이루어졌다. 이후 이 고분에서 도굴된 흔적이 발견되자 국립광주박물관(2001b)은 시굴조사를 실시하였다.

두 번째로 발견된 것은 1986년 여름에 황도훈의 제보에 의해 필자가 발견한 고분이다. 필자가 현지 답사한지 불과 일주일만에 강인구도 알게 되었고, 단독으로 고분을 실측하고 이를 발표하였다(강인구 1987a). 단지 필자는 이 고분을 발견한 사실만을 『해남군의 문화유적』에 기록해 두었다(최성락 1986). 이후 국립광주박물관(2011)은 이 고분을 발굴조사하였다.

세 번째로 발견된 것은 영암 태간리 자라봉 고분이다. 이 고분은 목포대학교 박물관이 1983년에 문화재연구소의 지원을 받아 실시한 영암군 지표조사에서 처음 확인한 것이다. 이후 1985년도에 실시된 영암지역의 문화유적 지표조사 시에 고분 조사를 맡은 국립광주박물관 측에 제보하였고, 정식으로 지표조사 보고서에 기록되었다(서성훈·성낙준 1986a). 이

고분뿐만 아니라 대표적인 초기 옹관인 영암 선황리옹관도 필자가 발견하여 함께 알려주었다. 선황리옹관은 두 기로 알려져 있으나(서성훈·성낙준 1986a) 실제로는 동일한 것이다. 즉 목포대학교박물관팀이 발견한 옹관은 수습하지 않았고, 이를 국립광주박물관이 수습하였는데 이것을 다른 것으로 인식한 것이다.

그런데 영암 자라봉 고분은 한국정신문화연구원팀에 의해 발굴되었다(강인구 1992). 이 고분의 연대를 발굴자는 4세기대로 발표하였으나 출토된 유물에 의거한 전남지역 고분의 편년에 따르면 5세기 중반 이후의 것으로 추정되는 등 논란의 여지가 있다. 뒤이어 대한문화재연구원(2015d)에서 재차 발굴조사를 실시하여 다수의 원통형토기 등 유물을 수습되었고, 고분의 연대는 5세기 말에서 6세기 전반으로 편년되고 있다.

이와 같이 전남지역에 전방후원형고분의 존재가 알려지면서 기존에 지표조사된 고분 중에서 전방후원형고분이 존재하고 있다는 사실이 알려지기도 하였다. 그 대표적인 것이 함평 신덕고분이다. 또 일반인들도 점차 이 고분의 존재를 알게 되었다. 함평 죽암리 장고산고분은 1990년 함평문화연구회(이현석 회장)에 의해 발견되었다. 뒤이어 각 지역 문화유적 지표조사를 통해 10여 기의 전방후원형고분이 알려졌다.

2) 발굴조사 현황

지금까지 시굴 혹은 발굴조사가 이루어진 고분 12기를 통해 전방후원형고분의 성격이 어느 정도 파악되었다고 볼 수 있다.

고분의 외형은 분구를 통해서 알 수 있지만, 원형이 그대로 유지된 경우가 드물기 때문에 일반적으로 주구 형태에 근거하는 경향이 짙다. 영산강유역 고분은 대부분 분구 주위로 주구를 두르고 있어 고분의 외형을 결정짓는 중요한 요소로 인식되어 왔다. 특히 주구의 굴착 시점이 고분의 평면기획 단계와 성토가 끝난 최종 단계에서 이루어지고, 지상에 위치하는 성토부보다 지하에 위치하는 주구의 잔존 확률이 높기 때문에 분형을 이해하는데 결정적인 역할을 하는 것으로 볼 수 있다.

전방후원형고분의 주구 형태는 크게 잠형, 방패형으로 구분할 수 있다. 다만, 방부와 원부의 중간에 경부를 형성하고 있어서 분형을 결정짓는 또 하나의 중요한 역할을 하고 있다. 잠형은 영암 자라봉, 해남 용두리, 함평 신덕이 해당되고, 방패형은 광주 월계동 1·2호분, 광주 명화동이 해당된다.

매장주체부는 횡혈식 석실, 횡구식 석실, 수혈식 석실 등으로 이루어져 있다. 이외에도 석실 주변이나 분구 성토과정 중에 배장적 성격으로 옹관(영암 자라봉), 석곽(담양 성월리 월전)이 추가된 고분도 존재한다(그림 5-29). 매장주체부는 모두 원부에서 확인된다. 대부분 횡혈식 구조를 보이는데, 현문구조가 문틀식을 갖추고 있어 일본 북큐슈계 석실과 관련되는 것으로 언급되고 있다. 횡구식은 담양 월전, 나주 신흥, 영암 자라봉 등에서 확인되며 영산강유역에서는 횡혈식보다 조금 앞선 시기에 출현한다. 전방후원형고분은 아니지만 횡구식의 채용은 영산강유역 고총고분 중 가장 이른 단계로 평가되는 영암 옥야리 방대형 1호분에서 처음 출현하는데, 연도·묘도를 통한 구조적 차이보다는 그것이 내포하는 본질적 차이인 묘·장제적 방식의 변화로 이해하는 것이 타당할 것이다. 수혈식은 고창 칠암리가 유일하다. 고분은 분정에서 매장주체부의 개석 또는 벽석으로 추정되는 석재 3매가 노출되었으며, '상식석관(箱式石棺)'과 유사한 구조로 볼 수 있다. 이에 대해 조사단(대한문화재연구원 2015c)은 장대석 1매씩

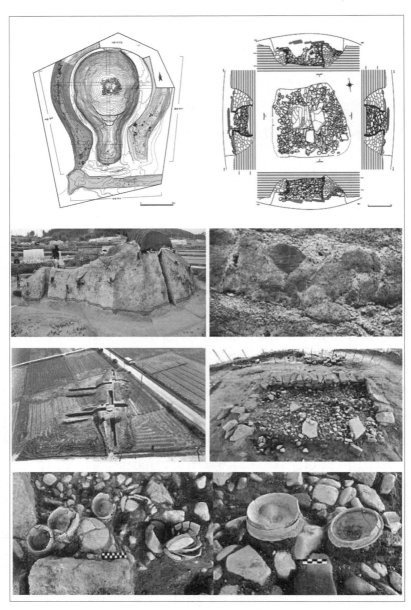

■ 그림 5-29. 영암 자라봉고분(上)과 담양 성월리 월전고분(下)

을 이용하여 대형 판석 4매를 세워 구축한 판석조 수혈계 석실로 보고 있다. 한편, 연구자에 따라 영암 자라봉고분을 수혈식으로 구분(강인구 1992; 임영진 외 2017)하기도 한다.

석실의 방향은 분구 주축선과 직교하는 것(함평 신덕, 해남 장고봉), 일치하는 것(해남 용두고분) 그리고 45°정도 꺾여 허리 부분 쪽으로 입구가 나 있는 것(광주 월계동·명화동)으로 구분된다. 석실 장축과 분구 주축선과의 관계는 분형과 상관되는 것으로써 장고봉형은 분구 주축과 직교하고, 월계동형은 허리부 쪽으로 기울었다(김낙중 2009).

석실의 크기는 길이를 기준할 때 300~500cm에 이르는 대형석실이 많은데 함평 표산고분의 경우는 길이 623cm, 해남 장고봉이 460cm 규모이다. 천장 높이는 보통 200cm 내외를 보이고 있으며, 광주 월계동 1호분이 추정 300cm, 함평 표산고분이 278cm로 비교적 높은 편에 속한다. 방대형분과 원대형분의 석실과 비교하더라도 전방후원형고분의 석실이 크고 높다고 할 수 있는데, 고총단계의 다양한 분형 중 전방후원형고분의 분구 규모가 가장 크다는 점과 어느 정도 상관성을 가지는 것으로 보인다. 이렇듯 대형이라는 석실 크기로 인하여 백제식에 비해 대형인 점을 강조하여 '초기대형석실'(김낙중 2009)로 부를 것이 제안되기도 하였다. 초기대형석실을 갖춘 분형은 제형(나주 영동리 1호분), 방형(나주 복암리 3호분 96석실·정촌), 원형(해남 조산, 장성 영천리), 전방후원형으로 구분되는데 고분 기수에 비해 전방후원형의 점유율이 높은 것이 특징이다.

출토유물은 매우 다양하게 출토되었다. 부장품은 그 계통이 다른 묘제에 비해 훨씬 다양하다. 개배, 호 등 현지적인 것은 물론이고, 백제 왕권으로부터 받은 위세품, 왜와 관련된 물건 등이 다양하게 부장되어 복합적인 성격을 드러내고 있다(김낙중 2011). 가장 주목을 받는 유물은 원통형토기이지만, 각종 토기류가 많이 확인되었는데 바닥이 대부분 각진 평저형으로 바뀐다. 중국계인 전문도기도 발견되었다. 금속기류로는 철도자, 철부, 철겸 등의 농공구류가 부장되고, 철모, 철촉, 대도 등의 무기류 부장이 증가한다. 또한 주검의 보호구인 목관과 관련하여 관못, 관고리, 꺽쇠 등이 출토되었다. 광주 월계동 1호분의 2차장의 경우, 못머리에 은으로 장식된 관못을 이용하고 있어 백제와의 관련성이 언급되고 있다(표 5-16).

■ 표 5-16. 전방후원형고분 출토유물 현황

순서	고분명	토기	금속기	기타
1	해남 방산리 장고봉고분	완편, 경질토기편, 적갈색토기편	철편, 영락장식편	소옥
2	해남 용두리 고분	발형기대, 전문도기, 직구호, 장군, 고배, 개배	대도편, 철촉	구슬
3	영암 태간리 자라봉고분	원통형토기, 개배, 직구소호, 자지기대	금제이식, 대도, 철모, 철도자, 철겸, 철촉 등	개형목기, 옥류
4	함평 예덕리 신덕고분	발형기대, 개배, 대호	재갈, 철촉, 관못과 관고리, 마구류, 무기류, 장신구	목관대
5	함평 마산리 표산고분	전문토기, 기대편, 개배편, 호	화살촉편, 마구, 금제 도자장식편	
6	광주 월계동 1호분	원통형토기, 개배, 발형기대	금제이식, 철촉, 철부, 관못	장승형목기, 개형목기
7	광주 월계동 2호분	원통형토기, 개배, 광구호, 기대	관못, 철도자편	소옥
8	광주 명화동 고분	원통형토기, 개배,	금동제이식, 철촉, 철제 교구, 관못	
9	담양 성월리 월전고분	개배, 토기잔, 소호, 장경호, 병, 편병, 고배, 대부완	철갑, 철촉, 금동제 세환이식	고옥, 수정옥

10	고창 칠암리 고분	발형기대, 통형기대, 개배, 완, 고배	반구형의 식금구, 철촉, 철겸, 철부, 관못류	금박유리구슬, 환옥
11	나주 가흥리 신흥고분	조형토기, 호형토기, 발형기대, 유공광구소호	철제대도, 살포, 철모	옥

2. 연구현황

우리나라에서 처음 전방후원형고분으로 알려진 해남 북일면 장고봉 고분과 삼산면 용두리 고분이 발견되면서 전방후원분의 진위여부에 대한 논쟁이 시작되었다(江坡輝彌 1987). 이후 장고봉 고분과 삼산면 용두리 고분에 대한 실측도가 작성되었으며(강인구 1985, 1987a), 옹관고분인 영암 초분골고분에서 전방후원형과 유사한 周溝(서성훈·성낙준 1986b)가 발견되었다고 보고되었으나 다장을 위한 수평확장된 장제형으로 밝혀졌다. 북한에서는 이러한 형태의 基壇 積石塚이 존재한다는 주장(이정남 1990)이 제기되었다.

이들 고분에 대한 본격적인 연구는 발굴조사가 이루어진 이후에야 시작되었다. 영암 자라봉 고분을 발굴한 강인구는 이 고분의 연대를 4세기로 보아 日本 초기 고분과 연결되며 자신의 '전방후원분 한국기원설'을 뒷받침한다고 주장하였다(강인구 1992). 함평 신덕고분을 발굴조사한 성낙준(1993)은 長鼓形古墳의 築造企劃을 중심으로 정리하였다. 즉 내부시설이 석실인 경우가 많고, 석실이 분구 중에 축조된 地上式을 나타내고 있으며, 원형부를 기준으로 전체길이가 동일한 비율을 가지며, 상용된 尺은 百濟尺이나 漢尺이었을 것으로 추정하면서 壇築, 葺石, 倭系 유물이 없는 것으로 보아 일본의 전방후원분과 차이가 있음을 강조하였다.

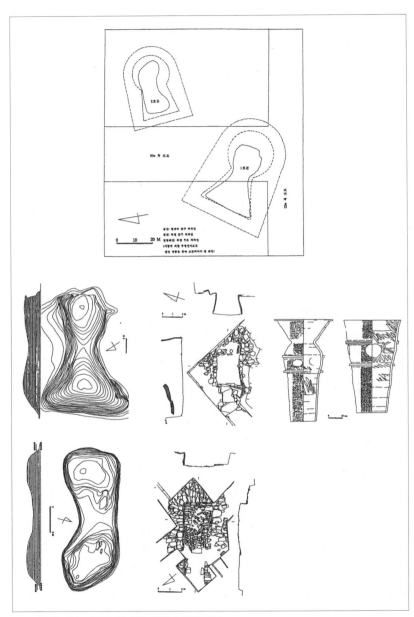

■ 그림 5-30. 광주 월계동 전방후원형고분

광주 월계동 고분(그림 5-30)을 발굴한 임영진은 전남지역에서 장고분의 시작을 3세기대의 함평 萬家村 고분으로 보았고, 장고분의 주인공들이 3세기 중엽경 일본으로 건너갔다가 되돌아와 장고분을 축조함으로써 이 지역의 토착인과 동일계통임을 주장하였다(임영진 1994; 임영진·조진선 1995a). 이후 그는 만가촌 고분을 장고분과 다른 異形古墳으로 구분하였으나(임영진 1996a) 앞에서 제시한 견해를 계속적으로 유지하고 있다(임영진 1997a, 2000).

박중환(1996a)은 전방후원형고분의 입지와 매장시설, 분구 등을 검토하여 방형부의 발달정도에 따라 고분의 변천과정을 제시하였고, 이정호(1996b)는 당시까지 이들 고분에 대한 일본과 한국에서의 연구사를 정리하였다.

이 지역에서의 前方後圓形古墳의 존재는 바로 일본학자들의 관심을 끌기에 충분하였고, 즉각적으로 다양한 의견을 제시하였다. 먼저 東潮(1995, 1996)는 전남지역에서 발견되는 전방후원분은 日本에서 이주한 倭人 혹은 倭人集團과 동일집단의 마한인의 무덤으로 전제하면서 이러한 고분과 일부 倭系의 遺物(埴輪, 珠文鏡, 南島産貝, 直弧文鹿角裝刀子 등)로 보아 전남지역과 倭를 밀접한 관계로 규정하였다. 즉 『宋書』에 나오는 慕韓이 馬韓의 후신이고, 『日本書紀』에 보이는 任那四縣도 전남지역에 분포함으로써 慕韓 세력은 5세기 말에 백제에 흡수되었어도 6세기 전반까지 倭와 교류하였다고 보아 소위 '倭人說'을 처음으로 주장하였다.

반면 다른 연구자들은 비교적 신중한 편이다. 이들 고분에 대한 답사결과를 책으로 발간한 岡內三眞는 전남지역을 6세기 초까지 백제와 관련이 적은 지역으로 보았고, 倭와의 교류를 통해 前方後圓形墳이 축조되었다고 하였다(岡內三眞編 1996).

土生田純之(1996)는 전남지역 재지세력은 백제에 완전히 통제되지 않은 상태였고, 전방후원분은 바로 그러한 상황에서 주로 九州세력과 교류하던 영산강유역의 호족들이 자신의 무덤으로 채택한 것으로 보았다.

小田富士雄(1997)은 당시까지 韓·日학자들 사이에 논란되었던 전방후원형 고분의 연구사를 정리하고, 그 주인공을 일본으로 건너갔다가 되돌아온 마한인이라는 임영진의 견해를 비판하면서 전남지역의 전방후원형 고분이 日本의 前方後圓墳의 영향으로 축조되었음을 강조하였다.

西谷正(1999)은 한국 전방후원분의 被葬者가 在地의 豪族 또는 有力者라고 생각되나 일본의 고분과 관련성을 부정할 수 없으므로 만약 피장자를 '일본으로 건너갔다가 되돌아온 마한인'이라는 임영진의 견해를 받아들인다면 왜인계 백제관료의 존재에 주목하여야 한다고 하였다.

田中俊明은 백제가 영산강유역을 장악하는 것을 4세기 후반으로 볼 것이 아니라 5세기 후반 내지 6세기 초로 보아야 하며 그 이전은 倭와의 관계가 깊다고 보았다(田中俊明 1996). 또한 그는 영산강유역을 《宋書》에 보이는 慕韓의 지역으로 비정하며 백제와는 독립된 세력으로 상정하면서, 이들 전방후원형 고분은 在地勢力이 백제의 진출, 영유화에 대항하는 가운데 왜와의 관계를 나타내는 정치적인 입장에서 왜의 묘제를 채용한 것으로 보았다(田中俊明 2000).

다음은 전방후원형고분을 포함한 석실분의 문제이다. 전남지역에서 석실분의 등장을 백제의 지방통치와 관련되는 것으로 보는 견해(성낙준 1983; 이영문 1991)와 재지세력들이 독자적으로 석실분을 받아들인 것으로 보는 견해(임영진 1990; 조근우 1996)로 구분되나 대체로 초기 석실분은 백제의 횡혈식 석실분과 차이가 있고, 토착적인 옹관고분을 일부 계승하였다는 점에서는 일치하고 있다.

한편으로는 전남지역 석실분은 일본 九州지역과의 관련성이 한·일 연구자 사이에서 제기되었다. 즉 조영현(1990, 1993)은 장성 영천리고분을 가락동의 (구)2·5호분과 함께 영천리식으로 설정하고, 이는 낙랑고지 주민들의 묘로 추정되는 평양 남정리 119호의 계보를 잇는 형태로 보았다. 또 그는 해남 조산고분, 장성 영천리고분의 석실 등 영산강식(영천리식)의 석실분을 횡구식으로 보고, 큐슈지방의 횡구식 석실분과 유사하다고 인정하나 이들의 계보를 역시 평양 남정리 119호에서 구하였다. 홍보식(1993)은 조산고분, 영천리고분, 신덕고분 등이 큐슈계 횡혈식 석실분과 공통점이 많으며, 이들 고분을 큐슈지역에서 磐井의 亂(527-532)이 야마토정부에 의해 실패하자 그 일파가 영산강유역으로 건너오면서 축조한 것으로 보았다.[66]

한편 吉井秀夫(1996)는 영산강유역이 가야나 왜와 교류할 수 있는 독자적인 힘을 가지면서 석실분을 받아들였다고 보는 견해를 제시하였고, 土生田純之(1996)도 전남지역 전방후원형 고분에서의 석실분은 北九州地域의 횡혈식 석실분과 유사함을 강조하였다.

이러한 주장들과 함께 강현숙(1996)은 능산리형석실 출현 전의 전남지방의 횡혈식 석실을 백제계로 보기는 곤란하다는 견해를 보여주었고, 임영진(1997b, 2000)은 영산강유역의 석실분을 비백제계와 백제계로 분류하고, 비백제계를 다시 영산강식과 남해안식으로, 백제계를 맞조임천정, 평사천정, 평천정 등으로 세분하면서 영산강식과 남해안식 석실분은 백제와 무관하다고 보았다. 또한 그는 영산강식 석실이 중국 南朝 塼築墓를

---

66. 그는 처음으로 전방후원형고분을 포함한 석실분의 피장자를 왜인으로 추정하였다. 그러나 이들 고분의 연대는 대체로 5세기 후반에서 6세기 전반으로 추정되고 있어 磐井의 亂보다도 이른 시기의 것이므로 성립될 수 없는 주장이다.

석재로 치환하였을 가능성이 있고, 북부구주형석실과 유사성을 지적하면서도 차이가 있다고 보았다.

그러나 박순발(1998a)은 여전히 영산강유역의 특징적인 횡혈식석실을 '月松里型石室'로 칭하고, 이를 웅진기 백제의 횡혈식석실 중에서 성립된 것으로 보았다. 그리고 이정호(1999)는 고분변천의 계층성을 언급하면서 옹관고분에서 석실분과 수혈식석관분, 변형옹관묘로 변화되었으며, 옹관 3유형부터 외래계 유물이 다량으로 부장되었고, Ⅰ기(전기) 석실분의 경우, 송제리고분→월계동 1호분·복암리 3호분 96석실→영천리고분→월송리·신덕 1호분 등으로 변천하였으며 송제리고분은 백제로부터의 영향으로 본 반면에 신덕고분과 영천리고분 등은 북부구주지역과 관련된다고 보았다.

다음으로 1999년 충남대학교 백제연구소에서 열린 학술대회에서 제시된 의견들이다. 北條芳隆(2000)은 전방후원분의 개념을 정리하고, 한국의 전방후원분도 그 다양성의 하나로 보아 북부구주지역의 고분과의 관련성이 있음을 지적하였다. 土生田純之(2000)는 일본 구주지역의 석실분의 변천을 참고하여 전남지역의 석실분의 변천을 장성 영천리고분→해남 조산고분→함평 신덕고분 순으로 설정하였고, 분구 중에 석실을 안치하는 것도 장송의례와 관련된다고 보았다.

주보돈(2000)은 백제가 이미 4세기 후반부터 전남지역을 지배하였으며 왜와의 교류가 이루어졌다고 보면서 당시의 국제정세로 판단해 보아 영산강유역 전방후원분의 주인공을 백제의 초청을 받아 이 지역을 통치하는 왜계 백제관료로 보는 견해를 제시하였다.

박순발(2000)은 영산강유역 정치체는 백제를 비롯한 주변 여러 정치체와 교섭관계를 유지하고 있었는데 4세기 초엽 경 금강유역에서 출현한 것으로 보는 鐵製模型農工具가 영산강유역 초기 고분에서 나타나는 것으로 보아 금강유역과 영산강유역 사이에 일정한 관계를 시사하는 것으로 보면서 이후 전방후원형 고분이 만들어진 시기에 백제와는 '支配的 同盟 關係'(박순발 1998a)라고 재차 주장하였다.

그리고 2000년 일본 조선학회에서 개최된 학술대회에서 발표된 견해들이다. 먼저 일본의 문헌사가인 山尾幸久(2001)은 영산강유역의 전방후원분 주인공은 百濟王의 臣下가 된 倭國의 有力者로 해석하였다. 즉 한국의 전방후원분의 偏在性, 散在性, 非繼續性, 習合性, 短期性 등의 특징이 있고, 『일본서기』와 중국 문헌자료를 검토해 보면 당시 백제왕들이 국가건설의 일환으로 전라도의 要地를 영유하고, '郡將', '君令(領)'이라는 武將을 파견하였다는 것이다. 이 때 백제왕의 신하가 된 것이 왜국의 유력자이고, 그 일부가 현지에 매장되었다는 것이다.

柳澤一男은 영산강유역의 석실분을 세밀히 분석하면서 조산유형, 신덕유형, 월계동유형, 영천리유형, 장고봉유형 등으로 구분하고, 이를 크게 北部九州形系(조산유형, 신덕유형), 在地發展形系(장고봉유형, 월계동유형), 肥後型系(영천리유형)로 설정하였고, 이들 영산강형 석실분과 전방후원분의 등장은 백제가 전남지방을 영유화하는 시기에 이와 관련된 왜왕권 휘하의 각지 수장, 특히 구주세력등과 재지수장층의 결합을 나타내는 것이고, 전남지방에 왜세력의 진출은 백제왕권에 의한 용인된 사태로 보고 있다(柳澤一男 2001). 또한 그는 장고봉유형을 집중적으로 검토하면서 한반도 남부에서 발생하여 일본으로 파급되었던 것으로 해석하였고, 장고봉고분의 피장자를 전남세력의 대외교섭권을 장악한 사람으로 보았다(柳澤一男 2002). 나아가 그는 대형분의 피장자는 倭系도 있겠지만 現地首長도 있을 것으로 견해를 수정하였다(柳澤一男 2006).

東 潮(2001)는 기존의 '慕韓論'을 강화하여 그는 5세기 후반 일본열도 내에서 정치적·경제적인 변혁에 의해 구주의 제세력이 영산강유역으로 대거 이주하는 가운데 倭(倭韓)집단이 전방후원분을 조영하였다고 하였다.

西谷正(2001)은 고분의 내부구조나 출토유물 등 내부시설은 재지적이거나 백제적이나 분구형태와 하니와 등 외부시설은 백제의 고분문화의 범주가 아니라 왜적이라고 지적하면서 중국기록에 나타나는 慕韓과 『일본서기』에 나타나는 왜계 백제관료에 주목하여야 한다고 보았다.

田中俊明(2001)은 전방후원형 고분이 在地勢力이 백제의 진출, 영유화에 대항하는 가운데 왜와의 관계를 나타내는 정치적인 입장에서 왜의 묘제를 채용한 것으로 본 기존의 견해(田中俊明 2000)를 재차 언급하였다.

한편 필자는 별도로 당시까지 논의된 전방후원형고분에 대한 연구현황과 과제를 정리한 바 있다. 여기에서는 명칭문제로 '전방후원형고분'으로 불러야 하고 고분의 피장자를 이 지역의 토착세력으로 보았다(최성락 1999). 또한 박순발(2001a, 2001b)은 백제의 영산강유역에 대한 領有化의 과정을 간접지배→지배적 동맹관계→직접지배로 보면서 영산강유역에 분구수립토기(埴輪 혹은 원통형토기)이 나타나는 것을 5세기 전반대이고, 전방후원분이 나타나는 것은 5세기 후반에서 6세기 전반으로 보면서 분구수립토기의 등장과 고분의 고대화는 밀접한 관계를 가지고 있으며, 영산강유역 세력의 정치적 통합과도 관계가 있고, 분구수립토기의 형태적인 차이가 아마도 고분피장자 집단의 위계상의 차이와도 결부된다고 보았다. 또한 영산강유역 세력은 대략 5세기 전반경에 어느 정도 내적 통합도를 유지하고 있으면서 한성기 백제와 일본열도 사이의 중계적 위치를 활용하여 백제의 중앙과 '支配的 同盟關係'를 설정하였을 것이고, 백제의 남천 이후 영산강유역을 포함한 남방으로의 직접적인 지배 실현의지가 실천되면서 영산강유역 통합력에 제동을 가하며, 백제 威信財를 부장한 복암리 3호분 96석실이 그것을 말하고, 그 결과 영산강유역 각 수장들의 정치적 자율성은 증대된다는 것이다. 즉 전방후원분 혹은 원분의 등장이 이를 보여준다고 보았다. 任那四縣을 마지막으로 섬진강 서쪽의 대가야지역 진출 거점을 확보한 이후 백제는 영산강유역 재지 수장층들의 정치적인 자율성을 제한한 반면 구주지역세력도 磐井의 亂(527-532)을 계기로 大和政權에 의해 통제되었다는 것이다. 즉 종래 百濟-榮山江流域 政治體-九州勢力-倭政權 이라는 관계가 百濟-大和朝廷이라는 구조로 재편되었다고 보았다.[67]

그리고 박천수는 영산강유역의 옹관고분과 전방후원분을 새로이 편년하면서 옹관고분과 공존한 전방후원분이 5세기 후엽에서 6세기 전엽에 한정된 시기에 조영되었으며, 그 피장자가 倭人의 古墳祭式과 백제의 위신재의 존재와 분산적 분포상황으로 볼 때, 웅천기의 백제 중앙과 밀접한 관계를 가진 왜계의 백제 관련 집단이라고 판단하였다. 이와 같이 왜계의 백제 관련 집단을 파견한 것은 백제가 웅진 천도 후 남방을 통치할 능력이 부족하였기 때문이고, 영산강유역이 전통적으로 왜와 밀접한 관계이기 때문이라고 보았다(박천수 2001). 나아가서 그는 백제가 나주의 반남지

---

67. 이러한 견해 전체적으로 매우 설득력이 있으나 당시 영산강유역의 영유화과정에서 '지배적 동맹관계'라는 신조어를 만든 점과 원통형토기의 기원이나 편년 등에서 필자와는 견해가 다르다. 지배적 동맹관계는 전방후원형 고분이 만들어질 시기에 백제와의 관계를 나타내는 용어로 이것이 적절한지와 고고학자가 그러한 용어를 쉽게 만들 수 있는지가 의문이다. 그리고 필자가 발굴한 함평 중랑유적 방형 고분 출토 원통형토기는 매장주체부를 확인할 수 없었으나 석실분으로 추정되었고, 그 연대를 6세기 전반으로 보고 있으나 그는 이를 5세기대로 편년하고 있다.

역을 견제하면서 영산강유역을 통치하기 위해 파견된 倭人이 상호 연계되어 세력화되는 것을 방지하기 위해 출자가 다른 왜인들을 의도적으로 분산고립적으로 배치하고, 또한 전략적인 요충지역은 백제의 중앙세력이 직접관리하며 倭人과 토착세력 양측을 제어한 것으로 해석하였다(박천수 2002a:105, 2002b, 2002c).

그런데 일부 국내연구자들에 의해 왜인설이 받아들여지기도 한다. 즉 임영진(2003a, 2003b)은 마한으로 망명한 倭人, 즉 북큐슈지역의 세력자로 규정하였고, 홍보식(1992, 2006)은 과거 영산강유역의 석실분이 왜와 관련된다는 기존의 주장을 재정리하면서 영산강유역 전방후원형 고분의 주인공을 倭系로 단정하였다. 그런데 임영진의 주장은 이전에 일본지역으로 넘어갔다고 되돌아온 마한인이라는 주장을 수정한 것으로 왜 수정하게 된 것인지 그리고 그러한 주장의 근거가 무엇인지 충분하게 설명되지 않고 있다.

반면 우재병(2004)도 왜계 백제관료설을 비판하면서 영산강유역 고분의 피장자를 백제와 관련된 지방수장으로 해석하고 있다. 또 서현주 (2007a)는 고고학 자료의 분석을 바탕으로 하고, 박천수의 왜계 백제 관련인물설을 참고하여 고분의 피장자를 백제지역 출신으로 5세기경에 일본 近畿지역에서 활동하다가 백제 東城王의 귀국과 함께 돌아온 세력으로 보았다. 이러한 견해들은 가능성이 전혀 없는 것은 아니지만 이를 고고학적으로나 문헌적으로 논증하는 것은 결코 쉽지 않을 것이다. 이와 달리 김낙중(2008)은 초기대형석실분(전방후원형 고분 포함)의 피장자를 現地大首長級으로 보고, 중소형원분의 피장자를 渡來倭人으로 보았다. 다만 월계동 고분 2기만이 倭人의 무덤일 가능성을 제시하고 있다.

2010년에 전남지방에서 처음으로 전방후원형고분에 대한 학술대회가 열였다(대한문화유산연구센터 2011). 먼저 연민수(2011)는 당시 백제와 왜국 간에 관계를 자세히 검토한 것을 바탕으로 전방후원형고분의 피장자를 왜인, 왜계 백제관료 등으로 보는 것을 비판하면서 전방후원형고분을 백제의 압박을 벗어난 재지수장들이 자립의 과시로 축조되었다고 보았다.

박천수(2011)는 각 연구자의 주장과 일본에서 나타나는 이주민의 무덤과 영산강유역 전방후원형고분의 내용을 검토한 후에 그 피장자를 기존의 주장과 같이 재지수장과 관련이 없는 일본열도의 왜인으로 백제에 의해 파견된 왜계백제관료임을 다시 강조하고 있다.

홍보식(2011)은 한반도 남부지역에 분포하고 있는 왜계 횡혈식 석실을 자세히 분석하였는데 전방후원형고분을 포함한 왜계 석실분이 6세기 전반에 조영되기 시작하여 6세기 후반에 소멸하였다고 보고 있다.

김낙중(2011)는 전방후원형고분의 축조 방식이나 부장 유물들을 자세히 분석한 결과, 일본 전방후원분의 축조 규범 중 극히 일부만이 취사선택적으로 적용되었고, 출토 유물의 계보도 다양하므로 백제왕권과의 관계도 깊다는 점을 주목하면서 분형이나 매장시설과 같은 하드웨어보다 피장자의 출자는 장제임을 강조하면서 다원적인 계통의 부장품이 섞여 있을 때 주체가 되는 것이 무엇인지 가려내는 방법론의 개발이 필요하다고 하였다.

이상에서 살펴 본 연구사에서 한·일 연구자 사이에 다양한 견해를 보여주고 있다. 한국 연구자들은 고분의 피장자가 이 지역 토착인 혹은 재지세력이라는 주장이 많은 편이고, 반면에 일본 연구자들은 왜와 관련된 인물이라는 주장에 힘을 싣고 있다. 또 고분의 피장자가 재지세력이라 하더라도 한국 연구자들은 백제의 영향력을 강조하는 반면에 일본 연구자들은 왜의 영향력을 강조하고 있다. 다만 일본 연구자 중에도 백제의 영향력을 인정하는 경우도 있고, 한국 연구자 중에도 피장자를 왜인으로 보는 등 혼란이 없지 않다(표 5-17).[68]

■ 표 5-17. 전방후원형 고분의 피장자에 대한 견해

구분	재지세력설				왜인설		절충설
	백제와 관련된 재지세력	되돌아온 마한·백제인	재지세력	일본과 관련된 재지세력	왜계 백제관료 혹은 백제 관련 인물	왜인	
한국 연구자	성낙준, 박순발, 우재병	임영진 (1994), 서현주	최성락, 연민수		주보돈, 박천수	홍보식, 임영진 (2003a)	김낙중
일본 연구자				岡內三眞, 西谷正(1999), 土生田純之, 田中俊明, 小栗明彦, 吉井秀夫	山尾幸久, 柳澤一男 (2001), 西谷正(2001)	東潮	柳澤一男 (2006)

현 시점에서 고분의 주인공이 과연 누구인지 단정할 수 없다. 왜냐하면 기원후 5~6세기경의 무덤임에도 불구하고, 주인공을 추정할 수 있는 어떠한 문자도 나타나지 않았고, 형질인류학적으로 연구할 수 있는 어떠한 인골도 나오지 않았기 때문이다. 이러한 상황에서는 어떤 견해를 정설이라고 내세울 수 없을 것이다. 다만 어느 견해가 가장 합리적인 것이지 조심스럽게 판단할 수밖에 없다.

---

68. 일본 연구자들은 이들 고분의 피장자를 왜인 혹은 왜계 백제관료로 보는 경우가 아니면 왜와 관련이 있는 재지세력으로 보고 있어 비교적 의견이 일치된 반면에, 한국 연구자들의 견해는 재지세력, 일본으로 갔다가 되돌아온 마한인, 왜인, 왜계 백제관료, 왜계 백제관련인물 등 그 주장이 매우 다양하다.

3. 전방후원형고분의 문제점

전방후원형고분의 성격을 파악하기 위하여 이와 관련된 문제점들을 정리하면 다음과 같다. 첫 번째는 고분의 명칭문제이다. 이들 고분을 前方後圓墳으로 부른다면 야마토정권에 의해 생겨난 정치적 통합의 상징(北條芳隆 2000)이라는 의미를 포함한다. 또 일본 연구자는 왜인의 무덤임을 전제로 이를 前方後圓墳이라고 부르고 있으며 그렇지 않는 경우에는 전방후원형분 또는 전방후원형고분으로 부른다.[69] 이와는 다르게 한국 연구자들은 이들 고분 피장자의 성격과 관계없이 전방후원분으로 부르는 경우가 많아 용어에 대한 의미를 소홀히 취급하고 있다. 따라서 전방후원분이라는 명칭은 일본의 고분이라는 의미를 지니고 있기 때문에 이들 고분의 피장자가 밝혀지기 전까지는 長鼓形古墳(長鼓墳)이나 前方後圓形古墳(前方後圓形墳) 등으로 불러져야 한다. 다만 필자는 고분의 피장자는 재지세력이나 고분자체는 일본과의 관계가 있다고 보기 때문에 일단 전방후원형고분이라고 부르고 있다(최성락 1999).

두 번째는 전방후원형고분의 편년문제이다. 전방후원형고분이 축조된 시기는 대체로 5세기 후반에서 6세기 전반까지로 보고 있다. 축조시기를 좀 더 좁혀서 본다면 5세기말에서 530년경으로 추정되고 있다. 또한 5세기 후반 석실분이 등장하면서 옹관고분은 소멸되었다고 보고 있다. 옹관

---

69. 일본학자 중에서 전방후원분이 아니라 전방후원형분 혹은 전방후원형고분이라는 명칭을 사용하는 연구자는 岡内三眞, 小田富士雄, 田中俊明 등이 있다. 이들은 이 고분의 피장자를 대체로 재지세력으로 보고 있다. 그런데 田中俊明이 전방후원형고분이라고 지칭한 것은 목포대학교에서 열린 학술대회 때 이를 주관하는 필자가 요청한 명칭이며, 이후 이것을 받아들여 그대로 사용하고 있는 것으로 이해하고 있다.

고분의 마지막 단계인 신촌리 9호분이 전방후원형 고분과 함께 축조되었다고 보는 것은 타당하지 않다. 다만 일부 변형된 옹관묘가 석실분 축조 이후에도 계속적으로 만들어졌을 것이다(이정호 1999).

그런데 전방후원형고분이 포함된 초기 석실분들의 선후관계는 연구자들 사이에 서로 달라 이에 따른 해석이 달라지고 있다. 이는 고고학 편년의 문제이고, 개인적인 편년관의 문제이기도 하다. 그러나 영산강식 석실분이나 전방후원형고분이 만들어지기 전에 나주 송제리 고분이나 영광 학성리 고분과 같이 백제계 석실분이 존재하였다고 보는 것(조근우 1996, 이정호 1999)이 더 타당하다고 보며, 이들 고분의 존재의미를 재검토 하여야 할 것이다.

세 번째는 전방후원형고분 축조시기 전후의 다양성 문제이다. 먼저 전방후원형고분 자체의 다양성으로 이들 고분은 결코 단순하다고 볼 수 없다. 이들 고분에서 원통형토기가 출토되는 경우가 있고, 전혀 발견되지 않는 경우도 있으며, 壇築·葺石 등 부대시설도 대부분 없고, 내부시설인 횡혈식 석실분도 약간씩 차이가 있는 등 이들 고분 사이에 어떠한 정형성을 찾아볼 수 없다. 이러한 다양성을 柳澤一男(2001)의 해석과 같이 각기 다른 지역에서 유입되었다고 보기보다는 이를 선호하였던 집단에 의해 다양하게 수용되었다고 보는 것이 바람직할 것이다. 즉 옹관고분의 축조가 멈추어지고, 새로운 무덤양식을 수용하려는 세력들이 전남지역에 존재하였을 것으로 생각한다.

다음은 이들 고분이 축조되던 시기에는 왜계뿐만 아니라 다양한 계통의 문화요소와 부장유물들이 출토되고 있다는 점이다. 구체적으로 예를 들어보면 다음과 같다(박천수 2001; 김낙중 2001 참조).

왜계 요소- 전방후원형 분구와 원통형토기 이외에도 석실 구조 및 내부에서 赤色顔料의 塗布(조산고분, 신덕고분, 장고산고분), 段築과 葺石(신덕고분), 부장품으로는 半球形裝飾付 環頭大刀·刃部斷面三角形 銀裝鐵鉾·U자형 模型 鐵器(이상 신덕고분), 須惠器(복암리 3호분 96석실), 고호우라貝釧·倣製鏡(조산고분), 倣製鏡(상암동고분) 등이 있다. 그 밖에 대안리 9호분 庚官의 直孤文 鹿角製刀子柄도 왜계로 볼 수 있다.[70]

백제계 요소- 석실분 구조(송제리고분, 학정리고분), 부장품으로는 銀裝鐵釘이 사용된 裝飾木管, 金層유리옥·鍊玉·棗玉 등 頸飾, 廣帶二山式冠(이상 신덕고분), 백제계 통형기대(명화동고분, 월계동고분), 삼족기(영천리고분, 월계동고분), 전문도기(용두리고분, 마산리 표산고분) 등이 있다.

가야계 요소- 부장품으로 蓋(명화동고분), f자형 鏡板 재갈과 劍菱形 杏葉(조산고분), 心葉形 鏡板 재갈과 杏葉(복암리 3호분), 伏鉢付胄(신덕고분) 등이 있다. 그밖에 탐진댐 수몰지구에서도 가야계토기가 다수 발견되었다.

토착적인 요소- 지상식(혹은 공중식) 석실, 모든 고분에서 보이는 개배 등 토기류 등이다.

그리고 특히 왜계의 문화요소가 일시적이고 한정적으로만 나타나지 않는다. 원통형토기의 경우만 보더라도 신촌리 9호분에서 출토된 것과 같이 전방후원형고분이 축조되기 이전에 이미 나타났음을 알 수 있다. 그리

---

70. 이정호(동신대학교)는 적색안료의 도포가 영암 옥야리 14호 옹관묘에서도 이미 나타나고 있어 이를 왜계로만 볼 수 있는지, 또 신덕고분의 段築도 일본 전방후원분의 단축과 동일한지 의문이라고 지적한 바가 있다.

고 전방후원형고분 축조 이후에 조성된 복암리 3호분의 5호, 7호 석실에 서는 백제계와 왜계의 威勢品이 함께 사용되고 있다. 5호 석실의 서편 피 장자와 7호 석실의 두 명의 피장자는 머리에는 백제의 위세품인 銀花冠 飾을, 허리에는 倭에서 사용된 圭頭大刀와 鬼面文大刀를 착용하고 있다. 복암리 2호분 주구에서는 壺形埴輪이, 1호분과 2호분의 주구에서는 須惠 器가, 더욱이 3호분의 96석실에서는 飾履와 須惠器가 출토되었다(김낙중 2000, 2001). 이는 6세기 중반 이후에도 일본지역과 교류하였음을 보여주 는 경우이다. 따라서 전남지역에 들어온 왜계의 문화요소들을 일단 인정 하더라도 이들 문화요소들이 일시적으로 유입된 것이 아니라 비교적 오 랫동안 지속적으로 들어왔으며 다양한 양상을 보여주고 있다.

그렇다면 전방후원형고분(혹은 영산강식 석실분) 모두가 어떤 집단, 즉 왜인들의 무덤이라는 주장은 곤란하다. 이러한 문화요소들은 왜와의 교 류에 의해 얼마든지 유입될 수 있는 것이다. 즉 일찍 기원전 2~1세기 이 래로 海路가 발달함에 따라, 그리고 전남지역이 백제와 일본이 교류하는 과정에서 지리적으로 중간에 위치함에 따라 일본지역의 문화요소들이 나 타났을 가능성이 많다. 특히 전방후원형고분이 축조되는 시기에 전남지 역에서 외래적인 요소가 가장 많이 나타난 것은 당시 이 지역의 세력들이 비교적 자유롭게 외부 지역과 교류하였기 때문이다.

네 번째의 문제는 당시의 역사적 배경과 피장자의 문제이다. 먼저 전 남지역과 百濟와의 관계를 어떻게 보아야 할 것인가가 문제이다. 과거 『日本書紀』神功紀의 기록을 그대로 받아들여 백제가 4세기 후반 이 지역 을 장악하였다고 보는 것이 역사학계의 일반적인 견해이다. 그러나 『日 本書紀』의 기록을 전반적으로 불신하는 입장에서 이 부분만 인정한다는 것은 합리적이지 못하다. 실제로 당시 상황은 고고학자료와도 일치하지 않는다. 오히려 백제가 영산강유역에 문화적으로 영향력을 보여주는 것도 4세기 후반이 아니라 5세기 중엽 이후의 일이고, 백제의 영향이 두드려지는 것은 6세기 중엽이후이다. 만약 백제가 이 지역을 통합하였다면 이 지역에서 유·무형적인 변화가 이루어졌을 것이다. 그러나 4세기 후반에 오히려 자체적으로 옹관고분이 발생하였고, 이 시기에는 외부적으로 큰 문화적인 변화가 보이지 않는다. 이러한 입장에서 성낙준은 『日本書紀』神功紀에 나오는 사건이 오히려 영산강유역의 사회를 자극하여 독자적인 발전을 보았고, 나아가 대형옹관묘의 존재는 在地勢力의 것으로 백제와의 관계 속에서 조영되었다고 보는 입장(성낙준 1997b)이 타당할 것이다.

그러나 옹관고분 다음에 등장하는 석실분단계가 바로 백제의 직접지배가 시작이라고 보지 않는다. 이것은 옹관고분에서 석실분으로의 전환과정에서는 이 지역의 토착세력의 존재를 확인할 수 있다. 초기의 석실분이 백제계와 다르다는 점이 여러 연구자들이 지적한 바가 있지만 결정적인 것은 복암리 3호분 96석실이다. 여기에서 옹관 4기가 나타난 것은 석실분을 축조하였던 세력이 옹관고분과 무관한 세력이 아님을 알 수 있다. 이와 같이 옹관고분이 해체되고 석실분의 등장을 새로운 정치질서의 재편에서 나타나는 것으로 볼 수 있으나 이것이 백제의 의도라는 해석(박순발 2000)도 곤란하다고 본다. 오히려 옹관고분사회가 해체되고, 새로운 문화요소가 유입되는 시기는 백제가 한성에서 밀려나 웅진으로 남천한 시기로 지방에 대한 장악력이 매우 낮았던 시기이다. 이 시기에 들어서면 영산강유역이 보다 자유로운 분위기에서 각지의 재지세력들이 자율적으로 대외접촉을 할 수 있었고, 그 결과 다양한 무덤이 들어올 수 있었다고 본다. 이것이 전방후원형고분을 축조하게 된 배경일 것

이다.[71]

한편 일본 큐슈지역에서 일어난 磐井의 亂을 계기로 백제와 大和政權이 직접 관계를 맺었다고 보는 박순발의 주장(2001a, 2001b)에는 설득력이 있다고 생각한다. 백제는 사비로 천도후 본격적으로 간접지배 하에 있었으나 독자적인 활동을 하던 전남지역을 직접적으로 지배하려고 하였고, 그것이 실현된 것은 전남지방이 백제의 한 지방으로 편입되는 6세기 중엽경일 것이다(강봉룡 1998). 고고학적으로 보아도 6세기 중엽에 가서 전남지역의 고분은 비로소 백제계 석실분으로 통일되었다.

지금까지 지적된 바와 같이 초기 석실분에는 옹관고분의 특징을 많이 보유하고 있다. 또한 전방후원형고분의 규모가 백제의 고분에 비해 큰 것은 백제에 의해 직접적인 지배가 이루어지지 않았음을 보여주는 증거이다. 이러한 고분이 왜인이나 왜계 백제관료의 무덤이라는 가설도 타당성이 없다고 본다면 초기 석실분은 역시 재지세력에 의해 축조되었을 가능성이 매우 높다는 것이다. 당시 웅진에 자리잡은 백제가 영산강유역을 실질적으로 통제할 수 없었을 것이기 때문에 영산강유역에서 전방후원형고분의 등장하는 시기, 즉 5세기 말에서 6세기 전반에 걸친 정치적 변혁기에는 이 지역 재지세력들이 보다 적극적으로 외부적인 문화요소들을 수용하였다고 해석할 수 있을 것이다.

---

71. 전방후원형고분에 대한 기존 논의는 재지계 무덤과 확연히 구분되는 성격으로 이해하는 것이 지배적이었다. 그러나 함평 마산리 표산고분의 경우, 석관묘로부터 제형분, 방형분으로 연속되는 공간 선상에서 축조되었다는 점에서 그러한 인식은 재검토되어야 한다.

4. 원통형토기의 연구현황과 성격

전방후원형고분과 밀접한 관계를 맺고 있는 유물이 圓筒形土器이다. 원통형토기란 일본의 古墳時代인 4~6세기에 고분 분구 주위에 세워진 하니와(埴輪)와 유사한 토기로서 어떤 특수한 목적으로 제작된 토기를 칭한다. 원통형토기는 일본의 하니와와 관련된다는 의미에서 圓筒埴輪, 土製埴輪, 埴輪形土製品 등으로 불리거나 주로 고분 주위에 장식되는 토기라는 점에서 墳丘樹立土器, 墳周土器 등의 용어로도 불리고 있다. 그런데 일본연구자들이 한국의 원통형토기를 하니와라고 부르는 것은 마치 한국의 전방후원형고분을 前方後圓墳이라 부르는 것과 같은 인식으로 일본에서 혹은 일본과 관련된 사람들에 의해 만들어진 유물이라는 생각이 반영되는 것이다.

원통형토기는 1917년 나주 반남고분군의 신촌리 9호분에서 처음으로 동체부 일부가 확인된 바 있으며 분구 내부의 옹관 주변에서 출토되었을 뿐이지만 무덤의 주인공이 왜인이라는 주장에 하나의 근거가 되었다(朝鮮總督府 1920).

고분과 직결되는 원통형토기가 본격적으로 출토되기 시작한 것은 1993년이다. 광주 월계동 고분의 주구에서 상당수의 원통형토기가 출토되었고, 뒤이어 1994년에는 광주 명화동고분에서도 원통형토기들이 분구 주변에서 열을 지어 출토되면서 관심을 받기 시작하였다. 특히 월계동 고분에서는 소위 '石見型' 목제품도 출토되었다. 이 두 고분에서 출토된 원통형토기는 일본의 하니와(埴輪)와 형태가 유사함에 따라 전방후원형고분과 함께 영산강유역권과 일본열도와의 관계를 이해하는데 중요한 고고학 자료로 부각되었다.

이후 1996년 나주 복암리 2호분 분구 주변과 1997년 나주 덕산리 9호분의 정비복원을 위한 기초조사 과정에서도 원통형토기편이 출토되었으며, 1998년에는 함평 중랑고분에서 다수의 원통형토기가 출토되었다. 1999년에는 나주 덕산리 8호분에서 원통형토기편들이 출토되었으며, 재발굴조사된 나주 신촌리 9호분에서도 분구 상부에 열을 지어 원통형토기들이 다량으로 출토되었다(국립문화재연구소 1999; 김낙중 1999). 한편 전북지역인 군산 축동 2·3호분에서 원통형토기가 발굴되었고, 전북 계화도에서도 원통형토기가 출토되었다고 전한다. 그리고 나주 장등 제형 주구와 광주 하남동 유적의 주거지 주변 도랑에서 원통형토기가 확인되었고, 2010년 영암 옥야리 방대형분의 주구에서 원통형토기가 수습되었으며, 2011년에는 나주 복암리 고분 주변의 사다리꼴 주구와 영암 자라봉 고분의 주구에서도 원통형토기가 발견되었다.

호남지역에서 원통형토기는 주로 고분의 분구나 주구에서 발견되는 토기이지만 발굴이 지속되면서 고분이 아닌 유구에서도 발견되고 있다. 즉 광주 향등 유적, 함평 노적 유적, 광주 하남동 유적, 나주 구기촌 유적 등지에서는 주거지내의 퇴적토나 취락 주변의 도랑에서 출토되었다.

지금까지 원통형토기에 대한 연구 성과는 다음과 같다. 먼저 영산강유역에서 발견된 원통형토기가 성형, 기면조정 등 제작기법에서 일본지역의 하니와(埴輪)와는 다르다는 견해가 처음으로 岡內三眞에 의해 제기되었다(岡內三眞編 1996). 하지만 小栗明彦(1997)은 영산강유역의 전방후원형고분에서 출토된 원통형토기는 일본지역의 하니와에 그 기원을 두고 있다고 보았다. 즉 4세기 후반에 하니와의 기법이 전남지역에 도입된 이후 나팔꽃형(朝顔形) 하니와의 성립, 원통형 하니와 위치의 균일화 등은 일본 하니와에서 영향을 받았고, 6세기 초에는 도립기법(倒立技法)과 타날기법(打捺技法) 등이 전남지역에서 일본으로, 명화동의 정립기법, 목판긁기 등이 일본에서 전남지역으로 각각 전파되었다고 보는 것이다.

이에 우재병(2000)은 일본열도의 도질토기계 원통형 토기 생산이 한반도에서 건너간 도공들의 영향에 의한 것으로 새로운 기법이 접목되었을 가능성 제시함에 따라 일본의 영향을 받았다고 추정되는 도립기법에 대해서도 재검토할 필요성을 제시하였다. 또한 원통형토기가 일본의 영향을 받았다면 하나는 영산강유역의 정치세력과 왜가 장송의례(葬送儀禮)를 통한 상호 방문 교류를 통해 전해지는 정보에 의한 것이며, 다른 하나는 일본에서 전해진 하니와를 보고 유사하게 만들었을 가능성을 주장하였다.

이후 원통형토기에 대한 연구가 본격화되면서 다양한 형식분류와 해석들이 제시되었다. 大竹弘之(2001)는 원통형토기를 圓筒埴輪系(명화동, 월계동 고분 출토품), 筒形器臺系(신촌리 9호분 출토품), 有孔平底壺系(복암리 2호, 중랑유적 출토품) 등으로 분류하고, 각기 그 원류를 원통식룬계는 한성기의 풍납토성 출토품에 두고, 통형기대계는 백제 한성기의 호결합형통형기대에, 그리고 유공평저호계는 고구려의 광구장경사이호와 같이 평저광구호에 두고 있다.

박순발(2001a)은 복암리 2호분이나 함평 중랑고분등의 유적에서 출토된 호형 원통형토기를 광구평저호형토기(호형토기), 신촌리 9호분 출토품과 같은 원통형토기를 기대형토기로 구분하였다. 이러한 형식분류를 기반으로 출토된 원통형토기의 형태적 특징, 계통, 백제와 일본과의 관계를 살펴보았는데 한성기 백제와 일본열도 사이의 중계적 위치를 활용한 백제의 중앙과 지배적 동맹관계 설정의 파생으로 보았다.

임영진(2003a)은 원통형토기가 고분의 분구 주변을 장식하는 토기라는 점을 통해 墳周土器라 칭하면서 출토된 원통형토기를 호형, 통형으로 대별하고 통형을 다시 A형, B형으로 세분하였다. 이를 바탕으로 출토된 원통형토기의 편년에 대하여 검토하였으며 일본자료와의 비교 검토를 통해 원통형토기의 계통과 성립배경에 대하여 살펴보았다.

반면 안재호(2005)는 원통형토기를 크게 광구호계와 원통계로 분류하고, 광구호계의 경우, 다른 연구자들의 편년과 별다른 이견이 없으나 원통계의 경우, 다른 견해를 제시하였다. 즉 그는 원통형토기를 형식학적으로 검토한 결과, 덕산리 9호분→신촌리 9호분→월계동 2호분→명화동 고분→월계동 1호분 순으로 편년하였고, 5세기 중엽경에 왜인집단이 원통형토기의 제작에 참여하였으나 원통형토기가 점차 호남지역화로 발전하였다고 보았다.

서현주(2006a)는 임영진의 분류와 같이 호형과 통형으로 나누면서 통형을 세분하여 A형, Ba형, Bb형으로 나누고, 호형을 크기에 따라 25~30cm인 것(A형)과 45~50cm인 것(B형)으로 분류하고, 이를 바탕으로 원통형토기에서 나타나는 지역성과 변천과정에 대해 살펴보았다.

김낙중(2009)은 영산강유역에서 출토된 원통형토기를 호형원통형토기, 현지기대계 원통형토기, 원통하니와계 원통형토기, 복합계 원통형토기로 분류하여 각 형식의 특징과 계통을 살펴봄으로써 영산강유역에서 출토되는 원통형토기의 성격에 대하여 살펴보고자 하였다.

한편 중서부지역에서는 천안 청담동 주구토광묘에서 원통형토기가 출토된 이래로 아산 갈매리 유적, 명암리 밖지므래 유적, 용두리 진터 유적 등에서 다량으로 확인되었고, 영남지역에서는 대구 팔당동 유적에서 한 점이 수습되었다. 이에 이상엽(2009)은 중서부지역에서 출토된 원통형토기를 자세히 정리했는데 대각의 유·무에 따라 크게 두 형식으로 구분하였다. 또 그는 원통형토기가 출토된 유구의 성격으로 보아 장제, 즉 의례와 관련된 것으로 보는 것 이외에 일상생활용기로서의 기능을 가진 것으로 보았다. 특히 일상생활용기로 보는 이유는 낙랑토기 출토품을 예로 들고 있는데 낙랑토기 출토품을 건물지와 관련된 유물로 파악하고 있기 때문이다. 또 그는 목관이나 목곽을 매장주체부로 하는 일부 분묘에서 발견되는 것으로 보아 의례용기로서의 기능을 가지며 원통형토기가 특정 인물의 사후에 부장된 것으로 파악하였다. 다만 그는 중서부지역의 원통형토기와 영산강유역의 원통형토기 사이의 연계성을 확실하게 제시하지 못하였다.

그런데 최성락과 김성미(2012)는 그 동안의 연구성과를 종합적으로 살펴보고, 그 동안 혼란스럽던 형식분류를 정리하여 세 형식으로 정리하였다(표 5-18). 그 중에서 호남지역에서 주로 출토되고 있는 호형으로 불려지는 I형식의 경우 그림 5-31에 그 조형이 일본 하니와에 있는 것이 아니라 중부지역에서 출토된 원통형토기 그림 5-32에 있음을 주장하였다. 또한 II형식은 옹관고분에서 주로 출토되고, III형식은 전방후원형고분에서 주로 출토되고 있음을 언급하고 있다.

■ 표 5-18. 원통형토기의 형식분류(최성락·김성미 2012 수정)

연구자 \ 형식			大竹弘之 (2001)	박순발 (2001a)	임영진 (2003a)		서현주 (2006a)	안재호 (2005)		김낙중 (2009)		이상엽 (2009)	박형열 (2014b)
I	A	1										I (대각유)	
		2										II (대각무)	
	B	1	有孔平底壺系	광구평저호형	호형 (A, B)		호형	A	광구호계 (I, II)	壺形하니와系			I
		2						B					
II	A		筒形器臺系	기대형	통A형	호통A	통B형 (Ba, Bb)	원통계	단경류	現地器臺系	上部壺形		II
	B					원통A			발류		上部鉢形		
III	A		圓筒埴輪系		통B형	호통B	통A형		광구호류	圓筒하니와系	나팔꽃형		
	B					원통B			심발류		圓筒形		
기타						통C형				複合系			I에 포함

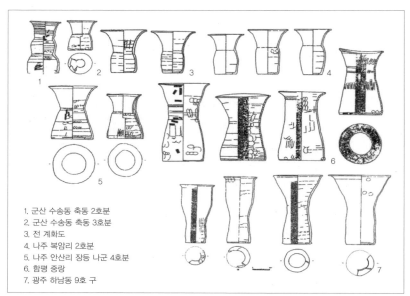

1. 군산 수송동 축동 2호분
2. 군산 수송동 축동 3호분
3. 전 계화도
4. 나주 복암리 2호분
5. 나주 안산리 장등 나군 4호분
6. 함평 중랑
7. 광주 하남동 9호 구

■ 그림 5-31. ⅠB형 원통형토기(김낙중 2009 원도)

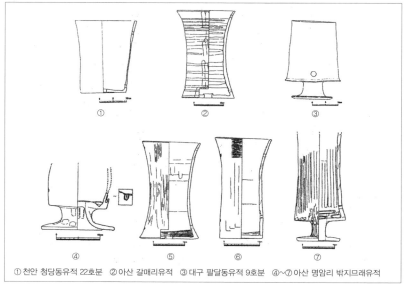

①천안 청당동유적 22호분 ②아산 갈매리유적 ③대구 팔달동유적 9호분 ④~⑦아산 명암리 밖지므래유적

■ 그림 5-32. 중부지역 출토 ⅠA형 원통형토기(이상엽 2009 원도)

또 박형열(2014a)은 우선 분주토기(원통형토기)를 Ⅰ형식과 Ⅱ형식으로 구분하고, Ⅰ형식과 Ⅱ형식이 각각 형태적 변화양상을 가지는 것으로 파악하였다. 즉 Ⅰ형식 분주토기는 단의 형성과 단의 수 및 돌대의 변화, 투창의 변화로 변화양상이 확인되며, Ⅱ형식(필자의 Ⅱ·Ⅲ형식)은 제작기술의 변화인 정립, 분할, 도립기법의 변화와 돌대, 투창의 형태변화 등으로 변화된다고 하였다. 그런데 그는 기존연구에서 분주토기가 일본 하니와(埴輪)의 영향을 강하게 받았을 가능성이 있었지만 일본 구주지역에서는 2조 3단 형식이 호남보다 늦게 출현하는 점과 호남지역에서 도립기법이 먼저 확인되는 점, 역삼각형 투창이 없는 점 등으로 미루어 일본 하니와(埴輪)의 직접적인 영향성이 희박한 것으로 판단하였다. 따라서 그는 원통형토기가 자체적으로 발생하여 변화하였을 것이며 변화과정에서 호남지역과 왜의 교류관계에 의해 일본의 하니와(埴輪)을 제작하는 집단과의 교류가 이루어지고 이를 통해서 하니와(埴輪)의 일부 속성이 호남지역에 나타났고, 또 호남지역 분주토기의 속성도 일본으로 전파된 것으로 보았다. 이 논문에서는 호남지역 원통형토기의 제작방법, 투창, 돌대, 문양(타날) 등 각 속성의 크기변화 및 장식성의 첨가 등을 검토하면서 호남지역의 원통형토기는 중부지역의 원통형토기와 관련이 있고, 그 기능에 있어서 무덤의 제사 등으로 사용되다가 호남지역에서 분구의 주변을 장식하는 것으로 변화되었다고 주장하고 있다(그림 5-33).

원통형토기의 성격을 파악하기 위해 기원과 계통 문제와 기능문제를 다루어 보고자 한다. 먼저 원통형토기의 기원 및 계통의 문제이다. 호남지역 Ⅰ식 원통형토기의 조형이 중부지역의 원통형토기라는 견해(최성락·김성미 2012)가 발표된 이후 지난 2년 사이에 확산되어 다수의 발표자나 토론자들이 이를 받아들이고 있음을 알 수 있었다. 그런데 여기에서 더

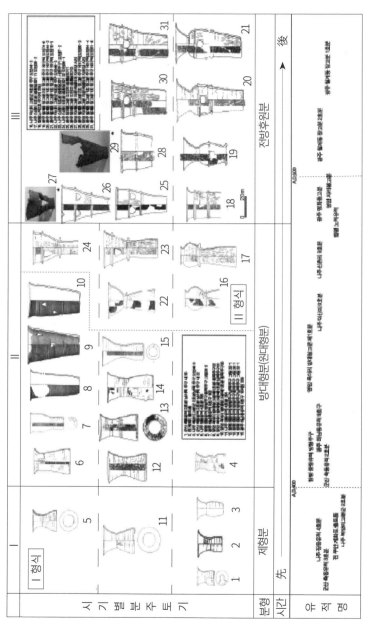

■ 그림 5-33. 원통형토기의 편년 및 변천(박형열 2014b)

나아가 원통형토기의 기원을 중국의 청동기에서 찾는 주장이 새로이 제기되었다. 즉 임영진(2014, 2015a)는 중부지역의 원통형토기가 낙랑 등에서 발견되는 일상용토기에서 출발되었다는 주장에서 더 나아가 그 기원을 중국의 제기용 청동기에서 찾아보자는 주장이다. 이것은 원통형토기의 초기 기능이 제기라고 본다면 기능이나 형태적으로 보아 중국의 청동기가 그 조형일 가능성은 충분히 있다. 하지만 중국의 청동기가 무덤에서 직접 제사용이나 장식용으로 사용되었을까 하는 데에는 의문이 있다. 오히려 중국의 청동기를 모방한 일상용의 토기들이 무덤에서 제사용이나 장식용으로 변화된 것이 한국지역이라는 데 방점을 두고 싶다.

기타 형식으로 분류되었으나 박형열에 의해 I형식에 포함된 영암 옥야리 방대분 출토 원통형토기는 그 기원을 일본에서 찾지 않고, 기대에 대각을 업어놓은 모습이 변용되었다는 견해(김낙중 2009; 조미순 2010)가 제시된 바가 있지만 기형의 특징이나 정면수법 등 제작방법을 자세하게 분석한 전용호·이진우(2014)는 기존의 원통형토기 제작 전통을 바탕으로 백제, 가야, 왜 등 여러 지역의 토기 제작 전통과 교류결과의 산물로 보고 있다. 그러나 거의 동일한 형식의 원통형토기가 청원 옥산 백제가마터에서 발견된 점을 감안한다면 기존의 전통적인 제작 기술이 강하였음을 보여준다.

그리고 II, III식 원통형토기의 기원 문제이다. 이것이 과연 일본의 하니와의 관련성에서 출발된 것인지 아니면 자체적인 발전 가능성이 있는지 연구되어야 한다. 만약 II식과 III식 사이에 연속성이 인정되고 II식의 경우 일본에서 나타나지 않는 형식이라고 본다면 영산강유역에서 자체적인 발전 가능성이 있다고 추정된다. 더구나 I식과의 관계가 설립된다면 우리나라에서 자체적인 변화가 확립되는 것이다.

다음은 원통형토기의 기능 문제이다. 호남지역에서 원통형토기가 분구에 확실하게 수립되어 출토된 곳은 신촌리 9호분, 명화동 고분이고, 수립되었을 것으로 보는 고분이 영암 옥야리 방대형 고분, 광주 월계동 고분 등이다. 이 중에서 가장 이른 고분이 영암 옥야리 방대형 고분으로 5세기 중엽경으로 보고 있다. 이보다 이른 시기의 고분에서는 분구에 수립되었는지를 알 수 없으나 주구에 일정하게 나타나고 있어 수립가능성을 보여주고 있다.

하지만 아직 중부지역에서는 무덤의 내부나 목관의 상부에서 출현하지만 분구 정상부에 출현하는 경우는 없다. 중부지역의 원통형토기를 분구의 장식이 아닌 공헌용 즉 제사용으로 해석하고 있어 무덤의 장식용으로 사용되지 못하였다고 본다. 그렇지만 이러한 원통형토기의 밑바닥에 구멍이 뚫려있는 것은 분구에 수립하지 않았지만 분구 위에 올려놓았을 가능성이 있다는 견해(박형열 2014b)를 뒷받침하고 있다.

결국 원통형토기의 용도는 처음부터 의례행위에만 사용되지 않았다. 즉 중부지역에서 출토된 원통형토기는 낙랑지역을 비롯한 여러 곳에서 일상용으로 사용되었으며 이러한 원통형토기가 중부지역에서 처음으로 주구토광묘의 분구에 매장되었던 것이다. 주구토광묘와 뒤이어 등장하는 호남지역의 목관고분에서 I식 원통형토기가 출토되고 있어 일본의 하니와와는 계통이 다른 것임이 분명해졌으며 각 고분에서 발견되는 원통형토기의 수가 많지 않다. 그러나 옹관고분이나 전방후원형고분에서 출토되는 II식이나 III식의 원통형토기의 수는 점차 많아지고 있다. II식은 옹관고분에서만 나타나는 형식으로 신촌리 9호분에서는 이미 고분의 정상부에 열을 이루고 있는 점이 확인되었다. 그리고 III식은 주로 전방후원형고분에서 나타나는 형식으로 광주 월계동 1호분에서 200점 이상 출토되었다. 이 형식은 고분의 성격을 고려해 보더라도 일본 하니와와 관련성이 있다고 볼 수 있다.

5. 과제와 전망

먼저 전방후원형고분 연구에서 가장 중심이 되는 논쟁은 피장자 문제이다. 이를 왜인으로 보거나 왜계 백제관료로 볼 것이 아니라 제지세력들에 의해 만들어진 고분으로 보는 것이 더 합리적일 것이다. 이렇게 보는 것은 당시 이 지역의 수장층이 백제의 영향력을 벗어나 독자적으로 그들의 세력을 나타내기 위하여 일본 구주지역의 전방후원분을 받아들였던 것으로 추정된다. 또 이러한 현상은 이 지역 재지세력들이 당시 사회적인 변화에 대한 적극적으로 대처하기 위한 노력일 것이다.

그러나 아직도 전방후원형고분과 관련된 미진한 문제들이 많다. 이를 풀어나가기 위해서는 다음과 같은 노력이 전제되어야 한다. 첫째, 국내·외 관련 고고학 자료에 대한 연구가 필요하다. 특히 전남지역에서 유적과 유물 대한 세밀한 조사작업과 더불어 자세한 보고서가 간행되어야 하고, 이들 자료에 대한 정밀한 분석이 이루어져야 한다.

둘째, 전방후원형고분과 관련된 한·일 양 지역의 고고학 편년이 재검토되어야 한다. 이러한 편년의 문제는 비단 영산강유역의 문제만은 아니다. 한·일 관계를 객관적으로 연구하기 위해서는 두 지역의 편년이 종합적으로 검토되어야 한다. 특히 석실분의 경우 일본 큐슈지역의 시작연대가 4세기 후반으로 추정하고 있어(柳澤一男 1993) 한국 남부지역에 비해 50~100년 앞서고 있기 때문에 일본지역 석실분의 편년에 문제점이 있음이 지적되기도 하였다(홍보식 1993). 이러한 문제점이 해결되어야만 한·일 간의 문화교류에 대한 정확한 해석이 가능하다.

셋째, 당시의 국제적인 동향이나 고분의 피장자 문제를 다루기 위해서는 문헌사에서 이루어진 연구결과를 신중하게 받아들어야 한다. 문헌사에서는 한국과 일본연구자들 사이에 상당한 의견 차이가 있으므로 고고학자들이 이를 인용할 때 신중하게 판단하여야 한다.

마지막으로 성급한 주장을 자제하여야 한다. 어떠한 단정적인 주장은 일시적으로 주목받을 수 있지만 논리의 타당성이 적다면 곧 붕괴되었음을 연구사에서 살펴본 바와 같다. 앞으로의 이들 고분에 대한 연구는 자료의 나열에서 벗어나 각 유물과 유구에 대한 세밀한 분석을 바탕으로 종합적이고 합리적으로 해석하여야 한다.

최근 한국고고학 연구자들이 일본 연구자들과 더불어 동일한 선상에서 고고학을 논의하는 것은 대단히 반가운 일이기도 하지만 한편으로는 자칫 일본 연구자들의 논리를 쉽게 따르지 않을까 하는 노파심이 생긴다. 한국고고학이 당면한 과제는 방법과 이론적인 면에서 분명 일본고고학을 앞서야 한다. 단순히 일본을 따라가서는 전혀 극복할 수 없음을 우리 연구자들은 인식하여야 할 것이다.

다음으로 원통형토기에 대한 연구과제와 전망이다. 지난 20년간 원통형토기의 형식분류와 편년에 대한 연구가 어느 정도 이루어졌고, 제작방법에 대한 연구도 일부 이루어졌다. 이러한 연구성과를 바탕으로 원통형토기의 변천에 대한 해석도 가능해졌다. 즉 원통형토기가 제작되기 시작한 것은 한국 중서부지역으로 추정되고, 이것이 호남지역으로 내려오면서 분구의 주변에 수립된 것으로 보인다. 이후 일본지역과의 문화교류가 활발해지면서 서로 유사한 원통형토기가 만들어졌을 것이다. 하지만 앞으로 풀어야 할 몇 가지 과제가 남아있다.

첫째는 한국의 원통형토기가 일본의 하니와 보다 앞서 분구에 장식되었을까 하는 의문이다. 한국의 원통형토기가 제작된 것은 분명 일본의 호형 하니와보다 빠르기는 하지만 분구에 원통형토기를 수립하는 풍습이 과연 언제 시작되었는지 아직은 알 수 없다. 이에 대하여 두 가지의 가설이 제시될 수 있다. 하나는 시기적으로 이른 원통형토기가 분구에 수립된 사례가 발굴될 수 있을 것이라는 가설이다. 이것은 필자가 중서부지역에서 제사용의 토기가 분구에 수립되기 시작하였을 것으로 추정하고 있기 때문이다. 또 다른 가설은 이영철(2007)이 이미 제시한 것과 같이 옹관고분에서 종종 나타나는 직치한 호형토기에서부터 찾아볼 수 있다는 것이다. 즉 중부지역의 원통형토기는 호남지역에서 호형토기의 직치하는 풍습과 결합되면서 분구에 수립하게 되었다는 가설이다.

둘째는 한국의 원통형토기가 자체적으로 변화 발전되었을까 하는 의문이다. 최근 박형열(2014b)은 I식에서 II식(필자의 II·III식)으로 자체적인 변천을 강조하는 주장이 제기되었다. 특히 이것은 영암 옥야리 방대형 고분 출토 원통형토기를 I식에 포함시키면서 어느 정도 가능성을 높여주고 있다. 하지만 아직은 I식과 II·III식 사이에는 형태적인 면에서 서로 큰 차이를 보여주고 있어 좀 더 적극적인 논증이 필요하다고 본다.

셋째는 고분의 주구에서 출토된 목기의 성격에 대한 논의이다. 광주 월계동 고분과 영암 자라봉 고분(대한문화재연구원 2014a)에서 출토된 목기에 대한 연구도 필요하다. 영암 자라봉 고분의 목기의 경우, 분구에 수립하지 않고, 제작 후 주구에 공헌된 기물임이 확인되어 주목된다고 한다(이영철 2014). 따라서 이러한 주구에서 출토된 목기에 대한 연구가 필요하다.

넷째는 최근 발견된 형상 하니와에 대한 해석 문제이다. 원통형토기 이외에 동물형상 토제품은 영암 옥야리 방대분에서 먼저 출토된 바가 있지만 일본의 형상 하니와와 아주 유사한 형태가 함평 금산리 방대형 고분에서 발견되었다. 이것이 일본지역에서 들어왔다고 가정한다면 일본 하니와의 영향이 함평지역에 직접 와 닿은 것이고, Ⅱ·Ⅲ형식의 원통형토기에도 일본 하니와의 영향이 있었음을 간접적으로 보여주는 것이다. 만약 이것이 독자적으로 발생한 것이라고 가정한다면 그 해석은 달라질 수도 있다. 따라서 함평 금산리 고분에 대한 발굴조사가 본격적으로 진행되면서 형상 하니와에 대한 연구가 더 이루어져야 할 것이다.

끝으로 원통형토기에 대한 연구가 중요한 것은 영산강유역에서 확인된 전방후원형고분의 실체를 파악하기에 앞서 원통형토기의 성격이 밝혀져야 하기 때문이다. 전방후원형고분은 일본의 전방후원분을 모방하여 만들어졌다는 점에 대하여 별다른 이견이 없지만 그 피장자가 누구인지는 연구자들 간에 의견을 달리하고 있다. 원통형토기와 전방후원형고분을 함께 묶어서 생각한다면 그 피장자는 쉽게 왜계 인물로 추정될 수 있다. 하지만 원통형토기가 한국에서 시작되었고, 자체적으로 제작되었다고 본다면 고분의 피장자를 왜계로 단정할 수 없게 된다. 이 문제를 풀기 위해서는 앞으로 원통형토기에 대한 더 세밀한 연구가 계속되어야 할 것이다. 왜냐하면 현재까지 조사된 원통형토기와 관련된 유적의 수가 적지 아니하지만 발생과정과 변천을 충분하게 설명할 자료가 확보된 것은 아니기 때문이다.

6장

고대사회의 성장과 백제의 통합과정

제 1 절
고대사회를 바라보는 관점

영산강유역에는 고인돌의 밀집 분포, 독특한 무덤인 옹관고분의 성행, 그리고 전방후원형고분의 존재 등 많은 고고학적 특성이 있다. 이러한 고고학 자료들을 통해 이 지역 고대사회의 실체를 파악하려는 시도는 오랫동안 계속되어 왔으나 결코 쉬운 작업이 아니다. 왜냐하면 이 지역에 대한 문헌자료가 부족하여 고대사회의 실체를 바로 알 수 없기 때문이다.

영산강유역 고대사회에서 논란이 되는 시기인 4세기부터 6세기 중엽까지의 사회성격과 관련하여 처음 제기된 주장은 일본 연구자들에 의한 倭人說이라고 볼 수 있다. 이에 대하여 우리 연구자들은 백제 近肖古王의 征服說을 주장하였고, 일부에서 6세기 중엽까지 마한이 자리잡았다는 馬韓論도 제시되었다. 그리고 1980년대 중반경 전방후원형고분이 발견되자 다시 倭人說이 대두되었다. 이외에도 영산강유역 고대사회를 다양한 관점에서 바라보고 있지만 영산강유역 고대사회의 실체를 어떻게 볼 것인가 하는 문제는 여전히 논란의 초점이 되고 있다.

영산강유역의 고대사회를 정확히 이해하기 위해서는 각 관점이 가지는 장단점을 파악하여 보다 합리적으로 그 실체에 접근하여야할 것이다. 따라서 이 절에서는 왜인설, 백제 정복설, 마한론 등에 대한 내용과 문제점을 검토하고, 또 그 동안 논란이 되었던 전방후원형고분과 남해안지역에 분포하는 고분에 대한 연구자들의 인식을 살펴본 연후에 어떠한 관점에서 영산강유역 고대사회를 보아야할 것인지를 생각해 보고자 한다.

1. 제 학설의 검토

1) 倭人說

영산강유역 고분의 피장자를 倭人으로 보는 것이 소위 '倭人說'이다. 처음에 제기된 것은 일제강점기 때의 일로 옹관고분이 倭人의 무덤이라는 것이다. 즉 谷井濟一은 나주 반남면 덕산리 3호분과 대안리 9호분의 墳形과 周溝의 존재 그리고 埴輪圓筒類品을 통해 이들 고분이 '倭人의 무덤'이라고 주장하였다(朝鮮總督府 1920).[72] 그리고 1938년에 이 지역의 고분을 조사한 有光敎一(1940)은 신촌리 6호분과 덕산리 2호분의 墳形이 日本의 '前方後圓墳'과 유사점이 있고, 埴輪圓筒類品도 존재한다고 지적한 바 있어 일본과의 관계가 있음을 언급하였다.

한편 일본의 고대사학자 井上秀雄(1977)은 倭人의 근거지가 日本 九州지역뿐만 아니라 한반도 남부지역까지 포함된다고 주장하였다. 이러한 견해, 즉 倭가 한반도 남부에 위치한다는 설은 任那日本府說이 점차 힘을 잃어갈 때 江上波夫의 騎馬民族說과 함께 출현한 것으로 任那日本府說의 변형이라고 볼 수 있다(이기동 1992).

그런데 일부 국내학자들은 任那日本府의 근거가 되었던 '廣開土大王碑文'과 『三國史記』 등 일부 문헌을 근거로 4세기말경의 반남고분의 주인

---

72. 신촌리 9호분을 처음 발굴할 당시에 墳丘에서 원통형토기의 列이 발견되었다면 발굴자는 어떠한 결론을 내렸을까? 이러한 의문은 필자의 가정이지만 이 경우에 왜인설뿐만 아니라 임나일본설의 적극적인 증거로 활용되었을 것이다. 그런데 이러한 의문을 몇몇 일본 연구자들에게 제기해 본 결과 1920년대에는 분구에 대한 조사의 필요성이 인식되지 않았다고 한다. 더구나 당시에 이루어진 간이 조사에서 원통형토기의 열을 발견한다는 것은 거의 불가능하였을 것이다.

공들이 일본으로 넘어가기 전 한반도 내에 자리 잡았던 倭라고 주장하였다(이덕일·이희근 1999; 설성경 1998).

그러나 이러한 견해는 타당성이 없는 주장이다. 3세기 후반에 만들어진 『三國志』 魏書東夷傳 倭人條의 기록에 당시 倭가 일본열도에 자리 잡았다고 되어 있다. 고고학적으로 보더라도 옹관고분의 발생이 일본의 영향이 아니라 3세기 말 영산강유역에서 주구토광묘로부터 자체적으로 발생한 것이다(최성락 2002c). 당시 일본적인 요소가 조금이라도 보이는 곳으로는 옹관고분의 마지막 단계인 신촌리 9호분을 들 수 있는데 이를 제외하면 거의 전무하다. 현재 일본학자들 조차도 옹관고분의 주인공을 倭人으로 보는 경우가 거의 없다. 따라서 과거 일본학자들의 주장을 신중한 검토도 없이 그대로 받아들여 영산강유역의 옹관고분을 倭와 관련된다고 주장하는 것은 잘못된 것이다.

이후 倭人說이 다시 등장한 것은 1990년대 중반부터이다. 즉 영산강유역에서 조사된 橫穴式 石室墳이나 前方後圓形古墳의 피장자가 倭人이거나 倭系인물이라는 것이다. 또한 최근에는 남해안지역에 분포하는 석곽분을 역시 왜계 고분으로 보고 그 피장자를 왜인으로 보는 견해도 대두되고 있다. 이 문제는 다음 항에서 구체적으로 검토해 보고자 한다.

2) 百濟 征服說

영산강유역에 대한 백제 정복설은 近肖古王의 마한 정벌설을 말한다. 근초고왕이 영산강유역을 경략하였다는 기록은 『三國史記』에는 나타나지 않으나 『日本書紀』에 반설화적으로 남아있다.

이병도(1959)는 이를 통해 일본의 응원군이 와서 더불어 경략하였다는 것은 의문의 여지가 있으나 近肖古王의 父子가 369년 영산강유역을 원정하여 마한의 잔존세력을 토벌한 것으로 해석하였다.[73] 이러한 견해에 덧붙여 노중국(1987)은 '枕(忱)彌多禮'를 『晋書』에 나오는 '新彌國'으로 연결지어 근초고왕의 마한 정벌설을 지지하고 있다.

이 학설은 얼마동안 고대사학계에서 통설로 받아졌으나 수정된 주장이 제기되었다. 그 중에서 가장 대표적인 견해는 영산강유역이 4세기 후반 이래로 백제의 간접지배를 받다가 6세기 중엽경에 비로소 직접지배를 받았다는 주장이다(권오영 1986). 이밖에도 여러 연구자들은 이 시기의 영산강유역과 백제와의 관계를 貢納的 支配(이도학 1995), 담로제에 의한 통치(유원재 1999), 支配的 同伴關係(박순발 1998a), 王侯制(문안식 2007) 등 다양한 형태로 인식하고 있다. 이를 통해서 영산강유역에서는 4세기 후반부터 6세기 중엽까지 백제의 직접적인 통치하에 있었던 것이 아니라 어느 정도 독자적인 세력이 유지되었다는 것이다. 따라서 이들의 견해는 이 지역의 관점이 아닌 백제사의 입장에서 바라보는 것으로 백제가 369년(근초고왕 49년) 이후에 이 지역과 관계를 맺고 있음을 강조하고 있다.

실제로 고고학 자료를 통해서 보면 4세기 후반에서 5세기 후반까지는 옹관고분이 발달된 시기이고, 5세기 말에서 6세기 중반까지는 석실분이 축조되지만 백제양식이 아닌 이 지역의 독특한 양식이 유행하고 있어 과연 백제와의 관계가 어떠한지 의문이다.

---

73. 이렇게 해석하게 된 것은 1~3세기의 역사를 『삼국사기』에 의거해 인식하지 못한데 그 원인이 있다. 만약 『삼국사기』의 기록을 따른다면 마한은 기원후 1세기경에 백제에 의해 정복되었다고 보아야 한다.

3) 馬韓論

마한론은 기본적으로 『三國志』魏書東夷傳에 근거를 둔 것이다. 하지만 확대된 마한론의 시작은 近肖古王의 마한 정벌설에 기초를 두고 있다. 즉 마한 정벌설이란 이미 언급하였듯이 近肖古王 24년(369년)에 백제가 전남지역을 장악하였다는 것인데 이는 그 이전까지 마한이 영산강유역에 자리잡았다는 점을 인정한 것이다.

처음 연구자들은 고인돌과 청동유물을 통해 마한의 성격을 이해하려고 하였고(최몽룡 1978; 이현혜 1984), 옹관고분이 마한 잔존세력의 무덤으로 보았다(성낙준 1983). 그리고 나주 반남면 일대를 마한의 目支國으로 보면서 중부지역의 마한이 백제세력이 성장함에 따라 영산강유역으로 이동되었다는 것이다(최몽룡 1986, 1988). 그리고 마한의 영역을 한강유역을 제외한 아산만 이남에서 영산강유역에 이르는 지역으로 보면서 마한을 전기(기원전 200~기원후 200년경)와 후기(기원후 200~369년)로 나누는 견해가 제시되었다(김원용 1990). 이러한 과정에서 다수의 연구자들은 백제가 전남지역을 장악하기 전에 마한이 존재하였다는 개념을 가지게 되었고, 확대된 마한론이 제시되게 이른다.

먼저 전남지역에 마한이 기원전 3세기로부터 기원후 6세기 중반까지 자리잡았다는 견해이다. 임영진(1995, 1997a, 1997b, 1997c)은 옹관고분 축조시기인 5세기 후반까지 전남지역에는 독자적인 정치체(마한)가 존속하였다는 견해를 제기하였고, 뒤이어 초기 석실분의 단계인 6세기 전반까지도 마한에 속한다고 주장하였다. 이 중 특히 문제가 되는 것은 마한의 소멸시기 문제로 전남지역에 백제계 석실분이 나타나고, 백제의 한 지방으로 편입된 6세기 중엽 이전까지 마한이라는 정치체가 자리잡았다는 것이다.

　다음은 前期 馬韓의 시작을 기원전 300년으로 보는 견해이다. 즉 박순발(1998b)은 전기 마한의 시간적 위치를 점토대토기와 세형동검이 등장하는 기원전 300년경부터 백제가 국가로 성립되는 기원후 250년까지로 설정하였고, 공간적인 범위를 처음 한강유역 및 중서부지방에서 점차 중서부지역과 금강이남지역으로 한정되었다고 보았다.

　그리고 최완규(2000a, 2000b. 2002a. 2002b)는 호남지역의 주구묘 혹은 분구묘를 마한의 무덤, 주구토광묘를 진한의 무덤으로 규정하였다. 이후 주구묘를 분구묘의 초기 단계로 보고, 분구묘가 마한을 대표하는 무덤으로 인식하고 있다. 즉 '마한의 분구묘'로 칭하면서 분구묘는 6세기 전반까지 호남지역에서 지속되었다는 것이다(최완규 2005, 2006; 이택구 2008). 이와 더불어 기원전 2세기부터 기원후 5~6세기의 주거지를 마한의 주거지로 보는 주장도 제시되었다(김승옥 2000). 이와 같이 마한의 존재 시기가 확대되면서 영산강유역에 자리잡았던 고대사회가 곧 마한이라는 인식이 일부 연구자들뿐만 아니라 일반인들까지 확산되는 현상을 보여주고 있다.[74]

　그런데 마한과 관련된 가장 중심적인 묘제는 토광묘(목관묘)이다. 특히 주구를 두른 토광묘가 중서부지역에서 영산강유역까지 널리 분포하고 있다. 주구토광묘는 기원전 3~2세경으로 중서부지역에서 시작된 것으로 보고 있으며 영산강유역에서는 기원전 1세기경에서 기원후 3세기경까지 지속적으로 변화 발전하고 있다. 이러한 토광묘(목관묘)의 전통은 4세기 이후에는 다장이 이루어지면서 고분으로 발전되는 현상이 서해안의

---

74. 대표적인 사례로 광주 MBC가 2000년에 처음 제작한 "마한"이다. 이것은 영산강유역 고대사회의 실체를 마한으로 인식하고 5부작의 다큐멘터리를 제작한 바가 있다. 이후 마한을 다루는 다큐멘터리가 추가로 몇 편 더 제작되었다.

각 지역에서 나타난다. 이것을 필자는 목관고분이라고 부르지만 일부 연구자들은 분구묘에 포함시키고 있다. 4세기경에 이루어진 고분의 출현이 독자적인 발전에 의한 것만이 아니라 삼국의 고대국가 형성과 연계되는 것이다. 이것은 호서지역의 분구묘를 백제의 무덤으로 보는 연구자도 있기 때문이다(이남석 2013; 성정용 2016).

만약 마한의 존재를 기원전 3세기로부터 기원후 5~6세기경까지로 잡는다면 마한의 역사는 700~800년으로 확대되게 된다. 확대된 마한론은 문헌기록의 뒷받침 없이 고고학 자료를 바탕으로 주장되었다. 다시 말하면 그 시기의 고고학 자료가 백제의 것과 다르므로 마한이라는 것이다. 그러나 고고학 자료만을 바탕으로 고대사회의 실체를 언급하는 것은 적절한 방법이 아니다. 과거의 역사적인 사건이 바로 고고학 자료에 나타나지 않기 때문에 문헌기록과는 서로 다를 수 있다는 점을 看過해서는 안 된다. 이러한 확대된 마한론에 대한 여러 가지 문제점들이 이미 지적된 바가 있다(강봉룡 2000; 최성락 2001). 또한 마한에 대한 문헌적인 근거가 부족한 상태에서 무작정 마한의 시간적인 폭을 넓히는 것이 당시 고대사회를 연구하는 데 상책이 될 수 없다고 본다.

또한 확실한 증거도 없이 마한의 존재를 언급하는 것은 현재 연구자들이 그렇게 믿고 있다는 것일 뿐 역사적인 사실은 아니다. 나아가 마한이 6세기까지 존재한다고 주장하는 것은 마한 스스로가 고대국가에 버금가는 단계로 도달하였다는 점을 강조하고자 하는 것이지만 오히려 이것이 영산강유역의 역사를 주변 지역의 역사에 비해 후진적으로 보는 잘못된 인식이 되고 마는 것이다.[75] 더구나 영산강유역에 6세기 전반경까지 '마한 제국'(임영진 외 2014)이 자리잡았다고 보면서 마치 '가야 제국'과 유사함을 강조하는 것은 극히 일방적이고 주관적인 주장일 수밖에 없다.

2. 전방후원형고분에 대한 인식문제

영산강유역 고대사회의 실체에 대한 관심이 재연된 것은 바로 1980년
대 중반 전방후원형고분이 발견된 이후이다. 이 고분의 주인공에 대한
한·일연구자들의 관심은 지대하다고 볼 수 있다. 특히 일본연구자들은
처음에 영산강유역에서 발견된 고분이 '前方後圓墳'인지 아닌지에 대하여
논란이 많았다(森浩一 1984; 江坡輝彌 1987). 이것은 전방후원분이 '日本의
古墳'으로서 일본 내에서만 분포한다는 선입견을 쉽게 뿌리치지 못하였
기 때문이다. 이후 이 고분에 대한 발굴조사가 이루어지면서 한·일연구
자들의 관심이 점차 높아져 갔다.

1) 전방후원형고분에 대한 인식

영산강유역에 분포된 前方後圓形古墳의 피장자를 보는 견해는 크게 세
가지로 분류된다. 즉 재지세력설, 왜인설, 그리고 절충설 등이다. 이러한
주장의 내용과 문제점을 검토해 보면 다음과 같다.

먼저 재지세력설에는 백제와 관련되는 재지세력설, 토착세력설, 왜와
관련되는 재지세력설, 토착세력설 등이 있다. 먼저 성낙준(1997b)은 영산
강유역의 대형옹관묘가 이미 백제와의 관계 속에서 조영되었기 때문에

---

75. 마한이 고대국가로 인정되지 아니한 상태에서 영산강유역에 6세기까지 존재
    하였다고 본다면 자연 후진적인 지역이 될 수밖에 없는 것이다. 또한 호남지
    역의 분구묘가 6세기까지 존재한다는 주장도 일본지역에서 3세기 후반, 분구
    묘에서 고분으로 변화된다는 것과 비교한다면 역시 후진적이라는 느낌을 주는
    용어가 될 수 있다. 또 분구묘라는 개념 속에 주구묘, 옹관고분, 석곽분, 석실
    분, 전방후원형고분 등 여러 시기에 걸친 무덤을 포함하고 있어 그 개념이 혼
    란스럽기도 하다.

전방후원형고분도 백제와 관련되어서 조영되었을 것으로 보고 있다. 박
순발(2000, 2001a, 2001b)은 전방후원형 고분이 만들어질 시기에 백제와 영
산강유역 세력간의 관계를 지배적 동맹관계로 보고 있어 백제의 영향 하
에 전방후원형 고분이 만들어졌다는 것이다. 또 우재병(2004)도 왜계 백
제관료설을 비판하면서 영산강유역 고분의 피장자를 백제와 관련된 지방
수장으로 해석하고 있다. 그리고 일본에 갔다가 되돌아 온 마한인(임영진
1994) 혹은 백제인(서현주 2007c)으로 보는 견해이다.

반면 최성락(2000c, 2004a)은 영산강유역의 재지세력이 독자적으로 고
분을 축조하였다고 보고 있다. 즉 전방후원형고분이 만들어지기 전에 이
미 백제와는 관계를 맺고 있으나 한성백제가 붕괴되고 웅진으로 천도한
이후 이 지역에 대한 통제권이 약해질 때 이 지역의 수장들이 독자적으로
고분의 형태를 일본 큐슈지역에서 모방하여 조성하였다고 보았다. 이 고
분이 倭人과 관련된 '전방후원분'이 아니라고 보는 근거는 倭系의 요소가
일시적으로 들어왔던 것이 아니고, 점진적으로 채용되었으며 전방후원형
고분이 나타난 지역에 이미 기존의 고분(즉 토착세력)들이 분포하였던 곳
이기 때문이다. 이러한 재지세력설은 연민수(2011)에 의해서도 주장되었
다. 그는 왜인설을 본격적으로 비판하면서 이러한 고분의 축조가 백제에
저항하는 재지세력들의 자립을 과시하는 것이라고 하였다.

그리고 倭와 관련된 재지세력설은 주로 일본연구자들에 의해 주장되고
있다. 즉 岡內三眞(1996)는 전남지역을 6세기 초까지 백제와 관련이 적은
지역으로 보면서 倭와의 교류를 통해 前方後圓形墳이 축조되었다고 하였
고, 吉井秀夫(1996)도 영산강유역이 가야나 왜와 교류할 수 있는 독자적
인 힘을 가지면서 석실분을 받아들였다고 보는 견해를 제시하였다. 土生
田純之(1996)는 전남지역 재지세력은 백제에 완전히 통제되지 않은 상태

였고, 전방후원분이 바로 그러한 상황에서 주로 九州세력과 교류하던 영산강유역의 호족들이 자신의 무덤으로 채택한 것으로 보았다. 小田富士雄(1997)은 당시까지 韓·日학자들 사이에 논란되었던 전방후원형 고분의 연구사를 정리하고, 그 주인공을 일본으로 건너갔다가 되돌아온 마한인이라는 임영진의 견해를 비판하면서 전남지역의 전방후원형 고분이 日本의 前方後圓墳의 영향으로 축조되었음을 강조하였다.

반면 西谷正(1999)은 한국 전방후원분의 被葬者가 在地의 豪族 또는 有力者라고 생각되나 일본의 고분과 관련성을 부정할 수 없으므로 만약 피장자를 '일본으로 건너갔다가 되돌아온 마한인'이라는 임영진의 견해를 받아들인다면 왜인계 백제관료의 존재에 주목해야 한다고 하였다. 田中俊明(1996, 2000, 2001)은 백제가 영산강유역을 장악하는 것을 4세기 후반으로 볼 것이 아니라 5세기 후반 내지 6세기 초로 보아야 하며 그 이전은 倭와의 관계가 깊다고 보았다. 또한 그는 영산강유역을 『宋書』에 보이는 慕韓의 지역으로 비정하며 백제와는 독립된 세력으로 상정하면서, 이들 전방후원형 고분은 在地勢力이 백제의 진출, 영유화에 대항하는 가운데 왜와의 관계를 나타내는 정치적인 입장에서 왜의 묘제를 채용한 것으로 보았다. 小栗明彦(2000)은 원통형토기를 가진 고분의 편년을 신촌리 9호분(430년)→명화동고분(510년)→월계동 1호분(530년) 등으로 설정하고, 4세기 후반에 하니와(埴輪)의 기법이 전남지역에 도입된 이후 6세기 초에는 倒立技法과 打捺技法 등이 역으로 일본으로 전파되었으며, 전남지역 전방후원분을 일본의 繼體 옹립세력과 관계가 있는 재지세력의 무덤이라고 주장하였다.

다음으로 왜인설은 왜계 백제관료설과 왜계 이주설로 나누어진다. 왜계 백제관료설은 한국 연구자와 일본 연구자들에 의해 함께 주장되고 있다. 주보돈(2000)은 백제가 이미 4세기 후반부터 전남지역을 지배하였으며 왜와의 교류가 이루어졌다고 보면서 당시의 국제정세로 보아 영산강유역 전방후원분의 주인공을 백제의 초청을 받아 이 지역을 통치하는 倭系 백제관료로 보는 견해를 제시하였다. 한편 山尾幸久(2001)는 당시의 한일관계를『日本書紀』등 문헌을 근거로 분석하여 백제지역에 나타나는 전방후원분이 백제왕의 신하인 倭의 유력자라는 것이다. 또 그는 3세기 이래 중국인에 의해 명확하게 '倭人'으로 식별되고 있었던 '韓人'이 수십 년이란 단기간만 정치적인 입장에 따라 倭人의 묘제를 채용했다고 하는 것은 이해하기 어렵다고 하였다. 또 박천수(2001, 2002a, 2002b, 2002c)는 최근 영산강유역 전방후원형 고분의 구조와 출토유물에 대한 고고학적 분석을 바탕으로 이 고분의 피장자를 왜계 백제 관련 집단이라고 주장하였다. 이후 박천수(2006, 2007)는 논문과 저서인『고대한일교섭사』에서도 비슷한 주장을 계속하고 있다. 그리고 과거 倭와 관련된 재지세력이라고 보던 西谷正(2001)도 점차 왜계 백제관료설에 더 비중을 두고 있다.

왜계의 이주민설(즉 倭人說)로 전방후원형고분의 피장자를 倭人 혹은 倭人 集團으로 보거나 九州地域에서의 이주자로 보는 견해가 있다. 즉 東潮(1995, 1996)는 倭 五王과 관련하여 전남지역에 慕韓이라는 정치체가 있었으며 이는 倭와 관련되었고, 후에 들어온 前方後圓墳과도 연관된다는 것이다. 나아가 그는 고분의 피장자를 九州地域에서의 이주자로 보았다(東潮 2001). 이 고분의 피장자를 倭人으로 보는 주장은 우리 연구자들에 의해서도 강조되고 있다. 임영진(2003a, 2003b)은 마한으로 망명한 倭人으로 규정하였고, 홍보식(1992, 2006)은 과거의 영산강유역의 석실분이 왜와 관련된다는 기존의 주장을 재정리하면서 영산강유역 전방후원형 고분의 주인공을 倭系로 단정하였다. 최근에는 무덤의 피장자를 재지화된 倭人

(土生田純之 2008)으로 보거나 倭系 백제관료 혹은 倭將(鈴木英夫 2008) 등
으로 보고 있어 본격적으로 왜인설을 주장하는 일본 연구자가 늘어나고
있다.

마지막으로 절충설이다. 즉 고분의 피장자를 倭人과 재지인으로 보는
견해이다. 먼저 柳澤一男(2006)은 대형분의 피장자는 倭系도 있겠지만 現
地首長도 있을 것으로 보았다. 이와 달리 김낙중(2008)은 초기대형석실분
(전방후원형고분 포함)의 피장자를 現地大首長級으로 보고, 중소형원분의
피장자를 渡來倭人으로 보았다. 다만 월계동 고분 2기만이 倭人의 무덤
일 가능성을 제시하고 있다. 이 견해 역시 새롭게 제시된 것으로 앞으로
검토되어야 할 주장들이다.

2) 왜인설에 대한 검토

영산강유역에서 조사된 前方後圓形古墳의 피장자가 倭人이거나 倭系
인물로 보는 견해들의 문제점을 검토해 보면 다음과 같다. 먼저 東潮의
견해와 같이 전방후원형고분의 피장자를 倭人으로 보는 견해는 영산강유
역과 倭와의 관계를 지나치게 강조하는 것이다. 더구나 일본 연구자의 경
우, 이 고분의 피장자를 倭人으로 생각하면서 영산강유역의 '전방후원형
고분'을 '前方後圓墳'으로 지칭하고 있고, 이 고분이 가지는 몇 가지 특징
만으로 왜로부터 주민의 이동을 주장하고 있다.

이러한 倭人說은 왜계 백제관료설과 다르게 백제와는 아무런 관련이
없다는 주장으로 그 근거가 되는 것이 바로 慕韓의 존재인 것이다. 慕韓
은 『宋書』의 倭 5王에 대한 기록에 나타난다. 즉 438년 倭王 珍은 '使持節
都督倭百濟新羅任那秦韓慕韓六國諸軍事 安東大將軍 倭國王'이라는 작호

를 자칭하게 된다. 즉 왜·백제·신라·임나·진한·모한 등 6국에 대한 통
솔권을 자임한 것을 의미한다. 그 후 계속 對宋외교를 집요하게 하여 倭
王 濟는 451년에 百濟가 빠지고 加羅가 첨가된 6국의 安東大將軍으로 가
호를 받게 된다. 또한 478년 倭王 武는 '使持節 都督倭百濟新羅任那加羅
秦韓慕韓七國諸軍事 安東大將軍 開府儀同三司倭國王'이라 자칭하였으나
'使持節 都督倭新羅任那加羅秦韓慕韓六國諸軍事 安東大將軍 倭王'이라
고 책봉을 받았다. 즉 백제가 고구려의 공격을 받아 漢城이 함락되자 倭
王이 백제를 임의로 포함시켰으나 中國이 이를 제외하고 책봉한 것이다.

그러나 당시 宋과 외교관계가 없었던 新羅·任那·加羅와 같은 실존의
국가나 秦韓·慕韓과 같은 가공의 국가 이름을 나열한 작호의 사용을 허
용한 것이고, 백제에 대해서는 현실적인 세력관계를 분명히 따져서 단호
하게 제외시켰던 것으로 모한의 존재를 부정하는 견해가 일반적이다(강봉
룡 1998). 또 이러한 주장이 새로운 형태의 任那日本府說로 변화되지 않을
까 경계하고 있다(김수태 2000).

다음으로 山尾幸久는 당시의 한일관계를 『일본서기』 등 문헌을 근거로
분석하여 백제지역에 나타나는 전방후원분이 백제왕의 신하인 왜의 유력
자라는 것이다. 『일본서기』에 나타나는 기록이 영산강유역의 전방후원형
고분의 피장자를 밝히는데 타당한 근거인지 판단하는 것은 필자의 능력
밖이다. 그러나 『일본서기』가 당시의 역사를 반영하였다고 하지만 많은
부분이 왜곡되어 있다는 점을 고려한다면 이와 같이 문헌자료에 의한 해
석도 곤란하다고 본다. 고고학 연구에서는 고고학 자료의 분석이 선행되
어야할 것으로 판단된다.

또 그는 3세기 이래 중국인에 의해 명확하게 '倭人'으로 식별되고 있었
던 '韓人'이 수 십 년이란 단기간만 정치적인 입장에 따라 왜인의 묘제를

채용했다고 하는 것은 이해하기 어렵다고 하였다. 그러나 이러한 견해도 잘못된 인식으로 문화의 변혁기에는 다양한 문화가 수용될 수 있을 것이다. 그 예로는 백제 무령왕의 무덤을 들 수 있다. 백제왕의 무덤이 일시적으로 塼築墳을 쓰게 된 것은 그 주인공이 중국계이기 때문이 아니라 역사의 변혁기에 어떤 필요에 의해 일시적으로 채용되었던 것이다. 따라서 영산강유역에서도 옹관고분의 축조가 중단되고 새로운 석실분이 들어오면서 일시적으로 전방후원형고분이 만들어질 수 있다고 본다.

柳澤一男(2006)의 견해는 전방후원형고분를 포함하는 영산강형 석실을 모두 일본 九州지역과 연결시키고 있고, 이들 고분의 피장자가 왜계 인물이라는 주장은 대체로 山尾幸久(2001)의 견해를 따르고 있다. 이러한 견해를 받아들인다면 당시 전남지역에서의 주도권이 재지세력에서 왜계 인물로의 급격한 변화를 상정할 수 있게 된다. 그러나 그러한 변화가 과연 일어났는지는 의문이다. 왜냐하면 영산강형 석실에 속한다고 볼 수 있는 나주 복암리 3호분 96석실의 주인공을 왜계 인물로 볼 수 없거니와 백제와의 관련성을 보여주는 나주 송제리 고분과 영광 학정리 고분 등의 존재를 보아도 그러한 변화가 이루어졌다고 볼 수 없다. 또한 해남 장고봉고분의 피장자를 전남세력의 대외교섭권을 주도한 인물로 보는 견해도 유구의 분석에만 의존한 지나치게 비약적인 해석이다.

한편 주보돈(2000)의 왜계 백제관료설은 이미 학술대회 토론과정에서 많은 지적이 있었다. 토론자인 김수태(2000)는 주보돈의 주장에 설득력이 부족함을 조목조목 비판하고 있다. 특히 왜가 백제에 영향을 미쳤다면 그러한 흔적인 백제 중앙에 나타나지 않고, 영산강유역의 변두리에 나타나는가 하는 문제와 왜와 직접적으로 관계가 있다고 보는 무령왕의 무덤이 塼築墳으로 중국식인 것을 어떻게 설명하는가 하는 문제 등이다.

그리고 박천수(2001, 2002a, 2002b, 2002c)의 주장에 대한 검토이다. 그는 영산강유역의 고분을 집중적으로 답사하고, 이를 바탕으로 전남지역 전방후원형고분의 피장자를 왜계 백제 관련 집단이라는 견해를 제시하였다. 그러나 그의 주장에는 많은 문제점을 내포하고 있어 이를 검토해 보면 다음과 같다.

첫째, 영산강유역의 고분 편년에 대한 문제이다. 종래의 편년과는 다르게 나주 신촌리 9호분의 연대를 6세기 초반으로 설정하여 전방후원형 고분이 등장한 이후의 고분으로 인식하고 있어 문제이다. 신촌리 9호분은 대체로 5세기 중엽이나 후반으로 편년되고 있다. 즉 석실분의 등장 이전에 축조된 것으로 보는 것이 일반적이다. 그러나 이를 임의로 6세기 초반으로 설정하고 있어 그의 해석은 무리인 것이다. 그리고 절대연대를 언급하면서 가야의 편년과 일본지역의 편년을 이용하는 것은 잘못된 것이다.[76]

둘째, 고분의 피장자를 왜계 백제 관련 집단으로 보는 문헌적인 근거가 빈약하다. 『일본서기』를 보는 한국 연구자의 시각은 결코 일본 연구자와 같지 아니할 것이다. 이를 참고하지 않고 단순히 山尾幸久의 견해를 따른다면 그 해석은 문제가 될 수밖에 없다. 예를 들면 국내연구자들은 왜계의 백제관료들이 집중적으로 활동한 것은 6세기 중반경이라고 한다(연민

---

76. 박천수는 영산강유역의 편년에 대한 기존의 연구를 도외시하고 있다. 마치 과거 영남지역의 편년을 위해 일본지역의 편년을 이용하듯이 이 지역의 편년에 영남지역의 편년을 이용하고 있으나 이것은 분명 잘못된 방법이다. 우선적으로 이 지역에서의 상대편년이 중요한 것은 문화적인 변화가 지역별로 다르게 나타날 가능성이 있기 때문이다. 예를 들면 철제모형농공구는 가야지역 보다는 영산강유역에서 이른 시기에 발견되고 있어 가야지역과는 다른 양상을 보여줄 수 있다. 따라서 그 지역의 연구자가 아니라면 임의로 편년할 것이 아니라 기존의 연구성과를 따르던가 아니면 이를 보완하는 것이 타당하지 임의로 편년안을 제시한다는 것은 적절하지 못한 방법이다.

수 2002; 백승충 2006). 이러한 사실은 전방후원형고분이 축조된 시기보다도 오히려 늦기 때문에 백제 관료설은 재검토되어야 한다. 또『일본서기』雄略 23년(479), 삼근왕 사후 東城王을 호위하고 귀국했던 군사 500인이 筑紫國 출신이라는 기록이 고고학 자료에 부합한다고 하였으나 이들이 전남지역에서 활동할 근거는 하나도 없다. 만약 일본의 군사가 전남지역에서 활동하였다면『일본서기』에 구체적으로 기록되어야 할 것이다.

셋째, 고분의 피장자가 왜계의 인물이라는 주장은 다소 성급하다. 고분의 피장자가 왜계 인물이라는 주장의 근거가 주보돈과 山尾幸久의 견해와 몇몇 왜계의 유물만이 전부라면 이는 성급한 주장이 될 것이다. 일본 고고학자들조차도 고분의 피장자를 재지세력으로 보거나 일본 고분의 영향이 아닐까 조심스럽게 접근하고 있는 반면에 그가 문헌사학자들의 가설적인 견해를 비판없이 받아들여 그대로 따르는 이유를 알 수 없다. 물론 東潮의 '왜인설'과 그의 '왜계 백제 관련 집단'과의 차이가 있다. 전자가 왜인들이 백제와는 상관없는 독자적으로 영산강유역에 진출하였다는 시각에 비하여 후자는 백제의 필요에 의해 왜인들이 들어왔다는 것이다. 그러나 이러한 주장은 고고학 자료를 중시하는 고고학자가 시도하기 힘든 해석일 수밖에 없다.

또한 출자가 다른 왜인들을 의도적으로 분산고립적으로 배치하고, 또한 전략적인 요충지역은 백제의 중앙세력이 직접관리하며 倭人과 토착세력 양측을 제어한 것으로 해석하는 것(박천수 2002a:105)은 너무 작위적이다. 석실분의 다양성을 곧 바로 출신지의 차이로 해석하고, 왜인들을 백제가 관리하였다는 해석은 고고학 자료나 문헌 자료로서 설명하기 어려운 문제이다. 석실분의 다양성보다는 당시 고분의 다양성에 주목하여야 한다. 전방후원형고분이 등장하는 시기에는 전남지역의 고분양상이 매우 다양하였고, 전방후원형고분 자체도 동일하지 않고 매우 다양한 양상을 보여주고 있다.

넷째, 자신의 주장이 임나일본부와는 관련이 없다고 강변(박천수 2002a:102)하지만 '왜계 백제 관련 집단'이라는 주장이 확대되어 해석될 여지가 충분히 있다. 즉 영산강유역에 倭人이 자리잡았고 그들의 고분이 이 지역을 대표하는 것이라면 결국 이 지역을 倭가 지배하였다는 의미를 지니게 되고, 어떤 형태로든 임나일본부를 따르게 된다. 일부 일본 역사교과서에서는 이미 영산강유역을 임나일본부의 범위에 포함시키고 있다. 더구나 고대한일관계사는 미묘한 문제로 한국측과 일본측 연구자 사이에는 큰 인식의 차이가 존재하고 있는 것이 현실이다. 따라서 어떠한 주장이나 견해를 제시하기 전에 좀 더 신중하고, 치밀한 분석이 앞서야 할 것으로 생각한다.[77]

그리고 김태식(2008)도 박천수의 저서인『새로쓰는 고대한일교섭사』(2007, 사회평론)에 대한 서평에서 다음과 같은 문제점을 제기하고 있다. 첫째, 함평 신덕 1호분의 주변에 만가촌 고분군이 조영되고 있었기 때문에 이들을 재지수장으로 본다면 전방후원분이 재지세력과 관련 없이 돌연 출현하였다는 주장에 반하는 자료가 된다. 둘째, 영산강유역 전방후원형분의 피장자들이 479년 동성왕 즉위 당시에 따라온 큐슈 왜병 500인 중의 일부라고 한다면, 그러한 사람들의 매장유적이라고 보이는 공주 단지리 유적의 피장자들의 무덤(즉 橫穴墓)과 차이가 난다는 점이다. 셋

---

77. 필자의 비판에 대하여 박천수(2011:180−181)는 비교적 자세하게 조목조목 반론하고 있다. 결국 자신의 입장을 재차 강조하는 것으로 전방후원형고분의 피장자가 왜인이 될 수밖에 없고, 백제에 의해 파견된 왜계 백제관료임을 강력하게 주장하고 있다. 또 자신의 견해가 재지설보다도 더 임나일본부를 극복할 수 있는 방안임을 천명하고 있다.

째, 이들이 王侯制 혹은 담로제로 지칭되는 웅진시대 백제 지방관과 동일시 될 수 있을지 여부이다. 만약 전방후원분이 倭人 용병대장이면 다수의 왜군의 무덤이 陪塚으로 남아 있어야 한다. 따라서 어디선가 파견된 官僚 또는 將軍 보다는 地方豪族이라는 용어가 더 걸맞은 표현일 것이다. 넷째, 백제가 나주 반남지역은 재지 수장을 통하여 간접적으로 지배하고, 그 주변에 왜계의 백제세력을 이식하여 그들을 견제하는 정책을 취하였다는 것은 논리적으로 가능하나 그들의 의식주를 누가 공급하는가 하는 점이 문제가 된다. 다섯째, 전방후원분 피장자들이 왜왕권의 신하이면서 백제왕권에도 臣屬하는 兩屬的인 존재라는 언급은 가장 문제가 된다. 양속적인 왜계 백제관료의 전형으로 哆唎國守 호즈미노오 미오시야마(穗積臣押山)를 들고 있으나 6세기 중엽 왜계 백제관료들의 출신지가 큐슈가 아닌 긴끼지방에 집중하는 것으로 보아 다소 차이가 있다. 또 가야지역에는 큐슈에서 온 용병의 무덤으로 전방후원분이 없는 이유를 설명하여야 한다.

이상과 같이 영산강유역 전방후원형고분의 피장자가 왜인이거나 왜계 백제관료라는 주장을 검토해 보았다. 이러한 주장은 아직까지 하나의 가설에 지나지 않는다. 왜냐하면 이를 적극적으로 설명할 수 있는 고고학 자료와 문헌 자료가 충분하지 못하다. 즉 고고학 자료에는 왜와 관련된 유구나 유물들이 없지 않으나 이와는 다른 경우가 더 많고, 문헌 자료도 왜곡이 심한 『일본서기』를 제외한다면 이를 뒷받침하는 것이 거의 없다고 볼 수 있기 때문이다.

또 이 고분들의 주인공을 왜인이나 왜계 백제관료로 단정함으로써 당시의 문화양상을 왜곡시킬 수도 있다. 즉 이러한 견해는 전방후원형고분들을 만들었던 지역정치체의 존재나 당시 활발하게 이루어졌던 한·일간

의 문화적인 교류 양상에 대한 고려가 배제될 수 있다는 것이다. 과거 영
산강유역 옹관고분의 피장자가 왜인으로 주장되었으나 지금은 재지세력
의 무덤으로 인식되고 있듯이 전방후원형고분의 주인공을 왜인 혹은 왜
계 백제관료 등으로 해석하는 것도 마땅히 재검토되어야 한다. 특히 국내
연구자는 이 고분들의 피장자를 왜인이거나 왜계 백제관료라고 주장하기
앞서 이러한 주장의 여파가 어떠한 결과를 초래할 것이지, 또 당시 문화
양상을 왜곡하는 것이 아닌지 신중하게 검토하여야 할 것이다.

3. 남해안지역 고분에 대한 인식문제

현재까지 영산강유역의 석실분이 일본 큐슈지역과 관련된다고 보는 한
국과 일본 연구자들은 적지 않다. 이러한 인식은 남해안지역에 분포하고
있는 고분에서도 그대로 나타나고 있다.

남해안지역의 고분을 처음 언급한 임영진(1997a)은 전남지역의 석실분
을 영산강식 석실봉토분, 남해안식 석실봉토분, 백제식 석실봉토분 등으
로 구분하였다. 이 중에서 남해안식 석실봉토분은 바다에 가까운 구릉에
위치하며 세장방형의 판석조 석실이면서 지상식으로 정리하였다. 또 그
는 영산강식 석실봉토분과 남해안식 석실봉토분은 백제와 무관하다는 것
을 강조하면서 백제식 석실분은 6세기 중엽경부터 축조되었다고 보았다.

그런데 남해안지역에서는 횡혈식 석실분에 앞서 수혈식 석곽분과 횡구
식 석실분이 알려지기 시작하였다. 이에 하승철(2011)은 남해안지역의 이
러한 고분과 출토유물을 검토하면서 북부 큐슈계 석실과 스에키의 존재
로 보아 백제–마한–고성–북부큐슈–왜 왕권으로 이어지는 교역망이 형

성된 것이 5세기 중엽경의 일이며, 그 중간 기착지인 고성 소가야와 영산 강유역의 동질성을 찾아볼 수 있다고 보았고, 가야지역에서 거제 장목고 분의 피장자가 왜인이지만 다른 고분의 경우 재지 수장층으로 판단하였 다. 반면 영산강유역의 경우, 전방후원형고분이 축조되고 원통형토기가 제작된 것으로 보아 왜인들의 이주, 정착이 빈번하게 이루어졌으며 그들 중에 일부는 재지 수장층의 비호 아래 상당한 지위를 누린 인물도 있었다 고 추정하였다.

반면 김낙중(2013)은 5세기 전·중엽에 보이는 남해안 지역의 수혈식 석 곽과 횡구식 석실을 왜계 고분으로 지칭하면서 그 부장품의 검토를 통해 이 고분이 왜와 백제의 교역에 직접적으로 종사한 왜(계)인의 활동과 관 련되며, 현지 수장의 고분과 짝을 이루었다고 보았다. 또 그는 지속적이 고 활발한 교류를 바탕으로 한반도와 일본열도의 정치적인 지형의 변화 와 연동되어 큐슈계 횡혈식 석실과 전방후원형고분이 등장하였다고 보았 다(표 6-1, 그림 6-1).

■ 표 6-1. 남해안지역 석곽계 고분 현황(김낙중 2013)

고분명	석곽규묘(길이 ×너비×높이cm)	벽석 및 축조방식	비고	北部九州의 유사사례	
고흥 안동고분	320×130~150×160	할석, 세로로 눕혀 쌓기	평면 사다리꼴, 즙석, 매장시설 위 적석	福岡縣七夕池고분	석관계수혈식 석실1식
고흥 야막고분	310×73~86×45	할석, 가로 또는 세로 눕혀·세워 쌓기(엉성함)	즙석 2단	福岡縣七夕池고분	석관계수혈식 석실1식
해남 외도 1호분	210×63×60	단벽 1매, 장벽 2매 판석 세워쌓기	판갑	福岡縣奴山正園고분	상식석관2식
해남 신월리고분	270×74×50	단벽 1매, 장벽 2매 판석 세워쌓기	분구전면 즙석, 현지 토기 7점, 무기류, 철정	福岡縣川津1호분	상식석관2식

신안 배널리 3호분	200×45×70	단벽 판석 1매, 장벽 판상할석 눕혀쌓기	투구 등 무기류, 옥 부장	福岡縣井出ノ上古墳	석관계수혈식 석실2식
무안 신기고분	197×45×46	단벽 하단에 판상석, 기타 할석 눕혀쌓기	호형토기 부장	大野城市笹原古墳	석관계수혈식 석실2식
영암 장동 1호분	300×100~110×130	할석, 세로로 눕혀 쌓기	외래계토기류 원통형토기·	福岡市老司고분	수혈계횡구식 석실
마산 대평리 M1호분	345×44(들여쌓기)~66×현60	할석, 가로 또는 세로 눕혀쌓기	분구 자락 즙석, 즙석 하 수혈식 석곽 3기	福岡縣萱葉古墳群2호	석관계수혈식 석실1식

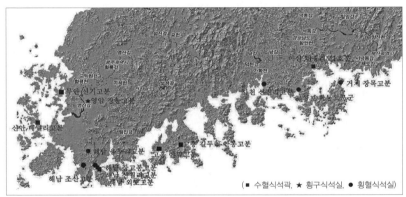

(■ 수혈식석곽, ★ 횡구식석실, ● 횡혈식석실)

■ 그림 6-1. 남해안지역 고분 분포도 (김낙중 2013)

이상과 같이 남해안에 분포하고 있는 석곽분이나 석실분을 바라보는 관점에 문제가 있음을 알 수 있다. 즉 이 고분들은 왜계 고분이고, 왜인들의 무덤으로 보려고 하는 관점(홍보식 2011; 이정호 2014; 권택장 2014; 高田貫太 2014)이 우세하다고 할 수 있다. 더구나 그렇게 주장하는 연구자들의 대부분이 우리나라 연구자라는 점에서 더욱 주목할 문제이다. 이러한 관점에 대하여 몇 가지 의문을 제기할 수 있다.

첫째, 남해안지역 고분과 유사한 형태가 일본 큐슈지역에 있다고 해서 이를 왜계 고분이라고 할 수 있을까? 실제로 일본지역의 고분 연구가 한국지역에 비해 훨씬 일찍부터 연구되었고, 한국 남부지역의 고분 연대에 비하면 일본 큐슈지역의 고분 연대가 다소 이르게 편년되고 있는 현실에서 양 지역의 고분을 단순 비교하여 이를 왜계라고 보는 것은 다소 성급한 해석으로 의문의 의지가 있다.

둘째, 고분에서 출토된 유물에는 왜계만이 발견되고 있는가? 남해안의 고분에서는 왜계 유물 이외에도 영산강유역계, 백제계, 가야계, 신라계 등의 유물이 혼합되어 있다는 점을 고려하여야 한다. 또 현재 분류된 유물의 계통이 잘못되었을 경우에는 왜계로 분류된 유물이 재지계로 바뀔 수 있다.[78]

셋째, 고분의 형식과 출토유물에서 유사성을 보인다고 고분의 피장자를 왜인으로 볼 수 있을까? 하승철(2011:185)은 남해안지역 고분 중에서 유일하게 피장자를 왜인으로 보고 있는 거제 장목고분도 석실의 축조, 매장의례 등에서 북부 큐슈의 일반적인 흐름이 아니고, 재지 석곽의 축조기법이 혼용되었다고 보면서 원통형토기, 즙석 등도 일본 북부 큐슈의 축조기법에서 벗어나고 있어 오히려 일본 番塚고분에서 마한·백제의 영향을 찾아볼 수 있다고 하였다. 이러한 견해를 그대로 받아들이고 고분을 보는 기존의 시각을 달리한다면 일본 番塚고분이 마한·백제계로 볼 수 있는 것이다.

---

78. 하나의 사례를 들면, 20년 전 영산강유역에서 처음 원통형토기가 출토된 이래 일본의 하니와를 조형으로 만들어졌다는 견해가 지배적이었다. 그러나 그 동안 서해안지역에서 돌대가 없는 원통형토기가 많이 출토되면서 적어도 이러한 형식의 원통형토기는 일본의 하니와를 조형으로 하지 않았다는 주장이 제기되었고, 이것이 어느 정도 설득력을 얻어가고 있다(최성락·김성미 2012; 국립나주박물관·전남대학교박물관 2014).

넷째, 남해안지역에서 다양한 고분이 나타나는 배경은 무엇일까? 우선적으로 고려해 볼 수 있는 조건이 해상항로를 통한 해상교류일 것이다. 중국에서 일본에 이르는 해상항로는 기원전 2~3세기 철기문화의 시작과 함께 시작되었다. 철기시대는 청동기시대와 다르게 중국으로부터 파급된 철기문화가 한국의 남부지역을 거쳐 일본지역으로 들어갔다. 기원후 3세기 후반경에 기록된『三國志』魏書 倭人傳에 의하면 帶方으로부터 일본에 이르는 해로가 기록되어 있고, 기원전 2~1세기부터 철기시대의 패총이 형성되면서 중국계 유물들이 나타나고 있다. 또한 樂浪과 帶方이 변한으로부터 철을 수입하였다는 기록도 있고, 남해안지역에서 일본계 유물이 발견되는 것은 두 지역이 지속적으로 해상교류가 이루어졌음을 알 수 있다(최성락 1993b).

삼국시대에 이르면 중국과의 해상교류가 한층 더 활발하게 나타났다. 백제와 중국과의 교류는 3세기 대까지 주로 漢郡縣을 통해 교섭된 것이 일반적이나 4세기 대에 요동의 東夷校尉府를 통해 중국 본토 王朝와 교섭하는 한편, 백제가 국가적 성장과 더불어 점차 중국 南朝와 朝貢 冊封 관계를 통해 문화적 욕구를 충족하였다고 보고 있다(박순발 1999; 성정용 2004). 이러한 해상교류는 주로 연안항로를 이용하였을 것이지만 南朝와의 교류에는 서해를 횡단하는 航路도 이용되었을 것이다. 이와 같이 당시에 활발한 해상교류와 함께 사람들의 교류도 많아지면서 당연히 문물의 교류도 빈번해졌을 것이다. 하나의 사례로 해남 만의총(동신대학교문화박물관 2014)에서 신라의 서수형토기, 가야토기, 일본제 유물 등이 재지계 토기와 함께 출토된 것은 이러한 해상교류의 결과로 나타나는 것이지 다른 지역 사람들의 이주로 설명될 수 있는 것이 아니다. 또 이 지역에서 백제, 가야, 왜양식의 고분이 나타나는 것은 해상교류를 통해 급격한 정치경제적 변동을 반영하는 것이라는 견해도 있다(우재병 2013).

그런데 남해안지역에 분포하는 고분에 대한 연구는 아직 시작단계에 불과하지만 아주 중요한 과제이다. 이것은 영산강유역 전방후원형고분의 수수께끼를 풀어 나가는데 결정적인 단서를 제공할 수도 있기 때문이다. 앞서 제시한 의문점을 가지고 남해안지역의 고분을 다른 시각에서 바라보면 그 해석이 달라질 수 있다. 즉 남해안지역에서 분포하는 고분들은 해상교류를 통해 일본지역의 고분과 유사성을 보여줄 수 있고, 고분에 다양한 유물이 부장되고 있는 것도 그러한 측면에서 해석될 수 있다. 따라서 남해안지역에 분포하는 고분을 왜계 고분으로 단정하고 해석할 것이 아니라 그 이전에 충분한 연구가 이루어져야 한다.

4. 해석의 관점에 대한 논의

영산강유역 고대문화의 실체와 관련하여 백제 정복설과 마한론은 서로 배타적인 시각이다. 백제 정복설은 4세기 후반부터 영산강유역을 백제가 지배하였다는 주장이고, 마한론은 6세기 중엽에 이 지역을 백제가 직접 통치하게 되고, 그 이전에는 독자적인 마한이 자리잡았다는 것이다.

이 지역을 주체적인 입장에서 바라보자는 마한론의 시각은 긍정적인 면이 있으나 이를 뒷받침해 주는 문헌 자료가 없다는 점이 약점이다. 더구나 확대된 마한론은 고고학자들에 의해 주로 주장된 것으로 고고학 자료에 근거된 주장이다. 다시 말하면 마한론은 고고학적으로 백제문화와 다른 이질적인 문화가 존재하였으므로 이것이 바로 마한이라는 주장이다. 그러나 백제문화와 다른 문화가 곧 마한이라는 가정은 설득력이 없다고 본다. 왜냐하면 마한은 실제로 존재하는 것이 아니라 불러졌거나 후대 연구자들에 의해 인식되는 것이기 때문에 고대 문헌 자료에 나타나지 않는 한 그렇게 부를 수 없는 것이다(최성락 2001).

반면 백제 정복설은 이미 여러 연구자들에 의해 그 주장이 일부 수정되었다. 즉 4세기 후반경에 백제가 이 지역을 직접지배한 것이 아니라 어떤 다른 형태로 관련을 맺었고, 6세기 중엽경에 이르러 비로소 직접지배로 전환되었다는 것이다. 필자도 백제 정복설을 그대로 수용할 수 없지만 영산강유역이 백제와는 어떤 형태로든 관련된다고 생각한다. 이것은 고고학 자료보다는 문헌적인 연구결과를 받아들여야 하기 때문이다.

그리고 소위 왜인설은 지나치게 외부적인 요인을 강조하는 주장이다. 영산강유역의 전방후원형 고분이나 전기 석실분의 피장자가 모두 倭人 혹은 倭系 백제관료였다면 필시 전남지역은 일시적으로 倭人 혹은 倭系 백제관료에 의해 지배되었다고 볼 수 있다. 그러한 주장이 가능하려면 앞장에서 지적된 많은 문제점에 대한 명쾌한 답변이 있어야 한다. 또 만약 이러한 고분의 피장자가 倭人 혹은 倭系 백제관료였다면 어찌하여 이 고분의 축조방식이 옹관고분의 전통을 계승할 수 있었고, 부장유물도 재지계, 백제계, 가야계, 왜계 등이 혼재되어 출토되는지 의문이다.

한 가지 흥미로운 사실은 확대된 마한론과 왜인설은 서로 모순되는 주장이지만 백제 정복설을 부정한다는 점에서는 상호 공통점이 있다는 것이다. 즉 왜인설을 주장하는 일본 연구자들의 대부분은 백제가 영산강유역을 6세기 중엽경까지 지배하지 못하였다는 확대된 마한설을 받아들이면서 그들의 주장을 정당화하려 하고 있다. 또 다른 공통점은 영산강유역에 나타나는 석실분을 바라보는 시각이다. 대체로 두 설을 따르는 연구자들은 대부분 백제계 熊津式 석실분의 연대가 영산강식 석실분보다도 늦

다고 보고 있다. 즉 九州式 석실분(즉 전방후원형고분)과 관련이 있는 영산
강식 석실분의 연대를 상대적으로 빠르게 봄으로써 백제의 영향력을 낮
게 평가하고 있다는 점이다.

그런데 영산강유역 고대사회의 실체를 바라보는 관점과 전방후원형고
분의 피장자에 대한 견해를 연결시킨다면 백제 정복설을 주장하는 연구
자는 당연히 피장자를 백제와 관련된 재지세력으로 보아야 하고, 마한론
을 주장하는 연구자는 피장자를 재지세력이라고 보아야 할 것이다. 또 왜
인설을 지지하는 연구자들은 피장자를 왜인이거나 왜계 백제관료설을 주
장하여야 할 것이다. 그러나 이렇게 연결되지 않는 경우에는 연구자의 관
점에 모순이 있거나 합리적이지 못한 주장이 될 가능성이 많다. 또 국내
연구자들은 이 고분의 피장자를 재지세력, 왜계 관련 인물, 왜인 등 다양
하게 보고 있지만 일본연구자들은 왜와 관련된 재지새력으로 보다가 점
차 倭系 관련 인물이나 倭人으로 보는 견해로 변화되고 있다는 점도 주목
된다.[79]

따라서 필자는 기본적으로 내부적인 관점에서 이 지역의 문화가 어떻
게 변화되었고, 또 외부와는 어떠한 관계를 가졌는가 하는데 중점을 두
어야 한다고 생각한다. 이러한 시각은 지역적인 문화를 중시하는데 초점
이 맞추어져야 하지만 이를 지나치게 강조할 필요가 없다고 본다. 역사기
록에도 없는 마한을 6세기 중엽경까지 이 지역에 존재하였다고 주장하는
것으로 이 지역의 정체성을 찾을 수 있는 것이 아니다. 그 보다는 당시의

---

79. 여기에서 필자는 고고학 자료를 통해 과거 문화를 객관적으로 해석할 수 있을
지에 대한 회의가 생겼다. 연구자들의 과거 문화의 해석은 결코 객관적이지 못
하고 주관적이라는 것이다. 앞 장에서 살펴보듯이 각 연구자들은 고고학 자료
의 객관적인 해석보다는 오히려 자신의 관점에 따라 고고학 자료를 해석하는
경향이 많다.

문화양상을 제대로 파악한 연후에 주변 지역과 어떠한 관계를 맺고, 어떠한 연유로 그들의 문화가 나타나는지 파악하여야 할 것이다. 또 4세기 후반 이후에는 마한이 아닌 백제와의 관계를 세밀히 검토하여야 한다. 이와 같이 과거 어떠한 문화가 형성되었고, 어떻게 변화되었는지에 대한 연구는 바로 신고고학(과정고고학)적 관점이며 현대고고학의 근간이라고 볼 수 있다.

그리고 필자는 왜인설과 같이 외부적인 관점에 너무 치중해서는 안 된다고 생각한다. 영산강유역 고대사회를 연구하는 것은 이 지역에 자리잡았던 사람들의 실상을 파악하는 것이다. 이들의 실체를 파악하기도 전에 외부로부터 유입된 문화나 유입된 사람들을 강조하는 것은 한국고고학의 맹점인 전파론적 사고에서 나타나는 현상이다. 반면 필자는 영산강유역 고대사회의 실체를 내부적인 관점에서 보아야 한다고 생각한다. 이러한 시각에서 본다면 영산강유역 고대사회의 실체는 어디까지나 재지세력에 의해 형성된 사회가 될 것이다. 그렇지만 영산강유역 고대사회의 실체를 고고학 자료가 아닌 문헌 자료에 근거하여야 되기 때문에 4세기 이후의 사회를 마한이라고 지칭할 수 없게 되는 것이다. 그렇다면 그 이후는 백제와 관련된다고 볼 수밖에 없다. 백제가 이 지역과 관련을 맺은 후 어떠한 과정을 거쳐 직접지배로 전환되었고, 그 과정에서 어떻게 전방후원형고분이 등장하게 되었는지에 대한 문제는 아직 많은 연구자들이 공감하는 어떤 합리적인 결론에 도달하였다고 볼 수 없으며 앞으로 더 연구되어야 할 과제이다.

제 2 절
고대 한·일문화교류와 쟁점

고대 한일문화교류에 대한 연구는 지금까지 일본 연구자들에 의해 주도되어 왔다. 과거 일본 연구자들은 한국의 古代史뿐만 아니라 先史時代도 그들의 시각에서 바라보았다. 예를 들면 한국의 선사시대 구분에 金石竝用期를 설정하였거나 樂浪 이전에 국가성립을 인정하지 않았다. 또 그들은 일본이 일정 기간 한국 남부지역을 지배하였다고 주장하였고, 이를 증명하기 위하여 일본지역으로부터 한국 남부지역으로 들어온 고고학 자료를 찾는데 적극적으로 노력하였다.

그간 무관심하였던 고대 한일문화교류에 대한 연구도 1970년대 이후 한국 연구자들이 관심을 가지게 되었다(Kim 1972; 천관우 1977·1978). 더구나 1980년대 이후 한국 남부지역에서 고고학 자료가 대량으로 발굴됨으로써 고대 한일문화교류는 당연히 재검토되어야 한다.

1. 교류의 양상

한국 남부지역에서 백제, 신라, 가야 등이 국가의 체제를 갖추게 된 3세기 후반부터 7세기까지는 일본의 고훈시대(古墳時代)에 해당한다. 이 시기의 문화교류는 대단히 활발하였다고 보고 있다. 이것은 철기시대 이래로 일본이 가야로부터 철을 수입하는 등 선진기술과 문명을 적극적으로 받아들이려고 하였기 때문일 것이다.

일본지역에 나타나는 한국계 유구와 유물은 다음과 같다. 북부 큐슈일
대에서는 스에키(須惠器)가 사용되기 전에는 가야토기가 수입되었고, 5
세기 후반에는 가야계가 소멸되면서 신라계토기가 보이게 된다. 묘제도
4~5세기에 北九州에 출현한 수혈계 횡구식석실분은 한반도로부터 영향
을 받은 것이다. 유물에는 가야토기, 갑주·환두대도 등의 무기류, 장신구
류, 마구류, 철기류 등이 한반도에서 넘어가 영향을 주었다. 4세기 대의
유물에는 鐵斧, 七支刀, 短甲 등이 있으나 5~6세기에 이르러 더 많아진
다. 또 무령왕릉 출토 獸帶鏡과 金製耳飾 등이 九州 구마모도(熊本)에서
발견되었고, 구마모도(熊本)의 江田船山古墳 출토 金銅冠帽와 飾履, 耳飾
등은 나주 신촌리 9호분 및 공주 무령왕릉 출토품과 유사성이 있다(東潮
1992; 이건무 2001).

그밖에 백제로부터 횡혈식 석실분을 비롯하여 山城과 都城, 불교가람,
와요지 등(龜田修一 2005)과 大壁建物(靑柳泰介 2002)등이 일본지역으로 영
향을 미쳤다. 또 신라토기 후기양식이 일본지역으로 파급되었다. 즉 7세
기 초에는 북부 큐슈에 집중되고, 7세기 중엽에서 8세기 중엽까지 近畿
에 집중적으로 출토되었다(홍보식 2004b).

한편 한국 남부지역에 나타나는 일본계 유적과 유물은 다음과 같다. 부
산 동래패총과 김해 부원동 패총에서 보이는 土師器系土器, 대성동 고분
에서 출토된 筒形銅器, 巴形銅器, 鍬形石製品, 碧玉製 石製品, 방추차형
석제품 등이 있다. 경주 월성로유적의 石訓과 土師器系土器, 부산 복천
동, 김해 예안리의 土師器系土器 등이 있다(홍보식 2004a; 안재호 2005). 일
본 古墳時代의 須惠器도 한반도에서 나타나고 있다(박천수 2002a; 木下亘
2003).

그리고 전남지역에서 발견되는 전방후원형고분은 5세기 후반에서 6세

기 중엽에 해당한다. 석실의 채색, 부장방법, 고분의 주변에 배치하거나 주구에서 발견되는 원통형토기 등으로 보아 왜와 관련되었다고 보고 있다. 그러나 I형 원통형토기는 전방후원형고분이 축조된 시기보다 이른 시기에 등장하였고, 그 기원이 중부지역에 있다는 것이 확인되면서 왜와 관련된다는 것이 부정되고 있다. 다만 광주 월계동 고분과 영암 자라봉 고분 출토 방패형 목기, 해남 조산고분 출토 貝釧 등으로 보아 당시 양 지역의 교류가 활발하였음을 보여주는 것이다. 또 전북 부안 죽막동 유적에서 5~6세기대의 왜계 유물이 많이 나타났다. 개배, 고배, 提瓶 등의 스에키(須惠器)와 편마암제 有孔圓板 등의 각종 석제 모조품 등이 있는데, 이 지역 古代航海와 관련된 祭儀에 사용되었던 유물이다(유병화 2002).

박천수(2002a)는 한국과 일본의 상호교류의 관점에서 보아야 한다고 주장하였다. 즉 3~4세기에는 구야한국 및 금관가야와 왜가 교류하였고, 5세기 대에는 대가야와 왜가 교류하였으며, 6세기에 이르러 백제와 왜가 교류하였다는 것이다. 이 중에서 가야지역과 왜와의 교류에 대한 연구가 한·일연구자들에 의해 집중적으로 이루어지고 있는데 5~6세기에도 낙동강 이동지역과 일본지역이 꾸준하게 교류하고 있다는 주장도 있다(高田貫太 2003).

이와 같이 삼국시대에는 한국의 여러 지역과 일본이 교류하였는데 처음에는 일본과 가까운 가야지역과 교류하였으나 점차 시기가 내려오면서 거리가 먼 백제지역과도 교류하는 양상을 보여주고 있다.

2. 문화교류의 쟁점

고대 한일문화교류에 대하여는 한·일 연구자들 사이에는 상반된 견해가 제기되고 있다. 한국학자들은 한국계의 유물과 고분들이 일본에서 집중적으로 나타나고 있어 이를 증거로 일본에 영향을 미쳤다고 보는 것이다. 이에 비하여 일본학자들은 당시 일본문화가 한국 남부지역에 어떠한 영향을 미쳤을 것이라는 데에 비중을 두고 연구하고 있다. 지금도 그들은 과거의 역사관에서 크게 변화되지 않는 주장을 계속하고 있다. 예를 들면 王墓에 다량의 거울을 부장하는 풍습을 비롯하여 무기형 祭器의 사용, 破鏡의 珍重 같은 풍습은 북부 큐슈로부터 한국 남부지역으로의 파급을 '精神文化의 北進'이라고 표현하였다(柳田康雄 1992). 나아가서 일본의 고분 연대가 결코 한국 남부지역 보다 오히려 빠르고, 전방후원분 등 다양한 형태의 고분이 나타나므로 일본의 고분이 한국 남부지역에 영향을 주었다는 주장이 자연스럽게 나오고 있다.

과거 일본연구자들에 의해 주장된 '任那日本府說'의 실체는 이제 거의 부정되면서 그 성격이 점차 새롭게 구명되고 있다. 이는 일시적으로 한반도 남부에 자리잡았던 倭의 대표기관으로 그 명칭을 '安羅倭臣館'으로 바꾸어야 한다는 주장(김태식 2002)과 더불어 6세기 전반 安羅國에 파견되어 있었던 일본의 외교사절단이라는 견해(이연심 2004)가 일반적이다. 오늘날 임나일본부설은 일본의 역사교과서에 여전히 남아있으나 이미 쓸모가 없는 하나의 '흔적기관'과 같아 보인다. 다만 최근 영산강유역에서 발견된 전방후원형고분을 계기로 任那의 영역을 영산강유역까지 확대하려고 하는 시도와 함께 영산강유역에 대한 관심이 한층 증가하고 있다.

다음으로 논쟁점 중에서 가장 핵심이 되는 것이 주민의 이주에 관한 논의이다. 한·일 두 나라의 연구자들은 주민들의 이주에 대하여 상반된 의견을 가지고 있다. 한국 연구자들은 선사시대 이래로 많은 주민이 이주하였다고 보는 반면에 일본 연구자들은 삼국시대에 한반도 남부를 지배하였다거나 적지 아니한 주민이 이주하였을 것으로 보고 있다.

그런데 고고학에서는 고고학 자료가 대규모 혹은 집단적으로 나타나고, 그 지역의 문화를 크게 변화시키는 경우에 주민들의 이주가 이루어졌다고 볼 수 있다. 라우스는 어느 지역 집단의 계절적 이주(migration)와 전체 인구 집단의 대규모 이주로 분류하였는데 후자에는 새 지역에 원주민이 이동한 경우와 지역주민을 대신하여 유입된 주민집단이 자리잡는 경우로 나눈다(Rouse 1958, 1986). 후자는 가끔 침략(invasion)으로도 불러진다. 그밖에 이주에 대한 고고학적 모델을 제시한 연구(김장석 2002)가 있다.

먼저 한국에서 일본지역으로 이주가 있었을 가능성이 있는 시기를 살펴보면 다음과 같다. 첫째, 신석기시대 중기(기원전 5,000~3,000년 전)에는 빗살문토기, 어로도구 등 남해안과 큐슈지역에 활발한 교류가 있었다. 즉 신석기시대 중기에 남부지역의 빗살문토기와 큐슈지역의 소바다 토기는 유사성이 매우 높다.

둘째, 청동기시대 전기(기원전 900~600년 전)에는 농경, 주거지, 지석묘, 마제석기 등이 대규모로 큐슈지역에 파급되었다. 뒤이어 청동기시대 후기(기원전 600~300년경)에도 청동기(검, 경, 옥)와 석관묘 등도 역시 큐슈지역에 나타났다.

셋째, 삼국시대(기원후 300~660년경)에는 고분(수혈식, 횡구식, 횡혈식 석실분)과 그 출토유물에서 백제, 가야 및 신라의 영향이 크게 나타난다.

이주에 대한 문제는 한국연구자와 일본연구자 사이에 분명한 견해 차이가 있기 때문에 지금까지 외국 문헌에 나타나는 양상을 살펴보고자 한다. 일찍 차드(Chard 1974)는 일본 야요이문화가 농경, 철기, 직물 등 새로운 문화요소가 들어옴으로써 시작되었고, 이것이 조몬문화를 대치하였다고 보면서도 야요이문화의 기원이 한국문화에 있다는 것과 주민의 이주에 대하여 확실하게 언급하지 않고 있다.

이후 에이켄스와 히구치(Aikens and Higuchi 1982)는 고고학 이외에 언어학적으로나 형질인류학적으로 검토하면서 많은 사람들이 외부로부터 일본으로 대규모의 이주를 생각하지만 두 가지 중요한 점 때문에 새로운 요소들이 주민들의 대치가 아니고, 토착적인 조몬인들 사이에 확산되었다는 것을 보여준다고 말하였다. 즉 첫째는 새로운 문화요소들이 일본에 동시에 도착하지 않았으며 야요이 문화복합(Complex)이 대륙으로부터 이주한 쌀 재배농민들의 수화물(baggage)일 것이라는 점이다. 둘째는 조몬토기에서 야요이토기로의 변화가 새로운 토기생산자에 의해 새로운 방식으로 만들었다기 보다는 점진적으로 변화되었다는 점이다.

그리고 이주(migration)에 많은 관심을 많이 가지고 있는 라우스(Rouse 1986)는 일본의 조몬인이 홋카이도의 아누이족과 관련되고, 현일본인이 야요이시대와 고분시대를 거친 사람들과 연결되는데 이들이 기원전 300년경 한국에서 왔다는 가정을 언어학적, 형질인류학적, 고고학적으로 검토하고자 하였다. 그 결과, 기원전 300년경 조몬인들이 대륙으로부터 청동기-철기문화를 받아들여 야요이문화를 만들었고, 이를 일본 전지역으로 확산시켰다고 보았다. 다만 주민 이동에 대한 가설은 완전히 포기된 것을 아니고, 큐슈에서 혼슈로의 파급은 주민의 이동이나 문화접변에 의해 이루어졌다고 보았다.[80]

한 가지 흥미로운 연구로 1991년에 출간된 한·일 연구자들의 공동연구인『日·韓交渉의 考古學』(小田富士雄·韓炳三編 1991)에서는 야요이문화를 만든 사람들은 재래의 조몬인과 외부로부터 들어온 도래인들이 결합된 사람들이라는 한층 진전된 주장이 나왔다. 따라서 야요이문화는 한국에서 넘어간 청동기문화를 바탕으로 시작되었음이 분명하다. 다만 그 규모가 얼마나 컸을 것인지가 문제로 남는다.

그러나 실제로 무문토기인들은 처음 이주를 시작한 이래 연속적으로 이루어졌으며 후기 청동기시대까지 지속되었다. 이것은 일본지역의 문화를 조몬문화에서 야요이문화로 변화시키는 계기가 되었고, 이러한 변화는 대규모의 집단적인 이주 없이는 상상하기 어려운 문제이다. 야요이문화가 조몬문화를 계승하였다고 하나 조몬 만기에 이미 한국의 청동기문화가 영향을 주었기 때문에 유사할 수밖에 없다. 고고학적 연구 이외에도 형질인류학적 연구나 유적학적 분석에서도 일본의 현대인이 야요이인으로부터 출발되었고, 그들의 형질적인 특징이 한국인과 유사하다는 결론을 내리고 있다. 이러한 점을 종합해 볼 때 야요이문화의 형성시기에 대규모의 주민이 일본으로 이주하였음이 분명하다.

그런데 지나 반스의 견해(Gina L. Barnes 1993)는 기존의 서양학자들의 견해와는 상당히 다르다. 즉 야요이문화는 北九州 조몬과 한반도의 청동기시대 요소의 결합이고, 조몬에서 야요이로의 변화는 단순히 생활패턴의 변화가 아니라 완전히 물질경제의 재구성이며, 조몬인과 이주민의 두 개골이 서로 다르다는 것이다. 한국에서 큐슈로의 이주는 몇 차례에 걸쳐 이루어졌으며, 또 5세기경 기나이(畿內)지역은 직접 반도계의 주민이 이

---

80. 라우스(Rouse 1986)는 고고학적으로 대륙으로부터 문화유입을 인식하고 있으나 분명하게 주민들의 이주에 대한 언급을 회피하고 있다. 라우스가 인용하는 한국고고학의 연구성과는 1960년대의 것이기 때문에 인용된 고고학 자료가 극히 제한적이다.

동되었다는 것이다. 그리고 필자가 참여한 고대한일관계의 공동연구에서
는 기원전 400년에서 기원후 600년에 걸쳐 많은 주민들이 한국에서 일
본으로 이주하여 야요이문화와 고분문화를 형성하는데 기여하였다는 적
극적인 견해를 제시하였다(Rhee, S. N. et al 2007).

따라서 일본의 고분발생이나 고대국가의 형성시기에 한국으로부터 넘
어간 주민들에 의해 미친 영향이 클 것으로 생각한다. 즉 일본연구자들
사이에도 삼국시대 渡來人에 대한 논의가 활발하게 진전되고 있다(龜田修
一 2003). 그러나 당시는 청동기인들의 이주와는 근본적으로 다르다. 일본
지역에 이미 이전 이주자들에 의해 토착세력으로 형성되어 있었고, 이들
토착세력들이 새로운 이주민들에게 크게 반발하였을 것이다. 이주자들이
일시적으로 그 지역을 장악한다고 하더라도 그들은 곧 그 지역의 토착세
력으로 변화되었고, 後來하는 집단들과 경쟁을 할 수밖에 없었을 것이다.

반면 일본지역에서 한국으로의 주민 이주에 관한 문제이다. 이는 극히
부분적으로 주장되고 있다. 즉 신석기시대 이래로 문화교류를 통해 간헐
적으로 일본으로부터 한국 남부지역으로 넘어왔다는 것이다. 철기시대의
늑도유적에서 많은 야요이식토기가 만들어진 것으로 통해 볼 때 왜인들
의 유입도 있었을 것으로 추정된다. 또 4세기경 土師器系 軟質土器 등의
존재로 보아 가야지역에서는 일부 왜인들의 유입되었다고 보고 있다(안재
호 1993; 박천수 2002a).

그런데 최근 주목되고 있는 것은 영산강유역 전방후원형고분의 피장자
문제이다. 고분 피장자의 문제는 현재 연구자간에 다양한 견해를 보여주
고 있다. 피장자를 在地人으로 보는 경우를 제외하면 倭人으로 보는 경우
(東潮 1995, 1996, 2001)와 倭系 百濟官僚로 보는 경우(주보돈 2000; 山尾幸久
2001; 박천수 2001, 2002b)가 있다. 그러나 아직 이러한 주장을 뒷받침하는

객관적인 자료가 충분한 것은 아니다. 필자는 이들 피장자를 倭人으로 볼 수 없고 영산강유역의 재지세력으로 보는 것인 타당하다는 견해를 제시한 바 있다(최성락 2004a). 따라서 영산강유역과 일본과의 문화교류가 활발하였음을 인정하지만 아직까지는 이 지역에 대규모의 주민이동을 상정할 수 없다.

결론적으로 사람들의 이동, 즉 이주인가 아닌가는 고고학 증거로 쉽게 구분할 수 있는 문제는 아니지만 이주의 규모에 따라 그 지역의 문화양상이 달라질 수 있다는 점을 생각해야 한다. 소규모의 이주는 그 지역의 문화에 동화되기 쉬우나 대규모의 이주는 그 지역의 문화를 크게 변화시킬 수 있다고 본다. 그리고 일회적인 이주보다는 지속적인 이주가 문화를 더 변화시킬 것이다. 이러한 기준으로 본다면 신석기시대에는 한국에서 일본으로 주민의 이주보다는 상호 교류의 결과라고 생각되지만 청동기시대와 삼국시대에는 이주가 대규모적이거나 지속적일 수 있다고 본다. 그리고 일본에서 한국으로의 이주는 대규모의 이주가 아니라 활발한 문화교류를 통한 소규모의 이주에 그쳤다고 본다.

3. 해석상의 시각 차이와 전망

지금까지 연구된 고대 한일문화교류를 보는 시각(입장)은 대체로 세 가지로 나누어진다. 먼저 과거 일본 연구자들의 견해로 일본이 고대에 한반도 남부지역에 들어와 이를 통치하였다는 '任那日本府說'과 두 국가가 같은 민족에서 출발하였다는 '日鮮兩民族同源論'(喜田貞吉 1921, 鈴木公雄 1988에서 재인용) 등이 있다. 임나일본부설과는 다르게 '日鮮兩民族同源論'

은 당시의 神話, 言語, 고고학, 고대사의 지식이 통합되어 주장된 것으로 고대한국의 韓人과 일본의 倭人이 동일한 민족이라는 것이다.[81] 그러나 이 두 설은 모두 일본의 한반도 지배를 정당화하는데 기여하는 학설로 볼 수 있다. 세계 2차 대전 이후 나타난 '騎馬民族說'(江上波夫 1949·1967)이 나 '한반도 남부 倭의 존재설'(井上秀雄 1973) 등은 '일선양민족동원론'보다 는 '임나일본부설'을 계승하는 연장선상에서 제기된 주장들이다. 이들 해석의 공통점은 일본의 문헌자료를 중심으로 하고 고고학 자료 등에서 증거를 찾으려고 한다. 이들 주장들은 비록 많은 비판을 받고 있지만 그 영향력은 여전히 남아 있다. 즉 일본 연구자들은 일본지역에서 한반도 이주민들의 존재를 가능한 한 축소하려고 하고 있으며 한국 남부지역에 미친 일본의 영향을 조금이라도 더 밝혀보려고 노력하고 있다.

반면에 일부 한국 연구자들은 한국의 이주민이 일본지역을 통치하거나 고대의 한국문화가 일본문화에 크게 영향을 미쳤다고 보았다. 김석형 (1963, 1966, 1969)의 '三韓·三國의 日本列島내 分國說'을 시작으로 하여 최재석(1998) 등 일부 연구자들은 일본 古墳時代의 大和倭가 백제의 지배를 받았거나 일본의 天皇이 백제계라는 주장 등이 있다. 즉 이들은 고대에 한국에서 일본으로 대규모의 이주가 이루어졌다는 입장이다. 이를 뒷받침하는 것으로『日本書紀』나『古事記』등에서 왜곡되지 않은 부분과『新撰姓氏錄』을 적극적으로 인용하면서 고고학 자료, 형질인류학적 자료, 지명 자료 등을 방증자료로 삼고 있다. 그러나 이러한 주장은 일본 연구자들의 견해와는 완전히 배치되는 주장으로 일본 연구자들이 쉽게 인정하

---

81. '日鮮兩民族同源論'은 1945년 이후 일본에서 더 이상 언급되지 못하고 있다. 그러나 이 학설은 재검토될 필요성이 있다. 이것이 비록 韓日合併의 학문적인 근거가 되었다고 하더라도 한·일관계가 문화적으로 밀접하다는 것을 주장하는 첫 시도였다고 본다.

지 않을 것이다.

마지막으로 중도적인 입장으로 한국과 일본의 실체를 각각 인정하고 객관적으로 상호관계를 고증하자는 것이다. 즉 한국에서 나타나는 일본계 고고학 자료와 일본에 나타나는 한국계 고고학 자료를 검토하여 상호 교류관계를 파악하자는 것이다. 현재 대부분의 한·일 연구자들은 두 지역의 문화교류를 밝히는 것이 가장 바람직한 방안이라고 생각한다.

하지만 아직까지는 두 지역의 관계가 객관적으로 해석되고 있지 않다. 이미 과거에 일본학자들에 의해 고대 한·일관계사의 많은 부분이 왜곡되었다는 점이 사실이고, 또 양 지역 학자들의 극단적인 생각 사이에는 너무나도 상치되는 것이 많기 때문에 이를 객관적인 입장에서 본다는 것이 결코 쉽지가 않을 것이다. 또 문헌자료와 마찬가지로 고고학 자료를 분석하고, 해석하는 시각도 이를 보는 연구자의 가치관이 내재되어 있다. 즉 연구자의 가치관은 연구자의 소속 국가나 연구 환경 등에서 영향을 받는 것이다.

고고학이나 고대사에서는 항시 여러 학설이 제기되고 있는 것이 보통이지만 한국 연구자와 일본 연구자 사이의 시각차라면 이러한 문제에 대한 해석상의 차이는 더욱 심각할 수밖에 없다. 양 지역의 서로 다른 입장에서 자기의 입장만을 생각하고, 논리적이라는 명분을 내세운다면 결코 합치된 의견이 나올 수 없을 것이다.

이와 같이 상반된 시각을 수정하는 방안으로는 먼저 한국과 일본의 실체를 서로 인정하는 것이 전제되어야 한다. 일본이 한국 남부를 지배하였다든가 한국이 일본3지역을 통치하였다는 것이 아니라 상호적인 문화교류의 관점에서 보아야 한다. 당시의 문화교류는 두 지역 간에 필요에 의해 이루어졌다는 것을 인식하여야 할 것이다. 즉 한쪽이 우위의 입장이 아니라 서로 대등한 관계에서만 사실에 접근할 수 있다. 그러나 현실적으로 한국의 연구자의 수가 적고, 고고학 자료도 적으며 한일문화교류에 대한 연구의 역사도 짧아 대등한 연구가 어렵다.[82] 이러한 현실은 객관적인 접근하는데 커다란 장애요소일 수밖에 없다. 이러한 분위기에서 한국의 일부 연구자들은 지나치게 일본연구자들의 해석을 받아들이거나 옹호하는 인상을 주고 있어 우려되는 점이 없지 않다.[83]

다음은 양 지역의 고고학 편년이 재검토되어야 한다. 양 지역의 편년이 잘못되어 있으면 서로 비교하기가 불가능하다. 최근 제기되고 있는 야요이시대의 연대 문제도 우선적으로 정리되어야 하는 것 중에 하나이다. 즉 일본고고학에서는 야요이시대의 연대(春成秀爾 2004a; 春成秀爾·今村峯雄編 2004)와 古墳時代의 연대(森岡秀人 2005)를 방사성탄소연대에 근거하여 수정하려 하고 있다. 이 경우 일본고고학의 편년과 한국고고학의 편년 사이에는 심한 불균형이 생길 것이다. 양 지역의 편년이 같은 기준이나 방법에 의해 정리된 후에나 두 지역의 관계가 객관적으로 설명될 수 있을 것

---

82. 유사한 현상이 고대 한·중관계에서도 나타나고 있다. 중국 정부는 막대한 연구비와 연구인력을 동원하여 고구려사를 중국사로의 편입을 시도하고 있다. 우선 연구에 투입된 물량적인 면에서 우리와는 비교할 수가 없다. 한국이 중국과 일본이라는 두 강대국 사이에서 우리의 역사를 지키기 위해서는 학계의 꾸준한 노력과 정부차원의 지원이 있어야 할 것이다.

83. 영남고고학회(2007)와 호남고고학회(2007)는 한반도 남부지역에 나타나는 왜계 문물에 대한 초점을 맞춘 학술대회를 개최하였다. 이들 학술대회가 고대 한·일문화교류라는 관점에서 접근해야지 단순히 남부지역에 나타나는 왜계 요소만을 강조하게 된다면 이는 잘못된 시각을 더욱 강조할 우려가 있다. 또한 '한일교류의 고고학'(제8회 영남·구주고고학회, 2008)을 다룬 영남고고학회를 비롯하여, 신석기학회, 취락연구회, 목기연구회 등이 한·일간의 학술교류를 꾸준히 하고 있어 한국고고학의 발전을 위하여 매우 긍정적이다. 그러나 한국고고학의 해외교류가 일본고고학에 집중된다면 일본고고학의 관점이 한국고고학으로 전이될 가능성이 있어 염려된다.

이다(최성락 2006b). 또 일본지역에서 철기의 출현이 한국 남부지역보다도 빠르고, 일본의 고분 등장시기가 한국의 고분연대보다 빠르게 설정되어 있다. 예를 들면 일본의 수혈식 석실분(석곽분)이나 횡혈식 석실분의 연대가 낙동강유역의 고분편년보다 50~100년 빠르게 설정되어 있다. 따라서 일본 고분의 편년을 적어도 50년 낮추어야 한다는 주장(안승주 1986; 홍보식 1993)과 일본 토기편년에 의문을 제기하는 예(홍보식 1999)가 있듯이 양지역의 편년이 재검토되어야 한다. 더불어 고고학 자료에 대한 과학적 분석을 통해 유물의 계통과 정확한 산지추정도 이루어져야 할 것이다.

마지막으로 양 지역에 나타나는 고고학 양상을 동일하고 객관적인 기준에 의해 합리적으로 해석하여야 할 것이다. 이와 같은 입장이 아니면 각 지역의 입장에서 해석을 할 수밖에 없다. 합리적인 입장에서 고고학 자료를 해석하여야 좀 더 객관적인 사실에 근접할 수 있을 것이다. 어쩌면 객관적인 사실에 도달할 수 없을지도 모른다. 이미 2,000년 전에 이루어졌던 과거의 일이다. 그 당시의 고고학 자료나 문헌 자료들은 모두 제한적일 수밖에 없기 때문에 이를 통해 과거의 사실에 접근한다는 것은 원천적으로 어렵다. 더구나 양 지역의 연구자들이 자신들의 시각을 변화시킬 수 없다면, 즉 그들의 역사관을 계속 유지한다면 영원히 수수께끼로 남을 수밖에 없다. 하지만 과거의 객관적인 역사를 밝힐 수 없다고 하더라도 근접할 수는 있을 것이다. 그러기 위해서는 역사적 사실에 근접할 수 있는 방법을 찾아야 한다.

결론적으로 당시의 고고학 자료를 해석하는데 있어서 두 지역 학자들의 시각 차이는 적지 않다. 한국 연구자들은 고대 한국문화가 일본문화에 끼친 영향이 매우 지대하였고, 이것은 이주에 의한 결과로 본 반면에 일본연구자들은 이를 받아들이지 않고 역으로 일본지역에서 한국 남부지역으로 파급된 문화를 강조하고 있다. 앞으로 이러한 시각 차이를 해소하기 위해서는 서로 다른 지역의 실체를 인정하고, 양 지역의 고고학 편년이 재검토되어야 하며, 양 지역에서 나타난 고고학 자료를 객관적인 기준으로 해석하도록 노력해야 할 것이다.

제 3 절
고대사회의 성장배경과 성격

영산강유역 고대사회에 대한 연구는 극히 부족한 문헌자료로 인하여 그 연구가 답보상태였으나 최근 고고학적 연구성과가 축적되면서 점차 활기를 띠고 있다. 고대사회를 연구하기 위해서는 문헌자료와 더불어 고고학 자료가 필요하다. 영산강유역 고대사회와 관련된 문헌자료에는 한국의『三國史記』, 중국의『三國志』魏書東夷傳,『晉書』東夷傳,『宋書』百濟傳, 일본의『日本書紀』등이 있으나 극히 피상적인 몇몇 사건과 지명 자료가 전부이다. 이 기록들도 영산강유역을 백제나 중국 혹은 일본의 입장에서 기술된 것으로 영산강유역의 상황을 정확히 기술하였다고 보기 어려운 것이 대부분이다.

한편 영산강유역에서 확인된 유구와 유물 등 고고학 자료는 이 지역 사람들이 축조하였거나 사용하였던 것으로 당시의 문화양상을 직접적으로 파악할 수 있다. 하지만 고고학 자료는 발굴조사를 통해 획득된 물질적 자료이므로 역사적 사건이 바로 반영되지 못하는 극히 제한적인 성격을 가진다. 따라서 고대사회를 이해하기 위해서는 문헌 자료와 고고학 자료를 함께 활용하여 종합적인 해석이 필요하지만 문헌 자료와 고고학 자료의 성격이 서로 달라 이를 바로 연결시키는 일은 결코 쉬운 일이 아니다. 또 어떤 자료를 우선적으로 채택하는가에 따라 전혀 다른 관점에서 고대사회를 보게 된다. 따라서 본 절에서는 고고학 자료를 바탕으로 고대사회의 성장 배경과 성격을 검토해 보고자 한다.

1. 고대사회의 성장

1) 성장과정과 배경

영산강유역 고대사회의 성장은 앞 장에서 살펴본 바와 같이 고분에서 가장 잘 나타나고 있다. 영산강유역의 고분의 형성과 변천에 대한 연구 (김낙중 2009; 박천수 2007; 임영진 2002; 최완규 2000b)들이 많이 진행되고 있지만 필자는 다른 시각에서 이를 해석하고 있다. 즉 고분의 분류도 다르지만 고분의 변천에 대한 인식도 다소 차이가 있다. 이러한 변천을 도식화하면 다음과 같다(최성락 2009a)(그림 6-2).

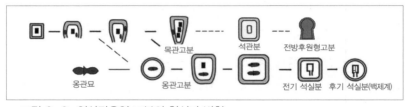

■ 그림 6-2. 영산강유역 고분의 형성과 변천

이를 좀 더 구체적으로 설명하면 주구토광묘에서 추가장과 더불어 수평적 혹은 수직적 확장이 이루어지면서 다장의 목관고분으로 발전되었다. 반면 옹관은 처음 단독으로 혹은 주구토광묘의 대상부에 위치하다가 주매장시설이 전용옹관인 옹관고분으로 발전되지만 뒤이어 목관과 함께 매장되거나 옹관만으로 구성되어 축조되었다. 옹관고분은 나주와 영암지역을 중심으로 재지수장층의 무덤으로 자리잡는 반면 목관고분은 영산강유역 전지역에 넓게 분포하였다.

그리고 5세기경에 들어오면서 서남해안지역에서 석곽분이 유입되기 시작하다가 5세기 중엽부터는 고총의 석곽분이 등장하게 되는데 고총의 옹관고분도 역시 축조되었다. 이러한 고총고분의 출현은 영산강유역 지역 정치체의 성장을 보여주는 것이다. 뒤이어 5세기 후반부터 횡혈식 석실분이 출현한다. 석곽분과 석실분이 상부 계층을 대표하는 무덤이 되면서 옹관이나 목관은 그 위상이 상대적으로 낮아진다. 5세기 말에서 6세기 전반경에는 일시적으로 전방후원형고분이 축조되다가 6세기 중엽경에는 백제식의 석실분이 지배층의 무덤으로 자리잡았다.

　영산강유역에서는 고분의 변천에서만 변화를 찾을 수 있는 것이 아니다. 당시 사람들의 생활터전인 취락에서도 역시 변화가 나타나는 것이다. 영산강 상류지역인 담양 태목리 유적에서는 기원후 2세기에서 5세기에 이르는 1,000기가 넘는 대규모의 취락이 발견되었다. 이영철(2012, 2015)은 영산강 상류 지역의 삼국시대 취락을 크게 마한 취락 유형과 백제 취락 유형으로 나누는데, 마한 취락 유형은 거점 취락과 하위 취락으로 구분되는 반면에 5세기 중반경에 나타나는 백제 취락 유형에는 중심 취락, 거점 취락, 하위 취락 등 3단계로 나누고 있다. 즉 5세기 중반에 접어들면서 취락의 규모가 대규모화되고, 계층에 따른 주거지의 차이도 나타난다. 또한 상부 계층의 중심 취락에서는 백제와의 관련성을 보여주기도 한다. 즉 한강유역에서 보이는 凸자형 주거지가 영산강유역에서 나타나고 있다(그림 6-3).[84]

---

84. 凸자형 주거지는 대벽건물과 함께 백제양식의 대표 주거지로 이해되고 있는데, 영산강유역에서는 고총고분이 등장하는 시기인 5세기 중엽경에 출현하는 것으로 알려졌다. 광주 산정동, 나주 동수동 온수, 무안 양장리 취락 등에서 확인되고 있다.

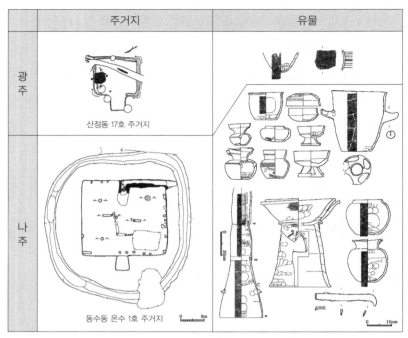

	주거지	유물
광주	산정동 17호 주거지	
나주	동수동 온수 1호 주거지	

■ 그림 6-3. 영산강유역 凸자형 주거지

특히 광주 동림동 유적은 중심 취락으로서 도시 중심부에 길이 50m 규모의 도랑으로 둘러진 5종의 지상 건축물을 축조하고, 그 바깥으로 인공 수로를 구획하여 계층에 따른 거주 공간 구분을 기획하였다. 수로 밖으로는 일반 기층민들의 주거 구역과 수 십동 창고용 건물지군을 만들어 관리하고 있다(그림 6-4).

이러한 변화는 토기에서 잘 나타나고 있다. 서현주(2012a)는 영산강유역의 삼국시대 토기를 네 기로 나누면서 영산강유역과 백제와의 관계를 설명하고 있다. 즉 I기(4세기 중반까지)는 편구형 단경호, 이중구연호, 평저광구호 등이 성행하는 시기로서 마한지역 일반적인 토기양상과 유사하다는 것이다. II기(4세기 후반-5세기 중엽)인데 II기 전반(4세기 후반)에 어

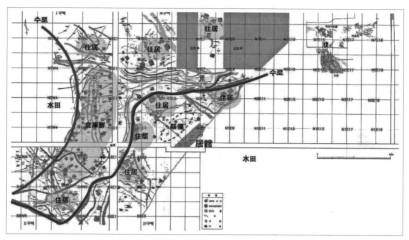

■ 그림 6-4. 광주 동림동 유적 (이영철 2012)

깨가 발달한 직구평저호가 새로이 출현하는데 이중에는 함평 만가촌 13
호분 3호 목관묘와 고창 만동 유적 출토품 처럼 흑색마연된 것도 포함된
다. 이 기종은 바로 백제와 관련하여 등장하는 것으로 주목된다. Ⅱ기 후
반(5세기 전중엽)부터는 백제와 관련된 기종이 좀 더 증가하는데, 앞 시기
보다 더 넓은 지역에서 직구단경호나 직구의 광구단경호에 가까운 기종
이 보이고 있다. Ⅲ기(5세기 후엽~6세기 전엽)에는 지역 양식으로서 영산강
양식이 등장하는 한편, 개배나 고배를 비롯하여 백제와 직접적으로 관련
되는 토기 기종이나 형식으로 이루어진 백제 양식도 공존하는데 영산강
중류 지역의 나주 신가리 당가 토기가마가 대표적인 생산유적으로 보고
있다. Ⅳ기(6세기 중엽 이후)에는 고분에서 출토되는 토기의 기종이나 수량
이 적기는 하지만 백제 중앙 토기와 기종이나 형식에서 동질성이 커지는
반면에 지역적인 차이는 그다지 두드러지지 않고, 영산강 양식이 거의 소
멸된다.

그리고 전용옹관의 생산과 유통망에서도 당시 사회를 엿볼 수 있다. 나주 오량동 유적에서 고도의 제작기술을 갖춘 전문 공인에 의해 4세기 후반부터 약 100년간 Ⅲ식 전용옹관이 생산되어 주변 20km 범위 내에서 유통되었는데 이것은 지역 정치체에 의해 운영관리되었다고 한다(이지영 2017).

그렇다면 이와 같이 고대사회가 발전하는 요인(즉 原動力)을 어떻게 볼 것인가 하는 문제이다. 먼저 외부적 요인으로 주민의 이동을 생각할 수 있다. 즉 백제세력에 밀려난 마한의 잔존 세력이 영산강유역으로 이동하여 자리잡았다고 가정해 볼 수 있다. 3세기 후반에는 중부지역의 백제세력이 점차 강해지자 이에 밀려난 마한의 세력이 남쪽으로 이동하였을 것으로 일부 학자들에 의해 제기되었다(최몽룡 1987, 1988; 노중국 1988). 즉 마한 세력의 최후 근거지가 영산강이고, 옹관고분은 이들 세력에 의해 축조된 것으로 보고 있다.

그런데 3세기 후반경 갑작스런 주민들의 이동을 보여주는 고고학적 증거가 빈약하다고 본다. 앞에서 살펴본 주구토광묘는 기원전 1세기경부터 꾸준히 만들어진 무덤이며, 3세기 후반경에 출현하는 옹관고분도 외부에서 유입되었다기 보다는 영산강유역에서 발생된 것으로 추정된다. 또한 유물에 있어서도 급격한 변화를 보여주거나 중부지역과 동일한 양상을 보여주지 못한다. 만약 주민의 이동이 급격히 이루어져 이 지역의 문화를 변화시켰다면 전쟁과 같은 갈등이 있었을 것이나 3~4세기경의 영산강유역에서는 武器가 그다지 발달하지 못한 채 옹관고분이 만들어졌다. 따라서 주민들의 이동을 전혀 배제할 수 없지만 주민의 이동만으로 영산강유역의 변화를 설명하기에는 부족한 점이 적지 않다.

다음은 고구려, 백제, 신라 등 삼국이 고대국가로 형성되는 과정에서 이 지역에 영향을 끼쳤음을 생각해 볼 수 있다. 한강유역이나 낙동강유역에서 나타나는 문화의 발전은 비록 거리적으로 떨어져 있다고 하더라도 간접적으로 영산강에도 도달하였을 것이고, 그 영향으로 이 지역에서도 문화적인 변화가 이루어졌을 것이다. 외부에서 이루어지는 정치적인 발전은 간접적으로나마 이 지역에서도 내부적인 결속을 자극하였을 것이고, 옹관고분의 발생과 같은 다른 지역에서 볼 수 없는 현상이 나타났을 것이다. 고총고분의 등장이나 사회의 계층화, 권력의 집중화는 각 지역의 공통적인 현상으로 볼 수 있다. 따라서 한강유역이나 낙동강유역에서 고대국가의 성립과 발전은 간접적으로 이 지역에도 영향을 주었다고 볼 수 있다.

그리고 대외적인 교류의 증대를 들 수 있다. 철기문화의 시작과 함께 이루어진 중국에서 일본에 이르는 海路上에 위치함에 따라 중국이나 일본과의 관계를 나타내는 기록이 간혹 나타난다. 또한 『晉書』 卷36 張華傳에서의 기록은 서남해안지역에 자리잡은 세력으로 볼 수 있다면 영산강유역 세력은 서해안을 통한 교역이 가능하리라고 본다. 따라서 이 시기에 해로를 통한 교류의 증대가 영산강유역 고대사회의 발전에 기여하였을 것으로 보는 견해(강봉룡 1999b)는 타당하리라고 본다.

반면에 내부적인 요인으로 이미 자리잡은 철기문화와 발달된 농경문화를 바탕으로 인구가 증가하였고, 이로 인하여 사회의 계층화가 진척되면서 문화적인 변화가 이루어졌을 것이다. 우선 취락에서는 3세기경부터 영산강유역 전지역에서 주거지의 분포가 크게 확대됨을 볼 수 있고, 4세기 이후에 취락 내에서 계층의 분화를 보여주는 대형주거지의 출현을 볼 수 있다, 한편 옹관고분의 발생은 이를 축조한 집단의 높아진 위상을 반영하는 것으로 볼 수 있다. 주구토광묘에서 발전된 옹관고분과 목관고분이 3세기 말에 영산강유역에서 발생되었고, 이후 꾸준히 발전해 나가는 것은 자체적인 발전양상을 뒷받침한다고 볼 수 있다. 즉 옹관고분의 고총화, 금동관이나 금동신발과 같은 뛰어난 장신구의 부장 등은 지역정치체의 발전을 엿볼 수 있는 증거이다.

결국 영산강유역에서는 고분의 출현이나 대규모 취락의 형성과 같은 큰 변화가 이루어졌다. 이러한 변화의 원인은 주민의 이동이나 삼국의 발전기라는 외부적인 요인과 더불어 인구가 증가에 따른 계층화와 대외교류의 증대 등의 요인을 생각해 볼 수 있다. 즉 한강유역, 경주지역, 김해지역과 더불어 독자적인 성격을 지닌 지역집단이 고대문화를 형성하여 갔다. 물론 한강유역이나 경주지역과 같은 차원에서 고대국가를 형성하였던 것은 아니지만 그러한 변화의 궤를 같이하였을 것이다. 다만 고대국가로 빠르게 성장하지 못한 이유는 제4장에서 살펴보듯이 철기시대 전기에 만경강유역에 자리잡았던 제철집단들이 영남지역으로 이동하거나 호남의 각지역으로 분산하였고, 이로 인하여 지역정치체의 형성이 상대적으로 늦어졌기 때문에 고대국가를 형성하는데 큰 장애요인으로 작용하였을 것이다.

2. 대외교류의 양상

1) 백제 및 가야와의 교류

영산강유역에서 출토된 삼국시대의 외래계 유물은 다음과 같다. 먼저 백제계 유물이다. 최근에는 4세기 후반경부터 백제계 유물이 나타나고 있다고 보고 있다. 즉 직구평저호를 중심으로 한 백제계 토기의 등장(서현주 2012a), 나주 화정리 마산고분 5-1호 옹관 출토 금동제이식(이정호 2013), 영암 신연리 9호분 5호 토광묘 출토 중층유리옥(이한상 2014) 등이 언급되고 있다. 그리고 3A형식의 전용옹관의 출현, 복합제형분의 대형화 현상, 분형의 원형·방형화 경향(김낙중 2012a) 등도 백제의 영향으로 보고 있다. 또한 5세기 전·중엽에는 출현하는 석곽분(이진우 2014)과 5세기 중엽을 전후로 확인되는 취락(이영철 2015)에서도 백제의 영향이 나타나고 있다는 것이다.

또 5세기말에는 석실분에서 백제계 유물이 본격적으로 많아지고 있다. 즉 함평 신덕 1호분에서 銀被裝飾釘이 사용된 裝飾木棺, 金層유리옥·鍊玉·棗玉 등 頸飾, 廣帶二山式冠 등이 있고, 쇠못과 관고리로 구성된 목관, 입구에서 봤을 때 석실 왼쪽 편에 위치한 관대 등도 백제양식으로 보고 있다. 그리고 장성 영천리 고분과 광주 월계동 고분을 비롯하여 여러 유적에서 나타나는 삼족기 등이 있다(그림 6-5).

다음은 영산강유역에서 발견된 가야계 유물은 다음과 같다. 4세기 후반에는 승문의 단경호와 무문의 단경호 등이 나타난다. 5세기를 전후하여 杷杯나 淺鉢形의 杯身을 갖는 高杯도 나타난다. 그 다음은 함안지역의 廣口小壺을 비롯하여 長頸小壺, 有蓋式高杯, 鉢形器臺 등이 유입되었고, 뒤이어 이들 기종의 토기가 토착화되었다. 소가야계 토기 중 鉢形器臺와 臺附直口壺 등이 현지에 점차 토착화되었다(그림 6-6). 그밖에 나주 복암리 3호분의 心葉形鏡板 재갈과 말띠드리개(杏葉), 함평 신덕고분의 伏鉢付冑 등도 가야계로 보고 있다(서현주 2011c).

이와 같이 4세기 후반 이후 가야지역과 문화교류가 지속적으로 나타난다고 본다. 5세기대에는 좀 더 많은 부분에서 그 흔적인 나타난다. 특히

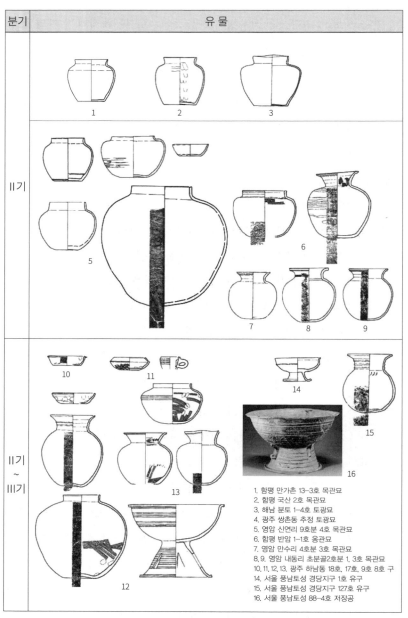

분기	유물

1. 함평 만가촌 13-3호 목관묘
2. 함평 국산 2호 목관묘
3. 해남 분토 1-4호 토광묘
4. 광주 쌍촌동 추정 토광묘
5. 영암 신연리 9호분 4호 목관묘
6. 함평 반암 1-1호 옹관묘
7. 영암 만수리 4호분 3호 목관묘
8, 9. 영암 내동리 초분골2호분 1, 3호 목관묘
10, 11, 12, 13. 광주 하남동 18호, 17호, 9호 8호 구
14. 서울 풍남토성 경당지구 1호 유구
15. 서울 풍남토성 경당지구 127호 유구
16. 서울 풍남토성 88-4호 저장공

■ 그림 6-5. 영산강유역에서 발견된 백제계 토기 비교(서현주 2012a)

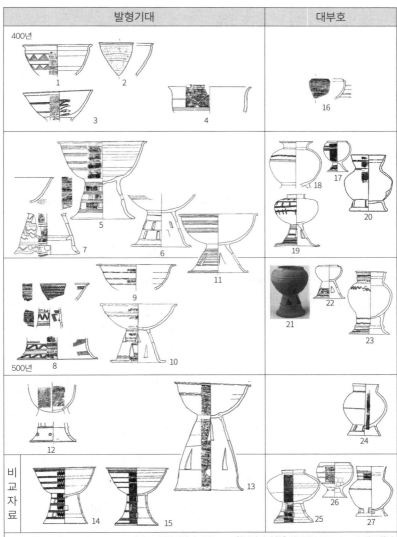

발형기대	대부호

400년

1,2,3. 장흥 상방촌 A25호,34호,43호 주거지 4.영암 신연리9호분 5.고창봉덕리 방형추정분남쪽주구 6,11,19.광주 하남동 9호구10지점,12지점(2점) 7.해남 분토 2호 구상유구 8.광주 동림동 101호 남서구 9.광주 풍암동 2호 주거지 10.광주 치평동 수습 12.장성 영천리고분 13.광주 쌍암동 고분석실 14.부산 복천동 10,11호묘 15.진주 우수리 18호묘 16.고흥 방사 39-4호 주거지 17.영암 수산리 조감고분분구 18,22.광주 하남동 8호구,1호구 20.해남 현산 초교 부근수습 21.해남 가좌리 수습 23.광주 산정동 33호구 24.해남 월송리 조산고분 25.진주 무촌 2구25호묘 26.함안도 항리(경상)16호묘 27.창원 천선동 12호묘

■ 그림 6-6. 영산강유역 출토 가야계 토기(서현주 2011c)

호남 동부지역에서는 가야계 고분과 함께 유물이 집중적으로 출토되고 있는 반면에 영산강유역에서는 5세기대에 출현하는 석곽분에서 일부 유사한 면이 나타나지만 가야계 유물이 나타나는 점을 감안하면 교류에 의한 유입이라고 해석된다.

2) 왜와의 교류

왜와의 교류는 고분과 유물에서 나타나고 있다. 고분에서는 남해안지역의 석곽분과 영산강유역의 석실분 및 전방후원형고분 등을 들고 있다. 한편 왜계 유물을 언급하자면 함평 신덕고분에서 半球形裝飾付 環頭大刀, 刃部斷面三角形 銀裝鐵鉾, U자형 模型 鐵器 등이 있고, 광주 쌍암동 고분의 倣製鏡, 담양 제월리 고분의 銅鏡, 장성 만무리 고분의 三環鈴 등이 있다. 또 나주 대안리 9호분 庚官의 直孤文 鹿角製刀子柄도 왜계로 볼 수 있다.

그리고 스에키(須惠器)계 토기로 장성 대덕리 1호 석곽묘 출토 有孔廣口小壺, 광주 동림동 유적 출토 굽다리접시, 광주 월전동 유적 출토 유공광구소호편, 굽다리접시, 광주 향등유적 출토 蓋杯, 나주 복암리 1호분 주구 출토 유공광구소호, 복암리 2호분 주구 출토 개배 및 굽다리접시, 복암리 3호분 출토 유공광구소호, 무안 맥포리 유적 수습 유공광구소호, 무안 양장리 유적 수로 출토 개배 등이 알려져 있다(서현주 2007c) (그림 6-7).

서현주(2004)는 백제지역과 일본지역과의 관계를 시기별로 그 양상을 보여주는 견해를 제시하고 있다. 즉 5세기 전반까지 일본지역으로 일방적인 교류가 이루어졌으나 5세기 후반에서 6세기 후반까지 양 방향의 교

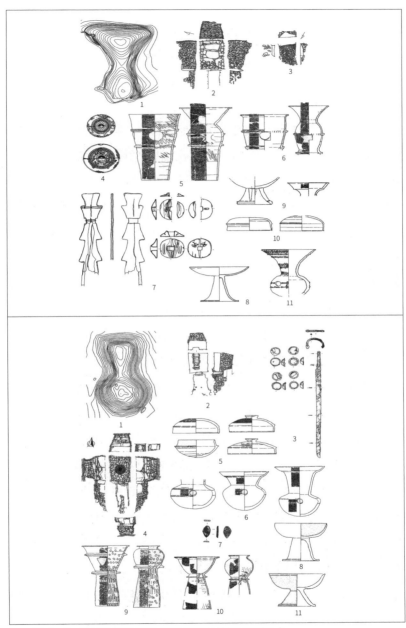

■ 그림 6-7. 영산강유역 출토 왜계 유물(서현주 2007c)

류가 있었다고 한다.

3) 해남지역의 대외교류

해남지역에서 대외교류는 영산강유역과는 다르게 일찍부터 다양하게 나타나고 있다. 해남 송지면 월송리 조산고분은 처음에 무덤인줄 몰랐는데 1973년 마을주민들에 의해 우연히 유물이 발견되었고, 1982년 국립광주박물관에 의해 수습 조사되었다. 분구는 저평한 구릉선상에 반구형으로 축조되었다. 규모는 직경 17m, 높이 4.5m로 분구를 성토하여 만든 다음 석실을 구축한 지상식이다. 석실의 규모는 길이 363cm, 폭 204cm, 높이 196cm로 할석조 맞조임식 석실분이다. 연도는 높이 110cm, 너비 75cm이며 길이는 60cm로 짧다. 석실의 축조상태는 2내지 3매의 판석을 기초로 놓고 그위로 할석을 내경시키면서 쌓아 천장폭을 좁히고 있다. 바닥은 거대한 판석 1매를 깔고 천장은 3매의 판석으로 결구하였다. 유물은 토기류 25점과 마구류인 말띠드리개(杏葉) 3점, 말재갈 1식, 동제 말방울 10점 및 무구로서 쇠창 4점, 쇠화살촉 100여점, 환두대도 2점, 쇠도끼 4점이 출토되었다. 그 이외에도 장신구로서 관옥 11점, 소옥 11점, 다면옥 4점, 곡옥 1점, 고호우라 조개팔찌(貝釧)과 倣製鏡 1점이 수습되고, 그밖에 철제가래 1점, 꺽쇠 6점 등이 수습되었다. 고분은 5세기말에서 6세기초경에 축조된 것으로 추정되며, 수장층의 무덤이었을 것으로 보고 있다. 이 중에서 f자형 鏡板 재갈과 劍菱形杏葉은 가야계로 보고 있고, 고호우라 패천과 방제경 1점은 왜계로 보고 있다.

옹관묘에 대한 발굴조사는 국립광주박물관에 의해 실시되었다. 1987년에 원진리 농암마을에서 옹관묘 3기와 봉학리 신금마을에서 옹관묘 1

기가 확인되었다. 옹관은 전용옹관으로 低部에 원공이 뚫려 있다. 목부분에 거치문이 생략되어 있으며, 동체부까지 격자문이 타날되어 있고 기벽이 동체부나 저부가 차이 없이 고른 양상을 보이고 있다. 소옹의 경우 동체부에 돌대가 돌려져있다. 유물은 호형토기, 쇠도끼, 덩이쇠(鐵梃), 환두대도편, 옥 등이 출토되었다. 특히 농암 1호 옹관은 내부에서 朱漆이 확인되고 있다. 즉, 옹관의 형태에서는 완전한 U자형으로 변화되었으나 고식옹관에서 보이는 주칠 흔적이 확인되며, 고식단조철부 등이 확인되고 있는 점으로 보아 옹관은 4세기 전반으로 추정된다. 주칠은 과거에 왜와 관계를 보여주는 특징으로 보았으나 영산강유역에 일찍부터 나타나고 있어 영산강유역의 특징으로도 볼 수 있다. 다만 단조철부는 가야지역과 관련된 유물로 보고 있다.

1984년에 우리나라에서 최초로 발견된 전방후원형고분인 장고봉고분은 북일면 방산리에 위치하며, 국립광주박물관에 의해 2000년 수습조사되었다. 장고봉고분은 성마산에서 뻗어나온 가지구릉의 능선상에 축조하여 자연적으로 거대함을 나타내고 있다. 장고봉고분은 석실분으로 원형부의 중앙에서 남서쪽으로 치우쳐 축조된 횡혈식이며, 봉토의 기저부에서 5m위에 축조된 지상식이다. 석실의 규모는 현실의 길이가 460cm이고 동벽은 너비 240cm 높이 190cm, 서벽은 너비 210cm 높이 180cm로 현실의 평면 형태는 서쪽이 좁은 장방형이다. 현실 입구는 길이 70cm, 너비 58cm 높이 115cm이고 연도는 길이 400cm 너비 120cm이다. 구조는 양벽조임식이며 벽석 최하단석은 대형판석이고 나머지는 할석을 사용하고 있다. 또한 석실의 장축방향은 동서향이고 연도부가 서쪽에 위치하며 석실 내부에 朱漆이 확인되었다. 유물은 고분의 내부에서는 갑옷편으로 추정되는 鐵片과 玉, 瓔珞裝飾 등이 수습되어 장고봉고분의 피장자 신분을 엿볼 수 있는 자료를 제공하고 있다.

이와 더불어 북일면 외도에서 수습 조사된 2기의 고분이 있다. 특히 1호분은 분구의 규모가 23m, 높이 1.5m이고, 석실의 규모는 길이 210cm, 너비 63cm, 현높이 60cm이다. 석실은 대형 판석으로 세워 축조한 판석조석실이고, 출토유물이 단조철부, 쇠화살촉, 쇠손칼편, 三角板革綴板甲片 등이 있어 당시 유력자의 무덤으로 추정된다. 삼각판을 가죽으로 엮어 만든 갑옷은 가야고분에서 주로 출토되고 있다.

또 다른 전방후원형고분인 삼산면 용두리유적은 2008년 국립광주박물관에 의해 발굴되었다. 용두리고분은 평면의 한쪽이 네모(方形)이고, 다른 한쪽은 둥근 형태인 전방후원형고분이다. 고분의 규모는 전체길이가 41.3m이며, 원형부 직경은 24.3m, 높이는 5.2m이다. 용두리고분은 발굴조사를 통해 원형부에서 매장주체시설인 橫穴式 石室 1기가 확인되었고, 고분 주위에서는 도랑이 조사되었다. 석실은 구지표에서 1m이상 성토하고, 그 위에 축조된 지상식으로 분구를 쌓으면서 동시에 만들었다. 또한 墳丘의 中段부터 시작하여 일부를 割石으로 덮어 분구를 보호하고 儀裝 효과를 낸 葺石시설이 확인되었다. 도랑은 분구의 외곽을 따라 웅덩이 모양으로 이루어진 부정형이며, 지상에서 도랑을 거치지 않고 봉분으로 들어갈 수 있는 연결부는 총 6개로 추정된다. 石室 입구의 墓道 구덩이는 장타원형이며, 규모는 폭 260cm이고, 길이는 입구까지 420cm이다. 석실 입구는 방형부 방향으로 다른 전방후원형고분과 차이를 보인다. 묘도는 평면형태가 八字形으로 석실 입구에서부터 바라지며 길이가 150cm로 짧고, 장대석과 할석으로 쌓았다. 석실의 평면 형태는 장방형이고, 규모가 길이 348~316cm, 폭 238~217cm, 최대 높이 180cm이다. 바닥에는 313×212cm의 대형판석 1장을 놓고 남은 공간에는 작은 판석과 할석을 깔고 황백색 점토로 마감하여 수평을 맞추었다. 석실의 벽석은 장축벽을 좁힌 양벽조임식이며, 하단부에는 장대석을 놓고 그 윗부분에 황백색 점토를 채워가며 5~11단 정도의 할석을 쌓았다. 석실의 벽면은 전체적으로 거친 편이며, 각 모서리의 모줄임도 심한 편이다. 유물은 대부분 석실내부와 봉토, 그리고 도랑에서 출토되었다. 석실 내부에서는 발형기대, 개배, 대호, 유공광구소호 등 토기류와 옥, 철기류가 수습되었다. 철기류는 대도편, 철촉, 철도자, 화살통부속구, 대금구 등이다. 또한 석실 축조 후 개석 상면에 토기를 깨뜨려 제사의례를 행한 것으로 추정해 볼 수 있는 있는 자료가 확보되었다.

특이한 구조와 성격을 지닌 만의총 제1호분은 6세기 초~중엽에 삼국시대 고분으로 조성된 후, 정유재란 시 희생된 순절의병을 재차 매장한 복합유적이다. 고분 내부에서 확인된 삼국시대 매장주체부는 석곽묘이다. 유물은 매장주체부인 석곽 내·외부에서 이 지역에서 제작한 토기와 함께 백제 무령왕릉 출토 금장식 곱은옥(曲玉)과 동일한 금장식으로 꾸민 청동곱은옥, 신라양식이 가미된 가야토기, 신라양식의 土偶裝飾이 있는 瑞獸形土器, 왜계의 조개팔찌(오키나와산 이모가이 또는 고호우라 조개)등이 출토되었다. 이는 백제-신라-가야-왜를 망라하고 있다는 점에서 범지역적인 유물조합임을 알 수 있다(그림 6-8).

■ 그림 6-8. 해남 만의총 1호분 출토 서수형토기

그리고 북일면 신월리 葺石墳은 방대형으로 중심에 수혈식 석관을 두고 있다. 석관은 대형 판석재로 만들어졌으며 부장품으로 큰항아리(大壺), 짧은목항아리, 鉢形土器, 蓋杯, 廣口小壺 등 토기류와 고리칼(環頭刀), 쇠손칼, 쇠창, 쇠도끼, 덩이쇠, 쇠낫 등 철기류가 다량으로 출토되었다. 이와 같이 철기류가 많이 출토되는 것은 영산강유역에서 찾아보기 힘든 것으로 가야지역과의 관련성을 찾아볼 수 있다.

이상과 같이 해남지역에서는 백제, 가야, 신라, 왜와의 교류가 다양하게 나타나고 있는데 이는 바닷길에 연접해 있다는 이유로 쉽게 외래문화와 접촉할 수 있는 기회가 많기 때문이다.

3. 고대사회의 성격

영산강유역의 고대사회는 철기문화를 바탕으로 300년경에 옹관고분과 목관고분이 형성되었고, 5세기 중후반에는 석곽분이나 석실분이 출현한다. 즉 300년경에서 5세기 후반까지의 고대사회는 옹관고분이 주로 축조되었기에 '옹관고분사회'(강봉룡 1999b)로 불러지기도 한다. 이 시기의 고대사회가 이미 백제의 영역이었다는 문헌사학자들의 견해와 다르게 일부 고고학 연구자들은 마한사회가 지속되었다고 주장하고 있다.

필자는 영산강유역의 고대사회가 마한에 속하는 것이 아니라 이미 백제의 영역에 포함된다고 보았지만 여전히 독자적인 문화를 유지하고 있었다. 또한 당시 고대사회는 백제뿐 아니라 가야계, 신라계, 왜계 유물들이 계속 출토되기 때문에 백제뿐만 아니라 다른 지역과의 관계도 엿볼 수 있다. 이것은 영산강유역 고대사회가 결코 고립된 사회가 아니라 다양한 지역과 교류하였음을 보여주고 있다는 증거인 것이다.

반면 문헌적인 근거를 보면 『日本書紀』에 日本의 응원군이 와서 마한을 경략한 후 백제에 넘겨주었다는 것이다. 이를 이병도는 근초고왕 369년경으로 해석하였고(이병도 1976:517), 역사학계에서는 일반적으로 받아들었다. 하지만 전남지방에서 옹관고분이 계속적으로 만들어지고 문화적으로 백제와 다른 점을 들어 백제로의 편입이 늦을 것으로 보는 견해들도 있다. 한편 『삼국사기』백제본기, 동성왕 20년조의 기록에는 백제가 서기 498년에 탐라가 貢賦를 닦지 않으므로 이를 親征코자 武珍州(현 광주)에 이르자 탐라가 듣고 사신을 보내 죄를 청하니 그쳤다는 것이다. 따라서 이 시기를 전후하여 백제의 직접지배 속에 들어갔고, 곧 뒤이어 전남지역이 백제의 한 지방으로 완전히 편입되었을 것으로 추정된다. 따라서 옹관고분사회는 백제의 지방으로 편입되기 이전으로 볼 수 있어 하나의 독자적인 정치체가 존재하였다고 볼 수 있다. 그렇다면 옹관고분사회를 과연 어떤 성격의 사회인지 논의해 보고자 한다.

옹관고분은 영산강유역에 주로 분포하고 있는데 영암 시종면과 나주 반남면을 중심으로 함평군, 영광군, 무안군, 해남군, 강진군 등에 밀집되어 있다. 封墳의 형태는 圓形, 方臺形, 前方後圓形(지금은 梯形으로 봄) 등으로 나눌 수 있으며, 그 규모는 나주 신촌리 6호분과 같이 한 변의 길이가 40m, 높이가 6m에 이르는 것이 있는 반면 봉분이 삭토되어 거의 흔적이 없는 경우도 있다. 매장방법은 옹관을 봉분의 상층부에 매장하는 地上式에 해당되며 한 봉분에 여러 기를 동시에 매장하는 合葬이다. 甕棺의 형태는 代用甕棺과 專用甕棺으로 구분되는데 대체로 2개를 연결하는 合口式 甕棺이 많고, 單甕棺의 경우나 3개를 이용한 경우도 있다. 이들 甕棺墓에서 출토되는 유물은 비교적 빈약하여 토기류나 옥류가 발견되는 경우가 대부분이나 나주 신촌리 9호분과 같이 金銅冠, 金銅製 신발, 環頭大刀 등 화려한 유물이 출토되는 경우도 있다(성낙준 1983).

이정호는 종래 부르던 대형옹관묘를 옹관고분으로 칭하고 세 유형으로 분류하였다. 즉 1유형은 직경 10m 정도의 원형 분구가 기본적 형태이나 2유형은 20m이상인 것과 이하인 것으로 나누어지며, 그 추세는 3유형까지 계속된다. 3유형은 대형분과 소형분의 특수유물과 토기 호의 부장차이를 감안하면 3개의 계층이 보인다고 한다(이정호 1996a). 즉 옹관고분이 가장 발달된 3유형 단계에서는 사회의 계층화가 한층 더 이루어졌다고 볼 수 있다. 특히 나주 신촌리 9호분으로 대표되는 이 단계에서는 반출유물로 보아 그 피장자의 신분이 왕에 버금가는 지위로 추정된다. 이 시기의 옹관고분은 반남면을 중심으로 전남지역 일대를 장악하였던 지배계층의 무덤임에 틀림없다.

이 시기의 취락인 무안 양장리 유적에서는 농경시설과 더불어 집단적인 취락지가 발견되었고 취락의 중심에는 대규모의 주거지가 자리잡고 있어 주거지 내에서의 계층화를 찾아볼 수 있는 좋은 본보기였다(목포대학교박물관 1997). 나주 동수동 온수 유적에서는 당시 제의와 연결된 대형의 凸자형 주거지가 발견되었다(이영철 2015).

이들 옹관고분 축조집단의 성장은 대내적으로 농업생산력의 확대, 대외적으로 활발한 교류의 증대 등이 가장 큰 배경으로 생각된다(이정호 1996a). 농업생산성의 확대는 철제 농기구의 등장과 관개수로 등에 의해 이루어졌고, 대외적인 교류는 서해안을 통과하는 해로를 바탕으로 다른 지역과 교류가 이루어졌을 것이다. 또 김승옥(1997)은 鋸齒文의 상징적 의미를 고찰하였다. 즉 그는 순천 대곡리 주거지와 출토유물을 공간적 분석 및 통계적 분석 등 다양한 방법으로 검토하였는데 여기에서 출토된 鋸

齒文이 있는 토기가 복합사회 형성초기의 정치적 권위를 상징하는 것으로 해석하고 있다. 또한 당시 지배계층의 무덤에 사용된 대형의 전용옹관은 전문적인 기술집단에 의해 생산되었고, 지역정치체의 운영 관리하에 영산강 중하류지역 지역으로 유통되었다(국립문화재연구소 2015; 이지영 2017).

이와 같은 옹관고분사회는 철기시대의 사회형태인 단순 복합사회에서 벗어나 더 복합도가 높아진 복합 족장사회에 해당될 것이다. 다만 나주 반남면 일대를 중심으로 하는 5세기 후반대의 옹관고분사회는 고총고분의 축조, 위세품의 부장, 제의적인 주거지의 존재, 전문집단에 의한 전용옹관 제작과 유통 등으로 보아 복합 족장사회 중에서도 최상급에 해당된다고 볼 수 있다. 하지만 이를 고대국가의 단계로는 볼 수는 없다. 이것은 옹관고분사회가 고대문헌에 독자적인 국가로 기록되지 못하였다는 점과 백제의 영역에 포함되었다는 점을 제외하고도 고대국가를 형성하였던 요소들, 즉 성곽, 왕의 거주지, 군대 등에 대한 고고학 자료가 부족하기 때문이다.

제 4 절
고대사회의 실체-신미제국과 침미다례

영산강유역 고대사회가 백제의 영역이었다고 하더라도 그 실체와 관련된 논란이 적지 않게 이루어지고 있다. 이와 관련되는 것은 중국 문헌에 나타나는 新彌諸國과 일본 문헌에 보이는 忱彌多禮가 있다. 서로 관련된 것으로 보는 연구자들도 있지만 서로 다르게 보는 연구자도 있어 각각 검토해 보고자 한다.

1. 신미제국

먼저 신미제국에 대한 내용을 살펴보면 다음과 같다. 즉 新彌諸國은 『晋書』卷36 張華傳에 나타난다.

> 동이마한 신미제국은 산에 의지하고 바다를 끼고 있었으며 幽州와 4천여 리였는데, 역대로 내부하지 않던 20여 국이 함께 사신을 보내 조공을 바쳐왔다(東夷馬韓 新彌諸國 依山帶海 去州四千餘里 歷世未附者二十餘國 竝遣使朝獻).

여기에 나오는 新彌國을 『三國志』에 나오는 마한의 54국과는 다른 이름으로 서해안지역에 분포한 馬韓 諸國뮨의 하나로 보았다(이병도 1959). 이에 대해 노중국(1987, 2003)은 目支國 중심의 북부마한연맹체가 백제국에 주도권이 넘어간 이후 남부지역에 자리잡았던 新彌國 중심의 마한연맹체가 있었다고 보았지만 이 역시 4세기 후반에 백제에 편입되었다는 것이다.

반면 강봉룡(1999b, 2000)은 마한을 目支國을 중심으로 결집되었던 실체적 정치 단위체를 지칭하거나 경기-전라도에 걸치는 지역 일대를 지칭하는 막연한 지역 개념 등으로 보고 있다. 실체적 정치단위체를 지칭하는 마한은 3세기 후반경 晉 왕조에 사신을 파견하여 백제를 견제하고자 하였으나 결국 3세기 말경에 백제에 완전히 멸망하였고, 막연한 지역적 개념을 의미하는 마한지역에서는 몇 개의 독자적인 정치체가 있었을 가능성이 크다고 보았는데 그 중 하나의 흔적이 영산강유역의 '옹관고분사회'이며 '신미제국'라는 것이다. 결국 영산강유역에서 4세기 후반까지 자리잡았던 신미제국을 마한으로 볼 것인지 아니면 마한과는 별개의 소국으로 보아야 할지는 연구자들에 따라 다른 시각을 가지고 해석하고 있다.

그런데 영산강유역에서는 기원후 4세기 초에 옹관이 대형옹관으로 변화되면서 분구를 가진 옹관고분으로 발전되었다. 처음에는 옹관과 함께 목관이 매장되는 경우가 많으나 5세기경에는 옹관만으로 고분이 만들어졌다. 하지만 옹관고분이 발달된 영산강 중하류지역을 제외한 주변지역에서는 목관고분이 지속된다고 볼 수 있고, 일부 지역에서 수혈식 석곽분이 나타나기 시작하였다. 그리고 5세기 말경에는 새로이 횡혈식 석실분이 등장하였다. 또 횡혈식 석실분과 함께 나타나는 전방후원형 고분은 6세기 전반까지 한시적으로 축조되었다. 영산강유역 고분들의 특징은 다장화와 수평 및 수직적인 확대를 통해 고총화되는 것이다. 특히 영동리 1호분은 옹관, 석실, 석곽 등이 함께 축조된 고분으로 복암리 3호분과 같이 재지세력에 의해 지속적으로 축조된 영산강유역을 대표하는 상징적인 고분인 것이다.

영산강유역의 고대사회는 논란의 여지가 있지만 369년을 기준으로 백제의 간접지배가 시작되었고, 498년 동성왕의 무진주로의 친정이 하나의 기준이 되어 직접적인 지배로 변화되었다고 볼 수 있다. 따라서 영산강유역의 고대사회는 백제의 간접지배를 받던 시기(4세기 후반에서 5세기 후반까지), 백제의 직접지배를 받던 시기(5세기 말 이후)로 구분해 볼 수 있다. 그러나 필자는 4세기 이후에는 마한과 관련이 없다고 보고 있어 4세기부터 5세기 말까지 영산강유역에 존재하였던 고대사회를 어떻게 부르는 것이 가장 합리적일까? 라는 의문이 생긴다.

영산강유역과 관련된 小國으로『三國志』韓傳에 나타나는 마한의 臣雲新國,[85] 臨素半國 등과『晉書』張華條의 新彌諸國이 있다. 그리고『日本書紀』神功紀(369년)에 나오는 枕彌多禮와 布彌支와 半古 혹은 布彌, 5세기 倭五王과 관련된 慕韓, 5세기 말『삼국사기』의 耽羅, 耽牟羅,『南齊書』百濟國傳의 都漢, 八中 등이 있고, 6세기 초의『梁書』의 枕羅,『梁職貢圖』에는 止迷 등이 있다. 이 중 침미다례는 신미제국과 관련이 된다고 보고 있지만 耽牟羅, 枕羅, 止迷 등은 강진 혹은 해남지역으로 비정되고 있다. 이와 같이 4세기 이후 5세기 후반까지 영산강유역 고대사회의 실체와 연결시킬 수 있는 것은 慕韓뿐이지만 문헌사에서 전적으로 부정되고 있다.

영산강유역 고대사회의 실체를 마한이라고 부를 수 없다면 백제의 영역으로 인식할 수밖에 없다. 하지만 고고학적으로 보면 영산강유역에서는 4세기 후반에서 5세기 말경까지 나주 반남지역을 중심으로 옹관고분 세력이 꾸준히 유지되고 있어 영산강유역에는 어떤 정치체의 존재를 상

---

85. 특히 臣雲新國은 安邪(함안)와 어떤 교섭을 가졌던 것으로 해상교통이 편리한 전남 나주로 보고 있다(천관우 1979; 윤태선 2001).

정할 수 있다. 그 정치체를 馬韓 目支國으로 보는 견해(최몽룡 1986, 1997a)와 영산강유역 고대사회 전체를 馬韓(임영진 1995, 1997a; 최완규 2000b)으로 보거나 慕韓(東潮 1995, 1996)으로 보는 견해가 있는 반면에 이를 新彌諸國으로 보려는 견해가 제시된 바가 있다(유원재 1999; 강봉룡 2008). 특히 강봉룡은 신미제국이 "신미의 여러 나라"로 해석하고 신미국을 포함한 20여국이 3세기 후반 전남 서남부지역에 넓게 분포하였기에 영산강유역의 고대사회, 즉 옹관고분사회를 막연한 '馬韓'이나 모호한 '慕韓' 보다는 '新彌諸國'으로 설정하였다.[86]

이와 같이 문헌사에서 받아들이지 않고 있는 마한이나 그 존재가 부정되고 있는 모한을 영산강유역에 자리잡은 고대사회의 실체, 즉 정치체를 지칭한다고 보는 것은 적절하지 않다. 그렇다면 영산강유역 4~5세기의 고대사회를 백제의 영역으로 보는 편이 논란을 없애는 일일 것이다. 하지만 당시 고대사회를 백제의 영역으로 단정하기에는 고고학적 문화양상이 뒷받침되지 못하고 있다. 또한 이 시기의 고대사회를 옹관고분사회로 부르는 것도 임의적인 것으로 부적절하다. 따라서 필자는 4세기부터 5세기 말 백제가 지배권을 확보하기 전까지의 영산강유역 고대사회는 삼한단계의 소국이 계승하여 발전되었다고 보는 입장이기에 이 지역의 정치체를 3세기 말까지 존재하였던 '新彌諸國'으로 보는 것이 적절하다고 판단한다(최성락 2011b).

따라서 이 사회를 막연히 마한이라고 부르기 보다는 마한의 소국에서

---

86. 『진서』장화전에 나오는 '歷世未附者二十餘國'이 중국에 未附者로 되어 있지만 백제에 未附者로도 해석될 수 있어 당시 백제가 이 지역을 장악하지 못하였다고 볼 수 있다. 또 '東夷,馬韓 新彌諸國'에서 이러한 소국들을 묶어서 마한으로 보기 보다는 과거 마한지역에서의 소국들로 보는 견해(강봉룡 2000)가 적절하다고 판단된다.

발전된 정치체이기에 3세기 말까지 존재하였던 新彌諸國으로 부르는 것이 적절하다고 본다. 다만 5세기 대에 해남 등 남해안지역에는 백제의 문화요소들이 나타나고 있는데 이것은 백제에서 일본에 이르는 해상통로상에 위치하기 때문이다. 5세기말 백제의 지배권이 다시 회복되면서 영산강유역은 백제의 직접지배를 받게 되었다. 하지만 이 지역에서 5세기 말에서 6세기 전반경에 나타나는 전방후원형고분은 백제의 직접지배가 행해지기 이전에 재지세력에 의해 받아들여져 축조된 것으로 추정한다.

2. 침미다례의 위치와 성격

忱彌多禮는 『日本書紀』神功紀의 기사에 등장한다. 이 기사에 처음으로 관심을 가진 것은 일본 연구자들이다. 그들은 이 기사를 믿을 수 없는 가공의 기록으로 보거나 任那日本府라는 학설을 내세우는데 하나의 근거로 삼았다. 반면 한국 연구자들은 설사 이 기사의 내용을 인정하더라도 그 주체를 왜가 아닌 백제로 보았고, 이 기사의 연대나 침미다례와 비리 등 4(5)읍의 위치를 각 연구자의 입장에 따라 다르게 보고 있다.

한편 이 기사를 해석하면서 고고학 자료를 이용하여 침미다례의 위치가 어디인지 비정하는 것도 사실상 쉽지 않다. 왜냐하면 침미다례를 직접적으로 상징하는 어떠한 유적이나 유물이 발견될 수 없기 때문이다. 다만 기존의 문헌 연구에서 침미다례의 성격이 어느 정도 밝혀진다면 고고학 자료를 통해 그것에 부합한 위치를 추정해 볼 수 있을 것이다. 이렇게 하려해도 침미다례에 대한 연구자들의 견해가 서로 달라 고고학 자료와 연결시키기가 쉽지 않다.

필자는 지금까지 침미다례에 대한 문헌적인 검토나 그 위치에 대하여 깊이 연구한 바가 없어 독자적인 견해를 제시하지 못하였다. 하지만 당시의 지역정치체를 잘 대변하는 전남 서부지역에서의 고분양상을 살펴봄으로써 침미다례의 위치를 추정하는데 필요한 하나의 단서를 제공할 수 있을 것이다. 따라서 본고에서는 먼저 신공기 기사의 문헌적 연구성과와 더불어 전남 서부지역에서의 고분의 종류와 분포를 살펴본 다음에 신공기 기사의 해석 틀에 따라 침미다례의 위치를 추정해 보고자 한다.

1) 연구현황

먼저 『日本書紀』 神功紀 49년에 나타나는 忱彌多禮에 대한 기사이다.

> 이에 병사를 서쪽으로 이동시켜 고해진에 이르렀다. 남만 침미다례를 없애고 백제에 주었다. 이때 왕 초고와 왕자 귀수가 역시 군사를 이끌고 나아가 맞으니 비리벽중포미지반고사읍이 스스로 항복하여 왔다. 백제왕 부자와 황전별 목라근자 등이 모두 의류촌(주류수지)에서 서로 즐겁게 만났다(乃移兵西廻 至古奚津 屠南蠻忱彌多禮 以賜百濟於是 其王肖古及王子貴須 赤領軍來會時 比利辟中布彌支半古四邑 自然降伏 是以百濟王父子及 荒田別 木羅斥資等 共會意流村(今云州流須祗) 相見欣感).

먼저 津田左右吉은 이 기사를 가공의 설화에 불과하다고 보았다. 그러나 末松保和는 광개토왕비의 辛卯年 기사와 이 기사를 통해 369년에 야마토 정권이 백제의 유도에 따라 비자발 등 가야 7국을 평정하고, 백제나 신라에 속하지 않은 여러 세력에 대하여 任那加羅(狗耶韓國)를 중심으로 직접지배하게 되었다는 견해를 피력하였다. 또 그는 이 때 야마토 정권이 전라도지역을 백제에 주는 한편, 백제·신라를 야마토 정권의 부용국으로 삼아 간접지배하였다고 보았다. 반면 直木孝次朗과 三品彰英 등은 각기 이 기사를 창작되었거나 후대의 것을 소급한 것으로 보았다. 이와 같이 末松保和를 제외하고는 왜가 침미다례를 정복해서 백제에 사여하였다는 것에 대해서는 허구라고 보면서도 야마토 정권의 가야 정벌만은 인정하는 경향이 대세였다(임영진 2010 재인용).

한편 우리 연구자들이 바라본 이 기사의 성격과 연대에 대한 해석은 전혀 다르다. 이병도(1959)는 이 기사가 일본의 응원군이 와서 더불어 經略하였다는 것은 의문의 여지가 있으나 近肖古王의 父子가 369년 전남지역에 원정하여 마한의 잔존세력을 토벌한 것으로 해석하였다. 노중국(1987)은 '枕(忱)彌多禮'를 『晉書』에 나오는 '新彌國'으로 연결지어 근초고왕의 마한 정벌설을 지지하고 있다. 즉 마한 목지국이 3세기 중엽경에 백제에 병합된 후 나머지 마한 소국들은 영산강유역의 신미국(침미다례)을 중심으로 연맹체를 이루고 있다가 근초고왕대에 해체되었다고 보았다.

김현구(1991)는 신공기에 나타나는 야마토 정권의 한반도 진출기사가 야마토 정권과 관련이 없으며 백제 근초고왕이 한반도 서남부를 정복하고 가야제국과 상하관계를 맺게 된 역사적 사건이라 하였다. 또 가야 공격에 참여하였던 木羅斤資 부대는 백제의 마한지역 정벌에 참가한 백제군의 일부이며, 근초고왕과 千熊長彦 사이의 맹서는 백제에 평정되었던 가야 7국의 대표와 근초고왕 사이에 행해졌던 것으로 파악하였다.

이기동(1994)은 백제가 영산강유역 전역을 군사적으로 점령한 것으로 보지 않고 백제의 일회성 강습으로 해석하였고, 다른 연구자들(이현혜 1988; 이도학 1995; 김영심 1997)도 강진·해남지역의 해양 교역루트의 개설을 위한 거점을 확보한 것에 불과한 것으로 보았다. 이영식(1995)은 백제가 주체가 된 군사행동이고, 왜가 지원을 한 것에 불과하였는데 후대에 각 씨족들이 야마토 정권에 제출한 기록물의 제작 단계에서 창작, 과장한 것이라고 보았다. 또 백제가 전남지역에 적극적으로 진출하기 시작한 것은 475년에 고구려로부터 큰 타격을 받아 웅진으로 천도한 이후일 것으로 보았다.

다른 연구자들도 비슷한 견해를 주장하였다. 즉 김기섭(1995, 2000)은 이 기사의 연대가 4세기 후반임을 부정하고 5세기 중엽의 일이 소급된 것으로 보았고, 이근우(1997)와 田中俊明(1996)도 5세기 후반에 이루어진 마한 정복이 4세기 후반으로 소급된 것으로 보았다. 더구나 연민수(2002)는 『梁職貢圖』에 나열된 국명들과 신공기에 나오는 가야 7국을 비롯한 침미다례가 상통한다는 점에서 6세기 전반 백제의 가야제국에 대한 세력권 확장 사실을 일본이 주체가 되어 가야제국을 평정했던 것처럼 그 시기를 소급해서 신공기에 위치시켰다고 보았다.

정재윤(2009)은 신공기 기사의 가야 7국 평정과 고해진·침미다례·다사성 등의 사여는 근초고왕이 정벌한 전북 일원과는 구분되어야 한다고 보았다. 또 그는 전북 일원이 영역화되었지만 다른 지역의 경우, 영역 확장이 아니라 백제-가야-왜로 이어지는 교역 거점을 확보하여 경제적 이익을 취하고 배후 세력을 확보하는 것이 목적이라고 보았다.

다음은 침미다례의 위치 비정에 대한 것이다. 먼저 이병도(1959)는 古奚津을 전남 강진 혹은 보성으로 비정하면서 枕彌多禮를 강진에 위치한다고 보았다. 이와는 다르게 이용현(1999)은 古奚津을 강진에, 침미다례를 제주도에 위치한다고 보았다. 또 김기섭(1995)은 枕彌多禮가 『삼국사기』 동성왕 기사에 나오는 耽羅, 『梁職貢圖』[87]에 나오는 止迷 등과 관련된다고 보아 그 위치를 강진으로 보았고, 이도학(1995)과 문안식(2007)은 침미다례의 위치를 강진과 가까운 해남 북일면으로 비정하였으며, 김태식(2007)은 止迷를 침미다례와 같이 해남지역, 麻連을 광양지역으로 각각 비정하고 있다. 한편 침미와 다례로 분리해서 본 전영래(1985)는 각각 강진과 보성으로 비정하였고, 이근우(1997)는 枕彌를 耽羅와 연결하여 강진으로, 多禮를 "任那 4縣"[88]에 나오는 哆唎와 연결하여 장흥으로 보았다.

또한 침미다례와 함께 나오는 4읍(比利, 辟中, 布彌支, 半古) 혹은 5읍(比利, 辟中, 布彌, 支半, 古四)의 위치를 모두 전남지역의 보는 견해(이병도 1959), 모두 전북지역에 위치하는 견해(천관우 1979), 충남과 전북지역에 위치한다는 견해(이근우 1997) 등이 있으며 布彌支(담양)와 半古(나주 반남)만을 전남지역으로 비정하는 견해(김기섭 1995; 김태식 2007)가 있다. 하지만 이현혜(2000)는 4(5)읍이 침미다례와 근접하면서 여러 가지 면에서 밀접한 관계를 맺고 있었다고 보았다.

그런데 과거 침미다례의 위치를 주로 역사기록이나 지명에 근거하여 비정하였고 고고학 자료에 대한 언급이 소홀하였으나 최근 연구자들은 고고학 자료를 통해서 비정하고 있다. 먼저 성낙준(1997b)은 神功紀에 나

---

87. 『梁職貢圖』는 6세기 초반 백제와 전남지역과의 관계를 보여주는 것으로 梁의 元帝(552-554)로 즉위하게 되는 蕭繹이 荊州刺史로 재임하던 중(526-536) 직접 외국 사신들의 모습을 그림으로 그리고 간략한 설명을 첨가한 것이다. 여기에는 백제의 주변 속국을 열거하면서 叛波, 卓, 多羅 등의 가야 소국 및 斯羅(신라) 외에도 전남지역에 위치하는 것으로 추정되는 止迷, 麻連 등과 제주로 추정되는 下枕羅를 內地로 생각하는 것이 아니라 外方의 부용국으로 파악하였다(김태식 2007).

88. 임나 4현은 『일본서기』繼體 6년(512)조에 기록된 上哆唎, 下哆唎, 婆陀, 牟婁 등으로 그 위치가 전남 동부지역(전영래 1985; 김태식 2008)으로 비정된다. 하지만 田中俊明(1996)은 그 분포를 전남지역 전역으로 보는 末松保和의 비정안을 따르고 있다.

오는 사건이 오히려 영산강유역의 사회를 자극하여 독자적인 발전을 하는 것으로 보았고, 백제와의 관계 속에서 옹관고분이 조영되었다고 파악하면서 백제중앙세력의 시각에서 영산강유역의 세력인 침미다례가 남만으로 불러졌을 것으로 보았다. 즉 그는 침미다례를 옹관고분세력으로 자연스럽게 받아들였다.

강봉룡(1998, 2008)은 신공기 기사의 주체를 백제로 보면서 백제가 비협조적인 가야와 枕彌多禮(新彌)의 포구세력을 무력으로 귀속시키는 과정으로 보여주는 것으로 해석하였고, 또 해남 군곡리패총이 자리잡은 백포만 일대에 신미국이 위치하였다고 보면서 신미국을 이 시기의 영산강유역을 대표하는 國으로 보자고 제안하였다. 그가 신미 혹은 침미다례를 해남반도로 보는 이유는 다음과 같다. 침미다례는 신미와 상통하고, 통일신라시대 해남군 현산면 일대를 지칭하는 浸溟縣과도 통한다는 것이다. 또 현산면과 송지면일대에는 군곡리패총을 위시하여 10여 군데의 패총과 고다산성, 백방산성, 읍호산성, 일평리산성 등의 고대산성이 집중 분포하고 있다는 것이다. 따라서 현산면과 송지면 일대에 지역정치체(소국)의 존재를 가정한다면 그 명칭이 신미 혹은 침미다례라는 것이다. 다만 영산강유역은 당시 백제에 편입되지 못하였다고 보아 그 실체가 문헌 자료에 나타나지 않으므로 이를 '옹관고분사회' 혹은 '新彌諸國'으로 지칭하였다.

또 임영진(2010)은 설사 『日本書紀』 신공기 49년조의 관련기사가 4세기 근초고왕대의 사건이었다고 하더라도 그것이 신라나 가야 7국의 경우와 마찬가지로 일회성 강습에 불과하였다는 것이고, 6세기 초에 해당하는 『梁職貢圖』에 나열되어 있는 백제 부용국들을 감안하면 고흥지역과 같이 금동관이나 금동신발 등 백제계 위세품이 출토되는 지역에 백제가 직접적으로 통치하기 어려웠던 반독자적인 세력권이 있었을 것으로 보아 고고학적 관점에서 침미다례를 고흥반도 지역에 위치한다고 보았다. 즉 고흥지역은 길두리 안동고분을 비롯하여 21기의 고분이 확인되었고, 1~2개 정도의 세력이 상당기간 지속됨으로써 독자성을 유지하였음을 입증될 수 있다는 것이다.

이상과 같이 『일본서기』신공기의 기사를 백제 근초고왕대의 것으로 보는 연구자들은 일부에서 침미다례와 신미제국이 서로 관련이 있다고 인정하는 반면에 이 기사가 5세기 중엽에서 6세기 전반으로 보는 연구자들은 대부분 후대의 기록에서 나오는 耽羅, 耽牟羅, 止迷, 哆唎 등과 관련지어 생각하고 있다.

이상을 종합해 보면 신공기 기사에 대한 해석은 매우 다양하다. 연구자들은 기사 내용을 사실 그대로 받아들이기 보다는 그 주체를 백제로 설정하면서 침미다례가 백제에 통합되는 시기를 과거에는 4세기 후반으로 보았지만 최근에는 5세기 중엽부터 6세기 전반까지로 보는 경우도 있으며, 침미다례의 위치도 영산강유역을 비롯하여 강진이나 해남지역, 고흥지역, 제주지역 등으로 보고 있다.

2) 고고학에서 본 침미다례의 위치

침미다례의 위치는 크게 두 가지 해석의 틀에서 논의될 수 있겠다. 하나는 신공기의 기사가 근초고왕대인 4세기 후반의 것으로 보는 경우이고, 다른 하나는 이 기사가 근초고왕대와 관련이 없으며 5세기 중반부터 6세기 전반까지에 이루어진 일로 보는 경우이다. 따라서 각 해석의 틀을 기초로 하여 그 위치를 추정해 보고자 한다.

먼저 신공기의 기사 연대를 369년으로 보고, 침미다례를 신미제국과 동일하다고 보는 경우(노중국 1987)이다. 앞에서 살펴본 바와 같이『晉書』張華傳에 나타나는 신미제국이 후기 마한의 중심 세력으로서 옹관고분이 집중적으로 나타나는 영산강유역에 위치한다고 보고 있기 때문에 침미다례의 위치는 당연히 옹관고분 축조세력이 자리잡았던 나주를 중심으로 하는 영산강유역이 될 것이다. 반면 신공기의 기사가 백제의 일회성의 강습(이기동 1994; 이현혜 1988; 이도학 1995; 김영심 1997)으로 백제-가야-일본에 이르는 해상통로를 개척하는 의미였다면 침미다례는 영산강유역과 인접한 지역에 위치할 수 있다. 즉 영산강유역과 밀접한 관계가 있으면서 남해안지역에 위치한 어떠한 지역을 상정해 볼 수 있는데 그곳은 바로 해남지역일 것이다. 고고학적으로 본다면 해남 현산면 및 송지면일대가 가장 적합한 곳이다. 철기문화가 유입되기 시작한 이후 고분의 축조까지 영산강유역과 관련을 가지면서도 가장 선진적인 요소들이 집중적으로 나타나는 곳이다(강봉룡 1998; 최성락 2009b). 반면 해남 북일면 일대에는 전방후원형고분, 석곽분을 비롯한 고분군이 확인되었지만 3~4세기경의 유적이 확인되지 않았다. 또 해남 북일면과 인접한 강진지역에서는 아직까지 당시 세력을 나타내는 고분군이 조사된 바가 없으나 3~4세기경 취락만 일부 조사되었을 뿐이기 때문에 해남 북일면 일대에 침미다례가 위치하였다고 보기에는 부족함이 있다.

다음은 신공기의 기사를 근초고왕대와 관련이 없는 것으로 보는 경우이다. 여기에는 5세기 중엽설, 5세기 후반설, 6세기 전반설 등으로 나누어진다. 먼저 신공기의 기사를 5세기 중엽경으로 보는 경우(김기섭 1995, 2000)로 침미다례는 강진지역에 위치하였다고 본 耽羅나 해남지역으로 비정되는 止迷와 관련된다고 보고 있다. 고고학 자료에 근거하여 판단한다면 영산강유역의 옹관고분은 적어도 5세기 후반까지 지속되고 있는 반면에 5세기에 들어서면 해남, 강진, 고흥 등 남해안지역에 영산강유역의 옹관고분과는 다른 새로운 무덤양식인 석곽분이 자리잡고 있다. 만약 이러한 현상과 연결지어 생각해 보면 침미다례의 위치는 해남지역이 가장 유력하다. 앞에서 언급되었듯이 해남지역에서는 4세기 후반 이후 5세기에도 다수의 고고학 유적이 분포하고 있다. 만약 일부 연구자들과 같이 枕彌와 多禮를 분리해 볼 경우(전영래 1985; 이근우 1997)에는 강진이나 보성(혹은 장흥)지역이 아니라 고고학적으로는 해남과 고흥지역으로 비정될 수 있다. 왜냐하면 5세기대의 고분이 남해안지역에 나타나는 것은 전남 동부지역을 제외하면 해남지역과 고흥지역이기 때문이다.

다음은 신공기의 기사를 5세기 후반으로 보는 경우(이영식 1995; 이근우 1997; 田中俊明 1996)이다. 이 경우에는 침미다례의 기사와 동성왕의 친정 기사를 관련지어 볼 수밖에 없다. 『삼국사기』에 의하면 동성왕은 20년 (498)에 耽羅가 공물과 조세를 바치지 않는 것을 구실로 삼아 武珍州(현 광주)까지 親征하였다. 이것은 일종의 무력시위로 백제가 영산강유역 세력과 다시 관계를 갖게 되는 계기가 된다. 이를 통해 동성왕은 서남해안과 영산강유역, 그리고 해남, 강진 등 남해안의 해상권(김영심 1997; 박현숙 1998)뿐만 아니라 전남 동부지역(김태식 2007)까지 장악하게 된다. 따라서 신공기의 기사를 5세기 후반으로 보는 경우에는 침미다례의 위치가 무진주일 것으로 판단된다.

마지막으로 신공기의 기사를 6세기 전반경으로 보는 경우(연민수 2002)이다. 침미다례가 6세기 전반경까지 존재하였다는 것은 납득하기 힘들다. 동성왕의 친정 이후 전남지역이 백제의 직접지배를 받게 되었다고 본다면 그 이후에 다시 백제가 침미다례를 평정하여 백제로 편입하였다는 견해는 이해하기 힘들다. 또한 이 시기는 전남지역의 전역에서 백제적인 요소가 나타나기 시작하기 때문에 석실분이나 전방후원형고분의 분포로 판단한다면 침미다례의 위치를 비정하기가 사실상 힘들다.

그런데 침미다례의 위치 비정이라는 문제를 다루면서 필자에게는 한 가지 의문이 생겼다. 하나는 만약 백제가 침미다례를 복속시킨 것이 4세 기 후반이 아니라 5세기 중엽 이후라고 한다면 당시까지 전남지역은 백 제가 지배하기 이전이므로 마한이라고 볼 수 있는가 하는 의문이다. 다시 말하면 침미다례는 마한에 속하는 소국인가 하는 문제이다. 기왕에 근초 고왕의 남정 이전이 마한으로 인정되었으므로 5세기 중엽 이후라 하더라 도 백제가 전남지역을 통합하기 이전은 역시 마한으로 보아야 한다고 주 장되고 있다. 이러한 논리가 성립한다면 마한이 5세기 중엽 혹은 6세기 전반까지 전남지역에 존재하였다고 볼 수 있다.

하지만 신공기의 기사를 근초고왕대가 아닌 5세기 중엽 이후의 것으로 보더라도 침미다례가 마한이라는 근거는 어디에도 찾아볼 수 없다. 즉 마 한은 중국 문헌에 기원후 300년 이후에 등장하지 않았고, 일본 문헌에서 도 백제만 있을 뿐 전혀 나타나지 않는다. 또 광개토왕릉비에 마한이 언 급되지 않는 것으로 보아 근초고왕대 이후에 확실히 마한이라는 정치체 는 소멸된 것으로 보고 있다(박찬규 2010). 필자는 마한이 5세기 중엽 이후 에 존재하지 않았다고 볼 뿐만 아니라 4세기 이후의 영산강유역 고대사 회를 마한이라고 볼 수 없다고 생각한다. 따라서 마한이 5세기 이후에도 존재하였다는 주장의 근거로 신공기의 기사를 인용하는 것은 부적절한 것이다.

3. 고대사회의 실체

영산강유역 고대사회의 실체가 무엇인지 알기 위하여 이와 관련되어 가장 유력한 신미제국과 침미다례를 검토해 보았다. 먼저 신미제국은 3세기 후반에 중국기록에 나타난 것으로 당시 영산강유역 고대사회를 보여주는 것으로 생각한다. 4세기 이후에 대한 기록이 전무한 상태이지만 백제의 영역에 포함되었다고 보는 것이 타당하다고 본다. 하지만 설사 영산강유역이 백제의 간접지배 하에 있었다고 하더라도 이 지역정치체를 지칭할 수 있는 명칭이 필요하다. 다만 이를 삼한단계의 마한으로 부르기는 적절하지 않다. 왜냐하면 고대사학계에서는 마한을 5세기말까지 존재한다고 인정하지 않을 것이고, 경기, 충청, 전라지역에 분포한 마한이 영산강유역이라는 한정된 공간으로 축소되었다는 설명도 어색하기 때문이다. 따라서 영산강유역 옹관고분세력을 新彌諸國으로 부르고자 한다.[89]

반면 『일본서기』 신공기의 기사에 나오는 침미다례에 대한 해석은 연구자들간의 견해 차이가 적지 않다. 즉 신공기에 나오는 백제의 침미다례의 병합을 과거에는 근초고왕대인 369년의 사건으로 보았으나 최근에는 5세기 중엽에서 6세기 전반으로 보는 경향도 있다. 필자는 기본적으로 신미제국과 침미다례가 별개의 것으로 보면서 침미다례가 369년에 백제에 병합된 정치체인지 아니면 5세기 중엽 이후에 병합된 정치체인지에 따라 전남 서부지역에 분포하고 있는 당시의 문화양상을 대변하는 고분의 분

---

89. 이와 유사한 사례로 진한지역의 押督國(경산), 김文國(의성), 沙伐國(상주), 于山國(울릉도) 등이 新羅(斯盧國)에 편입된 이후에도 그 지역에서는 5~6세기 경까지 소국이 존재하였던 것으로 인식하고 있다.

포를 참고하여 그 위치를 비정해 보았다.

신공기의 기사를 369년의 것으로 보고 신미제국과 관련된다고 본다면 그 위치는 영산강유역의 옹관고분 축조세력이 자리잡았던 나주지역이나 해남지역일 것이다. 다만 이 경우는 신미제국과 관련성이 인정되고 있다. 그리고 이 기사를 5세기 중엽경의 것으로 본다면 영산강유역과 관련이 있으면서 새로운 문화가 유입되었던 해남지역에 침미다례가 위치하였을 것이다. 반면 침미와 다례로 분리해 본다면 해남과 고흥지역에 위치하였다고 볼 수 있다. 또 이 기사를 5세기 후반의 것으로 본다면 그 위치는 광주지역으로 추정된다.

따라서 4세기에서 5세기 말까지 영산강유역에 자라잡았던 고대사회의 실체를 필자는 신미제국으로 부르는 것이 적합하다고 본다. 왜냐하면 침미다례에 대한 해석은 연구자들에 따라 달라 과연 영산강유역의 고대사회를 지칭하는 것인지 불확실하기 때문이다.

제 5 절
백제의 통합과정과 지배방식

영산강유역의 고대사회가 어떠한 과정을 거쳐 백제로 편입되었으며 지배방식이 무엇인지는 논란의 초점이 되고 있다. 이 절에서는 백제의 통합과정과 지배방식이 어떻게 전개되었는지 검토해 보고자 한다.

1. 백제의 통합과정

영산강유역 고대사회가 백제에 의해 통합되는 과정에 대한 여러 가지 견해들이 제시되고 있다. 필자는 고고학 자료를 중심으로 문헌 기록을 참고하여 크게 3 단계로 구분하고자 한다. 즉 고분이나 취락의 변천 양상을 종합하여 영산강유역의 고대사회를 마한에 속하였던 시기(기원전 3~2세기경부터 기원후 3세기 말까지), 백제와 관련이 있지만 독자적인 시기(4세기 초부터 5세기 말까지), 백제의 직접지배를 받던 시기(5세기 말 이후) 등으로 구분하고자 한다. 마한 시기에 대한 검토는 이미 제4장에서 다루었기에 여기에서는 백제와 관련이 있다고 보는 4세기부터 백제의 지방으로 편입되는 6세기 중엽까지 영산강유역과 백제와의 관계를 살펴보고자 한다.

1) 4세기대

이 시기에는 영산강유역에서 백제적인 요소가 거의 발견되지 아니한다. 영산강유역에서는 목관고분과 더불어 옹관고분이 새로이 등장하였다. 다수의 연구자들은 영산강유역의 옹관고분을 마한의 무덤 혹은 마한의 잔존세력의 무덤으로 보고 있지만 마한의 전통적인 무덤인 토광묘(목관묘)와 다르다는 점에 유의하여야 한다. 필자는 옹관고분이 목관고분과 같이 주구토광묘에서 자체적으로 형성된 고분으로 다른 지역에서 시작되어 이동된 것이 아니라 영산강유역에서 처음 출현하였다는 것이다. 즉 목관고분과 옹관고분은 당시 한반도의 각 지역에서 형성된 고분의 등장과 맥을 같이 하고 있다는 것이다(최성락 2009a). 고분의 등장은 고대사회에서 큰 변화를 상징하는 것으로 이를 바탕으로 한국고고학계에서는 삼한 단계에서 삼국 단계로 변화되었다고 보는 것이다.

영산강유역이 고대사에서 처음으로 관심의 대상으로 부각되는 것은 백제의 근초고왕 시기이다. 백제는 이때에 한반도 서남부지역을 개척할 뿐아니라 일본과 중국지역에도 진출하였다(김기섭 2000; 박현숙 2016). 백제가 마한을 경략하였다는 기록은 『日本書紀』 神功紀 49년(369)조에 반설화적으로 남아있다. 즉 왜군이 신라를 격파하고 가야의 7개국을 평정한 여세를 몰아 서쪽으로 진군하여 古亥津을 거쳐 枕彌多禮를 잡자 比利, 辟中, 布彌支, 半古 등 4읍이 항복해 왔다는 내용이다.

이를 해석한 이병도(1959)는 일본의 응원군이 와서 더불어 경략하였다는 것에는 의문의 여지가 있으나 近肖古王의 父子가 전남지역에 원정하여 마한의 잔존세력을 토벌한 것은 사실로 보았다. 이 학설은 그 후 정설로 받아들여져 학계에서 통용되고 있다. 그리고 노중국(1987)은 '枕彌多禮'를 『晋書』 張華條에 나오는 '新彌國'으로 연결지어 근초고왕의 마한 정벌설에 동조하고 있다. 하지만 이후 여러 연구자들은 369년의 기사를 재해석하면서 영산강유역을 직접지배한 것이 아니라 간접지배한 것으로 인식되고 있고(권오영 1986), 이후 다양한 지배방식이 제기되었다.

또한 문헌기록에 대한 해석이 다양하게 제시되었지만 당시 고대사회가 백제와 관련된다는 견해도 적지 않다. 즉 성낙준(1997b)은 『日本書紀』神功紀에 나오는 사건이 오히려 영산강유역의 사회를 자극하여 독자적인 발전을 하는 것으로 보았고, 나아가 대형옹관묘의 존재는 在地勢力의 것으로 백제와의 관계 속에서 조영되었다고 파악하였다. 또 이현혜(2000)는 근초고왕의 南征 이후 결속이 해체되어 갔고, 각 소국들이 서로 대등한 상태에서 개별정치체로 존속하였으며 그 가운데 유력한 집단이 시종·반남 소국이라고 하였다.

그런데 4세기 후반에 영산강유역의 고대사회가 백제와 관련된다고 보는 견해는 문헌에 근거하는 주장으로 직접적인 고고학 증거를 제시하지 못하였다. 왜냐하면 옹관고분이 형성되고 발전되는 단계에서 백제와 관련된다고 볼 수 있는 고고학 자료는 거의 없었기 때문이다. 다만 최근에야 백제와 관련성이 있는 유물로 직구평저호를 중심으로 한 백제계 토기(서현주 2012a), 나주 화정리 마산고분 5-1호 옹관 출토 금동제이식(이정호 2013), 영암 신연리 9호분 5호 토광묘 출토 중층유리옥(이한상 2014) 등이 언급되고 있다. 그리고 3A형식의 전용옹관의 출현, 복합제형분의 대형화 현상, 분형의 원형·방형화 경향(김낙중 2012a) 등도 백제의 영향으로 보고 있다.

따라서 영산강유역의 고대사회는 4세기 이후에도 독자적인 세력이 자리잡고 있었다고 볼 수 있다. 설사 4세기 후반부터 백제의 간접지배하에 놓였다고 하더라도 문화적으로는 토착적인 문화를 유지하였을 것이다. 그러나 영산강유역의 지역정치체는 한강유역, 경주지역, 김해지역 등과 비교해볼 때 고대국가로 발전되지 못하고 소국의 상태를 유지하였을 것이다.

2) 5세기대

5세기에 접어들면 백제는 고구려와의 투쟁으로 영산강유역에 대한 관심이 크지 못하였다고 볼 수 있다. 그러나 백제의 腆支王 원년(405), 5년(409), 14년(418), 毗有王 2년(428)에 倭國과의 공식적인 교섭이 이루어졌다. 그러다가 475년에는 한성백제가 고구려에 의해 붕괴되었고 웅진으로 천도하였으나 토착세력과의 갈등으로 인하여 한동안 전남지역에 대한 지배권이 약화되는 것이 불가피하였다. 한편 倭는 5세기에 들어서면서 주거래 지역인 금관가야와의 교역이 어렵게 되자 그 대안으로 아라가야, 소가야 등 남해안의 서부지역과 영산강유역에 관심을 가졌고, 급기야 南朝 宋에 조공 교섭을 하게 된다. 이와 관련된 것이 바로 倭五王의 관련기사이다.

倭五王은 421년부터 宋에 사신을 파견하기 시작하여 502년까지 총 8회에 걸쳐 南朝의 宋·齊·梁 왕조에 사신을 파견하였다. 倭王은 사신의 파견을 통해 자신의 존재를 과장하였다. 그리하여 倭·百濟·新羅·任那·加羅·辰韓·慕韓의 7개국을 군사적으로 통솔하고 있다고 자임하면서 이를 작호로 공인해 줄 것을 요청하기도 하였다. 宋왕조는 한성백제가 붕괴한 직후인 478년에 백제를 제외한 6국에 대한 통솔권을 공인하는 작호를 형식적으로 인정해 주기도 하였다. 하지만 이러한 작호는 의례적인 것으로 당시의 실상을 반영하지 못하였다고 해석되고 있다. 이에 강봉룡(2008)은 중국 南朝에 사신을 파견하여 직접 통하려 했던 것을 倭의 '홀로서기 외교'라 지칭하였다. 倭는 홀로서기 외교를 수행하기 위해 영산강유역의 新彌諸國과 우호적인 관계를 유지하려고 하였고, 신미제국의 중심세력인 반남세력과 그 주변 지역정치체들과도 개별적인 교섭을 진행하였던 것으로 보고 있다.

그런데 해남반도에서는 영산강유역보다 빠르게 그리고 다양한 대외교류의 증거들이 나타나고 있다. 즉 해남지역에서는 현산면 고현리 일대에서 발견된 가야계 토기를 시작으로 전방후원형 고분, 즙석분 등의 고분과 가야계, 신라계, 왜계유물들이 나타나고 있다. 이렇게 다양한 유구와 유물이 나타난 것은 활발한 해양교류의 산물로 해석된다(최성락 2009b; 김낙중 2015c). 또 같은 남해안에 위치하는 고흥 길두리 안동 고분의 관모와 금동신발 등은 백제와의 관계를 보여주고 있는 반면에 매장시설이나 부장품은 왜와 관계를 보여주고 있다(임영진 2010; 배재훈 2010).

5세기대의 영산강유역의 고대사회는 백제와 관계가 점차 깊어졌다. 즉 영산강유역에서는 목관고분이 사라지고, 새로운 형태의 고분인 수혈식 석곽분과 횡구식 석실분이 등장하면서 분구의 규모가 커진 고총고분이 등장하게 된다(최성락·김민근 2015; 한옥민 2016c). 또 5세기 중엽경부터 백제양식의 주거지, 즉 凸자형 주거지를 영산강유역에서 찾아볼 수 있으며 거점취락을 중심으로 변화·발달되었다(이영철 2015).[90]

반면 5세기 초에 조성된 것으로 보이는 풍납토성의 우물터에서 영산강유역의 토기, 즉 장군과 같은 기형의 토기가 깬 형태로 발견되어 제사행위가 있었던 것(한신대학교 박물관 2008)으로 보아 일정한 교류가 있었을

---

90. 특히 나주 동수동 유적에서는 의도적으로 폐기된 凸자형 주거지에서 30여점의 완형유물이 출토되었는데 탄화목재 7점의 방사성탄소연대 측정결과 6점이 5세기 전반~6세기 전반에 해당하였고, 1점의 연대가 398~475년으로 측정되었다. 이와 같이 재지수장층의 주거지 형태가 백제화된다는 것은 백제와의 관계가 깊었다고 볼 수 있다.

것으로 추정된다. 따라서 이 시기에 영산강유역과 백제 사이에는 빈번한 문화교류가 있었을 것이며 적어도 이 지역의 토착세력(소국)들은 백제와 일정한 관계를 유지하였을 것으로 추정된다. 그 관계를 뒤에서 언급하겠지만 간접지배, 즉 공납적 지배로 보는 연구자들이 많다.

하지만 475년 한성백제가 붕괴된 이래로 옹관고분사회뿐 아니라 전남 지역에 대한 백제의 지배권은 더욱 약화될 수밖에 없었고, 그 와중에 전남 서부지역의 재지세력들은 일시적으로 백제가 아닌 다른 지역들과 교류를 통해 새로운 문화요소들을 받아들였다고 볼 수 있다. 이 시기의 중요성에 대하여 다른 연구자들이 별다른 주목을 하지 않고 있지만 필자는 영산강유역에서 이 시기에 나타나는 독특한 문화양상은 백제의 지배력이 약화되면서 일시적으로 나타나는 이 지역 토착세력들의 독자적인 행동을 보여주는 것으로 추정한다. 이 부분에 대한 논의는 뒤에서 재론하고자 한다.

3) 5세기 말에서 6세기 전반

백제의 남방에 대한 지배권을 회복하기 위한 노력은 동성왕(479~501)때 시작되었다. 먼저 동성왕은 12년(490)과 17년(495) 두 차례 걸쳐 중국으로 사신을 파견하여 작호를 요청하였다. 이때 요청한 王號는 面中王, 都漢王, 阿錯王, 邁盧王, 邁羅王, 辟中王 등이고, 侯號로는 八中侯, 弗斯侯, 面中侯 등이다. 이 지명들을 전라도 서부 및 남부 연안지역으로 비정하는 견해(정재윤 1992; 田中俊明 1996)와 충청과 전북지역(천관우 1979)으로 비정하는 견해로 나누어진다. 그러나 전라지역으로 보는 견해들이 많다고 한다(강봉룡 2008; 문안식 2007).

그리고 동성왕은 20년(498)에 耽羅[91]가 공물과 조세를 바치지 않는 것을 구실로 삼아 武珍州(현 광주)까지 親征하였다.[92] 이것은 일종의 무력시위로 백제가 영산강유역과 다시 관계를 갖게 되는 계기가 된다. 이를 통해 동성왕은 서남해안과 영산강유역 그리고 해남, 강진 등 남해안의 해상권을 장악하였다는 것이다. 또한 동성왕은 전남 동부지역으로 진출하였다. 즉 백제가 대가야를 밀어내고 전남 동부지역을 장악한 것은 『일본서기』에 보이는 任那 四縣[93]을 확보한 512년 무렵이고, 뒤이어 己汶(전북 남원·장수·임실)과 帶沙(경남 하동)도 장악하였다.

한편 6세기 초반 백제와 전남지역과의 관계를 보여주는 것이 『梁職貢圖』이다. 이 그림은 梁의 元帝(552-554)로 즉위하게 되는 蕭繹이 荊州刺史로 재임하던 중(526-536) 직접 외국 사신들의 모습을 그림으로 그리고 간략한 설명을 첨가한 것이다. 여기에는 백제의 주변 속국을 열거하면서 叛波, 卓, 多羅 등의 가야 소국 및 斯羅(신라) 외에도 전남지역에 위치하는 것으로 추정되는 止迷, 麻連 등과 제주로 추정되는 下枕羅를 內地로 생각하는 것이 아니라 外方의 부용국으로 파악하였다. 여기에서 止迷를 침미

---

91. 『삼국사기』 동성왕 기사에 나오는 耽羅 혹은 耽牟羅를 제주도가 아닌 전남 강진으로 보는 견해(이근우 1997)가 있으며, 『일본서기』의 枕彌多禮, 『梁書』의 枕羅, 『삼국사기』의 耽羅 혹은 耽牟羅 등이 해상세력을 지칭하는 명칭으로 보면서 탐모라의 위치를 해남군 북일면일대로 비정하는 견해도 있다(문안식·이대석 2004; 문안식 2007).

92. 당시 백제 동성왕은 武珍州로 왜 왔을까 하는 의문이 생긴다. 고고학적으로 보면 당시 광주지역에는 비교적 큰 세력이 자리잡고 있었다. 광주지역에는 다수의 전방후원형고분과 대규모 취락들이 조사된 바가 있어 5세기 후반에는 나주지역과 더불어 중심지역으로 떠오르는 곳이다. 따라서 동성왕은 전혀 엉뚱한 곳으로 진격한 것이 아니라 나주지역과 더불어 큰 세력이 형성되었던 광주지역으로 진격하였을 것으로 추정한다.

93. 任那 四縣은 『일본서기』 繼體 6년(512)조에 기록된 上哆唎, 下哆唎, 婆陀, 牟婁 등으로 그 위치가 전남 동부지역으로 비정되고 있다(전영래 1985; 김태식 2008)

다례와 같이 해남지역, 麻連을 광양지역으로 비정하고 있다(김태식 2007).

이 시기 영산강유역에서는 석실분의 등장과 함께 독특한 전방후원형고분이 출현하였다. 전방후원형고분이 축조된 6세기 전반까지 영산강유역이 백제와 직접적으로 관련이 없다고 보는 시각에서는 왜와 관련된 재지수장설이나 왜인설을 제기하였다. 반면 이미 백제와 깊은 관계가 있다고 보는 시각에서는 왜계백제관료설이나 백제와 관련된 재지수장설을 주장하였다. 왜계백제관료설이 당시 백제의 관리로 채용된 왜인을 피장자로 본 반면에 백제와 관련된 재지수장설은 백제의 직접적인 지배하에 있으면서 일본 열도와 교류가 잦았던 재지적인 인물로 보고 있다(우재병 2004; 홍성화 2009).[94]

그런데 필자는 재지수장설을 따르지만 백제와 직접 관련이 적었다고 보았다. 즉 전방후원형고분의 출현배경으로 475년 한성백제가 함락한 이후 영산강유역에 대한 관심이 줄어들면서 영산강유역 옹관고분세력의 약화를 들었다. 이 시기에 옹관고분 주변에서 목관고분을 사용하던 재지세력들이 경쟁적으로 전방후원형고분을 축조하였는데 이것은 일본지역과 교류를 통해 알게 된 새로운 분구형태, 즉 전방후원형을 받아들였을 것이다(최성락 2004a).

또한 김낙중(2008)도 전방후원형고분이 출현하는 5세기 말에서 6세기 전반 사이의 고대사회에 대하여 "백제의 일시적인 멸망에 따른 세력균형의 와해 속에서 영산강유역에서 옹관고분사회의 정점을 이루고 있던 반남고분군 조영집단 이외에도 각지의 군소 집단의 유력자가 새로운 세력화를 시도하는 과정에서 각자 맺고 있는 배후세력의 묘제가 반영되었을

---

94. 특히 홍성화(2009)는 영산강유역은 5세기 후반 面中候로 제수된 木干那가 통치한 지역으로 보고 있어 매우 흥미로운 주장을 하고 있다.

개연성이 높다"고 하였다.

이러한 시각에서 본다면 설사 5세기 말에 이 지역에 대한 백제의 직접지배가 회복되었다고 하더라도 고고학적으로 보면 백제의 영향력이 크게 나타나지 아니한 상태이다. 따라서 당시 축조된 석실분과 전방후원형고분은 백제에서 파견된 왜계 백제관료가 아니라 재지수장에 의해 만들어졌을 개연성이 높다. 뒤이어 지방통치가 강화된 6세기 중엽경부터 점차 백제고분의 양식을 따르는 것은 당연한 일이다.

그런데 실제로 영산강유역의 초기 횡혈식 석실분에 백제의 영향이 일부 나타났다. 즉 신덕 1호분에서 보이는 철못과 관고리로 구성된 목관, 입구에서 보아 석실 왼쪽 편에 위치한 관대, 銀被 裝飾釘의 출토 등이 있고, 초기 석실분에 개와 배신을 세트로 한 공헌토기를 사용하는 점을 들고 있다(吉井秀夫 1996). 함평 마산리 표산고분, 해남 용두리 고분 등에서 발견된 錢文陶器도 백제지역에서 보이는 특징적인 요소이다(그림 6-7). 또 웅진식 석실분인 나주 송제리 고분과 영광 학정리 대천고분 등이 영산강식 석실분(전방후원형고분 포함)보다 연대가 늦지 않다는 견해(조근우 1996; 이정호 1999; 박영훈 2009)도 있다. 한편 광주 동림동 유적을 비롯한 나주 장등, 광주 평동, 산정동, 장흥 지천리 등에서의 취락형태는 백제의 문화양상을 일부 보여주고 있다(이영철 2015).

이와 같이 5세기말에서 6세기 전반까지 영산강유역 고대사회는 외부와의 교류를 통해 다양한 문화를 받아들였던 재지세력들이 존재하였고, 한편으로 영산강유역에 대한 백제의 영향력 회복이라는 정치적 사건 등으로 인하여 당시 문화양상은 매우 복잡할 수밖에 없었다. 결국 이 시기부터 백제의 직접지배 하에 놓이게 되었다고 보는 연구자들이 많다. 다만 고고학 자료를 보면 아직은 토착적인 색체가 많이 남아있는 시기이기도 하다.

■ 그림 6-9. 함평 마산리 표산고분(左)과 해남 용두리고분(右) 출토 錢文陶器

4) 6세기 중엽 이후

백제가 전남지역을 지방으로 편입한 것은 사비천도 후 五方制를 실시한 6세기 중엽경으로 보고 있다. 즉 백제가 웅진에 천도할 당시 백제의 편제 대상은 충청도의 웅주, 전북지역의 전주, 전남 지역의 무주(무진주)에 각각 대등되는데 웅주는 13군, 전주는 10군, 무주는 13군으로 구성되어 있고, 웅주와 전주의 군들만 합치면 23군으로 22담로와 비슷하다는 것이며 여기에 무주 13군을 합치면 36군으로 백제 멸망시의 37군과 근사하다는 것이다(김영심 1997; 임영진 1997a; 강봉룡 1998).

사비시대 백제의 지방통치는 方-郡-城체제이다. 즉 5방 37군 200성으로 구성되었다. 오방 중에서 南方은 久知下城으로 나주 혹은 광주로 비정된다(박현숙 1998). 반면 다른 연구자는 南方을 남원으로 비정하면서 西方을 나주·영암으로 비정하는 견해(전영래 1988)도 있다.

이 시기가 되면 본격적으로 백제계 석실분이 영산강유역에서 나타나는 등 고고학 자료에서도 백제적인 문화요소가 대규모로 나타나고 있다. 즉 6세기 중엽부터 사비식 석실분이 전남지역에 본격적으로 나타나는 시기이다. 또 나주 복암리 고분군 주변에서 출토된 목간을 통해 백제의 지배방식의 일부를 알 수 있다(김성범 2010; 김창석 2012). 나주 복암리 목간은 610년경에 작성된 것으로 백제가 당시 영산강유역의 지방민들을 개별 人身적으로 직접 지배하던 통치 방식을 보여주는 자료로 파악하고 있다. 당시 복암리 인근에는 豆肹舍라는 城級의 행정구역을 다스리는 백제 지방관청이 있었는데, 복암리 목간은 여기서 작성하거나 수발한 문서용 목관들이 용도 폐기된 대형 수혈에 버려진 것이다. 이 수혈은 제철 공방의 부속시설이며, 제철 공방은 豆肹舍의 상위 행정단위인 發羅郡에 소속된 관영 공방으로 추정되고 있다. 결국 복암리 목간은 백제 지방 관부가 작성하여 수발한 공문서와 帳簿類로서 당시 백제의 지방 통제 방식을 잘 알 수 있는 중요한 자료이다.

한 가지 주목할 점은 나주 다시지역에서 사비식 석실분이 기존의 분구에 계속적으로 축조되는 다장의 전통을 유지하고 있다는 점이다. 이것은 이 지역이 백제의 지방으로 편제된 이후에도 중앙에서 지방관을 파견한 것이 아니라 그 지역의 수장층이 그대로 유지되었음을 보여주고 있다. 또 재지수장들은 백제에 편입된 이후에도 나주 복암리 3호분의 출토유물로 보아 일본지역과의 교류를 계속하였을 것으로 추정된다(김낙중 2000).

2. 백제의 지배방식

이상에서 살펴보았듯이 백제는 4세기 후반 영산강유역에 대한 관심을 가지게 되었고, 498년 직접적인 지배로 전환되기까지 어떤 형태의 지배방식인지 살펴본 필요가 있다.

먼저 369년부터 백제가 영산강유역을 직접지배하였다는 입장이다. 노중국(2012)은 한국 고대사회에서 국가의 발전 단계를 읍락 단계 - 국 단계 - 국연맹 단계 - 부체제 단계 - 중앙집권적 국가체제 단계로 파악하고, 공납을 매개로한 정치적인 상하관계가 형성된 국연맹단계부터 간접지배와 같은 지배가 이루어졌다고 보았다. 부체제단계에서는 연맹체의 중심국이 주변의 국을 점차 통합하면서 맹주국이 정치적 중심지였던 국읍이 수도로서 기능하게 되면서 중앙은 직접지배, 지방은 간접지배를 하게 된다고 보았다. 중앙집권체제에서는 지방 통치조직이 설치되면서 직접 지배가 이루어지는 단계로 보았다. 또 그는 영산강유역의 신미제국(침미다례)은 마한의 맹주국으로 마한 목지국을 대신한 백제국과 경쟁하다가 369년에 백제로 편입되었으며, 이 지역을 담로제로 통치하다가 금동관이 보이는 5세기 중후반부터 왕후호제를 실시하였다고 보고 있다.

이와는 달리 많은 역사학자들은 영산강유역이 4세기 후반에서 5세기 말 혹은 6세기 중엽까지 백제에 의해 간접지배를 받았고, 그 방식으로 공납적 지배, 담로제, 왕후제 등이 주장되고 있다. 먼저 공납적지배로 이도학(1995)은 근초고왕의 남정이 일회성 강습에 불과하고, 전남지역을 공납관계에 의해 간접지배를 하였다고 보았다. 공납적지배란 중앙국이 복속지역에 대해 상당할 정도의 자치를 보장해주고 공납이라는 복속의례를 통해 통치하는 방식이다(주보돈 1996). 김주성(1997)도 5세기대 영산강유역에 대하여 백제의 통치방식을 매년 일정한 공납을 요구하는 대신 다른 사항은 독립적 권한을 보장해주는 방식으로 보았다.

다음은 담로제로 담로란 '담을 두룬 땅', 혹은 '지방의 치성'으로 해석하면서 담로제가 웅진 천도 후에만 실시된 것이 아니라 근초고왕때 부터 실시될 가능성이 있다는 견해가 있다(유원재 1998, 1999). 즉 유원재는 담로제를 자체종족에 봉하는 제도로 강력한 중앙집권적인 성격의 제도로 보았다. 그런데 담로제는 중앙귀족화한 지방세력들의 토착적인 기반을 해체하면서 이를 통해 국가체제의 유지를 위해 필요한 인적 물적 자원에 대한 중앙의 직접적인 지배를 관철시킬 수 있다는 점에서 의미를 가진다. 국경지역이나 전략적 중요성이 인정되는 곳, 교통상의 중심지 등의 거점성을 중심으로 자제나 종족을 파견한 직접지배 방식의 지방통치체제로 보고 있다(박현숙 1998).

그 다음은 王侯制로 동성왕 때에 시작되었다고 보고 있다. 동성왕이

490년 南齊에 보내는 上表文과 495년 上表文에 王侯가 나타나고 있다. 이들 왕후의 위치가 대개 전남지역에 위치하는 것으로 보고 있다(김태식 2007). 그런데 이 王侯制가 개로왕을 전후하여 한성시대 후기에 시작되었고 백제지역에서 발견되는 금동관을 그 징표로 보는 견해도 있다. 즉 백제는 토착세력의 수장층에게 금동관과 금동신발 등의 위신재를 하사하여 지방통치의 효율성을 제고한 방식과 왕후제를 병행하여 실시하였는데 나주 신촌리 9호분, 함평 예덕리 신덕고분, 고흥 길두리 안동고분 등이 그 예라는 것이다(문안식 2007).

따라서 근초고왕때 부터 전남지역을 백제가 직접지배하였다는 과거 통설은 많은 연구자가 지적하였듯이 받아들이기 어렵게 되었지만 백제의 웅진천도 후에 바로 담로제를 통해 직접지배하였다는 주장에도 동의하기 어렵다. 왜냐하면 영산강유역에는 6세기 이전의 백제성곽을 찾아보기 어렵고, 22담로 속에 전남지역이 포함되어 있지 않다고 하는 주장도 많기 때문이다. 즉 백제가 전남지역을 지방으로 편입한 것은 사비천도 후 오방제를 실시한 6세기 중엽경으로 보고 있다(김영심 1997; 강봉룡 1998; 임영진 1997b).

결국 웅진천도 후 백제와 영산강유역과의 관계를 담로제로 보기 보다는 왕후제로 보는 편이 더 설득력이 있다. 이것은 금동관이나 금동신발 등 위세품의 존재를 통해 유추해 볼 수도 있기 때문이다. 그러나 왕후제도 5세기 말부터 오방제가 나타나는 시기까지 한시적으로 쓰였던 제도로 볼 수밖에 없다. 그리고 왕후제가 실기되기 전에는 담로제가 아닌 공납제일 가능성도 크다고 할 수 있다. 이것은 동성왕의 親征이 바로 공물과 조세를 받치지 않았다는 명분에서 찾아볼 수 있기 때문이다. 그러나 이러한 관계가 근초고왕대에 시작되었는지는 역시 분명하지는 않다.

한편 고고학 자료를 바탕으로 백제와 영산강유역의 관계를 '지배적 동

맹관계'라고 보는 주장도 있다. 즉 박순발(1998a, 2000)은 신촌리 9호분 을
관 피장자로 대표되는 한성기 영산강유역 정치체가 백제에 의한 간접지
배 단계라기보다는 백제에 경도된 지배적 동맹관계로 보았다. 또 그는
백제↔영산강유역↔九州勢力↔倭王權이라는 구도가 九州에서 있었던
527-528년 筑紫君 磐井의 亂을 계기로 백제↔야마토정권이라는 구도로
재편되었다고 보았다. 그러나 일본에서 야마토정권과 九州세력 사이의
관계를 설명하는데 사용된 '지배적 동맹관계'라는 용어가 한국사에서 사
용할 수 있는 적절한 용어인지 의문이다.[95]

　　이상의 연구결과들을 정리한다면 4세기 후반 근초고왕에 의해 전남지
역이 일차적으로 장악되었으나 간접적으로 형태로 지배되다가 498년 동
성왕의 親征으로 백제는 다시 영산강유역의 지배권을 확보하였고, 이후
6세기 중엽에는 五方制가 실시되면서 백제의 지방으로 편입되었다고 볼
수 있다.

3. 백제의 지배방식 변천에 대한 새로운 해석

　　이상과 같은 해석을 고고학 자료에 대입해 보았을 때 두 가지 의문이
제기된다. 먼저 4세기 후반 일시적인 백제의 침략이 있었으나 '과연 영산

---

95. 박순발(2001a)은 신촌리 9호분으로 대표되는 나주 반남세력의 연대가 전방후
　　원형고분보다 빠른 한성기로 보고 있다. 또 "지배적 동맹관계"라고 보는 그
　　의 인식(박순발(1998a, 2000)은 일부 일본연구자들의 영산강유역 전방후원
　　분 축조세력에 대한 인식(岡內三眞 1996; 土生田純之 1996, 2000; 田中俊明
　　2000), 즉 백제에 완전히 통제되지 않은 상태에서 독자성을 유지하였다는 인
　　식과 유사한 면이 있다.

강유역을 장악하였을까'라는 의문이다. 실상 영산강유역에서는 옹관고분의 발전을 보여주고 있다. 반면 영산강유역이 아닌 해로상에 위치하는 해남지역에서는 5세기경에 이르면 영산강유역과 다른 양상들을 보여주고 있다. 이것은 일부 연구자들이 지적한 바와 같이 영산강유역을 제대로 공략하지 못하였을 가능성이 많다. 따라서 간접지배 보다는 다소 독립적인 체제를 유지하였을 것으로 보인다. 이 지역과 백제와의 관계가 전혀 없었다고 볼 수는 없을 것이다. 그 관계가 공납적 지배일 가능성이 많지만 고고학적으로 단정할 수 없다. 4세기 후반부터 일부 백제 유물이 출현하기 시작하기 때문이다. 또한 풍납토성에서 출토된 영산강식 토기로 보아서 5세기대에는 백제와 영산강유역 세력 간에는 어떠한 관계를 통해 교류가 되었다고 볼 수 있다.

다음으로 제기되는 것은 '475년 한성백제의 붕괴가 영산강유역에서는 어떠한 영향을 끼쳤을까'라는 의문이다. 필자는 적어도 세 가지 현상을 영산강유역에서 찾아볼 수 있다고 본다.

첫째, 반남 신촌리 9호분의 금동관에서 찾아볼 수 있다. 즉 신촌리 9호분의 금동관에는 백제지역에서 찾아볼 수 없는 특이한 형태가 나타난다는 것이다. 즉 내관과 외관으로 구성된 금동관에서 외관, 즉 帶冠이 이질적인 것으로 이러한 형식은 백제지역에서 찾아보기 힘들다. 이에 대한 의문을 신촌리 9호분의 축조연대와 관련지어 추정해 볼 수 있다. 즉 필자는 신촌리 9호분이 한성백제가 붕괴되기 전에 축조되기 시작하였고, 이후 6세기 초까지 축조되었다는 점에 주목하였다. 따라서 이 지역을 대표하는 신촌리 9호분의 피장자는 475년 이후에 가야식 대관을 받아들이거나 만들면서 당시 사회에서의 위상을 유지하였을 것이다. 또한 금동관이 내관과 대관으로 구성되어 있는 것은 당시 사회에 처한 신촌리 9호분 피장자의 입장이 그대로 반영된 것으로 해석된다. 내관의 경우 백제로부터 사여받은 것이라면 대관은 가야의 영향을 받아 만들어졌을 것이다. 이후 금동관은 반남고분세력이 붕괴되면서 신촌리 9호분 을관에 함께 묻혔을 것으로 판단된다.

둘째, 나주 복암리 3호분 96석실에서 나타나는 현상이다. 복암리 3호분은 거대한 분구를 가진 호남지역의 대표적인 고분이다. 이 고분은 발굴조사를 통해 그 성격이 어느 정도 파악되었다. 즉 이 고분은 영산강유역에 있어서 다양한 형태의 무덤을 모두 포함하고 있으면서 약 400년이라는 긴 기간에 걸쳐 거대한 분구가 축조되었다. 이 고분은 영산강유역의 고분 변천과 밀접한 관계를 가지면서도 분형이 방대형인 점과 다장을 지속하고 있다는 점에서 특별하다. 또 이 고분은 이 지역의 토착 수장층 세력집단의 무덤이 분명하고, 이들은 외부문화의 수용이 적극적임을 알 수 있다. 복암리 3호분의 경우 옹관고분 단계에서는 나주 반남면 고분군에 비하면 아주 그 규모가 빈약한 수준이었으나 5세기 중엽을 지나 석실분 단계에서는 중심지로 거듭나고 있다는 점에서 나주 반남면 고분세력과는 다른 길을 걸었다고 볼 수 있다. 즉 복암리 고분 세력은 5세기 후반에서 6세기 전반까지 한성백제에서 웅진백제로 변화되는 시기를 거치면서 지역 토착세력이 백제와의 관계를 잘 유지하였다고 볼 수 있고, 백제의 직접지배를 받기 시작한 이후에도 그 지위를 유지하였을 것으로 추정된다.

그런데 복암리 3호분 96석실에는 하나의 미스테리가 있다. 금동신발이 석실 내부에 남아 있었던 옹관의 부장품이 아니라 옹관 아래에서 나왔기에 그 의미가 무엇인지 의문이다. 이것은 옹관이 부장되기 전에 목관의 존재를 추정해 볼 수 있다. 복암리 3호분 96석실이나 정촌 고분의 피장자들은 백제와 관련이 있는 인물일 가능성이 높다. 그런데 목관을 파괴하고 다시 옹관을 추가장으로 사용하였다는 것은 475년 백제가 한성에서 웅진으로 밀려나면서 이 지역에서 일어난 일시적인 복고현상이 아닐까 추정해 본다.

셋째, 전방후원형고분의 등장 배경이 되었다는 것이다. 앞 장에서 살펴보았듯이 전방후원형고분이 등장하는 배경을 연구자마다 다르게 보고 있다. 일반적으로 전방후원형고분의 등장시기를 5세기 말로 보고 있어 동성왕의 친정(498년) 이후의 일로 이 고분들은 백제의 통제하에 축조되었거나 아니면 백제세력과는 관계없이 왜계에 의해 축조되었다고 보고 있는 것이다.

실제로 이러한 세력들이 공물과 조세를 바치지 않는 등 반백제적으로 행동하자 동성왕이 친정하였을 것이고, 친정 후에도 일정기간 계속 이러한 고분이 만들어진 것은 그 세력이 한 세대정도 지속되었기 때문이다. 또한 전방후원형 고분이 백제의 통제 하에 이 지역에 들어온 왜계 백제관료의 무덤이 아니라 토착적인 재지세력이 해상교류를 통해 전방후원형고분의 특징을 숙지하고 축조하였을 것으로 해석하고자 한다. 결국 영산강유역에서는 475년 백제와의 관계가 크게 약화되자 영산강유역에서는 일본의 전방후원분을 모방한 고분이 축조되었으며 6세기 전반 백제세력의 확대로 인해 다시 사라지게 되었다는 것이다. 이러한 해석을 하게 되는 것은 고고학 자료와 문헌자료의 불일치를 보여주는 단적인 예로서 고고학 자료가 역사적인 사건이 이루어진 이후에 늦게 나타난다는 특성 때문일 것이다.

결국 한성백제가 붕괴된 475년부터 동성왕의 친정이 있었던 498년 사이에 영산강유역에서는 여러 가지 문화적 현상이 나타났다. 이것은 백제 지배력의 약화로 인하여 이 지역 세력들이 보여준 다양한 문화현상으로 추정된다. 이러한 현상이 일어난 이유는 한성백제의 붕괴가 그만큼 영산강유역 지배세력들에게 큰 충격을 주었을 것으로 판단하기 때문이다.

4. 소결

이상과 같이 영산강유역 고대사회에 대한 백제의 통합과정과 지배방식을 살펴보았다. 백제 정복설에 의하면 마한사회가 369년 백제의 직접지배로 변화된다는 것이다. 이에 반하여 마한론은 6세기 전반경에 백제의 직접지배 변화되었다고 보고 있다. 반면 최근의 견해는 백제의 간접지배(4세기 후반)—백제의 직접지배(5세기 말 혹은 6세기 중엽)로 보고 있거나 백제의 간접지배(4세기 후반)—지배적 동맹관계(5세기 말)—백제의 직접지배(6세기 중엽) 순으로 변화되었다고 보고 있다.

그러나 필자는 4세기에서 6세기 전반까지 백제와 전남지역의 관계를 다음과 같이 파악하고자 한다. 영산강유역의 고대사회는 4세기부터 백제의 영역으로 포함되었지만 문화적으로 보면 백제와 다른 거의 독자적인 상태를 유지하였을 것이다. 4세기 후반 이후 백제와 어느 정도 관계를 맺었을 것으로 보인다. 그 관계는 대체로 공납적 지배로 보는 것이 적절할 것이다. 다만 475년 이후에는 백제의 영향력은 극히 약화되었다. 즉 한성백제의 붕괴는 영산강유역 세력에게는 큰 충격으로 다가 왔고, 여러 가지 문화적인 현상들이 나타났던 것이다. 그리고 498년 동성왕의 친정을 계기로 백제의 직접 지배로 접어들었는데 먼저 왕후제가 시행되다가 6세기 중엽 영산강유역을 백제의 지방으로 편입시킴으로써 영산강유역 고대사회에 대한 지배권을 강화하였을 것이다.

7장

결론

이번 연구는 그 동안 조사된 고고학 자료와 문헌 자료의 연구성과를 바탕으로 영산강유역 고대사회가 어떻게 형성되고 변화되었는지 밝히는데 있다. 따라서 필자는 우선 선사문화의 양상을 간략히 정리하였고, 철기문화를 바탕으로 하는 마한 사회의 성격을 살펴보았으며 고분을 중심으로 살펴본 당시 사회가 백제로 편입되는 과정을 검토해 보았다. 이번 연구과정에서 얻어진 성과를 정리하면 다음과 같다.

　　먼저 영산강유역에서 조사된 구석기시대 유적은 모두 낮게 형성된 구릉의 정상부나 사면부에 분포하고 있다. 또 영산강유역에서는 대략 10만 년 전 중기 구석기시대부터 사람들의 터전이 되었고, 아직까지 전기 구석기시대의 유적이 발견되지 않고 있다. 전남지역의 신석기시대 유적은 주로 해안이나 도서지역에 분포하고 있어 영산강유역에서는 극히 드물게 확인되고 있다. 가장 큰 의문은 왜 영산강유역에서는 신석기시대 유적이 희소하게 발견되고 있는가 하는 문제이다. 또 함평 당하산 유적을 제외하면 영산강유역에서의 신석기시대 유적은 모두 후기에 속하는 것뿐이다. 이 문제를 풀기 위해서는 더 많은 유적이 조사되어야 하겠지만 당시의 해수면의 변동과 기후양상 등을 종합적으로 검토되어야 한다.

　　청동기시대 유적에는 주거지와 지석묘, 적석목관묘 등 분묘 유적이 알려지고 있다. 청동기시대 전기는 장방형 수혈주거지가 다수 발견되었고, 점열문토기와 구순각목+이중구연단사선문토기 등이 공반되고 있어 그 시작 연대를 기원전 1300년경으로 보고 있다. 청동기시대 중·후기의 수혈주거지는 평면형태가 방형 또는 타원형을 이루는데, 그 내부에는 타원형 구덩이와 주공을 갖춘 송국리형 주거지가 대부분이다. 수혈주거지에서는 무문토기와 석촉, 석착, 유단석부 등 청동기시대의 대표적인 토기와 석기유물이 출토되었다. 그리고 영산강유역에서는 지석묘가 밀집하는 등

수많은 청동기시대 유적들이 분포하고 있다. 특히 적석목관묘는 화순 대곡리, 함평 초포리 유적 등지에서 확인되었으며, 다량의 거푸집이 영암지역에서 발견되었다. 이를 통해서 보면 발달된 청동기문화가 존재하고 있음이 분명하다.

이 지역의 청동기문화가 일본지역으로 파급되는 것은 크게 두 차례에 걸쳐 이루어졌다. 먼저 송국리형 주거지, 무문토기, 마제석기, 지석묘로 대표되는 중기 청동기문화이고, 다음은 세형동검으로 대표되는 후기 청동기문화이다. 청동기문화의 파급은 단순히 문화요소의 전달이 아니라 주민의 이동을 상정할 수 있다. 그리고 청동기시대의 사회성격을 신진화론의 사회발전단계설에 따르면 중기부터 사회의 계층화가 이루어졌으며 후기에는 복합사회인 족장사회에 해당된다고 볼 수 있다.

다음으로 철기문화의 성격과 당시 사회인 마한 사회를 살펴보았다. 영산강유역에서는 철기문화가 형성되는 초기의 유적이 적기 때문에 전북 만경강유역의 토광묘 양상을 통해서 보면 늦어도 기원전 2세기 대에는 중국 전국시대의 철기문화가 이 지역에 당도하였다. 호남지역 철기문화는 3시기로 구분된다. 전기(1기)의 유적은 기원전 2세기에 해당되는데 익산과 전주를 중심으로 하는 만경강유역에 분포하고 있다. 기원전 1시기에서 기원후 1세기에 해당하는 중기(2기)의 유적은 서해안과 영산강유역에 분포하고 있다. 그리고 기원후 2세기에서 3세기에 해당하는 후기(3기)의 유적은 호남지역 전역에 분포하고 있다.

그런데 전북 만경강유역에서는 중기의 유적이 거의 발견되지 않고 있는 것이 하나의 의문으로 제기되었다. 호남 서부지역에서의 소위 '경질무문토기 단순기' 부재설은 철기시대 전기에서 중기로의 단절로 해석될 수 있다. 필자는 이러한 문제가 고고학 연구자들의 편년에 문제가 있는 것이

아니라 당시 어떠한 사회적인 요인으로 주민들의 이동이 이루어졌다고
설명하였다. 즉 만경강유역의 제철집단은 호남 각지로 흩어지면서 그 중
심세력이 영남지역으로 이동되었다.

철기문화의 대외교류에서는 백제, 가야 그리고 왜와의 문화교류에 대
하여 검토해 보았다. 특히 이러한 문화교류가 활발해 질 수 있는 원인은
바로 해로를 통한 교류가 가능하였기 때문이다. 영산강유역과 서남해안
지역은 중국에서 일본에 이르는 해로상에 위치함으로써 문화교류가 철기
시대 이후에 지속적으로 나타나고 있음을 알 수 있다.

마한은 철기문화를 바탕으로 기원전 3-2세기경에 시작되었지만 언제
소멸되었는지에 대한 논란이 계속되고 있다. 특히 영산강유역에서 일부
연구자는 4세기 후반에, 다른 연구자는 6세기 전반에 소멸되었다고 보
고 있다. 마한에 대한 기록은 한·중·일 문헌기록에 다르게 나타나고, 연
구자들의 견해도 다양하다. 한국사의 관점에서 보면 마한이 4세기 이후
에 존재하였다고 할 근거가 하나도 없다. 마한은 중부지역의 마한 중심세
력이 붕괴된 이후에는 사라졌다고 보아야 한다. 즉 진한과 변한이 신라와
가야로 변화되었듯이 영산강유역에서는 마한이 백제로 변화된 것이다.
또 마한사회는 청동기시대에 뒤이어 역시 복합화가 이루어진 족장사회에
해당된다.

그 다음으로 고분을 통해본 고대사회를 살펴보았다. 제1절 고분과 분
구묘에서는 지난 15년 동안 논란이 되었던 분구묘의 용어를 정리하고,
삼국시대 무덤으로 고분으로 불러야 한다는 점을 강조하였다. 분구묘는
일본 야요이시대의 무덤을 지칭하는 것으로 이를 영산강유역의 고분을
적용하게 되면 많은 문제점이 노출되게 된다. 특히 분구묘는 무덤의 축
조방법과 인식에서 문제가 있기에 다른 지역과 같이 고분으로 통일하는

것이 가장 합리적인 용어인 것이다. 그런데 고고학연구에서 정작 중요한 것은 고고학 용어(즉 고분의 명칭)가 아니다. 고분이 어떻게 축조되었고, 그 의미가 무엇인지 밝히는 것이다. 고분의 연구는 무덤의 양식과 더불어 출토유물을 분석하고, 나아가서 피장자의 성격을 밝혀야 한다. 또 무덤의 변천을 연구하고, 무덤이 왜 변화되었는지도 연구되어야 한다.

제2절 고분의 등장과 변천에서는 영산강유역 고분의 등장과정을 검토하고자 하였다. 영산강유역의 고분을 목관고분, 옹관고분, 석곽분, 석실분과 전방후원형고분으로 분류하고, 각 고분간의 관계와 변천과정을 제시하였다. 고분이란 사회의 계층화가 뚜렷이 나타나는 시기인 삼국시대의 무덤을 포괄적으로 지칭하는 용어이고, 고분의 실질적인 명칭은 매장주체부를 근거로 제시되어야 할 것이다. 영산강유역에서 고분의 시작은 무덤 중심에 한 기의 매장주체부가 아닌 다수의 매장주체부가 공존하는 경우를 말한다. 즉 3세기 말경에 등장하는 목관고분과 옹관고분이 여기에 해당한다. 영산강유역 고분의 변천을 살펴보면, 처음 등장한 고분은 3세기 말경의 목관고분과 옹관고분이다. 영산강 중·하류에서는 옹관고분이 주로 분포하지만 그 나머지 지역에서는 목관고분이 지속적으로 축조되었다. 그리고 5세기 말경에 석실분이 출현하면서 전방후원형고분도 나타나지만 재지적인 성격이 강하고, 6세기 중엽부터는 백제계 석실분으로 변화되었다.

제3절은 석곽분의 등장과 의미에 대하여 살펴보았다. 즉 석곽분의 기원은 선사시대의 무덤과 연결시켜 볼 수도 있겠지만 이를 직접적으로 증명할 고고학 자료가 없다. 한편 일부 연구자들은 백제계, 왜계, 가야계 석곽과의 관련성을 강조하면서 외부로부터의 유입을 강조하고 있다. 하지만 영산강유역 초기 석곽분은 어느 한 지역의 특징만으로 구성되지

않았기 때문에 외부 주민들의 이주에 의해 축조된 것으로 단정 짓기는 어렵다. 따라서 5세기 전엽경 한반도의 다른 지역과 마찬가지로 영산강유역의 재지세력들은 새로운 형태의 무덤인 석곽분을 받아들였던 것이다.

제4절은 나주 신촌리 9호분을 검토해 보았다. 이 고분은 옹관고분을 대표하는 것으로 일제강점기에 발굴조사되어 금동관 및 금동신발을 비롯하여 많은 위세품이 출토되었다. 1999년 국립문화재연구소에 의해 재조사되었고, 분구에서 원통형토기가 확인되면서 더욱 주목을 받은 고분이다. 이 고분은 대체적으로 5세기 중엽에서 말 사이에 축조된 고분이다. 그런데 이 고분의 주인공이 누구인지 어떠한 위상을 가진 인물인지 그간 논란이 많았다. 이에 필자는 고분의 성격과 출토유물의 검토를 통해 주인공의 성격을 이 지역의 토착인이면서 활발한 대외교류를 하였던 인물로서 백제뿐 아니라 가야와의 관계를 가졌던 것으로 보았다.

제5절은 나주 복암리 3호분의 성격 검토이다. 이 고분은 옹관고분 단계에서 나주 반남 고분군에 비하면 상대적으로 낮은 위상이었으나 석실분이 만들어지는 단계부터는 오히려 나주 반남고분 보다도 높은 위상을 차지하게 된다. 그리고 이 고분의 피장자들은 백제의 직접적인 지배하에서도 그 위상을 유지하였던 세력들로 해석된다. 그리고 이 지역은 복암리 고분군 주변에서 출토된 목간 등 고고학 자료들로 보아 백제를 편입된 이후에도 중심적인 역할을 하였던 곳이다.

제6절 전방후원형고분의 성격에서는 영산강유역에 분포하고 있는 독특한 고분의 성격을 검토해 보았다. 이 고분은 한·일연구자 사이에 가장 관심이 큰 유적이다. 이 고분의 주인공에 대한 다양한 견해가 있지만 크게 나누어 보면 재지인, 왜계 백제관료, 왜인 등으로 나누어진다. 필자는

이 무덤의 주인공을 기본적으로 재지인이라고 보고 있다. 이렇게 보는 이유는 고분의 특징에 토착적인 성격이 강하고, 출토 유물에서 다양성을 보이기 때문에 왜인이라는 주장은 타당하지 않다고 생각하고 있다. 이것은 원통형토기의 성격을 통해서도 볼 수 있다. 일부 연구자들이 호남지역의 원통형토기를 일본 하니와에서 유래된 것으로 보았으나 필자는 1형식의 원통형토기가 호서지역의 원통형토기와 관련이 깊은 자체적으로 변화된 유물로 판단하고 있다. 하지만 전방후원형고분의 성격은 앞으로 좀 더 많은 연구가 필요한 과제로 남아있다.

마지막으로 영산강유역 고대사회의 성장과 백제의 진출이라는 주제들을 논의하였다. 제1절 고대사회를 바라보는 관점에서는 크게 왜인설, 백제 정복설, 마한론 등으로 구분하여 살펴보았다. 각 연구자들의 관점을 비교해 본 결과, 고고학 자료에 의한 객관적인 해석보다는 자신의 관점에 따라 고고학 자료를 보는 경향이 강하게 나타난다. 필자는 기본적으로 내부적인 입장에서 이 지역의 문화가 어떻게 변화되었고, 또 외부와는 어떠한 관계를 가졌는가 하는데 중점을 두고자 한다. 이러한 시각에서 본다면 영산강유역 고대사회의 실체는 어디까지나 재지세력에 의해 형성된 사회가 될 것이다. 그렇지만 영산강유역 고대사회의 실체는 고고학 자료가 아닌 문헌 자료에 근거해야하기 때문에 4세기 후반 이후를 마한이라고 지칭할 수 없게 된다. 나아가 백제가 어떠한 과정을 거쳐 영산강유역을 통합해 나갔는지는 등은 고고학 자료만 아니라 문헌자료를 포함하여 종합적으로 해석하여야 할 것이다.

제2절 고대 한일문화교류의 쟁점에서는 한반도 남부지역과 일본지역 간의 교류관계를 전체적으로 살펴보면서 어떠한 쟁점들이 있는지를 살펴보았다. 특히 한일 연구자 사이의 관점이 어떻게 다르며, 어떻게 해석하

는가를 다루고자 하였다. 그런데 당시의 고고학 자료를 해석하는데 있어서 두 나라 학자들 사이에 시각 차이는 적지 않다. 한국연구자들은 고대 한국문화가 일본문화에 끼친 영향이 컸으며 이를 이주에 의한 결과로 본 반면에 일본연구자들은 이를 받아들이지 않고 역으로 일본지역에서 한국 남부지역으로 파급된 문화를 강조하고 있다. 앞으로 이러한 시각 차이를 해소하기 위해서는 서로 다른 지역의 실체를 인정하고, 양 지역의 고고학 편년이 재검토되어야 하며, 양 지역에서 나타난 고고학 자료를 객관적인 기준으로 해석하도록 노력해야 할 것이다.

제3절 고대사회의 성장배경과 성격에서는 고고학 자료를 통해 고대사회의 성장을 추적해 보고, 그것이 4세기 후반에서 6세기 전반까지 어떻게 변화되었는지 살펴보았다. 이미 앞장에서 정리한 고분 이외에도 영산강유역에 나타나는 취락의 변천을 통해 고대사회의 계층화가 이루어졌는지를 검토해 보고자 한다. 또한 영산강유역에서 확인된 외래유물을 통해 대외교류의 양상도 파악했다. 외래유물에는 백제계와 가야계 유물과 함께 왜계 유물도 들어온다. 특히 왜계 유물은 4세기경까지 거의 나타나지 않지만 5세기경부터 간헐적으로 나타나다가 전방후원형고분이 축조되는 5세기말부터 6세기 전반까지 집중적으로 나타나고 있음이 주목된다. 영산강유역의 고대사회, 특히 옹관고분이 축조된 시기의 사회는 사회발전단계설에 적용해 보면 족장사회 중에서도 복합 족장사회로 볼 수 있다.

제4절 고대사회의 실체와 관련되어 문헌기록에 나타나는 신미제국과 침미다례를 다루었다. 영산강유역에서 4세기 후반에서 6세기 전반까지의 사회성격을 살펴보면서 문헌자료가 부족한 그 기간을 어떠한 시각에서 보아야 하고, 불러야 하는지를 검토하였다. 결론적으로 필자는 영산

강유역 4세기 후반에서 5세기 말까지의 실체를 마한이 아닌 신미제국으로 해석하고자 한다. 왜냐하면 이 지역은 이미 백제의 영역에 속하였으나 문화적으로 보면 독립적인 지역으로 별도의 기록이 없기에 3세기 말까지 지칭되었던 '동이마한신미제국'에서 '신미제국'을 그대로 부르는 것이 타당하다고 생각하기 때문이다. 한편 침미다례가 나오는『일본서기』신공기의 기사에 대한 해석은 연구자들간의 견해 차이가 적지 않다. 일부 연구자들은 이 기사를 믿을 수 없는 허구의 것으로 보는 반면에 다른 연구자들은 이를 근거로 과거 역사를 해석하기도 하고, 또 신공기에 나오는 침미다례의 병합을 과거에는 근초고왕대인 369년의 사건으로 보았으나 최근에는 5세기 중엽에서 6세기 전반으로 보는 경향도 있다. 따라서 침미다례의 위치는 이 기사를 어떻게 해석하는가에 따라 달라질 수밖에 없다.

제5절 백제의 진출과 지배방식은 백제가 영산강유역에 어떻게 진출하였으며 어떠한 지배방식으로 통치하였는지 연구하는 부분이다. 백제는 4세기 후반 일본과 교류하면서 영산강유역과 인접한 서남해안에 해로를 확보하였을 것으로 추정된다. 하지만 영산강유역에는 별다른 영향을 끼쳤다고 보기가 어렵다. 5세기에 들어가면서 점차 두 지역 간의 교류의 흔적이 많아진다. 이 시기를 백제의 간접지배 기간으로 고대사학계에서 보고 있다. 특히 475년 한성백제의 붕괴 이후에는 영산강유역 고대사회에 큰 변화가 있었다고 추정된다. 즉 나주 복암리 96석실에서 기존의 목관이 파괴되고 옹관들이 매장되는 일, 나주 신촌리 9호분 을관에서 발견된 대관이 있는 금동관의 존재, 영산강유역에서 전방후원형고분의 등장하는 일 등을 들 수 있다. 그리고 5세기 말에는 백제 동성왕이 무진주로의 친정으로 인하여 백제가 다시 지배권을 회복하는 계기가 되었다. 하

지만 백제가 이 지역을 지방을 편입하는 것은 6세기 중엽경이다. 백제는 방-성-군제를 통해 영산강유역에 대한 통제력을 강화하게 된다.

참고문헌

1. 국내

강귀형, 2013, 「담양 태목리취락의 변천 연구」, 목포대학교 대학원 석사학위논문.

_____, 2016, 「군곡리 토기제작기술의 검토」, 『해남 군곡리 패총의 재조명』, 해남 군곡리패총 발굴 30주년 기념 학술대회, 목포대학교박물관.

강봉룡, 1997, 「백제의 마한 병탄에 대한 신고찰」, 『한국상고사학보』 26, 한국상고사학회, pp.141~161

_____, 1998, 「5~6세기 영산강유역 '옹관고분사회'의 해체」, 『백제의 지방통치』, 한국상고사학회 편, 학연문화사, pp.219~261.

_____, 1999a, 「영산강유역의 고대사회와 나주」, 『영산강유역의 고대사회』, 학연문화사, pp.159~190.

_____, 1999b, 「3~5세기 영산강유역 '옹관고분사회'와 그 성격」, 『역사교육』 69, 역사교육연구회, pp.63~101.

_____, 2000, 「영산강유역 고대사회 성격론 -그간의 논의를 중심으로-」, 『영산강유역 고대사회의 새로운 조명』, 전라남도·역사문화학회.

_____, 2004, 『한국 해상세력 형성과 변천』, 해상왕장보고기념사업회.

_____, 2006, 「고대 동북아 연안항로와 영산강·낙동강유역」, 『가야, 낙동강에서 영산강으로』, 제12회 가야사국제학술대회, 김해시.

_____, 2008, 「고대 동아시아 해상교류와 영산강유역」, 『고대 영산강유역과 일본의 문물교류』, (사)왕인박사현창협의회.

강봉원, 1990, 「A Megalithic Tomb society in Korea; a Social Reconstruction」, 『한국상고사학보』 7, 한국상고사학회, pp.135~222.

_____, 1992, 「'성읍국가'에 대한 일고찰」, 『선사와 고대』 3, 한국고대학회, pp.127~154.

_____, 1998, 「한국고대 복합사회 연구에 있어서 신진화론 적용문제 및 '국가' 단계 사회 파악을 위한 고고학방법론」, 『한국상고사학보』 28, 한국상고사학회.

강은주, 2009, 「榮山江流域 短頸壺의 變遷」, 『호남고고학보』 31, 호남고고학회.

강인구, 1983a, 『삼국시대 분구묘 연구』, 영남대학교 출판부.

_____, 1983b, 삼국시대 전기 분구묘의 재검토」, 『김철준박사화갑기념사학논총』, 『이

화사학연구』13·14.

_____, 1984,『삼국시대 분구묘 연구』, 영남대민족문화연구소.

_____, 1985,「해남 장고산고분조사」,『천관우선생 환력기념 한국사학논총』, 정음문화사.

_____, 1987a,『무기산과 장고산-측량조사보고서-』, 한국정신문화연구원.

_____, 1987b,「해남 말무덤 유적조사 개보」,『삼불 김원용교수 정년퇴임기념 논총 1』, 일지사.

_____, 1992,『자라봉고분』, 한국정신문화연구원.

_____, 1994,「주구토광묘에 관한 몇 가지 문제」,『정신문화연구』17-3(56호), 한국정 신문화연구원, pp.104~129.

강인욱, 2007,「두만강유역 청동기시대 문화의 변천과정에 대하여」,『한국고고학보』 62, 한국고고학회, pp.46~89.

강창화, 2002,「제주도 초기 신석기문화의 형성과 전개」,『해양교류의 고고학』, 제26 회 한국고고학전국대회.

강현숙, 1989,「伽倻石槨墓 硏究 試論 -구조를 중심으로-」,『한국고고학보』23, 한국고 고학회.

_____, 1990,「竪穴式石槨墓 硏究」, 서울대학교대학원 석사학위논문.

_____, 1996,「백제횡혈식석실분의 전개과정에 대하여」,『한국고고학보』34, 한국고 고학회.

강형태·정광용·김건수·허우영·조남철, 2005,「고창 만동유적(8호 및 9호묘) 유리구 슬의 특성」,『호남고고학보』21, 호남고고학회.

강형태·정광용·이기길, 2002,「납동위원소비법에 의한 영광 수동유적 청동기의 산지 추정」,『호남고고학보』15, 호남고고학회.

강형태, 2003,「수동유적 움무덤 출토 유리구슬의 화학조성」,『호남고고학보』18, 호남 고고학회.

경상남도·경산대박물관, 2001,『늑도유적을 통해 본 한·중·일 고대문화의 교류』.

고구려연구재단 편, 2004,『고조선·단군·부여』.

곽장근 외, 1996,『군산 조촌동 고분군』, 군산대학교박물관.

곽장근, 1997a,「全北 南江 水系地域 石槨墓의 變遷過程과 그 性格」,『한국상고사학 보』26, 한국상고사학회.

_____, 1997b,「全北 錦江 水系地域의 石槨墓 硏究」,『전북사학』19·20, 전북사학회.

_____, 1999,『湖南 東部地域 石槨墓 硏究』, 書景文化社.

_____, 2004,「湖南 東部地域의 伽倻勢力과 그 成長過程」,『호남고고학보』20, 호남 고고학회.

교육인적자원부, 2008a,『중학교 국사』, 국사편찬위원회편.

_____, 2008b,『고등학교 국사』, 국사편찬위원회편.

국립광주박물관, 1988a,『나주 반남면 고분군』.

_____, 1988b,『함평 초포리유적』.

_____, 1989,「영광지방의 고분」,『영암 와우리옹관묘』.

_____, 1990,『영암 만수리 4호분』.

_____, 1992,「함평 예덕리 신덕고분 발굴조사보고 자료집」.

_____, 1993a,『영암 신연리 9호분』.

_____, 1993b,『신창동 유적』-제1차 발굴조사 개보-.

_____, 1995,『함평 신덕고분 조사개요』.

_____, 1996,『광주 운남동유적』.

_____, 2001a,『광주 신창동 저습지 유적 II』.

_____, 2001b,『해남 방산리 장고봉고분 시굴조사보고서』.

_____, 2008,「해남 용두리고분 발굴조사 지도위원회 자료집」.

_____, 2010a,『신창동 유적의 의의와 보존 -도작농경과 유적의 활용을 중심 으로-』.

_____, 2010b,『나주 장동리 수문패총』.

_____, 2011,『해남 용두리고분』.

_____, 2012a,『광주 명화동고분 2』.

_____, 2012b,『光州 新昌洞 遺蹟 -C5, D4, D5 grid(584번지 일원)-』.

_____, 2012c,『신창동유적의 목기와 칠기-중국 및 일본과의 비교』.

_____, 2012d,『2,000년 전의 타임캡슐』특별전 도록, 국립광주박물관.

국립김해박물관, 2005,「창령 비봉리유적 현장설명회 자료집」.

국립나주문화재연구소, 2006,『나주 복암리 3호분과 영산강유역 고대문화』.

_____, 2009a,『나주 동곡동 횡산고분』.

_____, 2009b,『나주 화정리 마산·대안리 방두고분』.

_____, 2012,『영암 옥야리 방대형고분 -제1호분 발굴조사보고서-』.

_____, 2013a.『나주 화정리 마산고분군』.

_____, 2013b,『나주 복암리 유적』..

_____, 2014a,『영암 옥야리 방대형 고분 2』.

_____, 2014b,『고흥 야막고분』.

_____, 2015a,『영암 옥야리 방대형고분 Ⅱ-분구조사-』.

_____, 2015b,『삼국시대 복암리 세력의 위상과 주변지역의 동향』, 국
　　립 나주문화재연구소 개소10주년기념 국제학술대회.

_____, 2016,「나주 복암리 정촌고분 4차 발굴조사 자문회의 자료」.

국립나주문화재연구소·전남대학교박물관, 2014,『한국 원통형토기(분주토기)의 연구
　　현황과 과제』, 2014 영산강유역 원통형토기 기획연구 학술심포지엄.

국립문화재연구소, 1999,「나주 신촌리 9호분 발굴조사 자료집」.

_____, 2001a,『나주 복암리 3호분』.

_____, 2001b,『나주 신촌리 9호분』.

_____, 2015,『대형옹관 태토 및 원료산지의 자연과학적 분석을 통한 유통
　　망 복원 최종보고서』2014-2015 문화유산용복합사업.

국립문화재연구소·전남대학교박물관, 2001,『나주 복암리 3호분』.

국립부여문화재연구소, 1998,『당정리』.

국립부여박물관, 2004,『백제의 문물교류』.

국립전주박물관, 1998,『부안 죽막동 제사유적 연구』

_____, 2001,『한·일 고대인의 흙과 삶』.

_____, 2009,『마한, 숨쉬는 기록』.

_____, 2016,『고고학으로 밝혀 낸 전북혁신도시 - 유적, 유물, 발굴 그리고
　　전시』.

국립중앙박물관, 1980,『中島 Ⅰ』.

_____, 2007,『요시노가리 유적-일본 속의 한국문화-』.

_____, 2008,『갈대밭 속의 나라 다호리』.

국사편찬위원회, 1977,『한국사』3.

권오영, 1986, 「초기백제의 성장과정에 관한 일고찰」, 『한국사론』 15, 서울대학교 국사학과.

_____, 1995, 「백제의 성립과 발전」, 『한국사』 6, 국사편찬위원회.

_____, 1996, 「삼한의 '국'에 대한 연구」, 서울대학교 대학원 박사학위논문.

_____, 2010, 「마한의 종족성과 공간적 분포에 대한 검토」, 『한국고대사연구』 60, 한국고대사학회.

권오영·이형원, 2006, 「삼국시대 벽주건물 연구」, 『한국고고학보』 60, pp.158~211.

권용대, 2008, 「영남지역 위석목곽묘의 구조적 특징과 성격」, 『야외고고학』 4, 한국문화재조사연구기관협회.

권택장, 2014, 「고흥 야막고분의 연대와 등장배경에 대한 검토」, 『고분을 통해 본 호남지역의 대외교류와 연대관』, 제1회 고대 고분 국제학술대회, 국립나주문화재연구소.

권학수, 1992, 「Evolution of Social Complexity in Kaya, Korea」, 『한국상고사학보』 10, 한국상고사학회.

김건수, 1994a, 「원삼국시대 패총의 자연유물연구」, 『배종무총장퇴임기념사학논총』.

_____, 1994b, 「원삼국시대 패총의 자연유물연구(2)」, 『한국상고사학보』 17, 한국상고사학회.

_____, 1997, 「주거지출토 토기의 기능에 관한 시론 : 호남지방의 주거지를 중심으로」, 『호남고고학보』 5, 호남고고학회.

_____, 1999, 『한국 원시·고대의 어로문화』, 학연문화사.

_____, 2006, 「철기시대 영산강유역의 생업상 검토: 자연유물을 중심으로」, 『호남고고학보』 24, 호남고고학회.

김건수·이승윤·양나래, 2007, 『완도 여서도패총』, 목포대학교박물관.

김건수·이영철·진만강·이은정, 2003, 『나주 용호 고분군』, 호남문화재연구원.

김경수, 1995, 『영산강 삼백오십리-물길따라 뱃길따라-』, 향지사.

김경칠, 2007, 「남한지역 출토 한대(漢代) 금속화폐와 그 성격」, 『호남고고학보』 27, 호남고고학회.

김경택, 1995, 「A Critical Review of Korean Archaeeological Literature on Sociopolitical Development in Ancient Korea」, 『한국상고사학보』 18, 한국상고

사학회, pp.23~65.

_____, 2004,「한국 복합사회 연구의 비판적 검토와 전망」,『한국상고사학보』44, 한
국상고사학회.

김경택 역, 2008,『족장사회의 권력 : 선사시대의 정치경제학』(Timothy K. Earle 저),
도서출판 고고.

김광억, 1985,「국가 형성에 관한 인류학적 이론과 한국고대사」,『한국문화인류학』
17, 한국문화인류학회, pp.17~33.

김권구, 2005,『청동기시대 영남지역의 농경사회』, 학연문화사.

_____, 2012,「청동기시대—초기철기시대 高地性 環溝에 관한 고찰」,『한국상고사학
보』76, 한국상고사학회.

_____, 2016,「대구지역의 초기철기시대~원삼국시대 사회구조와 위계형성」,『팔달동
유적으로 본 초기철기—원삼국시대 대구지역의 문화』, 영남문화재연구원.

김규정, 2004,「호남지방 점토대토기문화의 검토 -원형점토대토기를 중심으로-」,『연
구논문집』4.

_____, 2013,『호남지역 청동기시대 취락 연구』, 경상대학교대학원 박사학위논문.

김기섭, 1995,「근초고왕대 남해안진출설에 대한 재검토」,『백제문화』24, 공주대학교
백제문화연구소.

_____, 2000,『백제와 근초고왕』, 학연문화사.

김낙중, 1998,「나주 복암리 3호분 발굴조사」,『3-5세기 금강유역의 고고학』, 제22회
한국고고학전국대회발표요지.

_____, 1999,「나주 신촌리 9호분 발굴조사」,『가야의 고고학』, 제23회 한국고고학전
국대회.

_____, 2000,「5-6세기 영산강유역 정치체의 성격-나주 복암리 3호분 출토 위세품 분
석-」,『백제연구』32, 충남대학교 백제연구소.

_____, 2001,「五-六世紀の榮山江流域における古墳の性格」,『朝鮮學報』179, 朝鮮
學會.

_____, 2006,「분구묘 전통과 영산강유역형 주구」,『나주 복암리 3호분』, 국립나주문
화재연구소.

_____, 2008,「영산강유역 초기횡혈식석실의 등장과 의미」,『호남고고학보』29, 호남

고고학회, pp.112~115.

_____, 2009, 『영산강유역 고분 연구』, 학연문화사.

_____, 2011, 「장제와 부장품으로 살펴본 영산강유역 전방후원형 고분의 성격」, 『한반도의 전방후원분』, 학연문화사.

_____, 2012a, 「영산강유역 고대사회의 성장과 변동과정 -3~6세기 고분자료를 중심으로」, 『백제와 영산강』, 학연문화사.

_____, 2012b, 「토기를 통해서 본 고대 영산강유역 사회와 백제와의 관계」, 『호남고고학보』 42, 호남고고학회.

_____, 2013, 「5~6세기 남해안 지역 倭系古墳의 특성과 의미」, 『호남고고학보』 45, 호남고고학회.

_____, 2015a, 「마한 제형분묘의 성립 과정과 의미」, 『마한 분구묘의 기원과 발전』, 마한연구원.

_____, 2015b, 「석실로 본 복암리 세력과 주변지역의 동향」, 『삼국시대 복암리 세력의 위상과 주변지역의 동향』, 국립나주문화재연구소.

_____, 2015c, 「3~6세기 해남지역 정치체의 성장과 변동」, 『호남고고학보』 51, 호남고고학회

김도헌, 2002, 「삼한시대 주조철부의 유통양상에 대한 검토」, 『영남고고학』 31, 영남고고학회.

김문국, 2010, 『호남지역 청동기시대 전기 주거지 고찰』, 목포대학교대학원 석사학위논문.

김미란, 1995, 「원삼국시대의 토기연구: 토기의 제작실험 및 분석을 통하여」, 『호남고고학보』 2, 호남고고학회.

김민구, 2008, 「탄화 밀을 이용한 작물 생산성의 이해 - 전남지역 마한계 유적을 중심으로」, 『한국고고학보』 68, 한국고고학회.

_____, 2010, 「영산강 유역 초기 벼농사의 전개」, 『한국고고학보』 75, 한국고고학회.

김민구·정유진, 2010, 「보성 금평 유적 출토 원삼국시대 토기의 압흔 연구」, 『호남고고학보』 34, 호남고고학회.

김상민, 2007, 「영산강유역 삼국시대 철기의 변천 연구」, 목포대학교 대학원 석사학위논문.

_____, 2011, 「3~6세기 호남지역의 철기생산과 유통에 대한 시론 -영산강유역 자료를 중심으로-」, 『호남고고학보』 37, 호남고고학회.

_____, 2013a, 「한반도 남부지역 철기문화의 유입과 전개과정-연계·한식철기의 유입연대를 중심으로」, 『고고학지』 19, 국립중앙박물관.

_____, 2013b, 「마한권역 철기문화의 출현과 성장배경」, 『호남문화재연구』 15, 호남문화재연구원.

김석형, 1963, 「삼한·삼국 일본열도내 분국설에 대하여」, 『력사과학』 1963-1, 과학백과사전출판사 편집위원회.

_____, 1966, 『초기조일관계사연구』, 사회과학출판사, 평양.

_____, 1969, 『古代朝日關係史』, 頸草書房, 東京.

김석훈, 1998, 「황해의 해수면 변동과 선사유적과의 관련성」, 『인하사학』 6, 인하역사학회.

김성범, 2010, 「나주 복암리 출토 백제목간의 고고학적 연구」, 공주대학교 박사학위논문.

김세기, 1985, 「竪穴式墓制의 硏究 -伽倻地域을 中心으로-」, 『한국고고학보』 17·18, 한국고고학회.

김수태, 2000, 「백제의 영산강유역 지배방식과 전방후원분 피장자의 성격에 대한 토론」, 『한국의 전방후원분』, 충남대학교 출판부.

김승옥, 1997, 「거치문토기 : 정치적권위의 상징적 표상」, 『한국고고학보』 36, 한국고고학회.

_____, 2000, 「호남지역 마한 주거지의 편년」, 『호남고고학보』 11. 호남고고학회.

_____, 2001, 「금강유역 송국리형 묘제의 연구—석관묘·석개토광묘·옹관묘를 중심으로—」, 『한국고고학보』 45, 한국고고학회.

_____, 2004, 「용담댐 무문토기시대 문화의 사회조직과 변천과정」, 『호남고고학보』 19, 호남고고학회.

_____, 2007, 「금강유역 원삼국~삼국시대 취락의 전개과정 연구」, 『한국고고학보』 65, 한국고고학회.

_____, 2009, 「분구묘의 인식과 시공간적 전개과정」, 『한국 매장문화재 조사연구방법론 5 -고분 조사·연구방법-』, 국립문화재연구소.

_____, 2011, 「중서부지역 마한계 묘제의 성격과 발전과정」, 『분구묘의 신지평』, 전북

대BK21사업단.

김승옥·이승태, 2006, 「완주 상운리유적의 분구묘」, 『분구묘·분구식 고분의 신자료와 백제』, 제49회 전국역사학대회 고고학부발표자료집, 한국고고학회.

김양옥, 1976, 「한반도 철기시대토기의 연구」, 『백산학보』 20, 백산학회.

김연옥, 1985, 『한국의 기후와 문화: 한국 기후의 문화·역사적 연구』, 한국문화연구원 한국문화총서 9, 이화여자대학교출판부.

김영국, 2010, 「中西部地域 百濟 竪穴式 石槨墓 硏究」, 공주대학교대학원 碩士學位 論文.

김영심, 1997, 「백제 지방통치체제의 연구 -5~7세기를 중심으로-」, 서울대학교 박사학 위논문.

김영하, 2007, 「고대의 개념과 발달단계론」, 『한국고대사연구』 46, 한국고대사학회.

김영훈, 2006, 「탐진강유역 고대 취락지 분석 : 장흥 상방촌유적을 중심으로」, 목포대 학교 대학원 석사학위논문.

김영희, 2004, 「호남지방 주구토광묘의 전개양상에 대한 고찰」, 목포대학교 대학원 석 사학위논문.

_____, 2008, 「도검을 통해 본 호남지방 고분사회의 특징」, 『호남고고학보』 29, 호남 고고학회, pp.123~157.

김용성, 1998, 『신라의 고총과 지역집단 -대구·경상의 예-』, 서울: 춘추각.

_____, 2006, 「토론 요지」, 『분구묘, 분구식 고분의 신자료와 백제』, 제49회 전국역사 학대회 고고학부 발표자료집.

김원용, 1963, 「영암 내동리옹관묘」, 『울릉도』, 국립중앙박물관.

_____, 1964, 『신창리 옹관묘지』, 서울대학교박물관.

_____, 1967, 『풍납리포함층조사보고』, 서울대학교박물관.

_____, 1973, 『한국고고학개설』(1판), 일지사.

_____, 1974, 『한국의 고분』(교양국사총서 2), 세종대왕기념사업회.

_____, 1985, 「신라-토기-」, 『한국사론』 15, 국사편찬위원회.

_____, 1986, 『한국고고학개설』(3판), 일지사.

_____, 1989, 『한국문화예술대계』, 일지사.

_____, 1990, 「마한고고학의 현상과 과제」, 『마한·백제문화』 12, 원광대학교 마한·백

제문화연구소.

_____, 2000,「원삼국시대에 대하여」,『고고학지』11, 국립중앙박물관.

김원용·임효재, 1968,『西南島嶼考古學』, 서울대동아문화연구소.

김은정, 2007,「전북지역 원삼국시대 주거지 연구」,『호남고고학보』26, 호남고고학회.

_____, 2016,「전북지역 원삼국시대 문화적 공백기에 대한 재검토」,『중앙고고연구』 19, 중앙문화재연구원.

김장석, 2002,「이주와 전파의 고고학적 구분: 시험적 모델의 제시」,『한국상고사학보』 38, 한국상고사학회.

_____, 2009,「호서와 서부호남지역 초기철기-원삼국시대 편년에 대하여」,『호남고고 학보』33, 호남고고학회.

_____, 2011,「청동기시대 취락과 사회복합화과정연구에 대한 검토」,『호서고고학』 17, 호서고고학회.

김재홍, 2003,「충청지역 송국리유형 형성과정」,『한국고고학보』51, 한국고고학회, pp.33~55.

_____, 2011,『韓國 古代 農業技術史 硏究』, 도서출판 考古.

김정배, 1973,「한국 고대국가 기원론」,『백산학보』14, 백산학회.

_____, 1979,「한국고고학에 있어서 시대구분 문제」,『한국학보』14.

_____, 1983,『인류문명의 발생과 전개』, 동성사.

_____, 1986,「한국고대의 국가기원론」,『한국고대의 국가기원과 형성』, 고려대출판부.

_____, 1996,「'원삼국시대용어'의 문제점」,『한국사학보』창간호, 나남출판.

김정애, 2001,『구례 봉북리유적』, (재)마한문화연구원.

김정애·이지영, 2008,『나주 운곡동유적Ⅰ-지석묘·기와가마-』, (재)마한문화연구원.

김정애·이지영·한윤선·박주영, 2009,『나주 운곡동유적Ⅱ』, (재)마한문화연구원.

김종만, 1999,「마한권역출토 양이부호 소고」,『고고학지』10, 한국고고미술연구소.

_____, 2010,「일본열도의 마한·백제계토기」,『21세기의 한국고고학』3(최몽룡 편), 주류성출판사.

김주성, 1997,「영산강유역 대형옹관묘 사회의 성장에 대한 시론」,『백제연구』27, 충 남대학교 백제연구소.

김중엽, 2013,「3-4세기 호서지역 (주구)토광묘 연구」, 고전영래교수추도특집『마한·백제문화』22, 마한·백제문화연구소.

김진영, 1997, 「전남지역 철기시대 주거지의 지역적 비교」, 『박물관연보』5, 목포대학교박물관.

_____, 2015a, 「영산강유역출토 흑도장경호에 대한 시론적 검토」, 『호남문화재연구』19, 호남문화재연구원.

_____, 2015b, 「해남 군곡리패총 편년 검토」, 『전남문화재』15, 전남문화재연구소.

김진영·김세미, 2012, 『보성 도안리 석평유적Ⅱ』, (재)마한문화연구원.

김진영·이지영·이승혜·김세미, 2011, 『보성 도안리 석평유적Ⅰ』, (재)마한문화연구원.

김창석, 2012, 「나주 복암리 木簡을 통해 본 영산강 유역의 戶口와 農作」, 『백제와 영산강』, 학연문화사.

김철준, 1964, 「한국고대국가발달사」, 『한국문화사대계』1, 고려대학교 민족문화연구소.

김태식, 1990, 「가야의 사회발전 단계」, 『한국 고대국가의 형성』, 민음사.

_____, 2002, 「고대 한일관계사 연구사 -임나문제를 중심으로-」, 『한국고대사연구』27, 한국고대사연구회.

_____, 2007, 「가야와의 관계」, 『백제문화사대계연구총서』9, 충남역사문화연구원.

_____, 2008, 「고대 한일관계사의 새로운 지평-박천수, 2007, 11, 『새로 쓰는 고대 한일 교섭사』, 사회평론-」, 『한국고대사연구』50, 한국고대사연구회.

김현구, 1991, 「『신공기(神功紀)』 가라칠국(加羅七國) 평정기사에 관한 일고찰」, 『사총』39, 고대사학회.

김훈희, 2015, 「호남지역 점토대토기문화기 분묘 연구」, 목포대학교 대학원 석사논문.

노중국, 1978, 「백제왕실의 남천과 지배세력의 변천」, 『한국사론』4, 서울대학교 인문대학 국사학과.

_____, 1987, 「마한의 성립과 변천」, 『마한·백제문화』10, 원광대 마한·백제문화연구소, pp.23~47.

_____, 1988, 『백제정치사연구』, 일조각.

_____, 1990, 「한국고대의 국가형성의 제문제와 관련하여」, 『한국고대국가의 형성』, 한국고대학회 편, 민음사.

_____, 2003, 「백제사에 있어서 익산의 위치」, 『익산의 선사와 고대문화』. 마한·백제연구소·익산시.

_____, 2012, 「문헌 기록을 통해 본 영산강유역 -4-5세기 중심으로-」, 『백제와 영산강』, 학연문화사.

노태돈, 1981, 「국가의 성립과 발전」, 『한국사연구입문』, 지식산업사, pp.115~121.

_____, 2000, 「역사적 실체로서의 단군」, 『한국사 시민강좌』29, 일조각.

노태돈 외, 1999, 『시민을 위한 한국 역사』, 창작과 비평사.

노혁진, 1994, 「한국 선사문화 형성과정의 시대구분」, 『한국상고사학보』15, 한국상고사학회.

_____, 2004, 「중도식토기의 유래에 관한 일고」, 『호남고고학보』19, 호남고고학회.

대한문화유산연구센터, 2011, 『한반도의 전방후원분』, 학연문화사.

대한문화재연구원, 2013a, 『나주 신도리 신평유적 1지구』.

_____, 2013b, 『삼국시대 고총고분 축조기술』, 진인진.

_____, 2014a, 『영암 태간리 자라봉 고분』.

_____, 2014b, 『영산강유역 고분 토목기술의 여정과 시간을 찾아서』, 2014년 하반기 국제학술대회.

_____, 2015a, 「담양 서옥고분 발굴조사 현장설명회 자료」.

_____, 2015b, 『나주 가흥리 신흥고분』.

_____, 2015c, 「고창 칠암리고분 학술자문위원회 자료집」.

_____, 2015d, 『영암 태간리 자라봉 고분』.

_____, 2016, 『함평 신흥동유적』 VI.

_____, 2017, 『담양 중옥리 서옥고분군』.

동북아지석묘연구소, 2013, 『화순 내평리유적』 I -III.

_____, 2016, 『송정1교-나주 시계간 도로확장공사 문화재 정밀발굴조사 (3차) 현장설명회 자료』.

동서종합문화재연구원, 2015, 「함평 자풍리 신풍 유적」, 『발표자료집』, 제13회 호남고고학회 유적발표회.

동신대학교문화박물관, 2009, 『나주 운곡동 고분』.

_____, 2013, 『함평 마산리 표산고분』.

_____, 2014, 『해남 만의총 1호분』.

_____, 2015, 『신안 안좌면 읍동·배널리 고분군』.

류창환, 2015, 「영산강유역 출토 마구의 성격과 의미」, 『삼국시대 복암리 세력의 위상과 주변지역의 동향』, 국립나주문화재연구소.

마한문화연구원, 2008, 『나주 운곡동 유적 I -지석묘·기와가마-』.

_____, 2009, 『나주 운곡동유적 II』.

_____, 2010, 『순천 덕암동유적』 II -환호·기타유구.

_____, 2011, 『나주운곡동유적 IV』.

마한연구원, 2014, 「마한 분구묘 사회의 비교 검토」, 『한국고고학의 신지평』, 제38회 한국고고학전국대회.

_____, 2015, 『마한 분구묘의 기원과 발전』, 2015년 마한연구원 국제학술회의.

목포대학교박물관, 1987-89, 『해남 군곡리 패총』 I , II , III.

_____, 1997, 『무안 양장리 유적』.

_____, 1998, 『문화유적 분포지도-전남 나주시-』.

_____, 1999, 『문화유적 분포지도-전남 영암군-』.

_____, 2000, 「함평 월야 문화마을 시발굴 약보고」(유인물).

_____, 2001, 『영광 군동유적 - 라지구 주거지·분묘-』, 목포대학교박물관·한국도로공사.

_____, 2010, 『해남 신월리고분』.

_____, 2011, 「무안 신기고분」, 『무안 송현리유적』.

_____, 2016, 『해남 군곡리 패총의 재조명』, 해남 군곡리패총 발굴 30주년 기념 학술대회.

목포대학교박물관 외, 1999a, 『서해안고속도로 건설구간 문화유적 발굴조사개요』.

_____, 1999b, 「서해안고속도로발굴중간보고」.

_____, 2001, 『탐진다목적(가물막이)댐 수몰지역내 문화유적 발굴조사개요』.

목포대학교박물관·동신대학교박물관, 2001, 『나주시 오량동 가마유적 시굴조사 약보고』.

문안식, 2007, 「고흥 길두리고분 출토 금동관과 백제의 왕·후제」, 『한국상고사학보』 55, 한국상고사학회.

문안식·이대석, 2004, 『한국고대의 지방사회-영산강유역의 역사와 문화를 중심으로-』, 혜안.

민족문화유산연구원, 2015, 「강진 영파리고분 시굴조사 약보고서」.

박광춘, 1988, 「한일 수혈계횡구식석실에 대한 연구」, 『고고역사학지』 4, 동아대학교 박물관.

_____, 1992, 「伽倻의 竪穴式石槨墓 起源에 대한 硏究」, 『고고역사학지』 8, 동아대학교박물관.

박미라, 2008, 「전남 동북지역 1~5세기 주거지의 변천양상」, 『호남고고학보』 30, 호남고고학회.

박수현, 2001, 「호남지방 토기요지에 관한 일고찰」, 『연구논문집』 1, 호남문화재연구원.

박순발, 1989, 「한강유역 원삼국시대 토기의 양상과 변천」, 『한국고고학보』 23, 한국고고학회.

_____, 1998a, 「4~6세기 영산강유역의 동향」, 『백제사상의 전쟁』, 충남대학교 백제연구소.

_____, 1998b, 「전기 마한의 시·공간적 위치에 대하여」, 『마한사 연구』, 충남대학교 출판부.

_____, 1999, 「한성백제의 대외관계」, 『백제연구』 30, 충남대학교 백제연구소.

_____, 2000, 「백제의 남천과 영산강유역 정치체의 재편」, 『한국의 전방후원분』, 충남대학교 출판부, pp.115~155.

_____, 2001a, 「영산강유역 전방후원분과 埴輪」, 『한·일 고대인의 흙과 삶』, 국립전주박물관.

_____, 2001b, 「榮山江流域における前方後圓墳の意義」, 『朝鮮學報』 179, 朝鮮學會.

_____, 2003, 「주구묘의 기원과 지역성 검토-중서부지역을 중심으로」, 『충청학과 충청문화』, 충청남도역사문화연구원.

_____, 2004, 「요령 점토대토기문화의 한반도 정착 과정」, 『금강고고』 창간호, 충청문화재연구원.

_____, 2005, 「토기상으로 본 호남지역 원삼국시대 편년」, 『호남고고학보』 21, 호남고고학회.

박영훈, 2009, 「전방후원형 고분의 등장배경과 소멸」, 『호남고고학보』 32, 호남고고학회, pp.71~101.

박용안, 1994, 「한국 황해연안의 제4기 후기 및 홀로세의 해수면과 기후」, 『황해연안의 환경과 문화』, 학연문화사.

박중환, 1996a, 「영산강유역의 전방후원형 분구」, 『호남지역 고분의 분구』, 제4회 호남 고고학회 학술대회.

_____, 1996b, 『광주 명화동 고분』, 국립광주박물관.

_____, 1997, 「전남지역 토광묘의 성격」, 『호남고고학보』 6, 호남고고학회.

박진일, 2000, 「원형점토대토기문화연구 : 호서 및 호남지방을 중심으로」, 부산대학교 대학원 석사학위논문.

박찬규, 2010, 「문헌을 통해서 본 마한의 시말」, 『백제학보』 3, 백제학회.

박천수, 1988, 「韓國の墳丘墓-湖南地方を中心として-」(東アジア墳丘墓研究會發表文, 11월 22일, 大阪大學).

_____, 2001, 「전방후원분 출현 전후 영산강유역 동향」, 『고대 한일문화교류의 새로운 이해』, 경산대학교박물관, pp.33~59.

_____, 2002a, 「고고자료를 통해 본 고대 한반도와 일본열도의 상호작용」, 『한국고대사 연구』 27, 한국고대사연구회.

_____, 2002b, 「榮山江流域における前方後圓墳の被葬者の出自とその性格」, 『考古學研究』 49-2(通卷194호), pp.42~59.

_____, 2002c, 「榮山江流域と加耶地域における倭係古墳の出現過程とその背景」, 『古墳時 代 の日韓交流-熊本の古墳文化を探る』, 肥後考古學會·熊本古墳研究會.

_____, 2006, 「3-6세기 한반도와 일본 열도의 교섭」, 『한국고고학보』 61, 한국고고학회, pp.4~41.

_____, 2007, 『새로 쓰는 고대 한일교섭사』, 사회평론.

_____, 2011, 「영산강유역 전방후원분에 대한 연구사 검토와 새로운 조명」, 『한반도의 전방후원분』, 학연문화사.

박충균, 1995, 「원삼국기 중서부지역 토광묘집단 연구 -충청지역을 중심으로-」, 충북대학교 석사학위논문.

박충원, 2016, 「군곡리와 광주 복룡동유적 출토 화천」, 『해남 군곡리 패총의 재조명』, 해남 군곡리패총 발굴 30주년 기념 학술대회, 목포대학교박물관.

박태홍, 2011, 「보성 조성리유적의 수변제사」, 『고대동북아시아의 수리와 제사』, 대한

문화유산연구센터, 학연문화사.

박현숙, 1998, 「백제 사비시대의 지방통치와 영역」, 『백제의 지방통치』, 한국상고사학
　　회 편, 학연문화사, pp.169~215.

_____, 2016, 「3~4세기 백제의 대외관계와 왕권」, 『한국 고대의 왕권』, 제29회 한국고
　　대사학회 학술토론회, pp.66~91.

박형열, 2014a, 「영산강유역 3-5세기 고분 변천」. 동국대학교 석사학위논문.

_____, 2014b, 「호남지역 분주토기의 제작방법 변화로 본 편년과 계통성」, 『영남고고
　　학』 69, 영남고고학회.

배재훈, 2010, 「마한 사회의 인수의책 전총과 백제의 금동관모 사여」, 『역사학연구』
　　38, 호남사학회.

배진성, 2007a, 『무문토기문화의 성립과 발전』, 부산대학교 박사학위논문.

_____, 2007b, 「무문토기 사회의 계층구조와 국」, 『계층사회와 지배자』, 한국고고학
　　회편, 사회평론.

_____, 2013, 「청동기~원삼국시대 환호취락의 전개양상」, 『한일취락연구』, 서경문화사.

백승충, 2006, 「6세기 전반 가야·백제·왜 상호관계」, 『加耶, 洛東江에서 榮山江으로』,
　　제 12회 가야사국제학술대회.

백제학회, 2012, 『전남지역 마한 소국과 백제』, 2012년 백제학회 국제학술대회.

_____, 2013, 『전남지역 마한 제국의 사회성격과 백제』, 2013년 백제학회 국제학술
　　대회.

변태섭, 1986, 『한국사통론』, 삼영사.

부산대학교박물관, 1998, 『김해 봉황대 유적』.

사회백과사전출판사, 1977, 『조선고고학개요』.

서성훈·강대규·이기룡, 1984, 『함평문화유적지표조사』, 국립광주박물관·백제문화개
　　발 연구원.

서성훈·성낙준, 1986a, 「영암지방의 고분」, 『영암군의 문화유적』, 목포대학교박물관.

_____, 1986b, 『영암 내동리 초분골 고분』, 국립광주박물관.

_____, 1988, 『나주 반남면고분군』, 국립광주박물관.

서영수, 2007, 「제1절 남북조와의 관계」, 『백제의 대외교섭』 백제문화사대계 연구총서
　　9, 충청남도역사문화연구원.

서오선·권오영·함순섭, 1991, 「천안 청당동 제2차 발굴조사보고서」, 『송국리』 4, 국립중앙박물관.

서오선·이호형, 1995, 『하봉리』 1, 국립공주박물관.

서오선·함순섭, 1992, 「천안 청당동 제3차 발굴조사보고서」, 『고성패총』, 국립중앙박물관.

서현주, 1996, 「남해안지역 원삼국시대 패총의 시기구분과 기원문제 : 출토유물을 중심으로」, 『호남고고학보』 4, 호남고고학회.

_____, 2000, 「패총」, 『호남지역의 철기문화』, 제8회 호남고고학회 학술대회.

_____, 2004, 「유물을 통해 본 백제지역과 일본열도의 관계 -4-6세기를 중심으로-」, 『백제시대의 대외관계』, 제9회 호서고고학회 학술대회.

_____, 2006a, 『榮山江流域 古墳 土器 硏究』, 학연문화사.

_____, 2006b, 「복암리고분군 출토 토기의 양상과 성격」, 『나주 복암리 3호분과 영산강유역 고대문화』, 나주 복암리 3호분 발굴 10주년 기념 학술대회, 국립나주문화재연구소.

_____, 2007a, 「영산강유역 장고분의 특징과 출현배경」, 『한국고대사연구』 47, 한국고대 사학회.

_____, 2007b, 「영산강유역 고분의 편년」, 『한일 삼국·고분시대의 연대관(Ⅱ)』, 부산대학교박물관·일본역사민속박물관.

_____, 2007c, 「호남지역의 왜계문화」, 『교류와 갈등 -호남지역의 백제, 가야, 그리고 왜-』, 제15회 호남고고학회 정기학술대회.

_____, 2011a, 「3~5세기 금강유역권의 지역성과 확산」, 『호남고고학보』 37, 호남고고학회.

_____, 2011b, 「영산강유역 토기문화의 변천 양상과 백제화과정」, 『백제학보』 6, 백제학회.

_____, 2011c, 「서남해안지역의 토기문화와 가야와의 교류」, 『삼국시대 남해안지역의 문화상과 교류』, 제35회 한국고고학대회.

_____, 2012a, 「영산강유역의 토기 문화와 백제화 과정」, 『백제와 영산강』, 학연문화사.

_____, 2012b, 「영산강유역권의 가야계토기의 교류문제」, 『호남고고학보』 42, 호남고고학회.

_____, 2014, 「마한·백제계 유물 연대론」, 『영산강유역 고분 토목기술의 여정과 시간을 찾아서』, 대한문화재연구원 2014 하반기 국제학술대회.

_____, 2015, 「토기로 본 복암리 세력과 주변지역의 동향」, 『삼국시대 복암리 세력의 위상과 주변지역의 동향』, 국립나주문화재연구소.

선석열, 2016, 「신라시기 부산지역의 해양교류와 형변」, 『향도부산』 32, 부산광역시 시사편찬위원회.

설성경, 1998, 「한·일 국학갈등의 원천을 해체한다 -한반도 내의 '왜'의 존재 가능성을 중심 으로-」, 제287회 국학연구발표회 발표요지, 연세대학교 국학연구소.

성낙준, 1983, 「영산강유역의 옹관묘 연구」, 『백제문화』 15, 공주사대 백제문화연구소.

_____, 1991, 「영산강유역의 대형옹관묘의 시원과 발전」, 『전남문화재』 3, 전라남도.

_____, 1993, 「전남지방 장고형고분의 축조기획에 대하여」, 『역사학연구』 12, 전남대학교 사학회.

_____, 1997a, 「옹관고분의 분형」, 『호남고고학보』 5, 호남고고학회.

_____, 1997b, 「백제의 지방통치와 전남지방 고분의 상관성」, 『百濟의 中央과 地方』, 충남대 백제연구소, pp.233~251.

_____, 2000, 「영산강유역 옹관고분의 성격」, 『지방사와 지방문화』 3-1, 역사문화학회, pp.103~119.

_____, 2002, 「'전남지역의 분구묘'에 대한 토론 요지」, 『동아시아의 주구묘』, 호남고고학회.

성낙준·신상효·이명희, 1989, 「영광지방의 고분」, 『영암 와우리옹관묘』, 국립광주박물관·백제문화개발연구원

성정용, 1997, 「대전 신대동·비래동 청동기유적」, 『호남고고학의 제문제』, 제21회 한국 고고학전국대회.

_____, 2000, 『중서부 마한지역의 백제 영역화과정 연구』, 서울대학교 박사학위논문.

_____, 2004, 「한성백제기 대중교섭의 일 양상」, 『고대 문물교류와 경기도』, 제32회 한국상고사학회 학술발표대회.

_____, 2006, 「중서부지역 원삼국시대 토기 양상」, 『한국고고학보』 60, 한국고고학회.

성정용 외, 2012, 『백제와 영산강』, 학연문화사.

송만영, 1999, 「중부지방 원삼국 문화의 편년적 기초」, 『한국고고학보』 41, 한국고고학회.

_____, 2007, 「남한지방 청동기시대 취락 구조의 변화와 계층화」, 『계층사회와 지배자』, 한국고고학회 편, 사회평론.

송종열, 2015, 「만경강유역 점토대토기문화의 정착 과정」, 『호남고고학보』 50, 호남고고학회.

_____, 2016, 「점토대토기문화의 정착과정과 사회분화 - 전북 서부지역 토광묘를 중심으로 -」, 『야외고고학』 26, 한국매장문화재협회.

송호정, 2000, 「고조선 중심지 및 사회성격 연구의 쟁점과 과제」, 『한국고대사논총』 10, 한국고대사회연구소.

_____, 2002, 『한국고대사 속의 고조선사』, 푸른역사.

_____, 2007, 「기원전 시기의 사회 성격과 시대구분」, 『한국고대사연구』 46, 한국고대사학회.

신경숙, 2002, 「호남지역 점토대토기 연구」, 목포대학교 대학원 석사학위논문.

신경철, 1980, 「웅천문화기 기원전 상한설 재고」, 『역사와 세계』 4, 효원사학회.

_____, 1992, 「김해 예안리 160호분에 대하여」, 『가야고고학론총』 1, 가야문화연구소 편.

_____, 1995, 「삼한·삼국시대의 동래」, 『동래군지』, 동래군지편찬위원회.

_____, 2013, 「삼한시대의 문화와 울산」, 『삼한시대 문화와 울산』, 울산문화재연구원.

신대곤, 2001, 「영산강유역의 전방후원형분」, 『과기고고연구』 7, 아주대학교박물관.

신민철, 2014, 「곡교천유역 원삼국시대 원통형토기의 성격과 의미」, 『호남고고학보』 46, 호남고고학회.

신상효·이종철·윤효남, 2006, 『신안 가거도 패총』, 국립광주박물관.

신석열, 2016, 「신라의 지방통치과정과 연산동고분군」, 『연산동 고총고분과 그 피장자들』, 부산광역시 연제구청·부산대학교박물관.

신숙정, 1998, 「해수면의 변동과 고고학」, 『고고학연구방법론 -자연과학의 응용』, 최몽룡 외 편, 서울대학교 출판부.

신채호, 1929, 「전후삼한고」, 『조선사연구초』.

심봉근, 1997, 「주변지역과 철기문화의 비교-일본」, 『한국사』 3, 국사편찬위원회, pp.564-570.

_____, 1999, 『한국에서 본 일본 미생문화의 전개』, 학연문화사.

_____, 2000, 「진주 남강유역 문화유적 발굴조사 개요」, 『진주 남강유적과 고대일본

상』, 인제대학교 가야문화연구소.

심재연, 1999, 「강원지역 철기문화의 성격」, 『백제연구』 30, 충남대학교 백제문화연구소.

_____, 2011, 「경질무문토기의 기원 : 점토대토기문화와의 관련성을 중심으로」, 『고고학』 10, 중부고고학회.

안승모, 2000, 「한반도 벼농사 기원에 관한 제논의」, 『한국고대사논총』 9, 가락국사적개발연구원.

_____, 2002, 「"전환기 고고학의 의미와 과제"에 대한 토론」, 『전환기의 고고학 Ⅰ』. 학연문화사.

안승주, 1986, 「백제석실분과 그 묘제의 일본전파에 관한 연구」, 『백제연구』 17.

_____, 1989, 「百濟 竪穴式 石槨墳의 硏究」, 『한국고고학보』 22, 한국고고학회.

안재철, 2004, 「우리나라의 고대 선박」, 『고대 문물교류와 경기도』, 제32회 한국상고사학회 학술발표대회.

안재호, 1989, 「삼각형점토대토기의 성격과 편년」, 『늑도주거지』, 부산대학교박물관.

_____, 1992, 「울산 하대가지구 고분의 성격」, 『제1회 영남고고학회 학술발표회 발표 및 토론요지』, 영남고고학회.

_____, 1993, 「土師器系軟質土器考」, 『加耶と古代東アジア』, 新人物往來社.

_____, 1994, 「삼한시대 후기와질토기의 편년」, 『영남고고학』 14, 영남고고학회.

_____, 2005, 「한반도에서 출토된 왜 관련문물 -3~6세기를 중심으로-」, 『왜5왕 문제와 한일관계』, 한일관계연구논문집 2.

_____, 2006, 『청동기시대 취락연구』, 부산대학교 대학원 박사학위논문.

안춘배, 1985, 「한국의 옹관묘에 관한 연구」, 『논문집』 18, 부산여자대학교.

연민수, 2002, 「고대 한일 외교사 -삼국과 왜를 중심으로-」, 『한국고대사연구』 27, 한국고대사연구회, pp.195~255.

_____, 2011, 「영산강유역 전방후원분 피장자와 그 성격」, 『한반도의 전방후원분』, 학연문화사.

영남고고학회, 2007, 『4-6세기 가야·신라 고분출토의 외래계 문물』, 제16회 영남고고학회 학술발표회.

영해문화유산연구원, 2012, 『곡성 대평리 유적 – 곡성-고달 간 안전한 보행환경조성사업지내)』, 영해문화재연구원·전라남도.

_____, 2014, 「동함평 일반산업단지 조성사업부지내 발굴조사 현장설명회 자료집」.

_____, 2015, 『담양 성월리 월전 고분』.

오건환, 1991, 「완신세 후기의 낙동강삼각주 및 그 주변 해안의 고환경」, 『한국고대사 논총』 2, 가락국사적개발연구원.

오건환·곽종철, 1989, 「김해평야에 대한 고고학적 연구 Ⅰ」, 『고대 연구』 2, 고대연구회.

오동선, 2008, 「호남지역 옹관묘의 변천」, 『호남고고학보』 30, 호남고고학회.

_____, 2009, 「나주 신촌리 9호분의 축조과정과 연대 재고 -나주 복암리 3호분과의 비교 검토」, 『한국고고학보』 73, 한국고고학회, pp.52~100.

_____, 2015, 「분형으로 본 나주 복암리 세력과 주변지역의 동향」, 『삼국시대 복암리 세력의 위상과 주변지역의 동향』, 국립나주문화재연구소.

우재병, 1999, 「영산강유역 전방후원분 출토 원통형토기에 관한 시론」, 제34회 백제연구 공개강좌, 충남대 백제연구소.

_____, 2000, 「영산강 유역 전방후원분 출토 원통형토기에 관한 시론」, 『백제연구』 31, 충남대학교백제연구소.

_____, 2004, 「영산강유역 전방후원분의 출현과 그 배경」, 『호서고고학』 10, 호서고고학회.

_____, 2013, 「5~6세기 백제의 중층적 묘제교류와 그 정치적 상호작용」, 『한국사학보』 53, 고려사학회, 경인문화사.

원광대학교 마한·백제문화연구소, 1989, 『마한문화연구의 제문제』, 전라북도.

원광대학교 마한·백제문화연구소 외, 1999, 『서해안고속도로 건설구간 문화유적 발굴 조사개요』.

유병화, 2002, 「해양교류와 고대 제사유적」, 『해양교류의 고고학』, 제26회 한국고고학 전국대회.

유원재, 1994, 「'晉書'의 마한과 백제」, 『한국상고사학보』 17, 한국상고사학회.

_____, 1998, 「『양서』「백제전」의 담로」, 『백제의 지방통치』, 학연문화사.

_____, 1999, 「백제의 마한정복과 지배방법」, 『영산강유역의 고대사회』, 학연문화사, 129~158.

유은식, 2006, 「두만강유역 초기철기문화와 중부지방 원삼국문화」, 『숭실사학』 19, 숭실대학교사학회.

_____, 2011, 「동북계토기로 본 강원지역 중도식무문토기의 편년과 계통」, 『한국기독박물관지』 7, 숭실대학교 한국기독교박물관.

유 철, 1996, 「전북지방 묘제에 대한 소고 - 백제 남진 전후시기를 중심으로」, 『호남고고학보』 3, 호남고고학회.

유태용, 2000, 「지석묘의 축조와 엘리트계층의 등장에 대한 이론적 검토」, 『한국 지석묘 연구 이론과 방법-계층사회의 발생-』최몽룡·김선우편, 주류성.

윤덕향, 1995, 「전북지역의 패총」, 『군산지역의 패총』, 제3회 호남고고학회 학술대회.

윤명철, 2002, 『한민족의 해양활동과 동아지중해』, 학연문화사.

윤무병, 1977. 「한국묘제의 변천 -선사시대에서 고려시대에까지-」, 『인문과학 논문집』 2-5, 충남대학교.

_____, 1990, 「청동기시대 및 초기철기시대의 한·일 관계」, 『고대한일문화교류연구』, 한국정신문화연구원.

윤순옥, 1995, 「반구대 암각화와 후빙기 후기 울산만의 환경변화」, 『제사기학회지』 9, 한국제4기학회.

윤세영·이홍종, 1997, 『관창리 주구묘』, 고려대학교 매장문화재연구소.

윤온식, 2008, 「2~4세기대 영산강유역 토기의 변천과 지역단위」, 『호남고고학보』 29, 호남고고학회.

윤종균, 1998, 「고대 철생산에 대한 일고찰」, 전남대학교 대학원 석사학위논문.

윤태선, 2001, 「滄海郡과 玄菟郡 漢四郡의 交通路와 관련하여」, 제41회 백제연구 공개강좌.

은화수, 1999, 「한국 출토 복골에 대한 연구」, 전북대학교 대학원 석사학위논문.

은화수·최상종, 2001, 『해남 방산리 장고봉고분 시굴조사보고서』, 국립광주박물관.

이건무, 2001, 「한·일 교류의 고고학」, 『한·일 고대인의 흙과 삶』, 국립전주박물관.

이근우, 1997, 「웅진시대 백제의 남방경역에 대하여」, 『백제연구』 27, 충남대학교 백제연구소

이기길, 1993, 「구석기시대」, 『전남도지』 2, 전남도지편찬위원회.

_____, 2001, 「새로 밝혀진 영광군의 선사와 고대문화-서해안 고속도로 건설구간의 발굴자료를 중심으로-」, 『선사와 고대』 16, 한국고대학회.

_____, 2002, 『화순 도산유적』, 조선대학교박물관·전남대학교박물관·익산지방국토 관리청.

이기길·김명진, 2008, 「장흥 신북유적의 연대에 대하여 : 방사성탄소연대에 근거한 편 년」, 『호남고고학보』 29, 호남고고학회.

이기길·이동영·이윤수·최미노, 1997, 『광주 치평동유적 -구석기·갱신세층 시굴조사 보고서』.

이기길·차대웅, 1995, 『광주 산월·뚝뫼·포산 유적』, 조선대학교박물관.

이기동, 1984, 「한국고대국가기원론의 현단계」, 『한국상고사의 제문제』, 한국정신문 화연구원.

_____, 1989, 「한국 고대국가형성사 연구의 현황과 과제 - 신진화론의 원용문제를 중 심으로」, 『산운사학』 1, pp.41~69.

_____, 1992, 「기마민족설에서의 한·왜연합왕국론 비판」, 『한국사시민강좌』 11, 일조각.

_____, 1994, 「백제사회의 지역공동체와 국가권력」, 『백제사회의 제문제』, 제7회 국 제학술대회, 충남대학교 백제문화연구소.

이기백, 1976, 『한국사신론』(개정판), 일조각.

_____, 1981, 「한국사의 시대구분문제」, 『한국사연구입문』, 지식산업사, pp.44~60.

_____, 1982, 『한국사신론』(개정신판), 일조각.

_____, 1988, 「고조선의 국가형성」, 『한국사시민강좌』 2, 일조각.

이기백·이기동, 1982, 『한국사강좌 - 고대편-』, 일조각.

이남규, 1982, 「남한 초기철기문화의 일고찰」, 『한국고고학보』 13, 한국고고학회.

_____, 2003a, 「삼불선생님과 원삼국시대 연구」, 『삼불과 한국고고학·미술사학 -고 삼불 김원용교수 10주기 추모학술대회-』.

_____, 2003b, 「"철기시대 전기의 중국 동북과 한반도 지방의 금속기 문화"를 읽고」, 『동북아시아 선사 및 고대사 연구의 방향』, 2003년도 한국정신문화연구원 학 술대회.

_____, 2005, 「한반도 서부지방 원삼국시대 철기문화」, 『원삼국시대 문화의 지역성과 변동』 제29회 한국고고학 전국대회 발표요지, 한국고고학회.

_____, 2006a, 「한반도 서부지역 원삼국시대 철기문화 -지역성과 전개양상의 특성」, 『원 삼국시대 문화의 지역성과 변동』, 제29회 한국고고학전국대회.

_____, 2006b, 「고등학교 국사교과서(7차) 고고학 서술의 제문제 -선사·원사시대를 중심으로-」,『역사문화논총』2, 역사문화연구소.

이남석, 1985, 「청동기시대 한반도 사회 발전단계 -무덤 변천을 통해본 남한지역 사회 발전-」,『백제문화』16, 공주대학교 백제문화연구소.

_____, 1994, 「백제 수혈식 석실분 연구」,『백제논총』4, 백제문화개발연구원.

_____, 1996,『오석리유적』, 공주대학교박물관.

_____, 2001, 「竪穴式 石槨墓의 收容樣相」,『호서고고학보』4·5, 호서고고학회.

_____, 2002,『백제묘제의 연구』, 서울: 서경문화사.

_____, 2011, 「경기·충청지역 분구묘의 검토」,『분구묘의 신지평』, 전북대BK21사업단.

_____, 2013, 「마한 분묘와 그 묘제의 인식」, 고 전영래교수 추도특집『마한·백제문화』22, 원광대학교 마한·백제문화연구소.

이남석·이현숙, 2006, 「서산 해미 기지리 분구묘」,『분구묘·분구식 고분의 신자료와 백제』, 제49회 전국역사학대회 고고학부발표자료집, 한국고고학회.

이덕일·이희근, 1999,『우리 역사의 수수께끼』, 김영사.

이도학, 1995, 「마한제국의 성장과 백제국의 복속과정 -해남지역을 중심으로-」,『백제의 고대국가연구』, 일지사.

이동주, 2000, 「남강유역의 신석기문화와 일본열도」,『진주 남강유적과 고대일본-고대 한일문화교류의 제양상』, 경상남도·인제대 가야문화연구소.

_____, 2001, 「우리나라 초기 신석기문화의 원류와 성격」,『전환기고고학 1』, 한국상고사학회 편, 학연문화사.

_____, 2002, 「우리나라 초기 신석기문화의 원류와 성격」,『전환기의 고고학 Ⅰ』, 한국상고사학회 편, 학연문화사.

이동희, 2002, 「호남지역 점토대토기문화기의 묘제와 지역성」,『고문화』60, 한국대학박물관협회.

_____, 2006, 「전남 동부지역 복합사회 형성과정의 고고학적 연구」, 성균관대학교 대학원 박사학위논문.

_____, 2007, 「남해안 일대의 가야와 백제문화」,『교류와 갈등 -호남지역의 백제, 가야, 그리고 왜-』, 제15회 호남고고학회 정기 학술대회.

_____, 2008, 「全南東部地域의 伽倻文化 -순천 운평리 유적을 중심으로-」,『제36회

한국상고사학회 학술대회 발표요지』, 한국상고사학회.

_____, 2010, 「"호서와 서부호남지역 초기철기-원삼국시대 편년"에 대한 반론」, 『호남고고학보』 35, 호남고고학회.

_____, 2011a, 「全南 東部地域 加耶文化의 起源과 變遷」, 『백제문화』 45, 공주대학교 백제문화연구소.

_____, 2011b, 「보성 조성리유적의 성격」, 『고대 동북아시아의 수리와 제사』, 대한문화유산연구센터.

_____, 2014, 「1~5세기 호남동부지역의 주거와 취락」, 『야외고고학』 19, 한국문화재조사연구기관협회.

_____, 2015, 「순천 동천유역의 정치체 성장과 변동과정」, 『중앙고고연구』 18, 중앙문화재연구원.

_____, 2017, 「영산강유역 마한 초현기의 분묘와 정치체의 형성」, 『호남고고학보』 57, 호남고고학회

이민지, 2007, 「남한지역 농경사회의 성립과 전개」, 『요시노가리 유적 -일본 속의 한국문화-』, 국립중앙박물관.

이백규, 1974, 「경기도출토 무문토기·마제석기」, 『고고학』 3, 한국고고학회.

이범기, 2002, 「영산강유역 금속유물의 변천 연구 : 고분출토품을 중심으로」, 목포대학교 대학원 석사학위논문.

_____, 2016, 『영산강유역 고분 철기 연구』, 학연문화사.

_____, 2017, 「영산강유역 마한 초현기의 철기문화」, 『영산강유역 마한제국과 낙랑·대방·왜』, 2017년 전남문화재연구소 학술대회, 전남문화재연구소.

이병도, 1958, 『국사대관』, 보문각.

_____, 1959, 「백제의 흥기와 마한의 변천」, 『한국사 -고대편』, 진단학회.

_____, 1976, 『한국고대사연구』, 박영사.

이상균, 1997, 『신석기시대 한일문화교류』, 학연문화사.

이상길, 1991, 「한강유역 철기시대 토기편년 – 중도식토기를 중심으로」, 경북대학교 대학원 석사학위논문.

_____, 1993, 「창원 덕천리유적 발굴조사 보고」, 제17회 한국고고학전국대회 발표요지, pp.103~118.

_____, 2000, 「남강유역의 선사농경과 취락」, 『진주 남강유적과 고대일본』, 인제대학교 가야문화연구소.

_____, 2006, 「구획묘와 그 사회」, 『금강: 송국리형 문화의 형성과 발전』, 호남·호서고고학회.

이상엽, 2009, 「중서부지역 출토 원통형토기의 성격 검토」, 『선사와 고대』 31, 한국고대학회.

이선복, 1988, 『고고학개론』, 이론과 실천.

_____, 1997, 「최근의 '단군릉'문제」, 『한국사 시민강좌』 21, 일조각.

이성주, 1996, 「新羅式 木槨墓의 展開와 意義」, 『신라고고학의 제문제』, 한국고고학회.

_____, 1998, 『신라·가야사회의 기원과 성장』, 학연문화사.

_____, 2000a, 「墳丘墓의 認識」, 『한국상고사학보』 32, 한국상고사학회.

_____, 2000b, 「기원전 1세기대의 진·변한지역」, 『전환기의 고고학 Ⅲ』, 제24회 한국상고사학회 학술발표회, pp.115~153.

_____, 2007, 『청동기·철기시대 사회변동론』, 학연문화사.

_____, 2009, 「족장묘와 '국'의 성립」, 『21세기 한국고고학』 Ⅱ, 주류성.

_____, 2016, 「복합사회 형성과 발전에 대한 고고학 연구: 변·진한 사회의 고고학적 해명을 위한 모색」, 『변·진한 '국'의 형성과 발전』, 제25회 영남고고학회 정기학술대회.

이성준, 2003, 「백제 수혈식 석곽묘의 형식학적 연구」, 『한국고고학보』 51, 한국고고학회.

이송래, 1989, 「국가의 정의와 고고학적 판단기준」, 『한국상고사 -연구현황과 과제-』, 민음사, 103~116.

이승민, 2015, 「영산강유역 목관고분의 형성과 변천」, 목포대학교대학원 석사논문.

이승윤, 2008, 「전남지역의 신석기문화에 대하여 -해안 및 도서지역을 중심으로-」, 『박물관 연보』 17, 목포대학교박물관.

이양수, 2004, 「조영신앙의 유입과 전개」, 『영혼의 전달자-새·풍요·숭배-』, 국립김해박물관.

이연심, 2004, 「임나일본부의 성격 재론」, 『지역과 역사』 14, 부경역사연구소, pp.117~163.

이영문 외, 1997, 『무안 양장리유적』, 목포대학교박물관.

이영문, 1991, 「전남지방 횡혈식석실분에 대한 일고찰」, 『향토문화』 11, 향토문화연구 협의회.

_____, 1992, 「전남지방 지석묘 분포에 대한 분석적 고찰」, 『전남문화재』 5, 전라남도.

_____, 1993, 『전남지역 지석묘 사회의 연구』, 한국교원대학교대학원 박사학위논문.

_____, 1998, 「한국 비파형동검문화에 대한 고찰」, 『한국고고학보』 38, 한국고고학회.

_____, 2011, 「호남지역 지석묘의 형식과 구조에 대한 몇 가지 문제」, 『한국청동기학 보』 8, 한국청동기학회.

_____, 2012, 「호남지역 청동기시대 조사 성과와 연구과제」, 『제21회 호남고고학회 학술대회 -호남고고학회 20년, 그 회고와 전망-』, 호남고고학회.

_____, 2014, 「호남지역 청동기시대 조사 성과와 연구과제」, 『호남고고학보』 47, 호 남고고학회.

이영문·김승근, 1997, 「영광 송이도, 상낙월도 패총」, 『호남고고학보』 5, 호남고고학회.

이영문·조근우, 1996, 『전남의 지석묘』, 학연문화사.

이영문·최인선·정기진 1993, 『여천 평여동 산본 지석묘』, 전남대학교박물관.

이영식, 1995, 「백제의 가야진출과정」, 『한국고대사논총』 7, 가락국사적개발연구원.

이영철, 1997, 「전남지방 주거지의 벽구시설 검토」, 『박물관학보』 6, 목포대학교박물관.

_____, 2001, 『영산강유역 옹관고분사회의 구조 연구』, 경북대학교 대학원 석사학위 논문.

_____, 2003, 「3~6세기 영산강 상류의 고고학적 자료 검토」, 『목포대학교박물관 20주 년 기념논총』, 목포대학교박물관.

_____, 2005, 「영산강유역의 원삼국시대 토기상」, 『원삼국시대 문화의 지역성과 변 동』, 제29회 한국고고학 전국대회 발표집, 한국고고학회.

_____, 2006, 『장흥 상방촌B 유적』, 호남문화재연구원.

_____, 2007, 「호형분주토기 등장과 시점」, 『호남고고학보』 25, 호남고고학회.

_____, 2008, 「탐진강 유역 마한·백제취락구조와 변화상」, 『탐진강유역의 고고학』, 제 16회 호남고고학회 학술발표회 자료집, 호남고고학회.

_____, 2011, 「영산강 상류지역의 취락변동과 백제화 과정」, 『백제학보』 6, 백제학회.

_____, 2012, 「영산강 상류지역의 취락 변동과 백제화 과정」, 『백제와 영산강』, 학연 문화사.

_____, 2014, 「나주 가흥리 신흥고분의 대외교류상과 연대관」, 『고분을 통해 본 호남지역의 대외교류와 연대관』, 제1회 고대 고분 국제학술대회, 국립나주문화재연구소.

_____, 2015, 『영산강유역 고대 취락 연구』, 목포대학교 대학원 박사학위논문.

이영철·이혜연, 2007, 『화순 사창유적』, 호남문화재연구원·(주)지원건설.

이영철·최미노, 2004, 『나주 용호 구석기유적』, 호남문화재연구원·익산지방국토관리청.

이용현, 1999, 「『梁職貢圖』百濟國使條の「旁小國」」, 『朝鮮史研究會論文集』 37.

이용조·윤용현, 1992, 『화순 대전 구석기시대 집터 복원』, 충북대학교 선사문화연구소.

이은정, 2007, 「전남지역 3~6세기 주거지연구」, 『호남고고학보』 26, 호남고고학회.

이은창, 1982, 「가야고분의 편년연구」, 『한국고고학보』 12, 한국고고학회.

이재운, 2011, 『남한지역 청동기시대 주거지 출토 석검 연구』, 목포대학교대학원 석사학위논문.

이정남, 1990, 「운평리 고구려고분군 제4지구 기단적설총 발굴보고」, 『조선고고연구』 74-1.

이정호, 1996a, 「영산강유역 옹관고분의 분류와 변천과정」, 『한국상고사학보』 22, 한국상고사학회, pp.31~68.

_____, 1996b, 「전방후원형 고분의 연구사 검토」, 『호남고고학보』 4, 호남고고학회.

_____, 1999, 「영산강유역의 고분변천과정과 그 배경」, 『영산강유역의 고대사회』, 학연문화사.

_____, 2006, 「나주 영동리 고분군」, 『분구묘·분구식 고분의 신자료와 백제』, 제49회 전국역사학대회 고고학부발표자료집, 한국고고학회.

_____, 2013, 「고분으로 본 전남지역 마한 제국의 사회 성격」, 『전남지역 마한 제국의 사회 성격과 백제』, 2013년 백제학회 국제학술회의, 백제학회.

_____, 2014, 「신안 배널리 고분의 대외교류상과 연대관」, 『고분을 통해 본 호남지역의 대외교류와 연대관』, 제1회 고대 고분 국제학술대회, 국립나주문화재연구소.

이종선, 1989, 「오르도스 후기금속문화와 한국의 철기문화」, 『한국상고사학보』 4, 한국상고사학회.

_____, 1999, 「나주 반남면 금동관의 성격과 배경」, 『영산강유역의 고대사회』, 학연문화사.

이종욱, 1982,『신라 국가형성사연구』, 일조각.

_____, 1999,『한국의 초기국가』, 아르케.

이주헌, 2006,「토론 요지」,『분구묘, 분구식 고분의 신자료와 백제』, 제49회 전국역사학대회 고고학부 발표자료집.

이지영, 2008,「호남지방 3~6세기 토기가마의 변천양상」,『호남고고학보』30, 호남고고학회.

_____, 2017,「옹관의 생산과 유통-나주 오량동유적을 중심으로」,『영산강 옹관의 한성 나들이-2017년 겨울특별전시회 도록』, 한성백제박물관 나주복암리고분전시관.

이지영·김경미, 2008,『곡성 오지리유적』, (재)마한문화연구원.

이진우, 2014,「마한·백제권 석곽묘의 연구」, 전남대학교대학원 석사학위논문.

이창희, 2010,「점토대토기의 실연대 : 세형동검문화의 성립과 철기의 출현연대」,『문화재』43, 국립문화재연구소.

_____, 2014,「郡谷里貝塚의 年代와 '경질무문토기-타날문토기' 小考 -영남고고학의 입장에서-」,『영남고고학』68, 영남고고학회.

이청규, 1998,「"철기시대 주거지를 통해 본 사회상"을 읽고」,『동아시아의 철기문화』, 제7회 국립문화재연구소 국제학술대회.

_____, 2000,「'국'의 형성과 다뉴경부장묘」,『선사와 고대』14, 한국고대학회.

_____, 2003a,「한중교류에 대한 고고학적 접근」,『한국고대사연구』32, 한국고대사학회, 서경문화사.

_____, 2003b,「철기시대 전기의 중국 동북과 한반도 지방의 금속기문화 -세형동검문화를 중심으로-」,『동북아시아 선사 및 고대사 연구의 방향』, 2003년도 한국정신문화연구원 학술대회.

_____, 2007,「선사에서 역사로의 전환 -원삼국시대 개념의 문제-」,『한국고대사연구』46, 한국고대사학회.

이택구, 2008,「한반도 중서부지역의 마한 분구묘」,『한국고고학보』66, 한국고고학회.

이한상, 2009,『장신구 사여체제로 본 백제의 지방지배』, 서경문화사.

_____, 2014,「한성백제의 중앙과 지방 관계를 보여주는 고고자료」,『백제의 왕권은 어떻게 강화되었나』'쟁점백제사' 집중토론 학술회의 IV, 한성백제박물관.

이헌종, 1998, 「영산강유역 신발견 구석기유적군」, 『호남고고학보』 5, 호남고고학회.

_____, 2002, 「우리나라 후기구석기 최말기와 신석기시대로의 이행기의 문화적 성격」, 『전환기의 고고학 I 』, 한국상고사학회 편, 학연문화사.

_____, 2004, 『고고학적 해석을 위한 자연과학의 적용 - 최근영산강유역 구석기시대와 4기 지질학 연구』, 목포대 고고지질환경연구회·한국학술진흥재단·목포대 인문과학연구원.

이헌종·김정빈·정철환·임현수·이혜연, 2006a, 『영산강 유역의 구석기 고고학과 4기 지질학』, 학연문화사.

이헌종·노선호·이혜연, 2004, 『나주 당가유적·촌곡리유적』, 목포대학교박물관.

이헌종·노선호·호용수, 2002, 『무안 피서리 구석기유적』, 목포대학교박물관·서울지방항공청.

이헌종·송장선, 2009, 『나주 송월동유적 I (구석기유적)』, 목포대학교박물관·나주시.

이헌종·이혜연, 2006b, 『완도 군외-남창 간 도로 확·포장 공사구간 내 문화유적 시·발굴조사보고』, 목포대학교박물관.

이헌종·장대훈, 2012, 「영산강·서남해안지역 구석기고고학과 제4기 지질학적 성과 및 문화연구」, 『지방사와 지방문화』 15권 1호, 역사문화학회.

이헌종·정철환·심영섭·장대훈, 2009, 「나주 복암리 구석기유적 고토양층 생성과정과 문화층의 의미 연구」, 『도서문화』 33, 목포대학교 도서문화연구소.

이현혜, 1984, 『삼한사회 형성과정의 연구』, 일지사.

_____, 1988, 「4세기 가야사회의 교역체계의 변천」, 『한국고대사연구』 1, 한국고대사학회.

_____, 1991, 「한국사연구상에 나타난 진화론적 시각」, 『현대 한국사학과 사관』, 일조각, pp.84~120.

_____, 1993, 「원삼국시대론 검토」, 『한국고대사론총』 5.

_____, 1995, 「신진화론의 이해와 적용을 둘러싼 몇 가지 문제」, 『역사학보』 146, pp.271~283.

_____, 1996, 「3세기 마한과 伯濟國」, 『백제의 중앙과 지방』, 제8회 백제연구 국제학술대회.

_____, 2000, 「4~5세기 영산강유역 토착세력의 성격」, 『역사학보』 166, 역사학회, 1-36.

이형구, 1988, 「발해연안 석묘문화 연구」, 『한국학보』 50.

이형원, 2011, 「중부지역 점토대토기문화의 시간성과 공간성」, 『호서고고학』 24, 호서
          고고학회.

이호형, 2004, 「중서부지역 주구토광묘의 조형」, 『금강고고』 창간호, 충남문화재연구원.

이홍종, 1991, 「중도식토기의 성립과정」, 『한국상고사학보』 6, 한국상고사학회.

_____, 2004, 「韓國中西部地域における無文土器時代の實年代」, 『彌生農耕の起源と
          東アジア』, 國立歷史民俗博物館國際研究集會 2004-3.

이 훈, 2003, 「주구토광묘에 대한 소고」, 『국립공주박물관기요』 3, 국립공주박물관.

_____, 2006, 「서산 부장리 고분과 분구묘」, 『분구묘, 분구식 고분의 신자료와 백제』,
          제49회 전국역사학대회 고고학부 발표자료집.

_____, 2015, 「금동신발로 본 복암리 세력과 주변지역의 동향」, 『삼국시대 복암리 세력
          의 위상과 주변지역의 동향』, 국립나주문화재연구소.

이희준, 1996, 「경주 月城路 가13호 積石木槨墓의 연대와 의의」, 『碩晤尹容鎭敎授 停
          年退任紀念論叢』.

_____, 1997, 「신라 고총의 특성과 의미」, 『영남고고학』 20, 영남고고학회, pp.1~25.

_____, 2000, 「삼한 소국 형성과정에 대한 고고학적 접근의 틀」, 『한국고고학보』 43,
          한국고고학회.

_____, 2004a, 「초기철기시대·원삼국시대 재론」, 『한국고고학보』 52, 한국고고학회.

_____, 2004b, 「경산지역 고대 정치체의 성립과 변천」, 『영남고고학』 34, 영남고고학회.

_____, 2011, 「한반도 남부 청동기-원삼국대 수장의 권력기반과 그 변천」, 『영남고고
          학보』 58, 영남고고학회.

임상택, 2015, 「한반도 신석기시대 복합수렵채집 사회 성격 시론」, 『한국신석기학보』,
          한국신석기학회.

임설희, 2009, 『한국 점토대토기의 변천과정 연구』, 전남대학교대학원 석사학위논문.

_____, 2010, 「남한지역 점토대토기의 등장과 확장과정」, 『호남고고학보』 34, 호남고
          고학회.

임영진 외, 2014, 『전남지역 마한 제국의 사회 성격과 백제』, 학연문화사.

임영진, 1989, 「전남지역 토광묘에 대한 연구」, 『전남문화재』 2, 전라남도.

_____, 1990, 「영산강유역 석실분의 수용과정」, 『전남문화재』 3, 전라남도,

_____, 1992, 「광주 평동 풍암지역의 고고학유적」, 『광주 평동 풍암공단지역의 문화
유적지표조사』, 전남대박물관.

_____, 1993, 「영광군의 고고학유적2」, 『영광군 문화유적학술조사』, 전남대학교박물관.

_____, 1994, 「광주 월계동의 장고분 2기」, 『한국고고학보』 31, 한국고고학회.

_____, 1995, 「마한의 형성과 변천에 대한 고고학적 고찰」, 『삼한의 사회와 문화』, 한
국고대사학회 편, 신서원.

_____, 1996a, 「함평 예덕리 만가촌고분과 영산강유역의 주구」, 제39회 전국역사학대
회 발표요지.

_____, 1996b, 「영산강유역의 이형분구」, 『호남지역 고분의 분구』, 제4회 호남고고학
회 학술대회, pp.21~33.

_____, 1997a, 「전남지역 석실봉토분의 백제계통론 재고」, 『호남고고학보』 6, 호남고
고학회.

_____, 1997b, 「영산강유역의 이형분구 고분 소고」, 『호남고고학보』 5, 호남고고학회.

_____, 1997c, 「전남지역 석실분의 입지와 석실구조」, 『호남지역 고분의 내부 구조』,
제5회 호남고고학회 학술대회.

_____, 1997d, 「나주지역 마한문화의 발전」, 『나주 마한문화의 형성과 발전』, 나주시·
전남대학교박물관.

_____, 1997e, 「마한 소멸시기 재고」, 제15회 마한역사문화연구회 학술대회.

_____, 1997f, 「호남지역 석실분과 백제와의 관계」, 『호남고고학의 제문제』, 제21회
한국고고학전국대회.

_____, 2000, 「영산강유역 석실봉토분의 성격」, 『영산강유역 고대사회의 새로운 조명
』, 역사문화학회.

_____, 2002, 「전남지역의 분구묘」, 『동아시아의 주구묘』, 호남고고학회 창립10주년
기념국제학술대회.

_____, 2003a, 「한국 분주토기의 기원과 변천」, 『호남고고학보』 17, 호남고고학회.

_____, 2003b, 「영산강 유역권 장고분의 제문제」, 『2003년 서울경기고고학회 춘계학
술 발표회』, 서울경기고고학회.

_____, 2009, 「영산강유역의 고분문화」, 국립광주박물관 토요특설강좌.

_____, 2010, 「침미다례의 위치에 대한 고고학적 고찰」, 『백제문화』 43, 공주대학교

백제문화연구소.

_____, 2011a, 「영산강유역권 분구묘의 특징과 몇 가지 논쟁점」, 『분구묘의 신지평』, 전북대학교BK21사업단.

_____, 2011b, 「고흥 길두리 안동고분의 발굴조사 성과」, 『고흥 길두리 안동고분의 역사적 성격』, 전남대학교박물관.

_____, 2012, 「中國 六朝磁器의 百濟 導入背景」, 『한국고고학보』 83, 한국고고학회.

_____, 2014, 「한국 분주토기의 발생과 확산 배경」, 『한국 원통형토기(분주토기)의 연구현황과 과제』, 국립나주문화재연구소·전남대학교박물관.

_____, 2015a, 「한국 분주토기의 발생과 확산 배경」, 『호남고고학보』 49, 호남고고학회.

_____, 2015b, 「한중일 분구묘의 비교 검토」, 『마한 분구묘의 기원과 발전』, 마한연구원.

임영진·조진선, 1995a, 『광주 월계동장고분·쌍암동고분』, 전남대학교박물관.

_____, 1995b, 「담양군의 고고학유적」, 『담양군 문화유적 학술조사』, 전남대학교박물관.

_____, 2000, 『전남지역 고분 측량보고서』, 전라남도.

임영진·오동선·최영주, 2017, 「한국 장고분의 성격과 정체」, 『계간 한국의 고고학』 35, 주류성.

임영진·조진선·서현주, 1999, 『복암리고분군』, 전남대학교박물관·나주시.

임영진·조진선·서현주·송공선, 2004, 『함평 예덕리 만가촌고분군』, 전남대학교박물관.

임지나, 2014, 「전방후원분 고총 고분 축조기술」, 『영산강유역 고분 토목기술의 여정과 시간을 찾아서』, 2014년 대한문화재연구원 국제학술대회 자료집, 국립나주박물관·대한문화재연구원·일본국립역사민속박물관.

_____, 2015, 「나주 가흥리 신흥고분 분구 축조기술 예찰」, 『나주 가흥리 신흥고분』, 대한문화재연구원.

_____, 2016. 「호남지역 고분 축조기술의 연구」, 목포대학교 석사학위논문.

_____, 2017, 「유구·유물」, 『담양 중옥리 서옥고분군』, 대한문화재연구원.

임효재, 1994, 『한국고대문화의 흐름』, 집문당.

_____, 1995, 「한·일문화교류사의 새로운 발굴자료」, 『제주 신석기문화의 원류』, 한국신석기연구회.

임효택, 1978, 「낙동강하류 가야토광묘의 연구」, 『한국고고학보』 4, 한국고고학회.

장지현, 2015, 「호남지역 점토대토기문화의 전개양상과 특징-생활유적을 중심으로」, 『호남고고학보』 51, 호남고고학회, pp.32~55.

장호수, 1994, 「한국고고학에서의 외국이론의 수용 -한국고고학과 서구이론의 적용문제-」, 『한국상고사학보』 15, 한국상고사학회, pp.485~496.

전경수, 1988, 「신진화론과 국가형성론 -인류학이론의 올바른 적용을 위하여-」, 『한국사론』 19, pp.569~604.

_____, 1990, 「대략짐작의 고고학적 경향을 駁함」, 『한국 지석묘의 제문제』, 제14회 한국고고학전국대회.

전길희, 1961, 「가야 묘제의 연구」, 『이대사원』 3. 이화여자대학교 사학과.

전남대학교박물관, 2001, 「함평 예덕리 만가촌 고분군 2차 발굴조사 지도위원 회의 자료집」.

_____, 2003, 『광주 월계동 장고분』.

전남문화재연구소, 2015, 『함평 금산리 방대형고분』.

전남문화재연구원, 2006, 『광주 효천2지구 문화유적 시·발굴조사 1차 지도위원회 회의 자료집』.

_____, 2007, 『보성 거석리 구주유적』.

_____, 2008, 『海南 黃山里 分吐遺蹟 I 』.

_____, 2012, 『나주 도민동·상야유적』.

_____, 2016, 『나주 구기촌·덕곡유적-나주 미래일반산업단지 조성사업 부지내(4구역)』, 전남문화재연구원·나주미래산단주식회사.

전라남도, 1976, 『영산강수몰지구 유적발굴조사보고서』.

전라남도지편찬위원회, 1993, 『전라남도지. 제2권 , 선사시대편』, 광주.

전북대학교 BK21사업단, 2011, 『분구묘의 신지평』, 전북대학교 고고문화인류학과 BK21사업단 국제학술대회.

전상학, 2006, 「全北 東部地域 竪穴式 石槨墓의 構造 硏究」, 『호남고고학보』 25, 호남고고학회.

전세원, 2016, 「영산강 상류역 원삼국~삼국시대 취락 연대의 재검토」, 경북대학교 대학원 석사학위논문.

전영래, 1976, 「완주 상림리출토 중국식동검에 관하여」, 『전북유적조사보고』 5, 전주

도립박물관.

_____, 1983,「익산문화권에 관한 연구 ; 한국청동기문화의 연구 - 금강유역권을 중심
으로 -」,『마한, 백제문화』6, 원광대학교 마한백제문화연구소.

_____, 1985,「백제남방경역의 변천」,『천관우선생 환력기념 한국사학 논총』.

_____, 1988,「전북지방의 백제성」,『백제연구』19.

전용호·이진우, 2014,「영암 옥야리 방대형 고분 출토 원통형토기 조사 및 연구성과 검
토」,『한국 원통형토기(분주토기)의 연구현황과 과제』, 국립나주문화재연구
소·전남대학교박물관.

전주문화유산연구원, 2013,「고창 왕촌리 유적 현장설명회 자료집」.

전주문화유산연구원·전주역사박물관, 2014,『발굴 그리고 기록』.

정유진, 2010,「한반도 선·원사시대 도작의 변화 : 벼 식물유체의 발견비율과 탄화미
계측치의 검토」, 전남대학교 대학원 석사학위논문.

정재윤, 1992,「웅진·사비시대 백제의 지방통치체제」,『한국상고사학보』10, 한국상고
사학회.

_____, 2009,「백제의 섬진강유역 진출에 대한 고찰」,『백제와 섬진강』, 서경문화사.

정징원·신경철, 1987,「종말기 무문토기에 관한 연구」,『한국고고학보』20, 한국고고
학회.

정징원·한인수, 1998,「남해안지방과 구주지방의 신석기시대 문화교류연구」,『한국민
족문화』12, 부산대학교 한국민족문화연구소.

정창희, 2016,「팔달동 유적 목관묘의 구조 복원」,『팔달동유적으로 본 초기철기─원삼
국시대 대구지역의 문화』, 영남문화재연구원.

정한덕, 1999,「흔암리유형 형성과정 재검토에 대한 토론」,『호서고고학』창간호, 호서
고고학회.

정한덕 편, 2000,『중국고고학연구』, 학연문화사.

조규택, 2008,「전북지역의 옹관묘」,『한국 고대옹관의 조사현황과 성과 : 제 2회 고대
옹관연구 학술대회』, 국립나주문화재연구소.

조근우, 1996,「전남지방의 석실분 연구」,『한국상고사학보』21, 한국상고사학회.

조대연, 2007,「초기철기시대 납·바륨 유리에 관한 고찰 - 실험 고고학적 연구를 중심
으로」,『한국고고학보』63, 한국고고학회.

조미순, 2008, 「전남지역의 옹관묘」, 『한국 고대옹관의 조사현황과 성과 : 제 2회 고대 옹관연구 학술대회』, 국립나주문화재연구소.

_____, 2010, 「沃野里方大形古墳出土の円筒形土器について」, 九州古文化硏究会.

_____, 2014, 「<영암 옥야리 방대형고분 출토 원통형토기 조사 및 연구 성과 검토>에 대한 토론문」, 『한국 원통형토기(분주토기)의 연구현황과 과제』, 국립나주문 화재연구소·전남대학교박물관.

조선대학교박물관, 1999, 「영광 마전, 원당, 수동, 군동유적 약보고서」(유인물).

_____, 2010, 『빛나는 호남10만년』.

조수현, 2003, 「慶州地域 初期竪穴式石槨墓의 檢討」, 『고문화』 61, 한국대학박물관협회.

조영제, 2007, 「서부경남 伽倻 竪穴式石槨墓의 수용에 관한 연구」, 『영남고고학보』 40, 영남고고학회.

조영현, 1990, 「삼국시대 횡혈식석실분의 계보와 편년연구 -한강 이남지역을 중심으 로-」, 충남대학교 대학원 석사논문.

_____, 1993, 「三國時代の橫穴式石室墳」, 『季刊考古學』 45, 雄山閣.

조유전, 1984, 「전남 화순 청동유물일괄 출토유적」, 『윤무병박사회갑기념논총』, 통천 문화사.

조진선, 2008, 「탐진강유역 지석묘의 형식과 변천」, 『호남고고학보』 30, 호남고고학회.

조현종, 1997, 「호남지방 도작농경의 현단계」, 『호남고고학의 제문제』, 제21회 한국고 고학전국대회.

_____, 2008, 「한국 초기 도작문화 연구」, 전남대학교 대학원 석사학위논문.

_____, 2012, 『신창동유적의 木器와 漆器 : 중국 및 일본과 비교』, 광주 신창동유적 사 적지정 20주년기념 국제학술심포지엄, 국립광주박물관.

조현종·박영만, 2009, 『광주 신창동 저습지유적 출토 식물과 동물 : 분석과 해석』, 국립 광주박물관.

조현종·신상효·장제근, 1996, 『광주 운남동유적』, 국립광주박물관.

_____, 1997, 『광주 신창동 저습지유적』 1, 국립광주박물관.

조현종·은화수, 2013, 『화순 대곡리 유적 : 국보 제143호 청동기 출토』, 국립광주박물관.

조현종·은화수 외, 2011, 『해남 용두리 고분』, 국립광주박물관.

조현종·장제근, 1992, 『광주 신창동유적』, 국립광주박물관.

조화룡, 1987,『한국의 충적평야』, 교학사.

주보돈, 1990,「한국 고대국가형성에 대한 연구사적 검토」,『한국고대국가의 형성』, 민
　　　　음사.

＿＿＿, 1996,「마립간시대 신라의 지방통치」,『영남고고학』19.

＿＿＿, 2000,「백제의 영산강유역 지배방식과 전방후원분 피장자의 성격」,『한국의
　　　　전방후원분』, 충남대학교 출판부.

지건길, 1983,「지석묘사회 복원에 관한 일고찰」,『이화사학연구』13·14, 이화여자대
　　　　학교.

＿＿＿, 1990,「남해안지방 漢代 화폐」,『(창산김정기박사)화갑기념논총』, 창산김정기
　　　　박사 화갑기념논총 간행위원회.

지건길·조현종, 1989·1990,『돌산송도』Ⅰ·Ⅱ, 국립광주박물관.

차용걸 외, 1994,『청주 송절동 고분군』, 충북대학교박물관.

천관우, 1976a,「삼한의 국가형성(上)」,『한국학보』2.

＿＿＿, 1976b,「삼한의 국가형성(下)」,『한국학보』3.

＿＿＿, 1977·1978,「가야사의 복원」(상·중·하),『문학과 지성』28·29·31, 문학과 지성사.

＿＿＿, 1979,「마한제국의 위치시론」,『동양학』9.

천관우 편, 1975,『한국상고사의 쟁점』, 신동아 심포지움, 일조각.

천선행, 2005,「한반도 돌대문토기의 형성과 전개」,『한국고고학보』57, pp.61~97.

＿＿＿, 2007,「조기설정과 시간적 범위」,『발표요지』, 한국청동기학회 제1회 학술대회.

최광식, 1990,「고대국가형성에 대한 연구사적 검토」,『역사비평』봄호, pp.253~262

최몽룡, 1978,「전남지방소재 지석묘의 형식과 분류」,『역사학보』78.

＿＿＿, 1981,「전남지방 지석묘사회와 계급의 발생」,『한국사연구』35.

＿＿＿, 1983,「한국고대국가형성에 대한 일고찰-위만조선의 예-」,『김철준박사회갑기
　　　　념논총』.

＿＿＿, 1986,「고고학적 측면에서 본 마한」,『마한·백제문화』9.

＿＿＿, 1987,「고고학적인 측면에서 본 마한」,『마한·백제문화연구의 성과와 과제』,
　　　　제9회 마한·백제문화 국제학술대회, pp.55~61.

＿＿＿, 1988,「반남면 고분군의 의의」,『나주 반남면 고분군』, 국립광주박물관.

＿＿＿, 1990,「전남지방 삼국시대 전기의 고고학 연구현황」,『한국고고학보』24, 한

국고고학회.

_____, 1992,「한국 철기시대의 시대구분」,『국사관논총』50, 국사편찬위원회.

_____, 1993,「철기시대 -최근 15년간의 연구성과」,『한국사론』23, 국사편찬위원회.

_____, 1996,「한국의 철기시대」,『동아시아의 철기문화 -도입기의 제양상』, 국립문화재연구소.

_____, 1997a,「나주지역 고대사회의 특성」,『나주 마한문화의 형성과 발전』, 나주시·전남대학교박물관.

_____, 1997b,「철기시대의 시기구분」,『한국사』3, 국사편찬위원회.

_____, 2006,「다원론의 입장에서 본 한국 청동기·철기시대의 새로운 연구방향」,『한국 고고학·고대사의 신연구』, 주류성출판사.

최몽룡 역, 1989,『원시국가의 진화』(Jonathan Hass 저), 민음사.

최몽룡·최성락편, 1997,『한국고대국가형성론 - 고고학상으로 본 국가 -』, 서울대학교출판부.

최미숙, 2001,「전남지방 철기시대 주거지연구」,『지방사와 지방문화』4-2, 역사문화학회, pp.9~61.

최병현, 1990,「충북 진천지역 백제토기요지군」,『백제시대의 요지연구』, 문화재연구소.

_____, 1998,「원삼국토기의 계통과 성격」,『한국고고학보』38, 한국고고학회.

_____, 2002,「주구묘·분구묘 소관 -최완규교수의 '전북지방 주구묘' 토론에 붙여-」,『동아시아의 주구묘』, 호남고고학회.

최복규, 1974,「한국에 있어서 중석기 문화의 존재가능성」,『백산학보』16, 백산학회.

_____, 1983,「중석기문화」,『한국사론』12, 국사편찬위원회.

최성락, 1982,「방사성탄소측정연대 문제의 검토」,『한국고고학보』13, 한국고고학회.

_____, 1986,「선사유적·고분」,『해남군의 문화유적』, 목포대학교박물관.

_____, 1987a,「해남 백포만일대의 선사유적」,『최영희선생 화갑기념 한국사학 논총』, 탐구당.

_____, 1987b,「전남지방 무문토기문화의 성격」,『김원용교수 정년기념 논총』.

_____, 1987c,『海南 郡谷里貝塚』Ⅰ, 목포대학교박물관.

_____, 1988a,「원삼국기 토기의 편년과 문제점」,『영남고고학』5, 영남고고학회.

_____, 1988b,「흑산도지역의 선사유적」,『도서문화』6, 목포대학교 도서문화연구소.

_____, 1990a, 「서해안 도서지방의 선사문화」, 『도서문화』7, 목포대학교 도서문화연구소.

_____, 1990b, 「전남지방의 마한문화」, 『마한·백제문화』12, 원광대학교 마한·백제연구소.

_____, 1991, 「한국 철기문화의 형성과정에 대한 연구 -남부지방을 중심으로-」, 『발표요지』, 제5회 한국상고사학회 학술발표회.

_____, 1993a, 「원삼국시대 패총문화-연구성과 및 제문제」, 『한국고고학보』29, 한국고고학회.

_____, 1993b, 『한국 원삼국문화 연구-전남지역을 중심으로-』, 학연문화사.

_____, 1995a, 「한국고고학에 있어서 시대구분론」, 『아세아고문화 -석계 황용훈교수 정년기념 논총』, 학연문화사.

_____, 1995b, 「한국고고학에 있어서 전파론적 해석」, 『한국상고사학보』19, 한국상고사학회, pp.177~194

_____, 1996a, 「전남지방에서 복합사회의 출현」, 『백제논총』5, 백제개발연구원, pp.47~76.

_____, 1996b, 「와질토기론의 비판적 검토」, 『영남고고학』19, 영남고고학회.

_____, 1997, 「톰센과 삼시대법」, 『인물로 본 고고학사』, 한울 아카데미.

_____, 1998, 「철기시대의 설정과 문제점」, 『박물관연보』7, 목포대학교박물관.

_____, 1999, 「전방후원형 고분의 연구현황과 문제점」, 『박물관연보』8, 목포대학교박물관, pp.7~18.

_____, 2000a, 「전남지역 고대문화의 성격」, 『국사관논총』91, 국사편찬위원회, pp.89~124.

_____, 2000b, 「고대사연구와 고고학」, 『지방사와 지방문화』2, 역사문화학회.

_____, 2000c, 「호남지역의 철기시대 -연구현황과 과제」, 『호남고고학보』11, 호남고고학회, pp.7~27.

_____, 2000d, 「영산강유역 고대문화의 형성배경」, 『지방사와 지방문화』3-1, 역사문화학회, pp.35~57.

_____, 2000e, 「국가형성 배경에 대한 고고학적 평가 -1~3세기 백제지역을 중심으로-」, 『동아시아 1~3세기의 고고학 -고고학연구의 쟁점』, 국립문화재연구소 제

9회 국제학술대회.

_____, 2001, 「마한론의 실체와 문제점」, 『박물관연보』 9, 목포대학교박물관, pp.11
~25.

_____, 2002a, 「전환기 고고학의 의미와 과제」, 『전환기의 고고학Ⅰ』, 학연문화사.

_____, 2002b, 「철기시대 토기의 실체와 연구방향」, 『지방사와 지방문화』 5-2, 역사문
화학회.

_____, 2002c, 「삼국의 성립과 발전기의 영산강유역」, 『한국상고사학회』 37, 한국상
고사학회, pp.87~107.

_____, 2004a, 「전방후원형 고분의 성격에 대한 재고」, 『한국상고사학보』 44, 한국상
고사학회.

_____, 2004b, 「"초기철기시대·원삼국시대 재론"에 대한 반론」, 『한국고고학보』 54,
한국고고학회.

_____, 2005, 「고고학에서 본 고대 한일 문화교류의 쟁점」, 『북방사논총』 8, 고구려
문화재단.

_____, 2006a, 「나주 복암리 3호분의 분형과 축조과정」, 『나주 복암리 3호분과 영산
강 유역 고대문화』, 나주 복암리 3호분 발굴 10주년 기념학술대회, 국립나주문
화재연구소.

_____, 2006b, 「일본 야요이시대 연대문제에 대하여」, 『한국고고학보』 58, 한국고고
학회, pp.146~164.

_____, 2007, 「분구묘의 인식에 대한 검토」, 『한국고고학보』 62, 한국고고학회, pp.114
~132.

_____, 2008a, 「복암리 3호분의 분형과 축조과정」, 『영산강유역 고대문화의 성립과
발전』, 국립나주문화재연구소 편, pp.27~71.

_____, 2008b, 「영산강유역 고대사회의 실체 -해석의 관점에 대한 논의-」, 『지방사와
지방문화』 11-2, 역사문화학회.

_____, 2008c, 「한국고고학 선·원사 시대구분 재론」, 『한국고고학보』 67, 한국고고학회.

_____, 2009a, 「영산강유역 고분연구의 검토-고분의 개념, 축조방법, 변천을 중심으로
-」, 『호남고고학보』 33, 호남고고학회.

_____, 2009b, 「해양교류의 시작, 해남반도의 고고학적 연구성과」, 『해양교류의 시

작』, 목포대학교박물관 특별전.

_____, 2010, 「고분을 통해서 본 영산강유역의 고대사회」, 『6-7세기 영산강유역과 백제』, 국립문화재연구소·동신대학교문화박물관.

_____, 2011a, 「고분을 통해서 본 영산강유역 고대사회」, 『박물관 연보』 19, 목포대학교박물관.

_____, 2011b, 「영산강유역 고대사회의 실체」, 『고고학지』 17-허공한병삼관장10주기 추도집, 국립중앙박물관.

_____, 2013a, 「경질무문토기의 개념과 성격」, 『박물관연보』 21, 목포대학교박물관.

_____, 2013b, 「호남지역 초기철기시대와 원삼국시대 연구현황과 전망」, 『호남고고학보』 45, 호남고고학회.

_____, 2014, 「영산강유역 고분연구의 검토 II -고분을 바라보는 시각을 중심으로-」, 『지방사와 지방문화』 17-2, 역사문화학회.

_____, 2017a, 「호남지역 철기문화의 형성과 변천」, 『도서문화』 49, 목포대학교 도서문화연구원.

_____, 2017b, 「영산강유역 고대사회와 백제에 의한 통합과정」, 『지방사와 지방문화』 20, 역사문화학회.

최성락·고용규, 1993, 『승주 우산리 내우지석묘』, 목포대학교박물관.

최성락·고용규·이영철·최미숙·김미연·한미진, 2002, 『함평 중랑유적 I』, 목포대학교박물관.

최성락·김건수, 2000, 『영광 학정리·함평 용산리유적』, 목포대학교박물관.

_____, 2002, 「철기시대 패총의 형성배경」, 『호남고고학보』 15, 호남고고학회.

최성락·김경칠·정일·한옥민·이경림, 2006, 『나주 랑동유적-나주 복암리고분 전시관건립부지내-』, 전남문화재연구원·나주시.

최성락·김민근, 2015, 「영산강유역 석관분의 등장과정과 그 의미」, 『지방사와 지방문화』 18-2, 역사문화학회, pp.7~40.

최성락·김성미, 2012, 「원통형토기의 연구현황과 과제」, 『호남고고학보』 42, 호남고고학회.

최성락·김진영·백명선, 2008, 『해남 황산리 분토유적 I』, 전남문화재연구원.

최성락·박철원·최미숙, 2000, 『장흥 지천리유적』, 목포대학교박물관.

_____, 2001,『함평 월야 순촌유적』, 목포대학교박물관.

최성락·이영철·한옥민, 1999,『무안 인평 고분군』, 목포대학교박물관.

최성락·이영철·한옥민·김영희, 2001,『영광 군동유적 -라지구 주거지·분묘-』, 목포대학
　　　교박물관.

최성락·이영철·한옥민·윤효남, 2002,『함평 중랑 유적 Ⅱ』, 목포대학교박물관.

최성락·이정호, 1993,「선사유적·고분」,『함평군의 문화유적』, 목포대학교박물관.

최성락·이정호·박철원·이수진, 2004,『나주 오량동 가마유적』, 목포대학교박물관·동신
　　　대문화박물관.

최성락·이정호·윤효남, 2000,「나주 송제리 석실분 실측조사」,『자미산성』, 목포대학
　　　교박물관.

_____, 2002,『무안 고절리 고분』, 목포대학교박물관.

최성락·이헌종·2001,『함평 당하산유적』, 목포대학교박물관.

최성락·정영희·고용규·김영훈, 2004,『장흥 오복리유적-탐진다목적댐 수몰지역 문화
　　　유적Ⅳ』, 목포대학교박물관·한국수자원공사.

최성락·조근우, 1991,『영암 옥야리 고분』, 목포대학교박물관.

_____, 1995,「완도군의 선사유적·고분」,『완도군의 문화유적』, 목포대학교박
　　　물관.

최성락·조근우·박철원, 1992,『무안 월암리 지석묘』, 목포대학교박물관.

최성락·한옥민·한미진, 2004,『영암 금계리 유적』, 목포대학교박물관.

최영주, 2009,「삼국시대 토기연통 연구 -한반도와 일본열도를 중심으로-」,『호남고고
　　　학보』31, 호남고고학회, pp.39~74.

_____, 2015,「마한 방대형·원대형 분구묘의 등장 배경」,『마한 분구묘의 기원과 발
　　　전』, 마한연구원.

최완규, 1996a,「익산 영등동 주구묘」,『발표요지』, 제39회 전국역사학대회, 343~352.

_____, 1996b,「주구묘의 특징과 제문제」,『고문화』49, 한국대학박물관협회.

_____, 1996c,「전북지역 고분의 분구」,『호남지역 고분의 분구』, 제4회 호남고고학회
　　　학술대회.

_____, 1997a,「호남지방 주구묘의 제문제」,『호남고고학의 제문제』, 제21회 한국고
　　　고학 전국대회, pp.11~35.

_____, 1997b,『금강유역 백제고분의 연구』, 숭실대학교 박사학위논문.

_____, 1998,「백제고분의 수용과 전개」,『한국상고사학회 학술발표회 자료집』No.4, 한국상고사학회.

_____, 2000a,「마한묘제의 최근 조사 및 연구동향」,『삼한의 마을과 무덤』, 제9회 영남고고학 학술발표회, pp.39~58.

_____, 2000b,「호남지역 마한분묘 유형과 전개」,『호남고고학보』11, 호남고고학회, pp.113~160.

_____, 2002a,「백제의 형성과 발전기의 금강유역」,『삼국의 형성과 발전기의 남부지방』, 제27회 한국상고사학회 학술발표대회, pp.33~60.

_____, 2002b,「전북지방의 주구묘」,『동아시아의 주구묘』, 호남고고학회.

_____, 2002c,『익산 율촌리 분구묘』, 원광대학교 마한·백제연구소.

_____, 2005,「분묘유적에서 본 익산세력의 전통성」,『고대 도성과 익산 왕궁성』, 제17회 마한·백제문화 국제학술대회, 원광대학교 마한·백제문화연구소.

_____, 2006,「분구묘 연구의 현황과 과제」,『분구묘·분구식 고분의 신자료와 백제』, 제49회 전국역사학대회 고고학부발표자료집, 한국고고학회.

_____, 2016,「전북지역 마한·백제묘제의 양상과 그 의미」,『백제학보』18, 백제학회.

최완규·김종문·김규정, 2001,『익산 영등동 유적』, 원광대학교 마한·백제연구소.

최완규·김종문·조규택, 2000,『고창의 분구묘 -분포 및 실측조사 보고서-』, 원광대학교 마한·백제문화연구소·고창군.

최재석, 1998,『일본 고대사의 진실』, 일지사.

최정필, 1997,「신진화론과 한국상고사 해설의 비판에 대한 재검토」,『한국고대국가형성론』, 최몽룡·최성락 편, 서울대학교 출판부.

최종규, 1991,「무덤으로 본 삼한사회의 구조 및 특징」,『한국고대사론총』2, 한국고대사연구소.

_____, 1993,「韓國, 中期古墳の性格に對する若干の考察」,『古代文化』36, 古代學協會, pp.17~37.

충남대학교 백제연구소, 1997,『마한사의 새로운 인식』, 제1회 백제연구 국내학술회의.

_____, 1999,『한국의 전방후원분』, 백제연구 한·일 학술회의.

충청북도문화재연구원, 2013,「충북옥산생활체육공원조성부지내문화재발굴조사」, 전문가검토회의자료.

하승철, 2011, 「외래계 문물을 통해서 본 고성 소가야의 대외교류」, 『가야의 포구와 해상활동』, 주류성.

_____, 2014, 「전남 서남해지역과 가야지역의 교류양상」, 『전남 서남해지역의 해상교류와 고대사회』 전남문화예술재단 전남문화재연구소.

하인수, 1997, 「영선동식토기 소론」, 『영남고고학보』 21, 영남고고학회.

_____, 2001, 「신석기시대 대외교류 연구」, 『박물관연구론집』 8, 부산박물관, 2001.

하진영, 2015, 「호남지역 경질무문토기의 편년과 성격」, 전북대학교 대학원 석사학위논문.

학연문화사, 2015, 『마한 분구묘 비교 검토』, 마한연구원 총서 1.

한국고고학회, 2006, 『분구묘·분구식 고분의 신자료와 백제』, 제49회 전국역사학대회 고고학부 발표자료집.

_____, 2007a, 『한국고고학강의』, 사회평론.

_____, 2007b, 『계층사회와 지배자의 출현』, 한국고고학회 편, 사회평론.

_____, 2008, 『국가 형성의 고고학』, 한국고고학회 편, 사회평론.

_____, 2010, 『한국고고학 강의』(개정판), 사회평론.

_____, 2014, 『한국고고학의 신지평』(자유패널 1분과 마한 분구묘 사회의 비교검토), 제38회 한국고고학전국대회.

한국상고사학회, 1996, 『고고학과 이론 -고고학상으로 본 국가』, 제15회 한국상고사학회학술발표회.

한국해양연구소, 1994, 『제4기 해수면 변화의 모델개발 및 퇴적환경변화에 대한 종합연구 3』, 과학기술처.

한병삼, 1992, 「동북아 고대문화에 있어서의 원삼국 초기문화 -창원 다호리유적을 중심으로-」, 『동북아 고대문화의 원류와 전개』, 제11회 마한·백제문화국제학술대회.

한수영, 1996, 「한반도 서남부 지역 토광묘에 대한 연구」, 전북대학교 대학원 석사학위논문.

_____, 1998, 「군산지역 패총의 현황과 그 성격」, 『호남지역의 신석기문화』, 제6회 호남고고학회 학술대회자료집, 호남고고학회.

_____, 2011, 「만경강유역의 점토대토기문화기 목관묘 연구」, 『호남고고학보』 39, 호남고고학회.

_____, 2015, 「전북지역 초기철기시대 분묘 연구」, 전북대학교 대학원 박사학위논문.

_____, 2016, 「초기철기문화의 전개양상—전북혁신도시를 중심으로」, 『고고학으로 밝혀 낸 전북혁신도시』, 제24회 호남고고학회 학술대회, 호남고고학회.

한신대학교박물관 2008, 「서울 풍납토성 경당지구 2차 지도위원회의 자료.

한영우, 2004, 『다시 찾는 우리의 역사』, 경세원.

한영희·함순섭, 1993, 「천안 청담동 제4차 발굴조사보고」, 『청당동』, 국립중앙박물관,

한옥민, 2001, 「전남지방 토광묘 성격에 대한 고찰」, 『호남고고학보』 13, 호남고고학회, pp.65~100.

_____, 2016a, 「영산강유역 고분의 분형 변천과 내용」, 『한일의 고분』, 한일교섭의 고고학-삼국·고분시대-연구회.

_____, 2016b, 「축조공정을 통해 본 영산강유역 제형분구의 성격과 의미」, 『한국상고사학보』 91, 한국상고사학회.

_____, 2016c, 「영산강유역 고분의 분형과 축조과정 연구」, 목포대학교 박사학위논문.

_____, 2016d, 「군곡리 패총 연대론 재조명 –경질찰문토기를 중심으로-」, 『해남 군곡리 패총의 재조명』, 해남 군곡리패총 발굴 30주년 기념 학술대회, 목포대학교 박물관.

한우근, 1970, 『한국통사』, 을류문화사.

한윤선, 2010, 「전남 동부지역 1~4세기 주거지 연구」, 순천대학교 대학원 석사학위논문.

함순섭·김재홍, 1995, 「천안 청담동유적 1단계 조사보고」, 『청당동』 Ⅱ, 국립중앙박물관, pp.1~198.

허진아, 2011, 「주거자료를 통해 본 호남지역 원삼국시대 지역성」, 『한국상고사학보』 74, 한국상고사학회.

호남고고학회, 1995, 『군산지역의 패총』, 제3회 호남고고학회 학술대회 및 연합전시, 호남고고학회·원광대학교박물관.

_____, 1997, 『호남지역 고분의 내부시설』, 제5회 호남고고학회 학술대회.

_____, 2002, 『동아시아의 주구묘』, 호남고고학회 창립 10주년 기념 국제학술대회.

_____, 2007,『교류와 갈등 -호남지역의 백제, 가야, 그리고 왜-』, 제15회 호남 고고학 정기 학술대회.

_____, 2016,『고고학으로 밝혀 낸 전북혁신도시』, 제24회 호남고고학회 학술 대회, 호남고고학회·국립전주박물관.

호남문화재연구원, 2000.「나주 공산우회도로 구간내 문화유적 시굴 및 발굴조사 현장 설명회 자료집」.

_____, 2002,「아산-고창간 도로공사구간내 만동유적 발굴조사 현장설명 회 자료집」.

_____, 2003,「함평~함평IC간 도로확·포장공사구간내 문화유적 발굴조사 지도위원회의 및 현장설명회 자료집」.

_____, 2004,『고창 만동유적』.

_____, 2005,『광주 외촌유적』.

_____, 2006a,『장흥 상방촌B유적』.

_____, 2006b,『나주 방축·상잉유적』.

_____, 2006c,『군산 축동유적』.

_____, 2007a,『담양 서옥고분군』.

_____, 2007b,『나주 영천유적』.

_____, 2007c,『나주 장등유적』.

_____, 2007d,『광주 동림동유적』Ⅰ-Ⅲ.

_____, 2008a,『광주 수문유적』.

_____, 2008b,『광주 하남동유적』Ⅰ-Ⅲ.

_____, 2008c,『전주 마전유적』Ⅵ.

_____, 2009a,『광주 산정·기용유적』.

_____, 2009b,『광주 용강·용곡·금곡유적』,

_____, 2010a,『담양 태목리유적』Ⅰ-Ⅱ.

_____, 2010b,『장성 환교유적』Ⅰ-Ⅱ.

_____, 2012,『광주 평동유적』.

_____, 2013,『전주 중동유적』.

홍밝음, 2010,「호남지역 청동기시대 전기 주거지의 변천과정」,『호남고고학보』36,

호남고고학회.

홍보식, 1991,「백제·가야·신라지역의 횡혈·횡구식석실의 형식과 편년」,『제5회 부산-구주 고고학공동연구회 연구발표 자료』, 부산대학교박물관.

_____, 1992,「영남 지역의 횡구식, 횡혈식석실묘 연구」, 부산대학교 대학원 석사학위 논문.

_____, 1993,「백제 횡혈식석묘의 형식분류와 대외전파에 관한 연구」,『박물관연구론집』2, 부산직할시립박물관.

_____, 1994,「竪穴式石槨墓의 型式分類와 編年」,『伽倻古墳의 編年 硏究 Ⅱ』, 嶺南考古學會.

_____, 1999,「飛鳥·白鳳の瓦と土器-年代論-」,『シンポジウム』, 帝塚山大學考古學硏究 所歷史考古學硏究會·古代の土器硏究會.

_____, 2004a,「金官加耶와 倭」,『國立歷史民俗博物館硏究報告』110, 국립역사민속박물관, pp.435~460.

_____, 2004b,「일본 출토 신라토기와 羅日交涉」,『한국상고사학보』46, 한국상고사학회, pp.179~208.

_____, 2005,「영산강유역 고분의 성격과 추이」,『호남고고학보』21, 호남고고학회.

_____, 2006,「한반도 남부지역의 왜계 요소 -기원후 3-6세기대를 중심으로-」,『한국고대사연구』44, 한국고대사학회, pp.21~58.

_____, 2011,「한반도 남부지역의 왜계 횡혈식석실의 구조와 계통」,『한반도의 전방후원분』, 학연문화사.

_____, 2014,「신라·가야계유물 연대론」,『영산강유역 고분 토목기술의 여정과 시간을 찾아서』, 대한문화재연구원 2014 하반기 국제학술대회.

홍성화, 2009,「고대 영산강유역세력에 대한 검토」,『백제연구』51, 충남대학교 백제연구소.

홍형우, 1994,「한국고고학에서 외국이론의 수용 -족장사회에 대한 일고찰-」,『한국상고사학보』15, 한국상고사학회, pp.497~511.

황상일, 1992,「규조분석」,『일산 신도시 개발지역 학술조사보고』Ⅰ.

황상일·윤순옥, 1999,「大邱盆地의 先史 및 古代의 인간생활에 미친 HOLOCENE 자연환경변화의 영향」,『韓國考古學報』41, pp.1~36.

한국해양연구소, 1994,『제4기 해수면변화의 모델개발 및 퇴적환경변화에 대한 조합
    연구(Ⅲ)』, 과학기술원.

2. 국외

トムセン(田淵義三郞譯) 1969,「異敎的古物の時代區分」,『古代學』8-3.

岡崎敬 1971,「日本考古學の方法」,『古代の日本』9, 角川書店.

岡內三眞, 1996,「前方後圓墳の築造モデル」,『韓國の前方後圓形墳』(岡內三眞編), 雄
    山閣.

_____, 2004,「東北式銅劍の成立と朝鮮半島への傳播」,『彌生時代の實年代 炭素
    14年 をめぐって』, 學生社.

岡內三眞編, 1996,『韓國の前方後圓形墳』, 雄山閣.

江上波夫, 1949,「日本民族=文化의 原流와 日本國家의 形成」,『民族學硏究』13-3.

_____, 1967,『騎馬民族國家』, 中央公論社, 東京.

江坡輝彌, 1976,「朝鮮半島櫛目文土器文化と西九州地方繩文文化」,『考古學ジセ-ナ
    ル』128.

江坡輝彌, 1987,「韓國に前方後圓墳は存在するのか」,『知識』72.

高倉洋彰, 2003,「彌生時代開始の新たな年代觀をめぐって」,『考古學ジャ-ナル』510,
ニュ-サイエンス社.

高久健二, 1992,「한국출토동모의 전파과정에 대한 연구」,『고고역사학지』8, 동아대
    학교박물관.

古門誼高, 2000,「古代日本(九州)의 支石墓」,『진주 남강유적과 고대일본』, 인제대학
    교 가야문화연구소.

高田貫太, 2003,「5, 6세기 낙동강이동지역과 일본열도의 교섭에 관한 예찰」,『한국고
    고 학보 50』, 한국고고학회, pp.97~120.

_____, 2014,「영산강유역 왜계고분의 출현과 동향」,『영산강유역 고분 토목기술의
    여정과 시간을 찾아서』대한문화재연구원 2014년 하반기 국제학술대회.

古川博恭, 1972,「濃尾平野の沖積層-濃尾平野の硏究, その1-」『地質學論集』7, 39~59.

光谷拓實, 2004,「彌生時代の年輪年代」,『彌生時代の實年代 炭素14年代をめぐって』,
    學生社.

廣瀨雄一, 2005,「對馬海峽을 사이에 둔 韓日新石器時代의 交流」,『한국신석기연구』, 한국신석기연구회, 41~53.

橋口達也, 1979,「甕棺副葬品からみた彌生時代實年代」,『九州自動車道關係埋藏文化財調査報告』, 九州歷史資料館.

＿＿＿＿＿, 2002.「朝鮮三國時代における墓制の地域性と被葬者集團」,『考古學研究』49-3, 考古學研究會.

龜田修一, 2003,「渡來人の考古學」,『七隈史學』4, 七隈史學會.

＿＿＿＿＿, 2005,「百濟の考古學と倭」,『古代を考える 日本と朝鮮』(武田幸男編), 吉川弘文館.

國立歷史民俗博物館, 2004,『彌生農耕の起源と東アジア』, 國立歷史民俗博物館國際研究集會 2004-3.

宮本一夫, 2004,「靑銅器と彌生時代の實年代」,『彌生時代の實年代 炭素14年代をめぐって』, 學生社.

近藤義郎, 1977,「古墳以前の墳丘墓-楯築遺蹟をぬぐっで」,『岡山大學法文學部學術紀要』37.

＿＿＿＿＿, 1995,『前方後圓墳と 彌生墳丘墓』, 靑木書店.

＿＿＿＿＿, 2001,『前方後圓墳に學ぶ』, 京都: 山川出版社.

今村峯雄, 2004a,「AMS炭素年代測定法 曆年較正」,『季刊考古學』88, 雄山閣.

＿＿＿＿＿, 2004b,「世界レベルの年代研究へ」,『彌生時代の實年代 炭素14年代をめぐって』, 學生社.

吉井秀夫, 1996,「橫穴式 石室墳의 收用樣相으로 본 百濟의 中央과 地方」,『百濟의 中央과 地方』, 제8회 백제연구 국제학술대회.

＿＿＿＿＿, 2002,「朝鮮三国時代における墓制の地域性と被葬者集団」,『考古学研究』第49巻 第3号.

大貫靜夫, 2003,「松菊里石棺墓出土の銅劍を考えゐための10の覺え書き」,『第15回東古代史·考古學研究會交流會豫稿集』, 東北亞細亞考古學研究會.

大竹弘之, 2001,「韓國全羅南道の圓筒形土器-いわゆる埴輪形土製品をめぐって-」,『朝鮮學報』179, 朝鮮學會.

渡邊 誠, 1984,「先史漁具を通して見に東アジア文化交流」,『列島の文化史』

渡辺誠, 1991,『茨城県 福田(神明前)貝塚』, 古代學協会, 古代學研究所, 京都.

都出比呂志, 1979,「前方後圓墳出現期の社會」,『考古學研究』26-3.

東 潮, 1992,「朝鮮渡來の文物」,『吉備の考古學的研究』, 山陽新聞社出版局.

_____, 1995,「榮山江流域と慕韓」,『展望考古學』, 考古學研究會.

_____, 1996,「慕韓과 辰韓」,『碩晤尹容鎭教授停年退任記念論叢』.

_____, 2001,「倭と榮山江流域-倭韓の前方後圓墳をめぐって-」,『朝鮮學報』179, 朝鮮
      學會.

藤尾愼一朗・今村峯雄, 2004,「炭素14年代とリザ-バ-效果-西田茂氏の批判に應えて-」,
『考古學研究』50-4(200号), 考古學研究會, pp.3~8.

鈴木公雄, 1988,『考古學入門』, 東京大學 出版部.

柳田康雄, 1992,「원삼국시대에 한반도 남부에서 보이는 일본문화」,『삼한・삼국시대
한・일간의 문화교류』, 제7회 한국상고사학회 학술발표회.

_____, 2004,「日本・朝鮮半島の中國式銅劍と實年代論」,『九州歷史資料館研究論
      集』29, 九州歷史資料館.

梅原末治, 1959,「羅州潘南面の寶冠」『朝鮮學報』14.

木村幾多郎, 1992,「貝輪と埋葬人骨」,『季刊考古學』38.

木下 亘, 2003,「韓半島 出土 須惠器(系)土器에 대하여」,『백제연구』37, 충남대학교
      백제연구소.

武末純一, 1991,「서일본의 와질토기-구주를 중심으로-」,『日・韓交涉의 考古學』, 六
      興出版.

_____, 2002,『彌生の村』, 日本史リブレット3, 山川出版社.

_____, 2004,「彌生時代前半期の曆年代」,『福岡大學考古學論文集-小田富士雄先
      生退職 記念-』, 小田富士雄先生退職記念事業會.

_____, 2005,『韓国無文土器・原三国時代の集落構造研究』, 福岡大学人文学部, 福岡.

_____, 2008,「일본 출토 영산강유역 관련 고고학 자료의 성격」,『고대 영산강유역
      과 일본의 문물교류』, (사)왕인박사현창협의회.

門田誠一, 1990,「韓半島における墳丘墓の形成」,『季刊考古學』33, 東京: 雄山閣.

白石太一郎, 1992,「總論」,『古墳時代の研究 12-古墳の造られた時代』, 東京: 雄山閣.
      查報告 31-中卷』, 福岡縣教育委員會.

_____, 2003,「炭素14年代測定法による彌生時代の年代論に關連して」,『日本考古學』16, 日本考古學協會

北條芳隆, 2000,「전방후원분의 전개와 그 다양성」,『한국의 전방후원분』, 충남대학교 출판부.

山尾幸久, 2001,「5, 6世紀の日朝關係-韓國の前方後圓墳の一解釋」,『朝鮮學報』179, 朝鮮學會, pp.1~43.

山本武夫, 1980,「二, 三世紀の氣候」,『三世紀の考古學』上, 學生社.

山岸良二編, 1991,「墳丘墓」,『原始·古代日本の墓制』, 東京: 同成社

森岡秀人, 2005,「新しい年代論と新たなパラダイム」,『古墳のはじまりを考える』(金關恕 外), 學生社.

衫原莊介, 1955,「彌生文化」,『日本考古學講座』4, 河出書房.

森浩一, 1984,『韓國の前方後圓墳』, 社會思想史.

西谷正, 1999,「前方後圓墳을 통해서 본 南道와 日本과의 關係」,『嶺·湖南의 古代 地方社會』, 창원대학교박물관.

_____, 2001,「韓國の前方後圓墳をめぐる諸問題」,『朝鮮學報』179, 朝鮮學會.

_____, 2004,「考古學からみた彌生時代の始まり」,『科學が海き明かす古代の歷史-新世紀 の考古科學』, 第18會「大學と科學」公開シンポジウム講演收錄集.

西田茂, 2003,「年代測定値への疑問」,『考古學研究』50-3(199号), 考古學研究會, pp.18~20.

徐苹芳, 1993,「東アジアの墳丘墓-中國古代の墳丘墓」,『古墳時代の研究 13-東アジアの 中の古墳文化』, 東京: 雄山閣.

石川日出志, 2003,「彌生時代曆年代論とAMS年代法」,『考古學ジャ-ナル』510, ニュ-サイエンス社.

_____, 2004,「炭素14年代の解釋」,『彌生時代の實年代 炭素14年代をめぐって』, 學生社, pp.167~172.

小林謙一, 2004,「試料採取と前處理」,『季刊考古學』88, 雄山閣.

小林行雄, 1951,『日本考古學概說』, 創元社.

小原哲, 1987,「朝鮮 櫛目文土器의 變遷」,『東아시아의 考古와 歷史』.

小栗明彦, 1997,「光州月桂洞1號墳出土埴輪의 評價」,『古代學研究』137.

_____, 2000, 「全南地方 出土 埴輪의 意義」, 『백제연구』32, 충남대학교 백재연구소.

小田富士雄, 1997, 「韓國の前方後圓形墳-硏究史的 展望と課題-」, 『福岡大學人文論叢』28-4.

小田富士雄·韓炳三 編, 1991, 『日·韓交涉の考古學』, 六興出版.

松永悅枝, 2009, 「고분출토 취사용 토기로 본 고대 한일장송의례의 비교 -일본열도 瀨戶內地域을 중심으로-」, 『영남고고학』50, pp.81~109.

安蒜政雄, 2010, 「일본열도에서 본 호남지역의 구석기시대와 문화」, 『빛나는 호남 10만년』, 조선대학교박물관.

呂智榮, 2002, 「중국의 圍溝墓」, 『동아시아의 주구묘』, 호남고고학회 창립 10주년 기념국제학술대회.

鈴木英夫, 2008, 「韓國の前方後圓墳と倭の史的動向」, 『古代日本の異文化交流』, 勉誠出版.

王 巍·茂木雅博, 1990, 「中國の墳丘墓と日本の古墳」, 『季刊考古學』33, 東京: 雄山閣.

有光敎一, 1940, 「羅州潘南面古墳の調査」, 『昭和十三年度古蹟調査報告』, 朝鮮古蹟調査硏究會.

_____, 1980, 「羅州潘南面新村里第九号墳發掘調査記錄」, 『朝鮮學報』94.

柳澤一男, 1993, 「橫穴式石室の導入と系譜」, 『季刊考古學』45, 雄山閣.

_____, 2001, 「全南地方の榮山江型橫穴式石室墳の系譜と前方後圓墳」, 『朝鮮學報』179, 朝鮮學會, pp.173~215.

_____, 2002, 「日本における橫穴式石室受容の一側面 - 長鼓峰類型の石室をめぐって-」, 『淸溪史學』16·17, 韓國精神文化硏究院.

_____, 2006, 「5-6세기 한반도 서남부와 구주」, 『加耶, 洛東江에서 榮山江으로』, 제 12회 가야사국제학술대회.

庄田愼矢, 2005a, 「호서지역 출토 비파형동검과 미생시대 개시연대」, 『호서고고학』12, pp.35~61.

_____, 2005b, 「일본 선사고고학의 시대구분과 연대문제-기원전 1천년기를 중심으로 -」, 『선사와 고대』22, pp.57~70.

井關弘太郎, 1983, 『沖積平野』, 東京大學出版會.

_____, 1989, 「海水準の變動」, 『彌生文化の研究』1(彌生人とその環境), 雄山閣,

pp.148~160.

井上秀雄, 1973,『任那日本府와 倭』, 東出版, 東京.

_____, 1977,『東アジア民族史』1, 平凡社.

田中良之 外, 2004,「彌生人骨を用いたAMS年代測定(豫察)」,『日·韓交流の考古學』, 九州 考古學會·嶺南考古學會.

田中俊明, 1996,「百濟 地方統治에 대한 제문제-5~6세기를 중심으로-」,『百濟의 中央과 地方』, 제8회 백제연구 국제학술대회.

_____, 2000,「영산강유역 전방후원형 고분의 성격>,『영산강유역 고대사회의 새로운 조명』, 역사문화학회.

_____, 2001,「韓國의 前方後圓形古墳の被葬者·造墓集團に對する私見」,『朝鮮學報』179, 朝鮮學會.

潮見浩, 1991,「西日本における鐵器の渡來と鐵生産」,『日·韓交涉의 考古學』, 六興出版.

朝鮮總督府, 1920,『大正六年度 朝鮮古蹟調査報告書』.

佐原眞, 1983,「彌生土器入門」,『彌生土器Ⅰ』, ニュー·サイエンス社.

中國社會科學研究院, 1984,『新中國的考古發現和研究』, 文物出版社.

中山淸隆, 1992,「玄海·日本海をめぐる大型石斧」,『季刊考古學』38.

中村大介, 2004,「方形周溝墓の成立と東アジアの墓制」,『朝鮮古代研究』5, 朝鮮古代研究 刊行會.

千田稔, 2002,『海の古代史-東アジア地中海考』, 角川選書.

靑柳泰介, 2002.「「대벽건물」고-한일관계의 구체상 구축을 위한 일시론-」,『백제연구』35, 충남대학교 백제연구소.

春成秀爾, 2004a,「彌生時代の實年代-過去·現在·將來」,『彌生時代の實年代 炭素14年代を めぐって』, 學生社.

_____, 2004b,「炭素14年代と日本考古學」,『彌生時代の實年代 炭素14年代をめぐって』, 學生社.

_____, 2004c,「炭素14年代と鐵器」,『彌生時代の實年代 炭素14年代をめぐって』, 學生社.

春成秀爾· 今村峯雄編, 2004,『彌生時代の實年代 炭素14年代をめぐって』, 學生社.

春成秀爾·藤尾愼一朗·今村峯雄·坂本稔, 2003,「彌生時代の開始年代-C14年代の測

定結果につ いて-」, 『日本考古學協會 第69會總會研究發表要旨』, 日本考古學協會.

七田忠昭, 2000, 「日韓環壕聚落 變革의 劃期와 要因」, 『진주 남강유적과 고대일본』, 인제대학교 가야문화연구소.

豊橋市教育委員會, 1963, 『文化財調査報告書』.

土生田純之, 1996, 「朝鮮半島の前方後圓墳」, 『人文科學年報』 26, 專修大學人文科學研究所.

_____, 2000, 「韓日 前方後圓墳 비교검토 -석실구조와 장송의례를 중심으로-」, 『한국의 전방후원분』, 충남대학교 출판부.

_____, 2008, 「前方後圓墳をめぐる韓と倭」, 『古代日本の異文化交流』, 勉誠出版.

太田陽子・海津正倫・松島義章, 1990, 「日本における完新世相対的海面変化とそれに関する問題」, 『第四紀研究』 29.

坂本稔, 2004, 「AMSによる炭素14年代法」, 『彌生時代の實年代 炭素14年代をめぐって』, 學生社.

片岡宏二, 1991, 「日本出土の無文土器系土器」, 『日・韓交渉의 考古學』, 六興出版.

和田晴吾, 2002, 「日本列島의 周溝墓」, 『東아시아의 周溝墓』, 호남고고학회 창립 10주년 기념 국제학술대회.

穴澤和光・馬目順一, 1973, 「羅州潘南面古墳群-梅原考古資料による谷井濟一氏發掘遺物の研究-」, 『古代學研究』 70, 古代學研究會.

喜田貞吉, 1921, 「日鮮兩民族同源論」, 『民族と歷史』 6-1.

Aikens, C. M., 1990, "From Asia to America: The First Peopling of the New World," Prehistoric Mongoloid Dispersals, No.7, University of Tokyo, pp.1~34.

Aikens, C. M., and T. Higuchi 1982, Prehistory of Japan, Academic Press.

Barnes, C. L., 1993, China Korea and Japan-The Rise of Civilization in East Asia, Thames and Hudson.

Blanton, R. E., S. A. Kowalewski, G. Feinman, and J. Appel, 1981, Ancient Mesoamerica: A Comparison of Change in Three Regions, Cambridge University Press, Cambridge.

Carneiro, R. L., 1981, "The chiefdom:Precursor of the state," The Transition to Statehood in the New World(ed.Jones and Kautz), Cambridge University Press, pp.37~79.

Champion, Timothy et al, 1984, Prehistoric Europe, Academic Press, Inc.

Chapman, J and H. Hamerow ed., 1997, Migrations and Invasions in Archaeological Explanation, BAR International Series 664.

Chapman, R., 1990, Emerging Complexity: The Later Prehistory of South-east Spain, Iberia and the West Mediterranean. Cambridge University Press, Cambridge.

Chard, C. S., 1974, Northeast Aisa in Prehistory, The University of Wisconsin Press.

Dumond, D. E., 1972, "Population Growth and Political Centralization." Population Growth: Anthropological Implications. edited by B. Spooner, MIT Press, Cambridge, pp.286~310.

Earle, Timothy K, 1987, "Chiefdoms in archaeological and ethnohistorical perspective," Annual Review of Anthropology 16, pp.279~308.

_____, 1991a, "The Evolution of Chiefdoms," Chiefdom:Power, Economy and Ideology (ed.T.Earle), Cambridge University Press, pp.1~15.

_____, 1991b, "Property rights and the evolution of chiefdoms," ibid, 71~99.

_____, 1997, "How Chiefs Come to Power," The Political Ecomomy in Prehistory, Standford University Press.

Flannery, K. V., 1967, "Culture History vs Culture Preocess: A debate in American Archaeology", Scientific American 217, pp.119~122.

_____, 1976, "The Cultural Evolution of Civilization," Annual Review of Ecology and Systemamics, pp.96~118.

Fried, M. H., 1967, The Evolution of Political Society: An Essay in Political Anthropology, Random House, New York.

Graslund, Bo, 1994, The Birth of Prehistoric Chronology, Cambridge University

Press.

Hass, Jonathan, 1982, The Evolution of the Prehistoric State, Columbia University Press.

Johnson, A. W. and T. K. Earle, 1987, The Evolution of Human Societies: From Foraging Group to Agrarian State, Stanford University.

Kim, Won-yong, 1972, "Impact of Ancient Korean Culture upon Japan," Korean Journal 72-6.

Mignon, M. R., 1993, Dictionary of Concepts in Archaeology, Greenwood Press, Westport.

Milisauskas, Sarunas, 1978, European Prehistory, Academic Press.

Morgan, Lewis Henry, 1877, Ancient society, H. Holt and Company.

Naruse T., K. Matsufuji, Heon-Jong Lee, T. Danhara, A. Hayashida, Cheong-Bin Kim, Kang-Min Yu, K. Yata, So-Hee Hwang and K. Ikeda, 2006, 「Preliminary report of the loess-paleosol stratigraphy in Jangdongri Site, Korea」,『영산강유역 구석기고고학과 4기 지질학』, 학연문화사.

Nelson, S. M., 1993, the Archaeology of Korea, Cambridge University Press.

Oberg, K. 1955. Types of social structure among the lowland tribes of South and Central America. American Anthropologist 57, pp.472-488

Park, Yong-Ahn, 1987, "Costal Sedimentation," Geology of Korea.

Phillips, P., 1980, The Prehistory of Europe, Allen Lane, London.

Renfrew, C., 1973, "Monuments, mobilization and social organization in neolithic Wessex," The Explanation of Culture Change: Models in Prehistory(ed. C.Renfrew), pp.539~558.

Rhee, S. N. and M. L. Choi, 1992, "Emergence of Complex Society in Prehistoric Korea," Journal of World Prehistory, vol 6(1), pp.51~95.

Rhee, S. N., C. M. Aikens, Sung-Rak Choi and Hyuk-Jin Ro, 2007, "Korean Contributions to Agriculture, Technology, and State Formation in Japan: Archaeology and History of an Epochal Thousand Years, 400B.C.~A.D.600," Asian Perspectives 46-2, University of Hawaii Press, pp.404~459.

Rouse, I., 1958, "The Inference of Migration from Anthropological Evidence," Migrations in New World Culture History, edited by R.H. Thompson, University of Arizona Press, Tucson, pp.63~68.

Rouse, I., 1986, Migrations in Prehistory, Yale University Press.

Service, E. R., 1962, Primitive Social Organization: An Evolutionary Perspective, Random House, New York.

_____, 1971, Cultural Evolutionism: Theory in Practice, New York: Holt, Rinehart and Winston.

_____, 1975, Origins of the State and Civilization: The Process of Cultural Evolution, Norton, New York.

Sharer, R. J. and W. Ashmore, 1993, Archaeology-Discovering Our Past, Mayfield.

Steponaties, V. P., 1978, "Locational theory and complex chiefdom: A Mississippian example," Mississippi Settlement Patterns (ed. B. D. Smith), Academic Press, pp.417~453.

Tainter, J. A., 1988, The Collapse of Complex Societies. Cambridge University Press, Cambridge.

Willey, G. R. and P. Philips, 1958, Method and Theory in America Archaeology, University of Chicago Press.

ABSTRACT

A Study on the Formation Process of Ancient Society in the Yeongsan River Basin

The aim of this study is exploring the formation process of ancient society by studying excavated archeological evidences and ancient records. For that purpose, I first summarized characteristics of prehistoric culture, examined the nature of Mahan society during the Iron Age and the process of social incorporation into Baekje focusing on mounded tombs. The results of these studies are as follows.

The Prehistoric times of the Yeongsan River basin span from Paleolithic and Neolithic period to Bronze Age. People began living in this region since the middle Paleolithic Age, approximately 100,000 years ago. While Paleolithic sites and artifacts are abundantly found, Neolithic sites are very rare in the Yeongsan River basin and mostly found on islands and coastal areas. Various Bronze Age sites including dolmens are abundantly found that reflect the appearance of social stratification during the mid period and development into the chiefdom society by the late period.

Then, the Iron culture of Honam province began in the Cheonbuk province during the early 2nd century B.C. where the bronze culture was present. The Iron culture is divided into three periods. Sites of the early period (1st period), which dates to the 2nd century B.C., are distributed around the

Mankyeong River basin centered in Iksan and Jeonju. Sites of the middle period (2nd period), presumed to date between the 1st century B.C. and 1st century A.D., are distributed at western seashores and Yeongsan River basin. Sites of the late period (3rd period), which dates from the early 2nd century to the 3rd century, are scattered all over the Honam province. Particularly, the 2nd period stirs up controversy as archaeological sites of this period are very rare in the Cheonbuk province. Some scholars claim that there was a cultural discontinuity because of the gap in the archaeological sites. However, I believe that the fall of the Wiman Joseon led to a big movement of people. That is, the iron making group scattered to all regions of Honnam province and the main power moved to the Yeongnam province.

There is a consensus that the formation of Mahan took place between 3rd and 2nd century B.C. when the Iron culture began, but the disappearance of Mahan is debatable. Specifically, in Yeongsan River basin, some scholars believe that Mahan incorporated into Baekje at the late 4th century, while others believe that Mahan disappeared much later during the early 6th century. As ancient records of Korean, Chinese, and Japanese are contrasting in regards to Mahan, viewpoints of scholars are also disputed. According to the Korean historical perspective, there is no proof that Mahan existed after the 4th century. It seems that Mahan disappeared when the main power of Mahan in the central part of Korea collapsed. Similar to the change of society from Jinhan and Byeonhan into Silla and Kaya, respectively, the Yeongsan River basin was unified by Baekje. In addition, Mahan is a chiefdom society with social stratification.

Additionally, some scholars naming the tombs of the Youngsan River basin as 'Bungumyo' raises many problems. One of which arises from the misconception of the tomb construction method. Bungumyo would not be a correct representation or an appropriate keyword for mounded tombs found in the Yeongsan River basin. Rather, the multiple burial tombs such as Naju Bokam-ri No.3 is a representative example that shows the characteristics of tombs in the Yeongsan River basin.

This study also looked into the transformation of mounded tombs in Yeongsan River basin. Jar-coffin mounded tombs and Wooden-coffin mounded tombs appeared during the end of 3rd century. Jar-coffin mounded tombs were limited to the mid and down stream of Yeongsan River, while wooden-coffin mounded tombs were widely distributed throughout the region. Stone-lined mounded tombs appeared in the southwest coastal region in the first half of the 5th century and in Yeongsan River basin around the mid 5th century with higher mound. By the end of 5th century, stone-chamber mounded tombs as well as keyhole shaped mounded tombs appeared and they went through transition to Baekje style stone-chamber mounded tombs after the mid 6th century.

There are concentration of jar-coffin mounded tombs in the area of Naju Bannam-myeon. In particular, the gold gilt bronze crown and gilt bronze shoes excavated at Sinchonri No. 9 is an example of relationship with Baekje as these artifacts were precious objects given by Baekje. On the other hand, various types of burials were found within a single mound of Naju Bokam-ri No.3, which shows that the area consistently remained as a center of the surrounding region even after it became part of Baekje. Also, many opinions exist on the nature of the Keyhole shaped mounded tomb, but in my view they were most likely built by the indigenous group.

Furthermore, I summarized various viewpoints on the ancient society of the Yeongsan River basin and issues of cultural exchanges with Japan. Through this process, I tried to interpret the ancient culture of the Youngsan River basin from a regional point of view. Also, the issue of cultural exchanges with Japan should be studied objectively from both countries' point of view.

The most controversial period in the ancient society of the Yeongsan River basin is between the late 4th century to the first half of the 6th century. Unlike other theories, I believe that the society of this period already became part of Baekje at the beginning of 4th century. But, the entity of Yeongsan River basin remained as Shinmi-Jegug (新彌諸國, various small countries representing Shinmi), which had existed in this region before it became part of Baekje. The society at this time should be regarded as a complex chiefdom society with advanced stratification.

Finally, this study explores how Baekje advanced into and ruled the Yeongsan River basin. Baekje is believed to have secured a sea route on the southwest coast adjacent to the Yeongsan River basin while interacting with Japan in the late 4th century. However, it is difficult to find evidences of such exchange in the Yeongsan River basin until the 5th century when signs of exchange significantly increases. It is presumed that Baekje ruled the province indirectly, that is, by collecting tributes (貢納的 支配). After Hanseong Baekje collapsed in the year 475, Baekje's influence in the Yeongsan river basin became weak. This is the time when unique cultural phenomenon appeared such as coffin jar within the '96 chamber of Bokamri 3th mounded tomb in Naju, the gilt bronze crown of Sinchonri mounded tomb, and the keyhole shaped mounded tombs.

In the year 498, King Dongsung's (東城王) conquest brought Yeongsan river basin under the influence of Baekje in a form of ruling by appointing kings and lords (王侯制) rather than dispatching royal family members for regional ruling (擔魯制). Even though Baekje ruled this region, the reason for the lack of Baekje's cultural elements can only be explained by the late appearance of archaeological artifacts compared to the documented records. By the mid 6th century, Oh-bang-jae (五方制, five district system) began which meant that Baekje directly ruled the Yeongsan river region.

Keywords : Yeongsan River Basin, Honam province, Iron culture, Mounded Tombs Culture, Movement of people, Manhan, Baekje, Entity of the ancient society, Shinmi-Jegug, Jar coffin society.